中国语言与文化传播研究

樊宝英　刘亚斌　主编

九州出版社　｜全国百佳图书出版单位
JIUZHOUPRESS

图书在版编目（CIP）数据

中国语言与文化传播研究 ／ 樊宝英，刘亚斌主编
. — 北京 ：九州出版社，2021.11
ISBN 978-7-5225-0628-9

Ⅰ．①中… Ⅱ．①樊… ②刘… Ⅲ．①汉语－文化语
言学－文化传播－研究 Ⅳ．①H1-05②G125

中国版本图书馆CIP数据核字(2021)第223739号

中国语言与文化传播研究

作　者	樊宝英　刘亚斌　主编
责任编辑	王海燕
出版发行	九州出版社
地　址	北京市西城区阜外大街甲 35 号 (100037)
发行电话	(010) 68992190/3/5/6
网　址	www.jiuzhoupress.com
印　刷	北京九州迅驰传媒文化有限公司
开　本	720 毫米 ×1020 毫米　16 开
印　张	18
字　数	350 千字
版　次	2021 年 11 月第 1 版
印　次	2021 年 11 月第 1 次印刷
书　号	ISBN 978-7-5225-0628-9
定　价	68.00 元

目　录

四、网络、传播与媒介艺术

一、语言学和汉语国际教育

国际中文教师能力素质的内涵结构及培养模式研究

马宏程 *

摘要：国际中文教育事业中师资供需矛盾问题的根源是合格师资的缺乏。国际中文教师的能力素质应该分为核心层面和基础层面，二者的地位和重要性不同，在培养实践中应突出核心、区别对待。处在核心地位的跨文化交际与基础层面的能力素质一样，都可以在显性和隐性层面再分为态度、知识、技能和素养等四个要素。在部分范围开展的实践活动支持"两向度、四交互"的培养模式。该模式对跨文化交际等能力素质都有提升作用。

关键词：国际中文教师；能力素质；内涵结构；培养模式

基金项目：中外语言交流合作中心国际中文教育研究课题一般项目"国际中文教师能力素质研究"（项目编号 20YH18C），中国博士后科学基金资助项目"汉语的国际传播模式：美国视角"（项目编号 2017M610267）。

一、引言

随着国际中文教育事业的迅速发展，国际中文教师的培养数量和质量都在稳步提升，然而合格师资的短缺仍是当前面临的主要问题，教师问题仍是"三教（教师、教材与教学法）"问题的枢纽[①]。

从孔子学院公派教师情况来看，根据孔子学院年度报告数据显示，2018 年五大洲公派教师岗位的需求总数有 1757 人，但应聘人数仅有 1145 人，除了欧洲之外，其他各洲的需求满足比例均只有 50% 左右。而同年度的汉语国际教育专业硕士毕业生（含留学生）就有 6050 人，此外还有不少通过《国际中文教师证书》考试的非该专业人员。仅从数量上来说，似乎不应该存在供给不足问题。周勇认为这种师资输

---

* 马宏程（1976—），男，河南人，浙江外国语学院中国语言文化学院教授，研究方向为国际中文教育、理论语言学。

① 李宇明、施春宏：汉语国际教育"当地化"的若干思考 [J]，中国语文，2017(2)：245—252、256。

出量上的不足，背后反映了师资供需中供给侧的结构问题，主要原因是符合国家汉语教学需求的现有教师或能顺利转成国际中文教师的毕业生不足①。实际上导致师资供需矛盾的根源仍是合格师资短缺问题，也就是缺少满足国际中文教师能力素质要求的师资。这里涉及两个相关问题：能力素质的准确内涵和相应恰当的培养模式，接下来本文将进行分别论述。首先来看合乎要求的国际中文教师能力素质的内涵有哪些？

二、国际中文教师能力素质的内涵结构

有关国际中文教师（含对外汉语教师、国际汉语教师等术语）能力素质的内涵问题，很早就得到了学界关注，并取得了较为丰硕的成果。吕必松提出了对外汉语教师在各个岗位上应具备的业务素质和胜任条件②；邓恩明探讨了对外汉语教师的知识结构和能力结构③；刘珣指出国内或海外的汉语教师，应在不同程度上具备六项具体的业务素质④；李泉论述了汉语教师的课堂教学意识⑤；陆俭明则强调了汉语教员要树立很强的学科意识，学习、研究意识，自尊自重的意识⑥；陆俭明、马真主要从汉语教师应有的认识与理念，知识结构、能力结构和思想心理素质，研究意识与研究能力等方面论述汉语教师应有的素质与基本功⑦。张洁阐述了国际汉语教师的知识与能力结构⑧。孙永红⑨、刘佳音⑩等也都从不同侧面探讨了汉语教师的基本素质问题。

此外，孔子学院总部／国家汉办于 2007 年公布了《国际汉语教师标准》（以下简称"旧标准"），2012 年又公布了修改后的版本（以下简称"新标准"）。"旧标准"在语言基本知识与技能、文化与交际、第二语言习得与学习策略、教学法、教师综合素质等方面对国际汉语教师确定了十项标准。"新标准"则简化了"旧标准"的结构和内容，将原有框架整合为汉语教学基础、汉语教学方法、教学组织与课堂管理、中华文化与跨文化交际、职业道德与专业发展等五项标准，对国际汉语教师所应具备的知识、能力和素质进行了全面描述，建立起了比较完善的教师标准体系。"新标准"与美国外语教学协会（ACTFL）制定的《美国外语教师职前培养项目标准》不

① 周勇：国际中文教师供需矛盾分析与对策 [J]，教师教育研究，2020(2)：110—115。
② 吕必松：关于对外汉语教师业务素质的几个问题 [J]，世界汉语教学，1989(1)：1—17。
③ 邓恩明：谈教师培训的课程设置 [J]，世界汉语教学，1991(1)：48—54。
④ 刘珣：关于汉语教师培训的几个问题 [J]，世界汉语教学，1996(2)：100—105。
⑤ 李泉：对外汉语课堂教学的理论思考 [J]，中国人民大学学报，1996(5)：90—96。
⑥ 陆俭明：汉语教员应有的意识 [J]，世界汉语教学，2005(1)：60—63。
⑦ 陆俭明，马真：汉语教师应有的素质与基本功 [M]，北京：外语教学与研究出版社，2016 年版。
⑧ 张洁：国际汉语教师的知识与能力结构 [M]，武汉：武汉大学出版社，2017 年版。
⑨ 孙永红：全球化背景下对外汉语教师的素质 [J]，现代教育科学，2007(11)：107—108。
⑩ 刘佳音：现代教育理念下对外汉语教师素质研究 [J]，长春师范学院学报，2013 (11)：93—94。

尽相同，后者对美国的外语教师所应具备的专业知识、技能等做了具体要求，提出了语言能力等六项总标准。

由上述简列的文献可知，长期以来，有关国际中文教师能力素质的内涵仁智各见，界定标准不一。能力与素质或包含或并列，或再与"知识"构成复杂的交叉关系，另外，能力素质的分层概念比如核心能力素质问题很少论及。这种局限导致师资能力素质的培养目标各不相同，甚至大相径庭，常常仅强调共性或个性，直接影响了师资的培养质量。

在文献梳理和事实调查基础上，我们赞同《新标准》的描述框架，但将国际中文教师能力素质合并分层处理，分为核心能力素质和基础能力素质。前者是跨文化交际能力素质[①]，后者则包括除此之外的语言知识技能、汉语教学、中华文化传播等。国际中文教师能力素质内涵的具体图式如下。

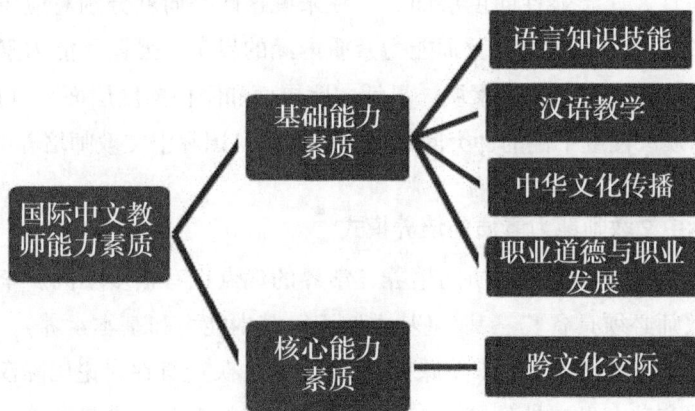

图 1　国际中文教师能力素质内涵

同时，我们参照 Fantini 描述跨文化交际的"A+ASK"范式[②]来进一步细分能力素质，将每项能力素质再分为四项不同要素的内容：A+KSQ（见下图），即态度（attitudes）、知识（knowledge）、技能（skills）和素养（qualities）。

---

① 关于跨文化能力素质是核心能力素质的论述，请参阅马宏程，熊雯（《建构主义视角下国际汉语教师跨文化交际能力的培养策略研究》[J]，《浙江外国语学院学报》，2019(6)：86—91）对国际汉语教师核心能力的说明，这里将"能力"完善为"能力素质"，以避免"能力""素质"的交叉纠结。许琳：《我们从哪里来，要到哪里去》[J]，《语言文字应用》，2012(2)：23—25）也曾指出：表面上看，我们所遭遇的种种困难和问题是教师不足，教材短缺，教学方法不适应当地需要，但深层次的原因是中外文化差异和话语体系不同，是跨文化交际能力缺乏。所以我们将跨文化能力素质定为核心地位。

② 除了语言流利度之外，Fantini 的"A+ASK"分别代表了跨文化交际的四个向度：意识（awareness）加上态度（attitudes）、技能（skills）、知识（knowledge），而意识则是其他三个向度发挥作用的基石和核心因素。具体参见 Fantini,A.E. A central concern: Developing intercultural competence[C].SIT Occasional Papers Series (1):25—33. Brattleboro, V.T.: School for International Training,2000pp.28.

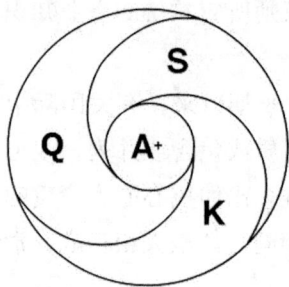

图 2 能力素质四要素

其中处于核心地位的"态度"由于不易被量化和评估、以往多被忽略，属于隐性向度层面；而"知识""技能"和"素养"由于易量化和评估、可操作性强、且都具有动态适应性，属于显性向度层面。大致来说这两类向度分别对应于个人的主观和客观表现。这种对国际中文教师能力素质内涵的界定，强调了能力素质的层级意识（核心能力素质和基本能力素质、显性向度层面和隐性向度层面），可以解决以往只强调能力素质共性或个性的冲突问题，有利于丰富国际中文教师培养的理论体系。

三、国际中文教师能力素质的培养模式

对于国际中文教师能力素质的培养，学界的观点也有很多不同。李泉认为合格的国际汉语教师必须具备"三基"（基本知识、基本能力和基本素养），并强调培养过程中"三基"类课程应不低于总课程量的60%[1]；吴应辉在讨论国际汉语师资需求的国别差异性和动态发展性的基础上，强调师资培养应力求按需培养、努力定向培养、实现超前培养、满足高端需求[2]；李泉、丁安琪认为在教师教育"知识、能力和素养"三个模块中，专业素养（性格禀赋、职业情感、职业认知）是教师教育的起点和常态，应采取前后之间有因果关系的"素养＞能力＞知识"这一新模式[3]。潘玉华[4]、谭元顺[5]等也根据对教师素质的理论阐述，提出了相应的师资培养要求和模式。

此外，根据李东伟、吴应辉调查[6]，汉语国际教育本科专业中较有特色的模式大致有三类：中央民族大学为代表的"知—行—研"、昆明理工大学为代表的"2+1+1"

① 李泉：国际汉语教师培养规格问题探讨 [J]，华文教学与研究，2012(1)：51—59。
② 吴应辉：国际汉语师资需求的动态发展与国别差异 [J]，教育研究，2016(11)：144—149。
③ 李泉、丁安琪：专业素养：汉语教师教育的起点与常态——"素养—能力—知识"新模式 [J]，云南师范大学学报（对外汉语教学与研究版），2020(5)：1—9。
④ 潘玉华：国际比较视野下的汉语教师标准与素质研究 [D]，中央民族大学，2015。
⑤ 谭元顺：基于美国肯塔基州教师标准的国际汉语教师基本素质研究 [D]，青岛大学，2018。
⑥ 李东伟、吴应辉：国际汉语教师人才培养状况报告 (2015—2016)[J]，辽宁师范大学学报（社会科学版），2019(3)：30—35。

和广西民族大学为代表的"三型一化";硕士人才培养层面,也形成了"1+2+X"、"1+1 > 2"等特色模式,还有部分高校利用自身优势积极探索面向特定国家或区域的师资培养模式,强调人才培养的实践性和国际化特点,甚至花大力气送学生到国外长时间集中实践学习,来设法提升学生的教学实践能力。大多数汉语国际教育专业的人才培养,至少从公布的培养方案来看,大都比较重视知识学习和实践训练相结合,对外语水平、汉语教学技能、文化传播技能和跨文化交际能力等提出了具体要求,并分别设置有相应课程或实践环节。

上述培养模式各有特色和优势,都是服务于各自认定的师资培养目标,都是为满足师资能力素质需求而实施的培养方式。但根据上文对国际中文教师能力素质的界定,我们认为目前的师资培养应该区分能力素质的层级差异,尤其是必须重点关注核心层面和隐性层面的培养。在理论推导基础上的培养模式固然有一定的指导意义,但如能得到更多实证研究的支持和评价反馈则将更具有实践推广价值。

1. 核心层面能力素质的培养

对于核心层面的跨文化交际的培养,我们曾在建构主义视角下专门讨论过①,并已有近六年的实践验证,这里再作修改完善,简述如下。

作为国际中文教师核心能力素质的跨文化交际,也分为核心层的"态度"、基础层的"知识""技能"和"素养",二者又分别归属隐性层面和显性层面。为了重点凸显学生跨文化交际的锻炼,我们基于建构主义教学理论探索实施了"两向度、四交互"的师资培养的立体模式(见下图)。

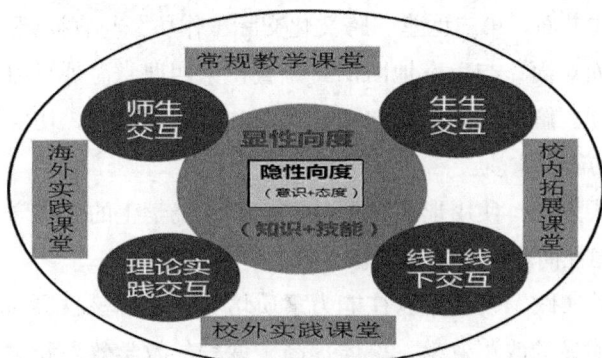

图 3 师资培养立体模式

---

① 详见马宏程、熊雯《建构主义视角下国际汉语教师跨文化交际能力的培养策略研究》[J],《浙江外国语学院学报》,2019(6):86—91),其中的教学模式已在笔者学校的跨文化交际类课程中实施了六年。课堂评价和实践调查的反馈都显示,该模式增强了汉语国际教育专业学生跨文化交际能力素质两类向度的整体水平。

"两向度"是指跨文化交际培养目标体系中的隐性和显性两个向度,前者是指跨文化交际的态度,后者包括跨文化交际的知识、技能和素养。而"四交互"则是指教师讲解和学生自主学习的持续交互,文化探讨与专业实践的持续交互,学生分工与相互合作的持续交互以及线上线下载体的持续交互。横向定位目标的"两向度"与纵向定位途径的"四交互"共同构建了相对完整的立体培养框架。

该模式对跨文化交际的培养强调了多环节和多渠道的共同参与①,充分发挥学生的主体作用,以课堂教学、校内拓展、校外实践、海外实践等联动形式,通过调整培养内容、设计适当场景、更新实践模式、改进评价方式等措施,来完成跨文化交际两类向度的有效培养。

(1)培养内容方面,增加跨文化交际的知识体系和多元文化意识的内容,培养学生认可、适应乃至热爱国际中文教师的角色,对跨文化交际有兴趣、有信心、有恒心,这将有效缓解他们常见的焦虑迷失感、缺乏归属、认可度低等系列问题。

(2)场景设计方面,课堂教学时使用了增强协作会话能力的"交互实践性"教学模式,教师在所有环节都保持与学生互动,并要求各环节要借助在线课程的平台,设计出各个主题的学习场景。学生既与情景交互信息,构建知识意义,又与其他学生交互信息,在情景创设基础上通过师生、生生等方面的交互实践完成意义构建;课堂教学外则积极创设跨文化交际的校内外实训和社团活动场景,在真实的跨文化交际场景中,学生首先要关注交际对象的情感、习惯、言行等差异,设法调整和增强自己的社会认同感,完成自身的跨文化适应。

(3)实践模式方面,第二课堂"跨文化交际工作坊"与直播课堂汉语教学平台,第三课堂"天涯面对面"与生态地图田野调查,第四课堂海外见习实习等,引导学生去主动发现问题、解决问题,增加学生探究和建构的能力,切实锻炼了学生跨文化交际两个向度的能力素质。

(4)评价方式方面,使用形成性评价方式,围绕学生的合作学习表现、能力建构状况(尤其是隐性向度)等进行考核评价。

通过系列培养实践,改进了以往能力素质培养中忽视核心层面和隐性向度的不足,取得了比较明显的改革效果,整体提高了课程的教学效果和学生的跨文化交际能力素质,实践活动也得到中国网、浙江在线教育频道、《汉字文化》等媒体关注

---

① "多环节和多渠道"都需要不同课堂形式的充分参与。下文的不同课堂形式的概念,参照了笔者学校实施的《"四课堂"联动实施方案》。该方案指出,第二课堂是第一课堂的延伸和拓展,主要包括实验教学、校内实训、社团活动、各类大赛等校内拓展活动;第三课堂是专业见习、专业实习、社会实践、国际志愿者服务、暑期社会实践等校外实践;第四课堂主要是出国境交流、海外游学、海外实习实践等。第一至四课堂分别是指常规教学课堂、校内拓展课堂、校外实践课堂和海外实践课堂。

报道①。

2. 基础层面能力素质的培养

国际中文教师基础层面的能力素质包括语言知识技能、汉语教学、中华文化传播、职业道德与职业发展等。由于每项能力素质也可以再分层为核心层的"态度"、基础层的"知识""技能"和"素养"，二者也分别归属隐性层面和显性层面，尽管每项能力素质在各个层面的侧重点有所不同，但都可以在以学生为中心的前提下，借助课堂教学等四课堂联动的形式，利用情景、协作、会话等要素，实施"两向度、四交互"的培养模式来完成不同层面能力素质的构建。上述跨文化交际的培养实践实际上也不可避免地培养了学生基础层面的能力素质，客观上也证明了该模式的有效性。

四、结论

国际中文教师的能力素质制约着国际中文教育事业的高质量发展，目前的培养现状与实际需求之间存在着较大差距。能力素质的内涵结构是分层级的，核心和基础层面的能力素质地位不同，每项能力素质结构中不同要素的地位也不相同，在培养实践中应突出核心、区别对待。跨文化交际能力素质处在核心地位，与其他基础层面的能力素质一样，都可以在显性和隐性层面分为态度、知识、技能和素养等要素。"两向度、四交互"的培养模式已在小范围的教学实践中得到了证实，但面向所有能力素质的培养模式还有待确立。此外，国际中文教师能力素质的评价体系将另文考察讨论。

---

① 参见中国网·交互实践＋课程联动：浙江外国语学院精准培养跨文化能力 [EB/OL]，https://www.sohu.com /a/387673922_100102847，2020-09-12；浙江在线教育频道，浙江外国语学院中文学院"交互实践式"教学模式的优化策略 [EB/OL]，http://edu.zjol.com.cn/jyjsb/gx/202004/t20200408_11858134.shtml,2020-07-23；交互实践式：跨文化交际能力培养的有效模式 [J]，汉字文化，2020（7）。

汉语俗谚流变研究探论

李 倩[*]

摘要：文章从俗谚源流的个案研究、语言和结构形式变化的研究、文化来源的分析、谚语发展演变专论四个方面综述了已有汉语俗谚流变研究成果。在此基础上认为，俗谚的通代考察、类聚和比较研究、与不同历史时期汉语的互动关系，以及综合研究等方面仍有深入研究的空间。

关键词：俗谚；流变研究；综述

汉语俗谚有着悠久的历史，因此，俗谚历史流变研究理应成为俗语研究的题中应有之义。正如温端政、周荐（2000）所论，20 世纪汉语俗语研究"它不再只局限于或满足于对俗语现象的共时观察和描写，而是站在历时的角度上，沟通古今，使历史上的一个个共时平面为一条史的轴线贯穿起来"。[①]但是由于跨越年代久远，流传文献有限，以及俗谚自身特点等因素，俗谚流变研究存在着诸多困难，许多问题尚待认识和解决。本文试图通过回顾研究历史，结合当前研究需要，对俗谚流变研究的诸多方面进行探析。文章首先综述前贤的研究成果，从而检视已有研究的范围和成绩；并在此基础上，提出笔者的一些看法。

俗谚具有传承性，同一俗谚为不同时代的人们所熟悉和使用，并记录于不同时代的文献中。作为"语"，俗谚虽然具有相对固定的结构，但是为了明确地表情达意，俗谚在不同时代人们的使用中会发生各种变化。梳理俗谚的起源和不同时代的变化，理解其变化的规则，成为流变研究的核心问题。同时，考察俗谚不同思想文化来源也成为俗谚流变的重要方面。此外，还有专文专著从不同角度概述俗谚的演变问题。

---

　* 李倩（1977—），男，河北邢台人，浙江外国语学院中国语言文化学院副教授，研究方向为汉语词汇史。

　① 温端政、周荐：二十世纪的汉语俗语研究 [M]，太原：书海出版社，2000 年版。

一、俗谚源流的个案考察

20 世纪以来的俗语研究成果，收集了文献和口语中存留的大量俗谚俗语。以收释古代俗谚为主的辞书，除了释义和用例外，有不少还兼及对俗谚始见源头和不同时代用例的说明，这些成果可以成为俗谚流变研究的基础。

曹聪孙在《中国俗语典·例言》（1991）中说："俗语非注不明者少，不注自明者多，'皆有所本'是不可能的。除了有籍可考的俗语之外，能找到始见古籍的俗语并不很多。这样，用例就代替了出处。古籍中的记载、文字、结构与今不同的，聊备参考，不说明那一定就是俗语的根本来源。所引例证，均以清以前的古籍为限。间或援引不同时代的用例，是为了看出历史上的递嬗之迹。"可见，辞书虽不专门讨论俗语的流变，但以个案用例提供了部分俗语的"递嬗之迹"。温端政《中国俗语大辞典》（1989、2011），张鲁原、胡双宝《古谚语辞典》（1990），何学威《中国古代谚语词典》（1991），翟建波《中国古代小说俗语大词典》（2002）等辞书收释的词条，亦属同类。这些词典多以"语本""语见"形式指出某一俗语的较早出处，以"也作"一语指出俗语的变体。

其中李泳炎、李亚虹《中华俗语源流大辞典》（1992）尤致力于俗语源流的解说，每一词条以"源出"一语标示俗语的源头，其后出示各类文献用例，以表明俗语的演化轨迹。

此外，随着古代专书、专题谚语研究的发展，其中许多成果涉及俗谚源流的具体解说。如黄建宁《笔记小说俗谚研究》（2005、2011）、范春媛《禅籍谚语研究》（2007）、王树山《俗语寻源五则》（2010）、黄冬丽《〈五灯会元〉俗谚例释》（2013）等。

二、俗谚语言和结构形式变化的研究

在大量俗谚源流个案考察基础上，有专文总结俗谚流变的规则。如孟肇咏《试论古谚语非共时性的结构变化》（1985）指出："古谚语的非共时性结构变化表现为：在保持表义功能一贯性的前提下，某些结构成分的同义替代，结构成分的增减，结构关系的改变，出现新的结构形式，等等。"他以谚语的源头或始现用例为"本体"，以同义谚语在后代的流变为"变体"，总结了"本体"与"变体"间的六种关系。该文较早从历时角度考察了谚语在语言和结构形式上的演变，为俗谚流变的考察提供了必要的视角。

俗语流变，经常发生语言上"习非成是"的变异，因而形成俗谚的讹变。例如孟肇咏《古谚语谐音变化》（1987）一文，认为古人早已论述到一类"因谐音而出现与本体相关的变体"的谚语，这是由于流传中的"误传""讹传""同音假借"造成

的，它是一种自然的语言现象，而变体并不一定比本体不好。不仅于此，黄新宇《俗语讹变的三种形态》（1999）一文指出，俗语会发生"音讹""义讹""字讹"三种形态的讹变，使俗语理解发生困难。正如王树山《谚语研究札记三则》（2000）所指出的"谚语谐音误导辨析"，谭汝为《俗语的词形误写与语义讹变》（1999）所指出的"因声起意"很容易歪曲词语的词形与语义。

结合对俗谚讹变的认识，杨琳《俗语词的流变规律》（2013）①一文，通过三例俗谚流变实例的细致考察，归纳出造成俗语变异的四个重要原因：（1）同义近义成分的辗转替换；（2）因误解而改换有关成分；（3）因形近而发生讹误；（4）受相关熟悉词语的干扰而发生讹变。从而为俗谚流变揭示出相对完整的流变规则。

三、俗谚文化来源的分析

俗谚的流变，不仅是语言问题、时代问题，还涉及不同体裁文献、思想文化来源的分析。

姚万年《谚语在古代诗歌中的运用》（1984）着重论述诗歌如何化用谚语，认为："（这）是我国古代诗歌作品中常见的现象，很早就为文人学者所注意。"王树山《论俗语与诗的相互影响》（1990）一文则进一步指出："俗语能入诗，诗也能化俗语"，"有的诗句本是俗语，有的俗语原出诗句，在相互交通之中，发生相辅相成的影响"。

傅憎享、杨爱群《〈金瓶梅〉俗谚求因》（1993）一文认为，俗谚语的成因，是中国人的思维观念决定的。从俗谚流变史的角度看，元杂剧与《金瓶梅词话》中的俗谚有多方面的亲缘关系，是它的最先的源头。"元杂剧采用的俗谚当然不是它的首创……由口头进入元杂剧中人物之口，而后辑成了《昔时贤文》的专集，也益养着后来的《话本》与《水浒》《西游》《金瓶梅》等名著和其他小说。"

彭胜华《谚语和佛教》（1999）一文，一方面考察了来源于佛经和佛教故事的谚语，另一方面则介绍了反映佛教思想的谚语。

周裕锴《禅籍俗谚管窥》（2004）一文，认为禅籍俗语言的构成成分中，俗谚是最重要的修辞手段之一；禅籍大部分俗谚来自唐宋时期民间流行的谚语，但也有的是禅师们自己临时方便随口创造的，后来因为禅籍的传抄印行而反馈于民间，成了普通民众常用的熟语。而禅师喜欢使用俗谚，与禅宗的基本宗教观念和生存方式有关。

黄建宁《笔记小说俗谚研究》"笔记小说俗谚的来源"一节，根据俗谚的源头和文化观念，总结了不同俗谚的思想文化来源：（1）来源于儒家经典；（2）来源于先秦

---

① 在我们看来，该文所论"俗语词"实为"语"而非"词"。

诸子；（3）来源于史传文学；（4）来源于文人诗文；（5）来源于宗教文献。

由此可见，俗谚的产生虽植根于民间大众，但与各时代文化、不同思想观念有着紧密的互动，俗谚的传承、流变经历了时代的筛选或再造，探讨和分析俗谚产生的文化土壤，并梳理其用法源流，应该成为俗谚流变研究的重要组成部分。

四、谚语发展演变专

有关俗谚流变问题，在俗语俗谚的研究中还有专文专章的讨论。例如王树山《先秦俗语源流初探》（1989），专文论述了先秦俗语的奠基意义，指出："先秦俗语是整个中国俗语发展史的源头，波澜壮阔的气势，无不从这里起根发苗……它为后世俗语的发展，奠定了基础，铺平了道路，疏通了渠道，确定了纲要，其功业是不可没灭的。"

武占坤、马国凡《谚语》（1980）有专章阐述"谚语的发展变化"，武占坤《中华谚谣研究》（2000）有专章研究"谚语的源流"。作者认为，谚语很难完成微观、全过程的"追本溯源"研究；主要从发展变化原因，数量的增减，语言形式的变化，语义、色彩的变化，谚语转化为其他语言形式几个方面进行了论述。

王勤《谚语歇后语概论》（1980）、《汉语熟语论》（2006）亦有专节论述"汉语谚语的产生、发展和演变"。作者认为，汉语谚语发展与变化总是与社会的发展密切联系的；主要表现在谚语的新陈代谢、意义变化和语言形式的变化，并认为，正因为如此，谚语才能一直保持着口语化、通俗化的特点。另外，谚语的发展演变，也会使它变成歇后语、成语等其他语汇形态。

总结来看，以上几个侧面的研究也存在着一些问题和不足。其一，俗谚溯源仍有较多不足之处。例如，《中华俗语源流大辞典》作为俗谚俗语溯源的集中性成果，存在着出处有误、释义欠周详切当等问题；《中国古代小说俗语大词典》有些条目未能溯源，解释有可商之处。[①] 这些问题有待更加细致的研究加以完善；其二，俗谚流变过程中非常容易发生语言和结构形式的变化，已有成果已经充分注意到了这一问题，并将研究重点集中于俗谚流变过程中的"讹变"，取得了不少成绩，但是，由于使用材料的局限，目前对俗谚"讹变"问题仍缺少总体性的研究，并且较少注意俗谚流变过程中与不同时期汉语的互动关系，这些方面值得进一步关注；其三，俗谚文化来源的分析仍然较为薄弱，虽然对俗谚来源已有不同文化源头的举例分析，甚

---

① 见鲍延毅：《中华俗语源流大辞典》补正 [J]，枣庄师专学报，1996（2）：53—56；周志锋：评《中国古代小说俗语大词典》[J]，辞书研究，2005（4）：128—138。

至对禅籍中谚语已有多位作者进行了不同角度的分析 ①，但仍缺乏俗谚与中国文化关系的深入研究和分析；其四，专文专论从总体把握了俗谚的发展演变过程，但较为概括，缺少俗谚流变分块儿、具体研究的基础，因而仍有深入研究的空间。

结合新的研究趋势和研究方法，从而深化俗谚流变研究，我们提出，可在以下几个方面着力。

第一，俗谚流变研究的核心是俗谚源流的通代考察，因而其理想研究成果包括四个方面：一是能够落实每个俗谚的最早文献出现时代和出现形式；二是能够阐明每个俗谚的词源理据；三是能够理清每个俗谚的演变过程；四是能够揭示俗谚的思想观念来源 ②。要达到这样的理想状态，不仅是持续的研究努力，而且需要文献语料的支撑。在此方面，诸多辞书的编撰已具有先行意义，同时古代汉语语料库建设，特别是汉语俗语语料库的建设将为俗语的历时研究提供便利和可能。目前，温端政先生主持的汉语俗语语料数据库及与之相关联的历代汉语俗语词辞书语料库等建设项目，必将推进各相关研究的进展。③

第二，"类聚"和"比较"是语言研究最为重要的研究方法，俗谚研究同样适用。一方面类聚同一俗谚在不同时代的变体，才能进行俗谚语言形式（用词、句法）的比较，从而总结俗谚变体形成的语言学规律；另一方面类聚不同时代同义、近义的俗谚进行比较，有利于认识俗谚在语用和喻体层面的演进（如"一女不吃两家茶""一马不被两鞍"）。同时，王海静（2014）的研究还指出，"分析谚语的同义、近义现象，摸清它们的规律和特点，有利于展现谚语文化的深刻内涵，反映谚语形式的丰富多彩、绚丽多姿"。④

第三，俗谚流变过程中，与不同历史时期的汉语具有互动关系，因而具有重要的汉语史研究价值。一方面汉语史学界曾提出"俗语言学"⑤的概念，俗谚作为民间大众的真实语言自然应该成为其研究内容，可以利用"俗语言学"的研究方法深入俗谚流变的考察和分析；另一方面俗谚俗语对于语言研究，特别是词汇史的研究价

---

① 刘爱玲：禅籍谚语研究 [D]，南京师范大学硕士学位论文，2006；范春媛：禅籍谚语研究 [D]，南京师范大学博士学位论文，2007；徐琳：唐宋禅籍俗语研究 [D]，四川大学博士学位论文，2012。

② 参见杨琳《俗语词研究概说》的相关论述，"理想的俗语词研究成果应包括三方面的内容：一是落实每个俗语词最早的出现时代；二是阐明每个俗语词的词源理据；三是理清每个俗语词的演变过程"，载《文化学刊》，2013（5）：121—125。

③ 王海静：俗语语料库与语典编纂相关问题的思考 [J]，辞书研究，2011（4）：30—39。李森：关于建设历代汉语俗语词辞书语料库的初步构想 [J]，文化学刊，2011（4）：144—149。

④ 王海静：刍议谚语的辞书编纂中谚语的同义与近义问题 [J]，晋中学院学报，2014（2）：91—97。

⑤ 黄征：敦煌俗语言学论纲 [J]，艺术百家，2010（2）：168—178、218。

值是不言而喻的。江蓝生（2004）阐述了俗语材料与语言研究的关系，她指出借助汉语史研究的成果可以考释难解俗语，利用方言研究的成果进行俗语研究，运用训诂学和现代语义学的方法研究词义的演变，利用俗语材料补充大型辞书收词或义项之遗漏。① 可以看出，在这些方面现有的俗谚研究所做得还远远不够。

第四，俗谚流变的研究不仅是语言形式的演变，思想文化来源同样是俗谚流变研究的一个重要组成部分。何学威（1987）曾认为："在谚语的汪洋大海里，不乏哲学、美学、经济学、民俗学、民族学、宗教学、教育学、刑法学、军事学、社会学、伦理学等学科的'潜在资源'"，因而，谚语研究可以"放在人类思想文化发展史这样一个大的背景下，作多学科、多角度地综合研究"。② 为了揭示俗谚与不同时代各类思想文化之间的密切关系，我们同样认为应对俗谚进行多学科的综合研究。

---

① 江蓝生："中国俗语大全"序 [J]，语文研究，2004（2）：1—3。
② 何学威：谚语研究应该跳出词汇学的框框——也谈谚语和成语的区别 [J]，湘潭大学学报（社会科学版），1987（2）：93—96。

《世说新语》女性称谓交际功能研究

摘要：由于人际关系的动态性和多层次性，交际主体从情感功能出发，选用合适的称呼语以体现交际双方的关系和亲密程度、说话人的身份、态度和动机。按照语义和语用的不同，这样的称呼语大致可分为三类：亲密型、礼敬型和自谦型。在情感交际功能的驱动下，《世说新语》中"阿奴""阿子""贫道"等女性称谓在具体语境中的动态使用，有助于我们考察中古时期女性在家庭、社会领域中的活动和地位。

语言的使用受到语境、文化等诸多因素的影响，称呼语的使用更是如此。在言语交际中，交际主体会选择合适而得体的称呼语以达到交际目的，其中情感功能起到了重要的制约作用。由于人际关系的动态性和多层次性，交际主体从情感功能出发，使称呼语能体现交际双方的关系和亲密程度、说话人的身份、态度和动机。这样的称呼语有很多，我们大致概括为三大类：亲密型、礼敬型和自谦型。

中古时期儒学伦理尚未严格规范所有的社会层面，父系家族伦理并没有取得全面支配性力量，女性有一定的社交活动，家庭内外、公开场合都能看到她们的身影，在这些交际场合中女性都表现出不同于"性别歧视""男尊女卑"固有认识下的泛泛而论。《世说新语》是一部研究中古汉语的重要材料，我们以《世说新语》女性称谓为研究对象，考察人际交往过程中称呼语的情感交际功能表达，了解当时女性在家庭、社会领域中的活动和地位。本文所指的称呼语，包括但不限于用于面称的称谓词；所谓女性称谓，是指交际主体有一方是女性时所使用的称谓，即称呼女性的称谓和女性使用的称谓。

---

[*]　马丽（1977—），女，浙江嵊州人，浙江外国语学院中国语言文化学院副教授，研究方向为汉语史。

本文以余嘉锡校注的《世说新语》为研究对象①，除正文外，还包括刘孝标的注和余嘉锡先生所引用的中古时期文献。行文中引例凡是出自《世说新语》的，正文只标注篇名和条序，注文按照作者分为"刘孝标注"和"余嘉锡注"。

一、亲密型称呼语

社会语言学将人际关系概括为权势原则和同等关系，对汉语而言，交际方的年龄、场合、关系等因素会影响称呼语选择，其中"与被称呼人关系的亲密程度"是一个重要的影响因素。②熟人之间的言语交际，除了我们一般要求的尊人谦己的原则，交际方会有意识地选用相应的称呼，以体现双方的亲密关系。

（1）虽奉对积年，可以为尽日之欢，常苦不尽触额之畅。方欲与姊极当年之匹，以之偕老，岂谓乖别至此。诸怀怅塞实深，当复何由日夕见姊耶！（《德行39》余嘉锡注引《淳化阁帖》）

注文所引的《淳化阁帖》是王献之写给前妻郗道茂的书信。王献之临终最为懊恼的是与郗道茂离婚。王之所以用"姊"称呼其妻，是因为王献之的母亲郗璿是郗道茂的姑姑，郗道茂的父亲郗昙是王献之的舅舅，两人是真实存在的亲戚关系。王氏两代娶郗氏女，献之和道茂是姑表姐弟，这就是交表婚制度下所产生的夫妻间的称谓。魏晋时期士族婚娶，多注重社会地位的对等，如琅邪临沂王氏家族王凝之与陈国阳夏谢氏谢道韫联姻，太原晋阳王氏家族王坦之与南乡舞阳范氏范盖联姻，大族之间具有互为配偶的裙带关系。出于"亲上加亲""强强联合"的考虑，一些近亲之间也建立了婚姻关系，王、郗的姑表婚即是其例。

"夫为妻纲"是中国传统社会重要的女性伦理规范，规定了在家庭生活中夫妻间的等级尊卑，强调了丈夫对妻子的管控、妻子对丈夫的服从。这体现在夫妻称谓上，妻不能以"卿"称夫，否则就是犯不敬之罪：

（2）王安丰妇常卿安丰。安丰曰："妇人卿婿，于礼为不敬，后勿复尔。"妇曰："亲卿爱卿，是以卿卿；我不卿卿，谁当卿卿？"遂恒听之。（《惑溺6》）

妻当以"君"称呼丈夫，夫则以"卿"称呼妻子。如：

---

① 余嘉锡：世说新语笺疏（修订本）[M]，上海：上海古籍出版社，1993 年版。
② 文秋芳：从社会语言学看汉语称呼语的使用规则 [J]，南京师大学报，1987（4）：73—76。

（3）许因谓曰："妇有四德，卿有其几？"妇曰："新妇所乏唯容尔。然士有百行，君有几？"许云："皆备。"妇曰："夫百行以德为首，君好色不好德，何谓皆备？"（《贤媛6》）

夫妻间"君卿"相称，同于朝堂上君臣之间的称呼，体现了"君为臣纲、夫为妻纲"的伦理规范。中古时期"君"尊"卿"卑，《南齐书·陆慧晓传》："（陆）未尝卿士大夫，或问其故，慧晓曰：'贵人不可卿，而贱者可卿。人生何容立轻重于怀抱！'终身常呼人位。"后秦《长阿含经》卷十三："尔时世尊即语彼言：'卿摩纳未被调伏。'时摩纳闻世尊称卿，又闻未被调伏，即生忿恚。""卿"被视作对卑贱者的称呼。"晋代夫妇之间的称谓，妇称夫为'君'，夫称妇为'卿'，不容紊乱。"[①]王献之在书信里并没有使用夫妻之间的通常称呼，而是选择了表明两人除了夫妻关系之外的身份词语。"姊"的使用充分反映了王献之对郗道茂的态度：懊恼、痛惜、后悔。

情感因素在人际交往中占有重要的作用，交际主体会自觉选用合适的称谓来表达自己的情绪。《世说新语》中夫妻之间的称谓还有"老奴"：

（4）既婚，交礼，女以手披纱扇，抚掌大笑曰："我固疑是老奴，果如所卜！"（《假谲9》）

（5）温平蜀，以李势女为妾，郡主凶妒，不即知之。后知，乃拔刃往李所，因欲斫之。见李在窗梳头，姿貌端丽，徐徐结发，敛手向主，神色闲正，辞甚凄惋。主于是掷刀前抱之曰："阿子，我见汝亦怜，何况老奴。"（《贤媛21》刘孝标注引《妒记》）

"老奴"原是指年老的仆人，在魏晋时期可作为詈词，《三国志·魏志·王凌传》："彪赐死，诸相连者悉夷三族。"裴松之注引三国魏鱼豢《魏略》："老奴，汝死自分耳。"在《世说新语》里，例（4）温峤设计谋娶从姑之女刘氏，刘氏称温峤为"老奴"；例（5）桓温娶妾李氏，其妻作为正室原想兴师问罪，却被李氏的风范折服，转而骂桓温为"老奴"。"老奴"在此均为轻诋笑骂之词。这就像"冤家"，用作情人间的昵称，表达了爱恨交织的复杂情感，此中的情绪远非"君、卿"类称呼所能比拟的。

古汉语中的"尔""汝"用于尊长称呼卑幼，卑幼不能称呼尊长，也不能用于同

---

① 徐复：从语言上推测《孔雀东南飞》一诗的写定年代 [C]，方一新. 中古汉语研究 [M]，北京：商务印书馆，2000 年版，第 1—10 页。

辈之间，否则就是没礼貌，甚至是一种侮辱，如《孟子·尽心下》："人能充无受'尔、汝'之实，则义不可胜用也。"《魏书·陈奇传》："(游雅)尝众辱(陈)奇，或'尔、汝'之，或指为小人。"例（5）郡主是正室，李氏是妾，郡主以"汝"称呼之，是上对下的称呼，两者有地位差异；而称呼语"阿子"则郡主对李氏的怜爱之心，正如余嘉锡注曰："'阿子'乃晋人呼儿女之词。盖公主怜爱李势妹，以儿女子畜之，呼为'阿子'者，亲之也。"①"阿子"的使用，一方面显现了郡主高高在上的地位，另一方面体现了郡主对李氏的亲密关系。

二、礼敬型称呼语

交际方一般都具有多重身份，我们在言语交际中为达到交际目的往往会选用高层级的称呼以表礼敬。比如小王博士毕业，在某高校任讲师，在被介绍时常常是称作"王博士"，而非"王讲师"。这是因为博士在学位系统中处于最高层级，而讲师处于职称系统中的较低层级，在交际过程中我们会自然地凸显高层级头衔，以达到尊重交际对象的目的。

（6）宋祎曾为王大将军妾，后属谢镇西。镇西问祎："我何如王？"答曰："王比使君，田舍、贵人耳！"（《品藻21》）

谢尚询问其妾他和她前夫王敦相比如何，宋祎以姓称呼前夫，以职官"使君"称呼谢尚。暂不论评价的具体内容，从称呼上看就已经褒贬明显了。据余嘉锡分析，此对话发生在谢尚"建元二年以南中郎将领江州刺史之后"②，故宋祎以"使君"称呼之。那时王敦已去世，但王敦曾官至大将军，实非谢尚一刺史能比拟的。在对话中，宋祎没有用"夫君"类表夫妻关系的称谓，而是用谢尚的职衔来凸显，显示了她对谢尚的夸赞，使谢尚在这样的言语交际中得到了充分的自我满足。这种在某种语境下改变通常称呼的做法，社会语言学家称之为"改换称呼"（Shifting），"对于具有特定地位的对象，如果有一个公认的正规称呼，则任何偏离都是一种信息"③。

交际方的多重身份，说话者除了选用高层级的称呼以表礼敬，还会寻找有利于交际目的的身份称谓作为称呼语，起到理想的交际效果，如：

---

① 余嘉锡：世说新语笺疏（修订本）[M]，上海：上海古籍出版社，1993年版，第693页。
② 余嘉锡：世说新语笺疏（修订本）[M]，上海：上海古籍出版社，1993年版，第516页。
③ [美]S.M.Ervin-Tripp：称呼的社会语言学规则[J]，王菊泉译，国外语言学，1984（4）：16—26。

（7）孙秀降晋，晋武帝厚存宠之，妻以姨妹蒯氏，室家甚笃。妻尝妒，乃骂秀为"貉子"。秀大不平，遂不复入。蒯氏大自悔责，请救于帝。时大赦，群臣咸见。既出，帝独留秀，从容谓曰："天下旷荡，蒯夫人可得从其例不？"秀免冠而谢，遂为夫妇如初。（《惑溺4》）

（8）庾亮儿遭苏峻难遇害。诸葛道明女为庾儿妇，既寡，将改适，与亮书及之。亮答曰："贤女尚少，故其宜也。感念亡儿，若在初没。"（《伤逝8》）

例（7），从亲属关系看，蒯氏是晋武帝的姨妹；从社会关系看，蒯氏是晋武帝臣子的妻子。晋武帝在介入臣子的家事时，用"夫人"称呼。"夫人"原是诸侯之妻的称呼，后引申为女性的尊称。以"夫人"相称，体现了君王对臣子的尊重，同时也是对臣子妻子的尊重，借之提醒孙秀蒯氏的特殊身份，也难怪孙秀要"免冠而谢"。例（8），诸葛文彪是诸葛恢的女儿，也是庾亮的儿媳，庾亮在和诸葛恢通信时以"贤女"称呼。"贤女"用于尊称别人的女儿，庾亮显然是隐去了诸葛文彪"儿媳"的身份。庾亮知道诸葛恢有让女儿改嫁之意，便以此尊称既表示了对诸葛恢的礼敬，又表明了自己的态度。

三、自谦型称呼语

汉语里有一套表示谦虚的自称系统，通过自称"鄙贱"类、"臣仆"类、"愚蒙"类、"不谷"类、"小人"类、"学生"类、某"走"类等[1]，向听话方传递尊敬意，从而拉进交际双方的距离。《世说新语》女性有以通用谦称作自称：

（9）妾年九十，孤骸独存，愿蒙哀矜，赐其鞠养。（《贤媛31》刘孝标注引《妇人集》）

（10）豫章太守封祈武兴、泰山太守周乘子居为太守李张所举，函封未发，张病物故，夫人于枢侧下帷见六孝廉，曰："李氏蒙国厚恩，据重任，咨嘉休懿，相授岁贡。上欲报称圣朝，下欲流惠氓隶。今李氏获保首领，以天年终，而诸君各怀进退，未肯发引。妾幸有三孤，足统衰纪。"（《赏誉1》余嘉锡注引《风俗通》）

《说文解字·女部》："妾，有辠女子，给事之得接于君者。"段注："云得接于君者，如内司服缝人皆有女御。"《白虎通·嫁娶》："妾者，接也，以时接见也。"妾的本义是女奴，指有罪之人。因为妾身份低微，故用作女性自称的谦辞。例（9）刘孝

---

① 袁庭栋：古人称谓 [M]，济南：山东画报出版社，2007年版，第279—295页。

标所引乃王羲之夫人郗璿，上书朝廷感谢鞠养，对君王自称为"妾"。例（10）在与丈夫的下属对话时，太守夫人亦以"妾"自称。如果说例（9）是在"权势原则"下支配的自称，那么，例（10）中太守夫人地位高于六孝廉，夫人仍以谦辞作为自称，传递了敬重、友好等积极正面的情感。

有自称身份的，如：

（11）既而烈宗问妙音尼："荆州缺，外闻云谁应作者？"答曰："贫道出家人，岂容及俗中论议。"（《识鉴28》余嘉锡注引《比丘尼传》）

（12）林道人诣谢公，东阳时始总角，新病起，体未堪劳。与林公讲论，遂至相苦。母王夫人在壁后听之，再遣信令还，而太傅留之。王夫人因自出云："新妇少遭家难，一生所寄，唯在此儿。"因流涕抱儿以归。谢公语同坐曰："家嫂辞情慷慨，致可传述，恨不使朝士见。"（《文学39》）

例（11）妙音是东晋有名的比丘尼，文化修养很高，在政治上也有相当的影响力。烈宗因荆州刺史一职咨询妙音，妙音以"贫道"自称。"贫道者，乏圣道之义，是沙门自谦之称。"① 佛教宣扬众生平等，认为人人都有佛性、人人皆可成佛，积极发展女性参教。据宝唱《比丘尼传》记载，西晋时期开始出现女性出家人。发展至东晋，比丘尼很多与上层社会往来，受到帝王、后妃、官宦、高僧等人的支持。比丘尼除了为他们诵经祈福、宣扬佛法外，还参与政治活动。例中的妙音尼以其名望，为殷仲堪成功谋求到荆州刺史一职。

例（12）谢朗大病初愈，身体羸弱，其母王氏心疼儿子，出面周旋，"新妇"在此为已婚女性的自称。王氏中年丧夫，儿子成为人生最大的希望。在儿子劳神费力进行唇枪舌剑时，王氏不避男女之讳，在一群男人前面把儿子抢回来。王氏没有用"吾""妾"之类作为自称，而是选用已婚女性的自称"新妇"，一个不卑不亢、爱子心切的女性形象跃然纸上，也难怪谢安称赞不已。

四、结束语

冯汉骥指出："决定称谓的构成的原则是语言学的和社会学的原则。从语言学来看，亲属称谓是按汉语的句法规则组成的；从社会学看，亲属称谓的语义是由其反映的亲属关系以及所处的语境来决定的。"② 这段话同样适用于社会称谓。称谓是反映人际关系的敏感区域，而人际关系具有动态性和多层次性。汉民族文化将"尊卑有

① 丁福保：佛学大辞典[M]，北京：文物出版社，1984年版，第356页。
② 冯汉骥：中国亲属称谓指南[M]，上海：上海文艺出版社，1989年版，第1页。

序”奉为圭臬，对各类人际关系而言，即为：君尊臣卑、夫尊妻卑、父尊子卑、男尊女卑等等，尊卑关系成为影响称谓系统构成的重要因素。《世说新语》时期的女性一方面受到了传统尊卑文化的影响，在言语交际中遵循社会通行的人际交往原则，敬人谦己；另一方面，由于战乱频繁、社会动荡，当时统治者“不暇作儒术的提倡”，女性“压迫既小，反动易张”[①]。虽然早在汉代董仲舒提出“阳尊阴卑”、班昭著《女诫》，但“夫为妻纲”“男尊女卑”的性别专制体制还只是指导原则。在情感交际功能的驱动下，“阿奴”“阿子”“贫道”等称谓用语在具体的语境中动态使用，传递了交际主体强烈的感情，表现出女性鲜明的个性，“和正史《列女传》‘贞女亮明白之节’的性格完全不同”[②]，体现了中古时期女性在家庭、社会领域中的地位。

---

① 陈东原：中国妇女生活史 [M]，上海：上海书店，1984 年版，第 62 页。
② 逯耀东：《世说新语》对个人形态的描叙 [C]，逯耀东：魏晋史学的思想与社会基础 [M]，北京：中华书局，2006 年版，第 146 页。

现代汉语黏合结构研究的缘起、研究对象和主要认识

应学凤 *

摘要： 本文介绍了作者关于现代汉语黏合结构研究的缘起，关于黏合结构的一些认识，以及近十年来研究的主要结论。作者提出，黏合结构是介于词和短语之间具有过渡性质的结构，对韵律敏感，对黏合结构的界定需要考虑句法、语义、韵律等多个角度综合考虑，认为黏合结构的生成是韵律、句法、语义和语用多因素互动的结构，其中语义语用起主要作用。

关键词： 黏合结构；缘起；韵律；语义；语用

一、研究缘起

本人自读博士起，近十年来一直在从事有关黏合结构的研究。本人主持的国家社科基金"现代汉语黏合结构研究"已经结项，鉴定等级为"良好"。2020 年 8 月同名专著由中国社会科学出版社出版，这既是结束，也是新的起点。关于黏合结构的研究前后历时十年，可以分为两个阶段。自 2010 年考入浙江大学后，我就开始考虑博士论文的选题问题。朱德熙（1982）①关于述宾、述补和定中结构的黏合结构和组合结构之分寥寥数语，我反复阅读、思索，但没有找到合适的切入点。直到有一天，在阅读韵律语法文献时我突然发现韵律语法讨论的对象基本都是黏合结构，不是组合结构。于是产生了把黏合结构和韵律语法结合起来研究的想法。2011 年"韵律语法视角下的汉语黏合和组合结构研究"获批浙江省哲学社会科学规划项目，这为博士论文研究打下了坚实的基础。博士论文《现代汉语黏合结构韵律与句法互动的语义语用制约》匿名评审获得全优是对我这一阶段研究的肯定。2014 年我在博士论文基础上进行了较大修改，并以此申报国家社科基金一般项目获得立项。立项为国家

---

* 应学凤（1979—），男，江西南昌人，浙江外国语学院中国语言文化学院副教授，研究方向为语言学。

① 朱德熙：语法讲义 [M]，北京：商务印书馆，1982 年版。

社科基金后，我又花了五年时间继续深化研究，主要增加了部分内容、重写了部分章节、修改了部分内容、删除了部分章节、调整了全书的结构等。

为了深化黏合结构的研究，2015 至 2016 年，我有幸来到密歇根大学语言学系跟随端木三老师访学进修。端木老师手把手教我开展基于语料库的韵律语法研究。这进一步加深了我对黏合结构韵律语法特征的认识。

二、研究对象和目标

黏合结构和组合结构是朱德熙（1982）[1] 提出的一对概念。结合朱德熙（1982）和吴振国（2004）[2] 等文献可知，黏合结构是介于词和自由短语之间的结构，由前后两部分直接黏合而成，中间不能有虚词、停顿等，结构紧凑。黏合结构（尤其是双音节的）的形式和凝固度与词相似，而语义上与一般的词和短语都不完全相同，介于其间。

汉语的结构都有黏合式和组合式之分，如：

（1）定名结构（黏合式——组合式，下同）：大树——大的树　新房子——新的房子

（2）联合结构：吃喝——吃和喝　东西南北——东西和南北（东、西、南、北）

（3）述宾结构：吃饭——吃完饭　救济难民——救济过难民

（4）述补结构：染红——染不红　听懂——听得懂

黏合结构和组合结构是朱德熙（1982）提出的一对概念，这两种结构的句法表现有诸多差异，形成对立。朱德熙（1982）[3] 先后讨论了述宾、述补和定名等三类结构的黏合式和组合式之分，认为黏合结构和组合结构在形式和功能上有较大不同。

无独有偶，吕叔湘（1979）也关注到了这种介于词和短语之间的"短语词"。王洪君（2008）[4] 把这类结构称之为"韵律类词"，并从语法和韵律角度进行了界定：语法上黏合的、节律上内紧外松的、左重的可能多音步。吕叔湘（1979）[5] 也关注到了类似的结构，他分析了有无"的""地"的定中结构的差异，他称之为"短语词"。

黏合结构和组合结构不但意义对立，形式上也有明显差异，黏合结构和组合结

① 朱德熙：语法讲义 [M]，北京：商务印书馆，1982 年版。
② 吴振国：现代汉语中的粘合式联合结构 [J]，语言研究，2004（1）：24—29。
③ 朱德熙：语法讲义 [M]，北京：商务印书馆，1982 年版，第 112—113 页、125-126 页、148—149 页。
④ 王洪君：汉语非线性音系学 [M]（增订本），北京：北京大学出版社，2008 年版，第 280 页。
⑤ 吕叔湘：汉语语法分析问题 [M]，北京：商务印书馆，1979 年版。

构的研究具有重要的意义。陆俭明（1990）[①] 也认为"根据结构的构成成分的不同将句法结构分为粘合式和组合式"是 20 世纪 80 年代中国语法研究值得注意的理论和观点。陆丙甫（2015）[②] 认为：朱德熙先生所提出的"黏合结构"和"组合结构"的区别，显然是极为重要的语法性质的区别。王洪君（2013）[③] 提出汉语区分黏合和组合结构具有重要的价值。她认为，黏合结构和组合结构具有分布上的差异，"黏合式定语总是出现在更加靠近中心语的内层"。

黏合结构形式上更紧凑，"黏合式定语与中心语的结构关系紧密而组合式定语与中心语的结构关系松散"，因而，"黏合式定语表现事物较稳定的属性而组合式定语具有高的'现场指别性'"（王洪君 2013）[④]。

"黑鹅"和"黑的鹅"等这样的结构语义的研究很多，普遍认为黏合式定中结构具有称谓性语义特征（陈琼瓒 1955，陆丙甫 1988，张敏 1998）[⑤⑥⑦]。

朱德熙（1982）[⑧] 指出："黏合式定中结构的功能相当于一个单个的名词。"陈琼瓒（1955）[⑨]、范继淹（1958）[⑩]、吕叔湘（1979）[⑪]、陆丙甫（2015）[⑫] 都认为应该把黏合结构看作复合词。

我们认为，对黏合结构的界定需要在形式的基础上结合语义和语法功能，排除一些似是而非的结构。特别是谓词性的黏合结构，如"招收研究生"等类似的多音节述宾结构，都应看作组合结构。

我们提出，语法和节奏的松紧匹配是黏合结构的重要句法特征。黏合结构内部结构紧密。"语法上，黏合结构的成分结构的紧密而组合结构的结合松散"，相应地，"黏合结构的成分在节律上结合紧密，黏合结构综述内紧外松的"（王洪君 2013）[⑬]。

① 陆俭明：八十年代中国语法研究 [M]（重排版），北京：商务印书馆，2004 年版，第 90 页。
② 陆丙甫：核心推导语法 [M]（第二版），上海：上海教育出版社，2015 年版，第 44—45 页。
③ 王洪君：区分黏合组合结构的重要价值 [J]，载沈阳主编：走向当代前沿科学的现代汉语语法研究 [M]，北京：商务印书馆，2013 年版。
④ 王洪君：区分黏合组合结构的重要价值 [J]，载沈阳主编：走向当代前沿科学的现代汉语语法研究 [M]，北京：商务印书馆，2013 年版。
⑤ 陈琼瓒：修饰语与名词之间的"的"字的研究 [J]，中国语文，1955（10）：22—27。
⑥ 陆丙甫：定语的外延性、内涵性和称谓性及其顺序 [J]，语法研究与探索，第 4 辑，北京：北京大学出版社，1988 年版。
⑦ 张敏：认知语言学与汉语名词短语 [M]，北京：中国社会科学出版社，1998 年版。
⑧ 朱德熙：语法讲义 [M]，北京：商务印书馆，1982 年版，第 148-149 页。
⑨ 陈琼瓒：修饰语与名词之间的"的"字的研究 [J]，中国语文，1955（10）：22—27。
⑩ 范继淹：形名组合间"的"字的语法作用 [J]，中国语文，1955（10）：213—217。
⑪ 吕叔湘：汉语语法分析问题 [M]，北京：商务印书馆，1979 年版。
⑫ 陆丙甫：核心推导语法 [M]（第二版），上海：上海教育出版社，2015 年版，第 39 页。
⑬ 王洪君：区分黏合组合结构的重要价值 [J]，载沈阳主编：走向当代前沿科学的现代汉语语法研究 [M]，北京：商务印书馆，2013 年版。

朱德熙（1982）[1]指出："组合式可以以黏合式为成分"，"也可以以组合式为成分"，"黏合式只能以黏合式为成分"，"不能以组合式为成分"。

以上句法特征是语法上和节律上松紧匹配一致性的表现。语法和节律上松紧一致的匹配要求还能解释类似"纸张粉碎机"等动宾倒置复合词的生成机制。

朱德熙（1982）[2]指出："黏合式述宾结构的述语是单独的动词（不带补语和后缀），宾语是单独的名词（不带定语）。凡是不符合以上条件的述宾结构都是组合式述宾结构。"

朱德熙（1982）[3]指出："黏合式述宾结构往往可以直接（不带'的'字）作定语，组合式述宾结构必须加上'的'字体词化以后才能作定语。"例如：

造船技术——造大船的技术

上课教员——上过课的教员

挂号同志——挂了号的同志

救济难民问题——救济他们的问题

看电视时候——看完电视的时候

招收研究生办法——招收这批研究生的办法

也就是说，动宾倒置复合词其实就是由述宾黏合结构或述宾倒序结构直接作定语构成的定中黏合结构。

朱德熙（1982）[4]把"招收研究生、救济难民"等都看作黏合式述宾结构。认为述宾黏合结构往往都可以不加"的"直接作定语，而事实是三音节及以上音节的述宾黏合结构往往不能直接作定语：粉碎纸张——*粉碎纸张机。

我们认为黏合式述宾结构应该只限制为1+1式，双音节以上的均应看作组合式的。这是因为它们不符合黏合结构内部结构紧凑性要求，不满足充当黏合式定中结构修饰语的语法要求。

具体来说，我们从以下两个方面着手研究。

第一，考察组合结构到黏合结构的生成、黏合结构的性质和特点、黏合结构的韵律和语体特征、不同类型黏合结构的语义差异等。

比如：组合式"大的树"有对应黏合式的"大树"，但"稀薄的空气"相对应的

---

① 朱德熙：语法讲义 [M]，北京：商务印书馆，1982 年版，第 149 页。
② 朱德熙：语法讲义 [M]，北京：商务印书馆，1982 年版，第 112 页。
③ 朱德熙：语法讲义 [M]，北京：商务印书馆，1982 年版，第 112 页。
④ 朱德熙：语法讲义 [M]，北京：商务印书馆，1982 年版，第 112 页。

黏合式"＊稀薄空气"接受度却很低。从组合式到黏合式有哪些制约因素和制约条件，组合式"白的天鹅"和黏合式"白天鹅"有什么语义差异，性质和特点有何不同，韵律特征和语体特征有无区别等，关于这些问题，我们做了初步探索。

第二，从黏合结构的性质、功能、韵律、语体和语义等差异出发，探讨黏合结构生成过程中韵律与句法、语义、语用的互动情况。观察现代汉语韵律语法研究的用例可以发现，这些用例基本都是黏合结构，如吕叔湘（1963）① 提出的述宾结构1+2 多，定中结构 2+1 式多，示例均是黏合结构。陆丙甫、端木三（Lu & Duanmu 1991、2002），②③ 冯胜利（1997、1998、2000、2004）④⑤⑥⑦，王洪君（2001）⑧，王灿龙（2002）⑨,周韧（2006、2011）⑩⑪,吴为善（1986、1989）⑫⑬,柯航（2012）⑭,应学凤（2013、2014）⑮⑯ 等韵律语法主要参考文章中的例子也多为黏合结构。例如：

（5）2+2　　1+1　　2+1　　1+2

阅读报纸　　读报　　＊阅读报　　读报纸

表演戏剧　　演戏　　＊表演戏　　演戏剧

（6）2+2　　1+1　　2+1　　1+2

手表工厂　　表厂　　手表厂　　＊表工厂

煤炭商店　　煤店　　煤炭店　　＊煤商店

① 吕叔湘：现代汉语单双音节问题初探 [J]，中国语文，1963（1）：10—23。

② Lu Bingfu and Duanmu San（陆丙甫、端木三）,A case study of the relaition between rhythm and syntax in Chinese.Paper presented at the Third North America Conference on Chinese Linguistics,1991.

③ Lu,Bingfu & Duanmu San（陆丙甫、端木三）, Rhythm and Syntax in Chinese:A Case Study, *Journal of Chinese Language Teachers Association*,Vol. 37,No.2,2002.

④ 冯胜利：汉语的韵律、词法和句法 [M]，北京：北京大学出版社，1997 年版。

⑤ 冯胜利：论汉语的自然音步 [J]，中国语文，1998（1）：40—47。

⑥ 冯胜利：汉语韵律句法学 [M]，上海：上海教育出版社，2000 年版。

⑦ 冯胜利：动宾倒置与韵律构词法 [J]，语言科学，2004（3）：12—20。

⑧ 王洪君：音节单双、音域展敛（重音）与语法结构类型和成分次序 [J]，当代语言学，2001（4）：5—16、80。

⑨ 王灿龙：句法组合中单双音节选择的认知解释 [J]，语法研究和探索，第 11 辑，北京：商务印书馆，2002 年版。

⑩ 周韧：现代汉语韵律与语法的互动关系研究 [M]，北京大学博士毕业论文，2006 年。

⑪ 周韧：现代汉语韵律与语法的互动关系研究 [M]，北京：商务印书馆，2011 年版。

⑫ 吴为善：现代汉语三音节组合规律初探 [J]，汉语学习，1986（5）：1—2。

⑬ 吴为善：论汉语后置单音节的粘附性 [J]，汉语学习，1989（1）：16—19。

⑭ 柯航：现代汉语单双音节搭配研究 [M]，北京：商务印书馆，2012 年版。

⑮ 应学凤：韵律语法理论与汉语韵律语法研究述评 [J]，汉语学习，2013（1）：72—80。

⑯ 应学凤：述宾黏合结构和定中黏合结构的单双音节组配问题 [J]，*Chinese as a Second Language Research* 2014（2）：285—308。

（7）2+2（动宾／定中）　1+2　　2+1

复印文件	印文件	复印件
测量仪器	测仪器	测量仪
筹备经费	筹经费	筹备费
运输箱子	运箱子	运输箱

（8）2+2　　1+1　2+1　　1+2

大号房间	大房	*大号房	大房间
白色老虎	白虎	*白色虎	白老虎
新款皮鞋	新鞋	*新款鞋	新皮鞋
松软泥巴	软泥	*松软泥	软泥巴

　　韵律语法研究的文献没有注意到研究对象是黏合结构的特点。我们研究这些问题时，从黏合结构和组合结构、定中黏合结构和述宾黏合结构等的性质、语义、语体、松紧等差异出发，有了一些新的发现。比如关于动宾饰名复合词的研究，以往研究不少，但我们认为从黏合和组合结构差异入手进行考察和解释更有说服力。例如：

（9）碎纸机——*纸碎机

纸张粉碎机——*粉碎纸张机

征求意见稿——意见征求稿

　　动宾饰名复合词本质上是述宾黏合结构及述宾倒序结构直接（不带"的"）作定语的问题。朱德熙（1982）[①]提出述宾黏合结构往往不带"的"，述宾组合结构必须加上"的"字体词化以后才能作定语。例如：

（10）造船技术——造大船的技术

上课教员——上过课的教员

挂号通知——挂了号的通知

救济难民问题——救济他们的问题

看电视时候——看完电视的时候

招收研究生办法——招收这批研究生的办法

---

① 朱德熙：语法讲义 [M]，北京：商务印书馆，1982 年版，第 112 页。

"造船"是黏合结构,"造大船"是组合结构,其他的类同。朱德熙(1982)^①首先排除了组合结构,述宾组合结构绝对不可以直接作定语构成述宾饰名复合词,这是由于述宾黏合结构和组合结构性质差异很大。当然不是所有述宾黏合结构都可以直接作定语。音节组合模式不同,直接作定语的能力也不同。1+1式的述宾黏合结构可以直接作定语构成动宾饰名复合词,这是因为这类结构节律上很紧,构成一个音步,受音步庇护(Duanmu,1997)^②,是韵律词。其他音节组合的述宾黏合结构有的直接可以作定语,有的不能,动宾需要倒序才可以。述宾倒序结构和述宾黏合结构的性质、韵律、语体、语义等差异是两者能否自由不带"的"作定语的原因。述宾倒序结构可以重新分析为定中黏合结构,而定中黏合结构和述宾黏合结构的种种不同,这是决定两者句法差异的本质原因。

我们首先考察黏合结构的性质和功能、韵律和语体、语义和语用等特征,然后从黏合结构的性质、语义和语体等出发,以松紧相似和指称性语义为主线,重新审视黏合结构生成过程中韵律的作用。

我们主张韵律制约句法的解释要最终落实到语义和语用动因,并试图从语义和语用角度重新审视韵律语法关注的热点问题。我们提出一般被认为是韵律制约句法的现象,往往是韵律与语义语用共同作用制约句法的结果,语义、语用是更深层的动因。

国家社科基金结项成果"现代汉语黏合结构研究"先考察黏合结构的性质和功能、韵律和语体、语义特征等,然后根据黏合结构的种种特点来解释述宾黏合结构及述宾倒序结构直接作定语的各种限制和条件,分析述宾黏合结构和偏正黏合结构单双音节组配模式的韵律、结构和语义的扭曲对应。

除绪论和结语外,共有十章。总的来说,可以分两部分,第一章到第六章主要阐释现代汉语黏合结构是什么,怎么生成的,有哪些性质和特点,韵律、语体和语义等呈现什么特征。第七章到第十章主要是个案分析,主要探究述宾及述宾倒序结构直接作定语构成定中黏合结构有什么条件和制约,述宾黏合结构和定中黏合结构单双音节组配韵律、结构和语义如何扭曲对应。

第一章说明什么是现代汉语黏合结构。先简要回顾现代汉语黏合结构的研究现状;接着对黏合结构进行界定,认为黏合结构是介于词和短语之间的结构,提出黏合结构是语法形式上黏合,韵律上紧凑的结构;最后分析了黏合结构的功能,认为典型黏合结构的功能相当于一个词。

---

① 朱德熙:语法讲义 [M],北京:商务印书馆,1982 年版,第 115 页。

② Duanmu San(端木三),Phonologically Motivated Word Order Movement: Evidence from Chinese Compounds.Studies in the Linguistic Sciences, Vol.27, No.1,pp. 49-77,1997.

第二章阐述现代汉语黏合结构的生成，考察组合结构紧缩为黏合结构限制和条件。基于兰卡斯特语料库，提取语料库中所有"A 的 N"的用例，统计"A 的 N"可以紧缩为"AN"的单双音节组配模式，并进行解释。本章分析了形名定中组合结构到黏合结构的生成。希望通过对形名定中黏合结构的生成机制的考察，能够管中窥豹，从而对黏合结构的生成有初步的认识。

第三章考察现代汉语黏合结构的性质和特点。定中黏合结构和述宾黏合结构是两类很有代表性的结构，前者是典型的黏合结构，后者性质和特点是最接近组合结构的黏合结构。本章主要集中讨论这两类黏合结构的性质和特点。

第四章分析现代汉语黏合结构的韵律特征。不管是在动态音步划分中，还是在静态音步视角下，黏合结构和组合结构的韵律都不同。黏合结构是一个内部相对紧凑的结构体，音步优先组块。

第五章探究现代汉语黏合结构的语体特征。研究发现，现代汉语黏合结构和组合结构的语体差异明显，前者更偏重书面语。定中黏合结构和述宾黏合结构语体正式度也存在差异，前者更正式。

第六章指出述宾黏合结构和述宾倒序结构语义上有明显差异。从两者的分布差异出发，通过对述宾倒序结构性质的分析，提出述宾倒序结构本质上是定中黏合结构，具有指称性语义特征，述宾组合结构是陈述性、述谓性的。

第七章、第八章挖掘述宾黏合结构及述宾倒序结构直接作定语的限制和条件。指称性和陈述性语义差异制约着述宾黏合结构及述宾倒序结构直接作定语。语义制约是主线，同时句法、韵律和语用等共同作用，导致动宾饰名复合词的类型丰富多样。动宾饰名复合词本质上是定中黏合结构，黏合结构要求修饰成分必须是黏合结构，不能是组合结构，这是句法制约的表现。句法制约无法解释同为黏合结构的述宾黏合结构和述宾倒序结构直接作定语能力的差异，两者的指称性和陈述性差异是主要原因。述宾黏合结构直接作定语构成 VON 结构，是特殊语用需求的结果。

第九章从原生和附加两种生成方式入手，提出述宾倒序结构直接作定语构成的定中黏合结构的层次结构底层是 [OV]N。表层既有 [OV]N，又有 [O[VN]，这是韵律与语义互动的结果。

第十章研究述宾黏合结构和偏正黏合结构的单双音组配问题。本章首先提出单双音节组配的韵律模式：音节组合 1+2 和 2+1 的扭曲对应关系，接着建立了韵律与结构、语义扭曲对应模式，然后用这个扭曲关系模式解释述宾黏合结构单双音组配的"四缺一"格局和偏正黏合结构单双音组配问题。

三、关于黏合结构的主要认识

黏合结构是介于词和短语之间具有过渡性质的结构，一头连着词，一头连着短语，它兼有词和短语的部分特性。典型的黏合结构往往节律紧致，结构凝固，具有复合词的功能。黏合结构的生成是韵律、句法、语义和语用等多因素互动的结果，其中语义起着决定性的作用。

黏合结构是由前后两个光杆成分直接黏合而成的，结构紧致（数量词或指示代词加量词、领属关系的偏正结构除外）。而前后两个成分需要借助虚词等手段，或前后两个成分有修饰语、前后两个成分之间有停顿的松散结构是组合结构。

不同黏合结构因紧致程度不同而性质有别。松紧有结构松紧和节律松紧之分。结构紧致从高到低存在如下等级（柯航 2012）[①]：

定中 > 述补 > 述宾 > 主谓

无论音节长短，最紧的定中黏合结构功能上都相当于名词。述补黏合结构的补语一般都不长，述结式黏合结构功能上相当于一个动词。结构相对较松的述宾和主谓黏合结构的音节不同，性质也有差异。节律紧凑的 1+1 式双音节述宾和主谓黏合结构功能上相当于一个复合词。音节越长，述宾和主谓黏合结构的性质更接近短语。两音节的述补、述宾、主谓、联合黏合结构是典型的黏合结构，三音节的述补黏合结构、联合黏合结构次之，其他音节的述补、述宾、主谓、联合黏合结构是不典型的黏合结构。定中黏合结构松紧不同，凝固性也不同。最紧致的定中黏合结构是词汇化词，不典型的是句法词。完权（2018）[②] 提出从词到短语之间存在如下的连续统：

词汇化复合词 > 固定的语境自由复合词 > 松散的语境自由复合词 > 入句的语境依赖复合词 > 特设的语境依赖复合词 > 必须使用"的"的短语（整合度由高到低）

定中黏合结构不能插入"的"的，就是词汇化复合词和固定复合词，"的"可以自由隐现的定中结构，隐"的"的时候就是松散的语境自由复合词和语境依赖复合词，有"的"就是定中组合结构。

松紧差异是黏合结构和组合结构的重要区分。形式上松紧区分黏合式和组合式，结构上松紧区分典型黏合结构（定中黏合结构）和非典型黏合结构，节律上松紧又

---

① 柯航：现代汉语单双音节搭配研究 [M]，北京：商务印书馆，2012 年版。
② 完权："的"的性质与功能 [M]（增订本），北京：商务印书馆，2018 年版，第 57—91 页。

可以作为非典型黏合结构（述宾黏合结构、主谓黏合结构）内部成员黏合度高低的区别标志。

不同性质的黏合结构内部紧致程度、韵律特征、语体特征以及语义方面都存在差异。定中黏合结构和述宾黏合结构在静态音步和动态音步划分方面也有区分，后者更接近组合结构的划分。相对于组合结构，黏合结构更加正式，具有泛时空特征，黏合结构性质不同，语体正式度也不同，定中黏合结构和述宾黏合结构正式度等级如下：

定中黏合结构 > 述宾黏合结构 > 述宾组合结构（">"表示高于）

定中黏合结构和述宾黏合结构在语义上也有差异，述宾倒序结构可以充分分析为定中黏合结构，它和述宾黏合结构在句法分别、动词的指称性和去动词化方面差别明显，述宾倒序结构、述宾黏合结构和述宾组合结构在指称性强弱上可以形成一个连续统：

述宾倒序结构 > 述宾黏合结构 > 述宾组合结构（">"表示强于）

定中黏合结构和述宾黏合结构的性质差异导致两者在直接作定语能力和单双音节组配上存在明显差异。

黏合结构"粘合式只能以粘合式为成分"的句法原则表明，组合结构不能直接（不带"的"）作定语，只有黏合结构才可以直接作定语。但并不是所有的黏合结构都能直接作定语。这条句法原则是适用于典型的黏合结构——定中黏合结构。对于非典型的述宾黏合结构、主谓黏合结构等，这条句法规则还必须附加语义的限制，即越是指称性强的黏合结构越容易直接作定语。根据这条句法原则和语义规则，可以对述宾及述宾倒序结构直接作定语构成的合成定中黏合结构（动宾饰名复合词）进行解释。

组合结构不能直接作定语，这是句法原则制约的结果，也是语义制约的结果。述宾倒序结构、述宾黏合结构和组合结构在指称性的强弱上构成一个连续统，述宾及述宾倒序结构直接作定语都受到指称性制约。OVN 和 VON 都是体词性偏正黏合结构，因而要求它们的修饰语"OV"和"VO"具有一定的指称性。而这两者都具有一定的指称性，但前者只有指称性，后者以陈述性为主，只有部分指称性。所以，述宾黏合结构直接作定语时，多半需要倒序，倒序是外在表现，这是指称性语义驱动的结果，述宾倒序的句法制约本质上是语义制约。

述宾黏合结构没有倒序直接作定语构成 VON 结构，是有特殊原因的。动词为双音节的述宾黏合结构直接作定语的原因主要有二：一是这类 VON 式复合词是具有过渡性质的临时结构，是一种"短语入词"现象。二是述宾黏合结构直接作定语构成的动宾饰名复合词往往具有陈述性语义特征，是语用需要驱动产生的新结构，具有独特的表意作用。

述宾倒序结构直接作定语构成的合成定中黏合结构的层次多样性也是韵律与语义互动的结构。它的层次结构应该区分语义层次和韵律层次，认为 OVN 的语义的层层次是 [OV]N，韵律的作用才会导致这类结构被重新分析为 O[VN]。

述宾黏合结构、定中黏合结构的单双音组配差异也与定中黏合结构和述宾黏合结构性质差异有关。2+1 是"重轻模式"，1+2 不是"轻重模式"，而是"中重模式"。我们认为两者单双音节组配是韵律和结构、语义扭曲对应的结果。定中结构语义的两面性跟 1+2 式音节组配意义的两面性扭曲对应。

赵元任早指出："不要期望韵律特征和结构之间会有一种十分简单的对应关系"。(Chao 1959)[①] 在柯航（2012）[②] 无标记组配模式的基础上，我们认为韵律与结构、语义是一种扭曲对应关系。这种扭曲对应关系模式可以解释述宾黏合结构单双音组配的"四缺一"格局，也能解释偏正黏合结构既有 2+1 式，又有 1+2 式的原因。

周韧（2006、2011）[③④] 考察了汉语韵律与语法的互动关系后指出，"从现代汉语的事实看，韵律对语法的制约作用在很多情况下还只是一种趋势"。就现代汉语来说，韵律对语法的制约并不是一种刚性的理论规则。周韧把这种趋势提炼成了一种理论规则，但他同时指出，"本文提出的一些理论规则都将遇到一些反例"。

我们试图说明"纸张粉碎机——* 纸碎机""* 粉碎纸张机——碎纸机""征求意见稿——意见征求稿""阅读报纸——读报——* 阅读报——读报纸""复印文件——复件 /* 印件——印文件——复印件""东面墙——东墙壁""白颜色——苍白色""水果篮——果篮子"这些语法现象不一定都是韵律问题。我们把这些韵律语法讨论的对象置于现代汉语黏合结构的框架下解决，提出这些结构的生成是韵律与句法、语义和语体制约的结果。

韵律对语法的制约无处不在，但这种制约又有很多例外，不是一种整齐划一的规则，而是一种倾向性规则。韵律对语法的制约作用是一种日积月累、潜移默化的

---

① Chao Yuen-Ren（赵元任）, Ambiguity in Chinese.In Søren Egerod & Else Glahn.（ed.）Studia Serica Bernhard Karlgen Dedicata, Copenhagen:Ejnar Munksgaard,1959. 袁毓林译，载《中国现代语言学的开拓和发展：赵元任语言学论文选》，清华大学出版社，1992 年版。

② 柯航：现代汉语单双音节搭配研究 [M]，北京：商务印书馆，2012 年版。

③ 周韧：现代汉语韵律与语法的互动关系研究 [M]，北京大学博士学位论文，2006。

④ 周韧：现代汉语韵律与语法的互动关系研究 [M]，北京：商务印书馆，2011 年版，第 222 页。

结果。科技术语和新造词语等的语义语用作用更为明显，韵律更多的体现为一种倾向。

王强（2017）[①]考察信息技术术语后发现，有很多术语是单音节的。如：

（11）柱（支柱）pillar　管（导管）pipe　位（比特）bit　比（比率）ratio　环（环路）loop　行 line　帧 frame　串 string　层 layer　阈 threshold　准 quasi-　宏 macro-　伪 pseudo-　去 de-

另外很多四音节术语的节奏是 1+3 或 3+1，而不是自然音步那样的 2+2 式，如：

（12）1+3 格式：

典型式［1#3］：主地球站 primary earth station　高优先级 high priority

变体式［1#2/1］：磁放大器 magnetic amplifier　光扫描仪 optical scanner　电编码机 electric coding machine

（13）3+1 格式：

典型式［3#1］：理想化值 idealized value　加速度计 accelerometer

变体式［1/2#1］：无编号帧 unnumbered frame　多阴极管 multicathode tube　低阻抗铃 lower impedance ringer　双差错率 double-error rate

只接收站 receive-only station　全光组网 all-optical net-working

不恢复率 non-recovery rate　减反射膜 an-tireflective coating

诸如此类的科技术语跟冯胜利（1998）[②]所指的汉语自然音步规则不一致。王强（2017）[③]提出："翻译标准和韵律规则孰更优先？我们的回答是：在忠实阶段，注重翻译，考虑行业惯用语，不顾及韵律；在通顺阶段，就要顾及韵律。"他认为科技属于翻译要"忠实为重，韵律为轻，简洁性次之"。

我们赞成周韧（2012）[④]的看法，我们应该重视韵律的作用，但不能过于强调韵律的作用，要分清楚哪些是韵律作用的结果，哪些是语义、语用作用的结果，哪些是两者共同作用的结果。

---

① 王强：汉语韵律构词法与信息技术术语 [J]，中国科技术语，2017（6）：15—29。
② 冯胜利：论汉语的自然音步 [J]，中国语文，1998（1）：40—47。
③ 王强：汉语韵律构词法与信息技术术语 [J]，中国科技术语，2017（6）：15—29。
④ 周韧：韵律的作用到底有多大 [J]，世界汉语教学，2012（4）：76—89。

基于汉语自身特性对"中动句"的再认识

冯　铮*

摘要："中动句"来源于西方印欧语系的语态研究。很多学者将这一概念运用到汉语中，并取得了丰富的成果。然而关于汉语中动句的界定、分类等问题目前仍备受争议。这是由于比附印欧语的研究路径与框架，忽略汉语本身的特性所导致的。本文通过回顾汉语中动句的研究现状，总结学界关于汉语中动句认识的一些问题，针对该语法现象的重新命名、分类以及语料选择上提出了改进的建议。本文认为，在对汉语句式的研究上，亟须将研究视角回归于汉语自身的特性，并对研究对象加以完善。本文建议取消"中动句"这一术语，并将先前研究归为中动句的句式进行重新命名和分类；最后，在语言材料的选择上，也应更加关注真实语料，深入分析这类句子的话语功能和语体特征。

关键词：自身特性；汉语中动句；"起来"句；属性功能句；再认识

自宋国明（1994[①]，1997[②]）最早将与英语的"The car drives fast（这辆车开起来很快）"对应的"起来"句定义为汉语中动句[③]（Chinese middle construction）以来，众多学者对这一语言现象予以关注，并尝试对汉语的中动句进行界定、描写并解释。经过 20 余年的研究，出现了大量的研究成果，一时成为汉语句法研究的热点话题。其中，有三位学者的研究最具有代表性。

---

* 冯铮（1990—），男，山东招远人，浙江外国语学院中国语言文化学讲师，研究方向为语言学。

① Sung Kuo-ming.*Case assignment under incorporation*[M]. University of California at Los Angeles,1994.

② 宋国明：句法理论概要 [M]，北京：中国社会科学出版社，1997 年版。

③ 学界关于"Chinese middle construction"的译法不一，除了"中动句"以外，还有"中间语态句""中动结构""中间结构""中动构式"等叫法。本文暂不对这些术语进行区分，而是采取目前普遍使用的"中动句"。

曹宏（2004a[①], 2004b[②], 2004c[③], 2005a[④], 2005b[⑤]）的一系列研究正式从汉语出发，在对汉语中动句进行界定的基础上，对其句法结构、语义表达、层次结构和语法关系进行了全面且详细的分析。曹宏采用构式语法理论，提出了中动句的构式义，确立了其独立句式的地位。另外，她还考察了中动句的语用特点，并根据留学生习得情况提出了相应的教学建议。可以说，曹宏的一系列研究既做到了尊重汉语实际、准确描写、解释合理，也将研究成果应用于实践层面，具有开创性的意义。之后关于汉语中动句的研究几乎无一例外地都以曹宏的研究作为参考基础。

何文忠（2004a[⑥], 2004b[⑦], 2005[⑧]、2007a[⑨]、2007b[⑩]）采用认知语法理论，将中动语义作为对比的基础，对汉语和西日耳曼（特别是英语）的中动句进行了十分详尽的对比研究，并对中动句的句法特征、制约条件以及认知理据做出了统一的解释。何文忠的研究从跨语言视角厘清了英汉两种语言中动句的具体差异，通过别的语言在某一语法范畴的参照可以更好地发现汉语中动句所体现出来的"个性"。

蔡淑美（2013[⑪]）系统总结了汉语中动句的研究历程和现状，敏锐地指出汉语中动句研究的发展空间，并提出了相应的研究课题和研究策略。尤其是和张新华（2015[⑫]）共著的论文，从类型学的视角对中动范畴进行了界定，将汉语中动句式群分为"NP+ 状 +V"和"NP+V 补 +AP"两类。她（2015[⑬]）还尝试梳理了汉语中动句的语法化历程，对演变机制进行了分析。蔡淑美的研究突破了以往研究单纯比附英语的局限性，将中动看成一个句式群范畴，也更加贴近汉语事实，学界对于汉语中动句有了更进一步的认识。

我们以学界广泛讨论的中动句——"起来"句[⑭]为例，传统语法只局限于"起来"作为复合趋向补语引申义的描写，并未上升到句子层面对其特殊语义进行详细讨论。

① 曹宏：中动句对动词形容词的选择限制及其理据 [J]，语言科学，2004（1）：11—28。
② 曹宏：论中动句的句法构造特点 [J]，世界汉语教学，2004（3）：38—48、3。
③ 曹宏：论中动句的层次结构和语法关系 [J]，语言教学与研究，2004（5）：42—52。
④ 曹宏：论中动句的语义表达特点 [J]，中国语文，2005（3）：205—213、287。
⑤ 曹宏：中动句的语用特点及教学建议 [J]，汉语学习，2005（5）：61—68。
⑥ 何文忠：中动结构的认知阐释 [D]，上海外国语大学博士学位论文，2004 年。
⑦ 何文忠：汉语和西日耳曼语中的附加语中间结构 [J]，解放军外国语学院学报，2004（1）：21—25。
⑧ 何文忠：中动结构的界定 [J]，外语教学，2005（4）：9—14。
⑨ 何文忠：中动构句条件 [J]，外语教学，2007（2）：24—29。
⑩ 何文忠：中动构句选择限制的认知阐释 [J]，外语研究，2007（1）：6—11、80。
⑪ 蔡淑美：汉语中动句的研究现状和发展空间 [J]，汉语学习，2013（5）：78—87。
⑫ 蔡淑美、张新华：类型学视野下的中动范畴和汉语中动句式群 [J]，世界汉语教学，2015（2）：196—210。
⑬ 蔡淑美：汉语中动句的语法化历程和演变机制 [J]，语言教学与研究，2015（4）：49—59。
⑭ 为了叙述方便，本文将"NP+V 起来 +AP"句式统称为"起来"句。

以上三位学者为代表的中动句研究让学界对这些形式和意义错配的句式有了更多的关注。受到西方语言学界的影响，用西方语法理论来对汉语进行验证的尝试可以解决很多传统语法难以解决的问题，这是值得肯定的。然而这一"舶来品"在汉语实际中出现了一些"排异反应"：首先就是界定的问题。直到现在，关于汉语中动句的界定仍众说纷纭，未达成一致；其次就是如何将汉语中动句进行分类；而最根本也是最重要的是——到底汉语是否存在中动句？殷树林（2006a[①]）、宋红梅（2008[②]）、严辰松（2011[③]）和沈家煊（2018[④]）都否定汉语中动句的存在。一种语法现象的存在与否都意见不一，这种奇怪的现实不得不让我们反思：我们应该如何看待这一语言现象？本文以此为出发点，指出目前关于汉语中动句研究的一些问题和认识上的误区，强调将汉语句式研究的出发点回到自身特性上来，并从该语法现象的命名、研究思路、研究材料的选择上提出具体建议。

一、关于汉语中动句认识上的问题

一直以来，我们似乎有意无意地将西方语法理论视为汉语研究的依据，汉语中动句的研究就是以英语语法研究的理论和方法作为标准和参照。这种研究的价值取向和范式的"比附"忽略了汉语自身的特性，导致学界对于汉语中动句的认识上存在误区。

（一）到底什么是"中动"？

"语态（Voice）"，也称"态"，是指"语法描写中，句子或小句结构是一个范畴，句子即使采取了改变动词的主语和宾语之间关系的方式，但是句子的意义依旧不变"（戴维·克里斯特尔编，沈家煊译2011[⑤]）。也就是说，"'态'表示动作行为和主体的关系，它是动词所具有的语法范畴"（叶蜚声、徐通锵，1997[⑥]）。在以英语为代表的印欧语系里，可将"NP+VP"二分为主动语态和被动语态，主动语态就是"施事—动作"的句法构造，而被动语态就是"受事—动作"的模式。英语学界的学者发现，有一些句子形式上符合主动语态，而主语的语义角色却是受事，"中动"的概

① 殷树林："NP+（状）+V起来+AP"格式与英语中动句的比较[J]，语言教学与研究，2006（1）：59—65。
② 宋红梅："V起来"句作为有形态标记的话题句[J]，外语研究，2008（5）：14—19、112。
③ 严辰松：汉语没有"中动结构"[J]，解放军外国语学院学报，2011（5）：7—12、127。
④ 沈家煊：比附"主谓结构"引起的问题[J]，外国语，2018（6）：2—15。
⑤ [英]戴维·克里斯特尔（英）编：现代语言学词典[M]，沈家煊译，北京：商务印书馆，2011年版。
⑥ 叶蜚声、徐通锵：语言学纲要[M]，北京：北京大学出版社，1997年版；徐通锵：汉语研究方法论初探[M]，北京：商务印书馆，2004年版。

念得以提出。(Keyser & Roeper 1984[①], Fagan 1988[②]/1992[③], Ackema & Schoorlemmer 1994[④]/1995[⑤] 等) 可以看出,印欧语系的语态研究和动词的形态变化密切相关。由于印欧语言的语态主要采用动词的形态手段来表示,因此"中动态 (Middle Voice)"概念的设立也是以符合印欧语言的类型和特点为前提的。

中动态是一个相对宏观的语法范畴,其内部包含着复杂的句式。学界普遍认同:中动句是中动语态的具体表现形式。Kemmer (1993[⑥]) 作为中动态研究的代表学者,从跨语言的角度对中动语态进行了十分详尽的考察。她从形式类别入手,对 35 种存在中动标记的语言进行了调查,并根据中动语态形态标记将中动句归纳为 13 种类型。其中,"属性中动句"(dispositional middle) 是语言学界关注和讨论最多的。这类句式表现在:(1) 主语非施事;(2) 施事隐现,具有任指性;(3) 句中带有动词修饰语,整个句子表达"非事件性",即:"NP 有这样一种类属特性,在 V-NP 的时候,它通常呈现 AP 这样一种状态"(曹宏 2005a[⑦])。汉语学界的学者们发现,"起来"句可以满足这样的条件,因此基本一致认同"起来"句是汉语的中动句。

从汉语中动句的来历来看,这一语法概念是"比附"于印欧语语法体系下的产物。如果说这一句法现象具有跨语言普遍性,我们当然会将这个术语为我所用,填补先前研究的空白。但是有一个问题似乎我们还没有明确:"中动"到底是形式上、语义上、还是功能上的概念?印欧语的中动句是语法学家无法解决这种"主动形式表被动意义"的句子的归属问题而提出的,所谓"中动"是一种"过渡的中间状态"。那么如果假定汉语的"起来"句也是中动句的话,那么"起来"句也是一种"过渡的中间状态"?"起来"句既无法体现"形式上主动意义上被动"的特征,也无法证明它是介于主动句和被动句的"中间状态"。显然,汉语中动句研究从定义上就存在问题:首先,"中动态"是印欧语法体系下的语法范畴,是一种形态范畴,不适用于缺乏严格意义形态变化的汉语;"中动语态"和"中动句"是两个概念,很多研究者并未将其进行区分;最后,印欧语的中动态是主动态和被动态的中间状态,三者

---

　①　Keyser,S.J. & T.R.Roeper. On the middle and ergative construction in English[J].*Linguistic Inquiry*(15),1984 .

　②　Fagan,S. The English middle[J].*Linguistic Inquiry*(19) ,1988.

　③　Fagan,S. *The Syntax and Semantics of Middle Construction: A Study with Special Reference to German*[M]. Cambridge: CUP,1992.

　④　Ackema,P.&M.Schoorlemmer. The middle construction and the syntax-semantics interface[J]. Lingua(93),1994.

　⑤　Ackema,P.&M.Schoorlemmer. Middles and Nonmovement[J].*Linguistic Inquiry*(26),1995.

　⑥　Kemmer, S. *The Middle Voice*[M].Amsterdam: Benjamins,1993.

　⑦　曹宏:论中动句的语义表达特点 [J],中国语文,2005 (3):205—213、287。

构成一个连续统（张绍杰、薛兵 2018①），然而我们很难说汉语的"起来"句与主谓句和被动句之间有什么关联。

总之，我们在采用"中动句"这一概念时，并没有对何为"中动"有彻底的认识，直接套用在"起来"句上，这样是与汉语的事实相违背的。

（二）到底汉语中什么句式才是中动句？

自汉语学界最早提出"起来"句为汉语的中动句以来，学者们基本都是围绕"起来"句来进行研究，"起来"句的研究深度进一步加强。学界似乎也逐渐默认了"起来"句就是汉语的中动句。殷树林（2006b②）发现到了"NP+V 起来 +AP"的"AP"存在不同的语义指向，例如：

(1) 这首歌细听起来很美。
(2) 此类案件调查起来相当困难。③（殷树林，2006b）

例（1）中，"很美"在语义上是指向"这首歌"的，这类"起来"句的动词一般都是感官动词，如"看""听""说"等。"V 起来"既可以省略，也可以单独位于句首，具有插入语的功能，这类"起来"句并不太符合典型中动句的特征。而例（2）的"相当困难"语义上是指向"调查"的。因此他认为要将这两类"起来"句进行区分。余光武、司惠文（2008④）又指出："AP"还可以指向隐含的施事。例如：

（3）这首歌听起来很舒服。⑤

余、司二人将这一类"起来"句暂定为话题句，他们通过句法测试将"NP主 | + V-起来谓 + AP补"，即"AP"语义指向"V"的"起来"句认定为汉语最典型的中动句。余、司二人发现了"起来"句并非一个同质的集合，对中动句的界定也充

---

① 张绍杰、薛兵：汉语语态连续统——基于语法—语用互动的视角 [J]，浙江外国语学院学报，2018（1）：17—24。

② 殷树林："NP(对象)+(状)+V+起来+AP"格式的句法构造 [J]，语言科学，2006（2）：29—38。

③ 本文援引语料主要来自前人研究文献使用的例句、北大语料库（"CCL"）、北语语料库（"BCC"）、人民网和自拟语料。除了自拟语料外，其他例句均标注来源。

④ 余光武、司惠文：汉语中间结构的界定——兼论"NP+ V-起来 +AP"句式的分化 [J]，语言研究，2008（1）：69—78。

⑤ 笔者认为，"AP"指向施事的"起来"句也称不上典型的中动句。这是因为：句首"NP"的语义角色一般是"感事"，"AP"是施事的主观感受，所以例（3）还可以改为"这首歌听起来（让人）很舒服"。Yoshimura & Taylor(2004) 认为中动句表示"主语名词所指事物的内在属性或性质能够明显地推动、促进或者阻止谓语成分所指动作行为过程的开展"。因此，这类"起来"句并没有对主语客观的属性特征加以凸显。

分注意到了汉语的实际情况。

当然，也不是所有研究汉语中动句的学者都认为只有"起来"句才是汉语的中动句。曹宏除了将"起来"看成中动句的标记成分，她也将动词后的"NP+V 来 / 着 / 上去 +AP"归入中动句的范畴中。古川裕（2005①）认为"起来"句是"疑似性中动语态"，他将派生式的"可 V/V 人"型形容词和"好 V/ 难 V"型形容词所构成的句子称为汉语的中动句。可以看出，古川裕对于"起来"句是否为汉语的中动句是持保留意见的。至于"NP+ 好 / 难 +V"，有学者发现，这类句式可以和"NP+V 起来 +AP"（"AP"表示难易义）有着相同的含义，例如：

(4) 这本书读起来很容易 = 这本书好读

(5) 民族歌曲唱起来很难 / 不容易 = 民族歌曲不好 / 不容易 / 难唱

曹宏（2005b）将"NP+ 好 / 难 +V"归到难易句中，蔡淑美、张新华（2015）从类型学的视角将汉语中动句划分为"NP+ 状 +V"和"NP+V 补 +AP"两类。"NP+ 状 +V"包括难易句、"耐 / 经"句、"能 / 可"句、"值得"句，"NP+V 补 +AP"包括"起来"句。它们共同构成了一个独特的中动句式群。蔡、张二人的研究更加系统性，尤其是把难易句、"耐 / 经"句、"能 / 可"句、"值得"句纳入中动范畴中也更加贴近汉语事实，但是他们的分类似乎过于宽泛。具体表现在：

首先，他们承认所有"起来"句都是中动句，而事实上只有修饰语指向动词的"起来"句才更加符合跨语言中动句的界定标准。关于这一点余光武、司惠文（2008②）已经给出了充分的论证，此处不再赘述。

其次，他们除了认同"NP+V 补 +AP"类中动句动词后的"着 / 来 / 上去"都是中动标记，还补充了"下去、出去"，甚至也认为动词带动量补语，如"摸两下"，以及"乍一看""细一瞅"这种结构也可以进入到中动范畴中。例如：

(6) 这香气咽下去有些呛人。

(7) 鸿渐自以为这话说出去准动听，又高兴得坐不定，预想着学生的反应。

(8) 这是啥料！您……您摸摸……摸摸，这料子摸两下多软和啊！

(9) 胡静悦百感交集：生活啊，乍一看如一潭死水停在原地，细一瞅，却早已人

---

① 古川裕：现代汉语的"中动语态句式"——语态变换的句法实现和词法实现 [J]，汉语学报，2005（2）：22—32、95。

② 余光武、司惠文：汉语中间结构的界定——兼论"NP+ V- 起来 +AP"句式的分化 [J]，语言研究，2008（1）：69—78。

面桃花物是人非。

（蔡淑美、张新华 2015[①]）

既然"起来""上去""下去""出去"都可以作为中动句的标记词，如果按照这个逻辑，那么其他双音节的，具有引申义的趋向动词"上来""下来""出来""出去""进来""进去""过来""过去"也都可以作为中动句的标记词，我们在语料库中也能找到这样的例句：

(10) 有一些理念<u>说出来容易</u>，但真这样达到，刚才马秘书长说的，这个理念的转变，从骨子里面的转变，落实到日常的行动中，这不是一下就能够解决的问题。（CCL）

(11) 也有人担心，职业经理人难以融入国企，薪酬不好确定、<u>请进来容易请出去难</u>。（BCC）

(12) 许可证<u>磨下来很难的</u>，虽然有人情在，但不到点也不给的。（BCC）

(13) 长城是世界上伟大的奇迹之一，确实令人鼓舞。它这样高、这样陡，<u>人走上来都感到吃力</u>。（BCC）

仔细观察这些句子，我们可以发现，除了"起来"以外，这些复合趋向动词还未完全虚化，虚化的程度也并不一致。即使"上去"的虚化程度也很高，仅次于"起来"，而和其搭配的动词也相当有限，尚未达到"起来"的高语法化程度。像"摸两下""乍一看""细一瞅"这种结构如果归入到中动范畴则更加不合理。

总的来说，由于各学者对"中动"这一概念理解不一，都是采取以英语中动句为参照，寻找汉语与之语义上相对应的句式的界定思路，这样必然会出现多种界定方案，甚至把一些不相干的句式都放在"中动"这一范畴内，使中动句变成了"大杂烩"。

（三）"主动形式表被动意义"就是中动吗？

很多语法研究者们即使没有专门研究中动句，但是对于中动句的认知都可以用一句话概括——"主动形式表被动意义"。这种说法听起来通俗易懂，但仔细一品，其实也是有很大问题的。学界普遍认同的"起来"句从形式上和主谓句并不一样，"起来"句的构式义也不是被动，而是对某一事物类指属性的评述。因此，这种定义是不严密的。很多论著直接把这一通俗解释直接拿来定义"中动句"，这也反映了目

---

① 蔡淑美、张新华：类型学视野下的中动范畴和汉语中动句式群 [J]，世界汉语教学，2015 (2)：196—210。

前中动句在汉语句法体系中"有名无实"的尴尬地位。

曹宏（2004b①）很早就对这种定义进行了修正，提出了中动句的句式义。然而实际上汉语表示这一句式义也并不局限于"起来"句。蔡淑美、张新华（2015②）将中动句的句式义概括为"主语事物由于自身性质而造成在外力对之进行某种操纵行为时表现出某种特征"。这个长句读起来有些拗口，表述得也不够简洁。李强（2018③）指出："中动句旨在突显事物的属性特征对于动作行为或状态的促进作用。"这个定义也无法涵盖难易句、"耐/经"句、"能/可"句、"值得"句。目前来看，关于中动句的定义，仍没有一个统一且明确的答案。

崔希亮（2018④）指出："为汉语第二语言教学服务的汉语本体研究还远远不够，教师在课堂上遇到的很多问题无法在既有的本体研究成果中找到答案是目前汉语国际教育面临的挑战之一。"由于中动句本体研究仍然争议不断，现有的研究成果并不成熟，还难以应用于对外汉语教学中。在对外国留学生进行中动句教学的时候，我们应该从何教起？真的将中动句作为一个语法点进行教学的时候，估计学生也是一头雾水："中动句是什么？""'中动'是什么意思？""什么情况下该用这样的句子？"教材上要是收录"中动句"这个语言点，应该如何解释和说明？对外汉语教学是汉语本体研究的"试金石"，对外汉语教学也会拓展并促进汉语本体研究（陆俭明2005⑤）。我们把汉语的句子"包装"上印欧语的名称，再教给外国学生，告诉他们"起来"句和英语的"Middle Construction"相对应，这样的操作必然不会促进对外汉语教学和汉语本体研究的良性互动。

二、关于汉语中动句的新认识

汉语中动句研究的突破和进展有目共睹，然而我们不得不面对这样的现实：由于以往针对汉语中动句的研究主要比附英语等形态变化较为丰富的语言，不免忽略了汉语自身的鲜明特征。这导致关于中动句的界定、分类等基本问题上，至今仍存在较大的分歧。然而学界似乎逐渐接受甚至默认"起来"句就是汉语中动句的事实。由于汉语中缺乏严格意义上的形态变化，以形态基础上的对比研究是缺乏可信度和说服力的。沈家煊（2018⑥）指出："比附主谓结构并用它来套汉语现象，结果引起许

---

① 曹宏：论中动句的句法构造特点 [J]，世界汉语教学，2004（3）：38—48、3。
② 蔡淑美、张新华：类型学视野下的中动范畴和汉语中动句式群 [J]，世界汉语教学，2015（2）：196—210。
③ 李强：从物性角色看汉语中动句中动词的语义约束 [J]，外国语，2018（1）：31—42。
④ 崔希亮：汉语国际教育与人类命运共同体 [J]，世界汉语教学，2018（4）：435—441。
⑤ 陆俭明：对外汉语教学与汉语本体研究的关系 [J]，语言文字应用，2005（2）：58—62。
⑥ 沈家煊：比附"主谓结构"引起的问题 [J]，外国语，2018（6）：2—15。

多问题。"建立在印欧语基础上的句子概念是不适合直接描写汉语的句法现象的。那么我们需要转变视角，回归自我，重新对这一语言现象加以审视。具体应该做到以下几点：

（一）名称的改变

如上文所述，英语的"Middle"指的是"中动语态"，是一种形态范畴，而"Middle Construction"特指"属性中动（dispositional middle）"这种表示主语类指属性义的句式。西方语言学者发现，即使是同为印欧语系的语言，也难以从形态上将中动句进行跨语言的界定。Kemmer(1993[①])指出："中动态在语义上是一个内部属性一致但成员分布相对离散的范畴。其中包含若干联系松散的下位语义域。"Lekakou(2005[②])通过对多种印欧语的考察，发现世界各种语言在表达中动意义时没有专属的、独立的形式。不同语言采取各种各样的表现形式表达中动意义。因此，"中动"是一种跨语言普遍存在的语言现象，不属于任何特定的句型。

刘丹青（2018[③]）指出："语义功能范畴比形态、句法范畴，更容易成为比较的出发点。这是因为人类需要表达的语义或者观念形态的范畴是比较普遍、比较共同，而具体实现为形态、句法的手段则是各不相同的。所以，比较具有操作性的做法，就是从语义、功能范畴出发，去寻找它在不同语言里面的不同形态、句法的实现。"

将语义范畴作为各语言对比的基础是一个相对客观且具有可操作性的做法。从世界语言普遍性和对某一事物属性功能进行表达这一语用需求来看，汉语中必然存在和印欧语"中动句"相一致的语法现象。我们承认"The car drives fast"和"这辆车开起来很快"具有可比性，是因为这两个句子都表示"这辆车具有一种属性，即任何人在开这辆车时，都会体现快的性能"。那么，汉语的这类句子如果从形式上来命名的话，也应该称作"起来"句；如果从语义和功能来命名的话，也可以称为"话题句"（唐正大2006[④]，王晓凌2012[⑤]）。目前汉语研究比较成熟的句式基本都是从形式上命名（"把"字句、"被"字句、双宾句等）或从意义上命名（被动句、存现句、比较句等），因为这些句式的名称和特征是相一致的，所以研究对象的范围容易界定。"中动"一词从名字上听起来就有"模棱两可"之感，这一名称既体现不出形式，更和句式义毫无关系，在界定上自然不知从形式还是语义入手，导致了这类句式和难

---

① Kemmer, S. *The Middle Voice*[M].Amsterdam: Benjamins,1993.

② Lekakou,M. In the Middle, Somewhat Elevated: The Semantics of Middles and its Crosslinguistic Realization[D].University of London,2005.

③ 刘丹青、曹瑞炯：语言类型学 [M]，上海：中西书局，2017 年版。

④ 唐正大：从独立动词到话题标记——"起来"语法化模式的理据性，沈家煊等主编：语法化与语法研究 [M]，北京：商务印书馆，2005 年版。

⑤ 王晓凌："V 起来"的话题标记功能和语篇衔接功能 [J]，当代修辞学，2012（2）：40—45。

易句、受事主语句、作格句、被动句、"得"字补语等句式纠缠不清，难以区分。

　　一些学者似乎也意识到了这个名字很奇怪，但遵从习惯，或者一时也想不出有什么更好的命名，就姑且继续使用这个名称。随着中动句研究的不断进展，这个名字的弊端也被逐渐放大。如果某一语法术语无法将一种语言现象加以全面、准确地概括，也无法反映该现象各个层面的特征，那么我们完全可以坚定地摒弃，并从汉语自身特性出发，为其量身定做一个准确合适的名字。

　　（二）界定与分类的完善

　　每一种语言都会有对某种事物的属性进行评价的语用驱动，这种属性是通过对与该事物联系的某种动作行为进行评议来体现的。英汉语动作和对象之间的关系以"动 + 名"搭配为原型。当名词作为主语放在句首时，英语遵循主谓一致的原则，谓语动词采取一般现在时的形式，后面加上动词修饰语。汉语动词的语法意义不以自身形态上的变化来表现，在动宾原型搭配的宾语位于句首时，动词后面需要加上标记词"起来"来引出后面的动词修饰语。"起来"句中的"起来"紧密附着在动词之后，从连动结构逐渐高度语法化为一个语法标记词，朝着动补式的方向发展（蔡淑美，2015[①]）。可以说，"起来"句具有自己独立的发展路径，也带有自身的特性。因此，将"起来"句等同于中动句，或者单独抽出一类限定好的"起来"句归为中动句，这种"特设"的分类既不经济，也意义不大。只有将"起来"句作为一个独立句式进行研究，就如同"把"字句、"被"字句一样，将研究的中心放在"起来"的句法功能和构句特点上，才更加全面、系统，也更符合汉语自身的特性。[②]

　　除了"起来"句以外，很多学者还认为"NP+ 助动词[③]+V"这一类句式也是中动句。因为这一类句式也符合"主语非施事""施事隐现""整个句式表达主语的类指属性"等构成中动句的条件。例如：

(14) a. 这本书好读。

　　b. 这本书能读。

---

　　① 蔡淑美：汉语中动句的语法化历程和演变机制 [J]，语言教学与研究，2015（4）：49-59。

　　② 曹宏（2004a,2004b）认为"NP+V 着 +AP"也是中动句，也指出了"着"和"起来"在与其组合动词上的差异。"起来"和"着"在语法化的句法条件以及路径上有很多相似之处。和"起来"相比，"着"的语法化程度要更彻底些。将"NP+V 着 +AP"句作为独立句式进行考察，以及将"V 起来"句和"V 着"句进行更加深入的对比，仍有很大的研究空间。

　　③ 这一类词包括"难""容易""好""够""可（以）""能""耐""经""抗""值得"等。这里面"难""容易"是形容词，把其称作助动词似乎难以接受，且学界目前关于助动词的界定和分类仍存在分歧，和"情态动词""能愿动词"也存在交叉。本文暂不就该类词的词性作过多讨论。笔者认为：这些词大部分都是普遍公认的助动词，并且像"难""容易"等单独来看是形容词，但是在"NP+ 助动词 +V"句式中和助动词具有一样的功能，我们暂且将其统称为"助动词"。

c. 这本书耐读。

d. 这些书够读。

e. 这本书值得读。

这类句式和"起来"句似乎表示一样的意义。如 (14)a"这本书好读"也可以说"这本书读起来很容易"。Goldberg（1995[①]）提出了"无同义原则"，即"如果两个构式在句法上的表现不一致，那么在语义上或语用上，它们也必定不相同"。那么我们也可以理解为：一个语义概念可以用不同的语法格式来表达。但是这些不同的格式必然在功能以及语用上存在差异。王晓凌（2012[②]）将"V 起来"句的构式意义总结为：说话者有意引导听话方注意从 V 这个角度评述 N。她还将"V 起来"定义为引导性的话题标记。"NP+ 助动词 +V"这类句式中单音节助动词和单音节的动词有很强的词汇化倾向，如"好看""难过""可怜""耐用"等已完全成为形容词。因此"助动词 +V"整体可作为谓语，被"不""很""非常"等副词修饰，对主语的属性或性状加以描述。那么我们可以解释"这本书好读"和"这本书读起来很容易"有哪些细微的差异：

(15) a. 这本书读起来很容易：说话者有意引导听话方注意从"读"这个行为角度对"这本书""内容简单"的特性加以评述。

b. 这本书好读：说话者只是单纯叙述"这本书"具有"好读（内容简单）"的特性。

"起来"句更侧重于说话者引导听话者从"V"这个角度为后面的"AP"提供一个"背景"，即 (15)a 存在"假如你真正读这本书的话"的前提；"NP+ 助动词 +V"的"助动词 +V"是一个"具有形容词性质的动态结构""融合度松紧不一的序列"（雷冬平、胡丽珍，2013[③]），说话者在使用这类句式时，没有"引导听话者注意 V 这个角度"这一环节，而是直接将其作为"形容词"对主语的物性特征加以描写。

从各类句式的组成部分来看，"起来"句的"AP"占据补语位置可以承载更多的信息量，既可以是形容词，也可以是短语，还可以是一个小句，如例 (15)a 可以

① Goldberg,Adele E. *Constructions: A construction grammar approach to argument structure*[M]. Chicago: Chicago University Press,1995.

② 王晓凌："V 起来"的话题标记功能和语篇衔接功能 [J]，当代修辞学，2012（2）：40—45。

③ 雷冬平、胡丽珍："NP+ 好 V"构式的认知机制与动态演变研究 [J]，世界汉语教学，2013（4）：470—484。

改成"这本书读起来是很容易的一件事"。此外"AP"在语义上也可以有不同的指向。而"NP+助动词+V"的助动词相对有限，与后面的动词联系紧密，且在双音节词汇化的制约下，还可以进一步发生语义上的融合。蔡淑美、张新华（2015①）认为"V起来"和后面的"AP"是动补关系；"助动词+V"是状中关系。两种句式语用功能的差异是由其不同的句法表现形式所决定的。因此，"起来"句和"NP+助动词+V"是两类完全不同的句式，将其都划归到中动句中并不合理。通过对"NP+助动词+V"这一类句式的仔细观察，我们发现，可以进入到这个句式的助动词也不光局限于"难""好""耐""够""耐""值得"等，例如：

(16) 这款抽烟机<u>免</u>拆洗。

(17) 这个东西<u>中</u>看不<u>中</u>用。

(18) 她的演技还<u>欠</u>打磨。

(19) 刚买的牛奶<u>需要</u>冷藏。

(20) 这个小区<u>适合</u>居住。

上述例句"免""中""欠""需要""适合"也都可以和后面动词组合成一个功能上类似形容词的短语，对主语的性质和状态加以描写。这些词到底该归为哪一词类，在句中到底是什么句法成分，仍有待进一步的研究。尽管这类句式似乎相比"起来"句和英语的中动句更像，但绝不应将其直接归为中动句。由于这类句式没有显性的语法标记，我们可以从句式义入手，将其命名为"属性功能句"②，作为一个独立的句式加以研究。

事实证明，仅从形式或语义单独一个方面将两类甚至更多的句式一概纳入所谓的中动范畴会存在很多问题。从共时来看，两类句式形式上的差异决定了其功能的不同；从历时来看，这两类句式也不可能同时存在，共同发展，"起来"句的发展历程和"起来"的语法化有关；分析属性功能句的语法化、词汇化过程也要从"助动词+V"这一结构入手。因此，将这两类句式分开命名，分开研究，更有利于发掘各自的本质属性。

（三）语料的选择与区分

同一种语言现象，孤立的静态的句子表现和在使用中的动态表现是不同的。表示同一意义的词语、句子在不同的语体中会有不同的表现形式。一个"语言的句子"，

---

① 蔡淑美、张新华：类型学视野下的中动范畴和汉语中动句式群 [J]，世界汉语教学，2015（2）：196—210。

② 这个名称只是本人的一个初步想法，必然不是一个理想的命名，还请各位前辈赐教。

当它在一定的交际中作为"言语的句子"出现时能传递什么样的信息，这一方面取决于该句子的意义，另一方面取决于该句子所处的上下文语境（陆俭明 1987[①]）。因此，只从孤立的句子中进行句法表层分析，而不考虑语境、语体因素，必然存在局限性。以往多数关于中动句的研究主要都是一个独立的单句，在日常表达中，这种单句并不多见。实际上，"起来"句和属性功能句的后面的结构经常独立使用，与主语（话题）是一种分离松散的关系。例如：

(21) 笑话一般很简短，有时竟是三言两语，<u>写起来也不是轻而易举</u>。（CCL）

(22) 美有如盛夏的水果，<u>是容易腐烂而难保持的</u>。(CCL)

(23) 我们认为：Halo-Vest 架具有坚强的三维固定作用，方便、牢固、<u>可任意调节</u>(BCC)

(24) 众所周知，真皮具有柔软、弹性、坚韧、<u>耐磨</u>、吸汗等特性，是容易保养的家具。(BCC)

另外，"起来"句和属性功能句在语用上，经常对举和连用，尤其是对举形式有很多成了习惯用语：

(25) 腐败现象在很多人那里像臭豆腐一样，<u>闻起来臭吃起来香</u>。(CCL)

(26) <u>说起来容易，做起来难</u>。(CCL)

(27) <u>江山易改</u>，本性难移。(CCL)

(28) <u>可买可卖可回收</u>，你的微信账号多少钱一斤？（人民网）

(29) 绿色环保建材——高强复合地板，不仅<u>耐磨、耐压、耐划</u>，而且价格也比较适中，安装和维护也比原木地板简便。(CCL)

朱德熙（1987[②]）指出，语料性质的差异会影响语法研究的结论，要注意区分书面语和口语。以往关于中动句的研究，都没有对语体加以仔细区分，这也使得研究的结论较为粗略。例如：例(27)的"江山易改"，为什么说"江山好改"不太合适？"能"和"可（以）"都有表示"可能"的含义，那为什么例(28)"可买可卖可回收"作为新闻标题不能说"能买能卖能回收"？显然，对"起来"句，尤其是属性功能句在不同语境下纷繁复杂的用法，以及语篇语体特征还有待更加全面、深入的探究。

[①] 陆俭明：试论句子意义的组成 [J]，语言研究论丛，天津：南开大学出版社，1987 (4)。

[②] 朱德熙：现代汉语语法研究的对象是什么 [J]，中国语文，1987 (5)：321—329。

因此，对这些日常生活使用频率较高的表达进行考察，只有立基于真实语料的研究，对句式语用功能、适用语境、语体进行细致全面的描写，才能更加正确地把握该类句式的特点。

三、结语

王力（1936[①]）在其《中国文法学初探》中的一番话至今仍意义深远："我们对于某一族语的文法的研究，不难在把另一族语相比较以证明其相同之点，而难在就本族语里寻求其与世界诸族语相异之点。看见别人家里的某一件东西，回来看看自己家里有没有，本来是可以的，只该留神一点，不要把竹夫人误认为字纸篓。"朱德熙先生（2003[②]）也明确指出："现代语言学的许多重要观点是以印欧语系的语言事实为根据逐渐形成的。采用这种观点来分析汉语，总有一些格格不入的地方。这是因为汉语和印欧语在某些方面（最明显的是语法）有根本性的不同。"以往关于汉语中动句的研究或多或少地都存在机械地用印欧语的标准套用汉语的倾向。这种研究思路会带来很多难以解决的争议。汉语与语言学理论中留下的许多问题基本上都是印欧语眼光造成的（徐通锵2004[③]）。

将"起来"句、属性功能句冠以"中动"之名，无形中掩盖了汉语自身的特征，使得汉语中动句的研究停滞不前，争议不断。如果只是流于表面的比附，试图把一种语言的语法系统轻率地套用到另外的语言上，终究是"雾里看花""水中望月"。面对西方的语言学理论，我们应该"吸收和借鉴"，而不是"照搬和套用"，这就需要我们冲出"比附"的樊篱，在研究汉语句式时既要有印欧语的"眼光"，也应该"以我为本"。本文通过回顾汉语中动句的研究现状，总结学界关于汉语中动句认识的误区，针对该语法现象的重新命名、分类以及语料选择上提出了改进的建议。这一尝试不仅将更加贴近汉语事实，通过研究视角的转变和研究的进一步深入，这一句法现象也能更好地融入汉语句法体系中。同时，本体研究的成果也能更加顺利地转化到语言教学等实践层面上。

---

① 王力：中国文法学初探 [A]，载《王力语言学论文集》[C]，北京：商务印书馆，2000 年版。
② 朱德熙：汉藏语概论·序，马学良：汉藏语概论 [M]，北京：民族出版社，2003 年版。
③ 徐通锵：汉语研究方法论初探 [M]，北京：商务印书馆，2004 年版。

方言普通话声调心理感知初探

温 涵*

摘要：方言普通话是随着普通话的推广而产生的语言变体，学界在描写的基础上对其进行性质的讨论，其依据主要是通过概念推导和特征差异比较。本文认为还应该利用心理感知途径作为标准，能够更加全面得出结论。本文选择天津话和天津普通话进行声调感知实验，本文首先测定了天津方言和天津普通话的单字调值。本文发现天津方言的一声是和天津普通话的一声差异最大，另外天津话一声与天津普通话四声在调值和调形上相似，容易造成混淆。并且在听辨实验中，不同语言背景的被试对于天津普通话和天津话的感知有明显差异。天津普通话与普通话是语言近似度较高的两种语言变体，本文利用心理感知实验有助于揭示微小特征差异带来的心理认知差异，为方言普通话的类属问题提供心理依据。

关键词：方言普通话；天津普通话；声调；感知实验

基金项目：杭州市哲学社会科学规划常规性课题"浙江省内各方言普通话间理解度研究"[项目编号 M21JC051]的研究成果

一、引言

经过数十年的普通话推广工作，普通话推广的进行达到了一个前所未有的深度和广度。从深度上看，很多城市中的家庭已经不再用方言作为家庭语言。越来越多的孩子失去了方言背景，在教育语言中也是直接以普通话作为教学语言，在学校范围内杜绝方言的存在。从广度上看，国家语言文字事业"十三五"发展规划期间，特别是党的十八大以来，国家通用语言文字普及程度进一步提高，普通话普及率达到 70% 以上。从全国的角度来看，已经有将近 10 亿人能够使用普通话进行交流。

"推普"工作的成功却又引发出新的问题和现象，推广普通话这项工作的目的是

---

* 温涵（1991—），男，天津人，浙江外国语学院中国语言文化学院讲师，研究方向为语言学及应用语言学。

让越来越多的人使用普通话，其实很大程度上是让越来越多的人转用普通话，从讲方言变成讲普通话。因此方言似乎和普通话成了一种莫名的"对立"关系。随着"推普"的持续进行，在普通话与方言的接触过程中，普通话与方言的结合产生了一种新型的语言变体，各方言区的人在学习和使用普通话的过程中，受自己母方言影响而形成的、带方言色彩的普通话①。方言向普通话靠拢是"推普"工作的一个重要成就，也反映了汉语走向统一的趋势，它的发展是社会各种因素发展的结果②。从这个角度上看可以说方言普通话是推普的产物，几个比较有代表性且研究较多的方言普通话有粤式普通话（又称广式普通话、港式普通话等）、四川普通话、长沙普通话、上海普通话、山西普通话以及东北普通话等等。随着方言普通话逐渐形成，有些方言区的方言普通话形成了固化的方言普通话，有些方言区尚未形成固化的方言普通话。牛芳③，劲松、牛芳④所提到的长沙的"塑料普通话"就已经形成了一套定型的、系统稳定的、语感统一、功能明确的普通话变体。这类固化的普通话变体已经形成一种介乎普通话与方言之间稳定的语言变体，它拥有自己的一套语音系统、社会属性和交际功能，音系内部可能会有一些自由变体，但是总体上呈现出一个稳定的状态，外人可以对其进行准确的感知。对于长沙本地人来讲，他们可以自由切换长沙方言、"塑料普通话"及普通话，在不同场合使用不同类型的语言变体。另一类尚未形成一个稳定的方言普通话变体形式。

　　关于方言普通话的性质归属问题已经经过近30年的讨论。例如：李如龙将方言和普通话之间存在的既不是方言，又不是普通话的语言称之为过渡语⑤。作者认为过渡语是方言和普通话这一对立统一物之间的中介，是方言和普通话之间相互影响的中间环节。方言区的人学习普通话，过渡语是必经之道。对于过渡语，作者认为过渡语兼有普通话和方言两种成分。这两种成分的构成因地而异，因人而异，并且处在不断的变化中。但是，在一个方言区的一个时间里，多数人所说的过渡语的两种成分构成又是大体一致的系统性的。过渡语会受到文化程度等因素的影响。作者认为过渡语具有模糊性，也有系统性，这二者是相互依存的特征⑥。张建强分析了方言普通话的性质、特征及其产生根源；方言普通话的研究意义和目的；方言普通话的

---

① 郄远春：三十年来"地方普通话"研究综述 [J]，语言研究，2015（6）：4—6。

② 郭熙：对新时"推普"的一些思考：以江苏为例 [J]，南京大学学报（哲学·人文科学·社会科学版），2001（2）：117—123。

③ 牛芳：长沙塑料普通话研究——地方普通话固化的个案研究 [D]，中国人民大学，2009。

④ 劲松、牛芳：长沙地方普通话固化研究——地方普通话固化的个案调查 [J]，语言文字应用，2010（4）：41—49。

⑤ 李如龙：论方言和普通话之间的过渡语 [J]，福建师范大学学报（社会科学版），1988（2）：62—70。

⑥ 陈亚川："地方普通话"的性质特征及其他 [J]，世界汉语教学，1991（1）：12—17。

研究对象和研究方法；以及普通话的名称选择等问题。可以说是在国内学术界较早一批详细并且成系统地审视、讨论和分析方言普通话的文献。文章利用最多的篇幅分析证明了该文的核心观点，即"方言普通话与方言向普通话靠拢不是一回事"。作者认为方言向共同语靠拢是语言演变的问题。而方言普通话是一种中介语现象。并且方言普通话形成的原因是会受到母方言的负迁移、普通话知识的干扰和语言训练的缺陷等原因。张建强在梳理了中介语的理论内涵和外延后认为"方言普通话"的实质就是普通话，只不过是一种带有地方色彩的不够标准的普通话，是标准普通话的区域变体。并且还认为把各地域方言区学习普通话看成一种介于第一语言学习和第二语言学习之间的语言学习，即母语标准语学习①。侍建国、卓琼妍提出以北京语音为标准音已经脱离了全民通用语的本质。经过半个多世纪的推普工作，再把通用语和标准语合二为一，不利于通用语的进一步推广，也不利于汉语的国际推广。②因此文章建议将通用语和标准语并列。重视"约定俗成"的语言规范，理顺通用语和标准语的关系。徐杰、董思聪认为普通话的语音标准应微调为"以北京语音为基础音"，扩宽普通话的语音标准③。董思聪、徐杰认为应以理解度作为划分方言普通话归属的标准④。温涵进一步提出理解度的计算属于心理语言学范畴，需要通过心理学实验范式进行测算，在实验中插入时间参数⑤。

本文认为对于方言普通话的研究还远远不够，虽然对于来源问题、使用情况等问题没有太大的争议，而更多的问题出现在方言普通话的性质问题上，或者说是类属问题上。方言普通话究竟是应该属于普通话还是应该属于方言，还是应该自立一类。这就类似方言和普通话作为方言普通话的父母亲，父母亲感情不和要离婚，那么孩子究竟应该归属于谁？应该归属于爸爸呢，还是应该归属于妈妈，还是自己独立成家。如果简单来判定，孩子跟谁比较像就归谁，似乎是一条简单可行的办法。然而迎面而来的问题是，方言普通话中的很多特征既不存在于普通话中，也不存在于方言中。这就比如父亲黑眼睛，母亲蓝眼睛，而孩子是绿眼睛。

对于方言普通话的类属问题一方面可以通过语言材料的差异度进行判定，另一方面也需要依据心理感知进行判断。因为即便是同样差别，对于不同人来说或许会有不同的心理判断。因此需要将语言材料与心理感知结合，才能够合理地对方言普

① 张建强："地方普通话"研究刍议 [J]，广西社会科学，2005（7）：159—161。
② 侍建国、卓琼妍：关于国家语言的新思考 [J]，语言教学与研究，2013（1）：80—88。
③ 徐杰、董思聪：汉民族共同语的语音标准应微调为"以北京语音为基础音"[J]，语言科学，2013（3）：460—468。
④ 董思聪、徐杰：普通话区域变体的特点与普通话差错的分际 [J]，语言科学，2015（6）：598—606。
⑤ 温涵：语言间相互理解度测试的理论与实践 [D]，澳门大学，2019。

通话的类属进行判定。

通常对于大部分来自非北方官话区的讲话人来说，他们的带有地方特色的普通话是比较容易分辨出来的，是因为他们的方言与普通话差异较大，所以保留在普通话中的方言特色也非常多。然而在北方官话区，尤其是华北和东北地区的地方方言本身的音系就与普通话差异不大。甚至在某些操南方方言的人听起来，东北方言与普通话并无任何差异，甚至认为十分标准。

然而对于北方人来说，听这些地方普通话依旧可以听出其在某些地方带有地方口音。只是并不能很好地把握出具体细节。这主要是因为在这些地方普通话中的声母、韵母都与普通话几乎无差别，然而声调上面的细微差别并不能够被普通没有受过专门语言学训练的人敏锐地捕捉到。只是能够给人留下一个模糊的印象，认为其中有一些不同，也许是"稍微高一些"，或者是"稍微低一些"等等。因此不同语言背景的人对同一语言材料的心理感知是有很大差别的。

本文选择天津方言作为研究对象，研究天津方言、天津普通话与普通话之间在声调上的关联和差异。选择天津方言的主要原因在于，其一：天津话与普通话之间的主要差异主要体现在声调上，二者虽然地理距离很近，但听感差异较为明显；其二：天津普通话非常接近于普通话，但是仍能感受出明显的方言特征；其三：天津普通话由于与普通话太过于相似，因此对于天津普通话的描写和研究非常少，但是对于方言普通话来说，每个地区的方言普通话都值得深入研究。本文主要研究两个问题：第一是天津话与天津普通话之间究竟有哪些声学上的差异。第二是通过实证来分析天津话与天津普通话之间的辨析度。本文所有的声调研究仅限于单字调研究，不涉及音变等其他因素。双字调及多字调不在本文讨论范围。

二、声调实验

（一）采样

天津方言的四个声调的调值根据石锋测算是：一声 211，二声 455，三声 113，四声 553[①]。由于 1987 年距今已经过去了将近 30 年，天津方言本身就在发生着变化，并且随着时代的进步、科技的发展，实验的手段和方法都已经远远超过当时。因此重新测定天津话的调值是本文研究的基础。

为了测定天津方言和天津普通话的调值，笔者请到四位发音人，均来自天津，两男两女。都是出生在天津，并且可以熟练使用天津方言和天津普通话。互相之间可以用天津话沟通，没有沟通障碍。

---

① 石锋：天津方言单字调实验分析 [J]，语言研究论丛，1987（4）。

其中 1 号 4 号发音人为男性，2 号 3 号发音人为女性。

笔者使用了 praat 软件进行声音采样，采样工具是电容麦克风，采样频率是 11025Hz，单声道。笔者为每位发音人准备了一张调查字表，每一个声调 12 个字。由于此次实验只针对声调，所以为了得到有效数据，字表中没有选用边音、鼻音、浊音、零声母作为例字的声母。每位元发音人需要用天津方言和天津普通话进行朗读。于是可以得到一共 384 个语音。

（二）提取基频

提取数据本文采用的是南开大学／南语科技有限公司开发的桌上语音工作室（专业版）（MiniSpeechLab）2.0 版。通过软件得到每个语音的窄带语图，并找到第五谐波（f5）。为了保证实验数据的平均，减少被试心理因素的影响，剔除掉第一个字和最后一个字，对剩下的每个音取 9 个采样点。分别得到 9 个点的第五谐波的频率然后除以 5，得到一个音的 9 个基频值。一共最终得到 $9 \times 10 \times 4 \times 2 \times 4 = 2880$ 个有效基频值。

（三）分析统计

将得到的基频值输入到 Excel 表格中，之后利用石锋[①] 计算五度 T 值的公式：$T = \{[\lg X - \lg(\min)]/[\lg(\max) - \lg(\min)]\} \times 5$ 对每个人的基频值进行分别计算。再将每个人同一声调每个点上面的 T 值进行统计计算与绘图，得到了每个人的天津方言和天津普通话的两套声调格局图。为了便于得出结论，笔者又将四位发音人的天津方言和天津普通话声调格局进行了统计，将四位发音人的所有数据汇总，得出两个平均调值。

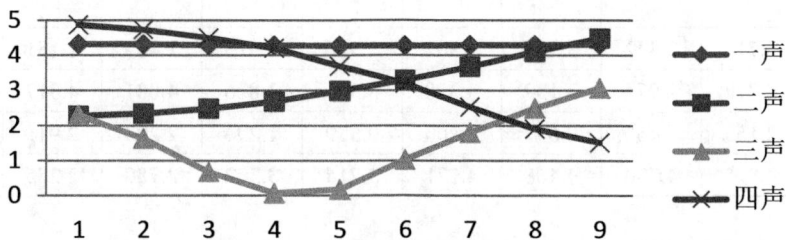

图 1　天津普通话声调格局图

① 石锋：论五度值记调法 [J]，天津师大学报，1990（3）：67—72。

表 1　天津普通话声调 T 值表

点位 声调	1	2	3	4	5	6	7	8	9
一声	4.313	4.312	4.286	4.277	4.269	4.269	4.289	4.288	4.311
二声	2.272	2.336	2.480	2.679	2.983	3.288	3.670	4.096	4.483
三声	2.294	1.624	0.679	0.069	0.172	1.028	1.801	2.492	3.064
四声	4.869	4.732	4.496	4.197	3.686	3.192	2.526	1.900	1.511

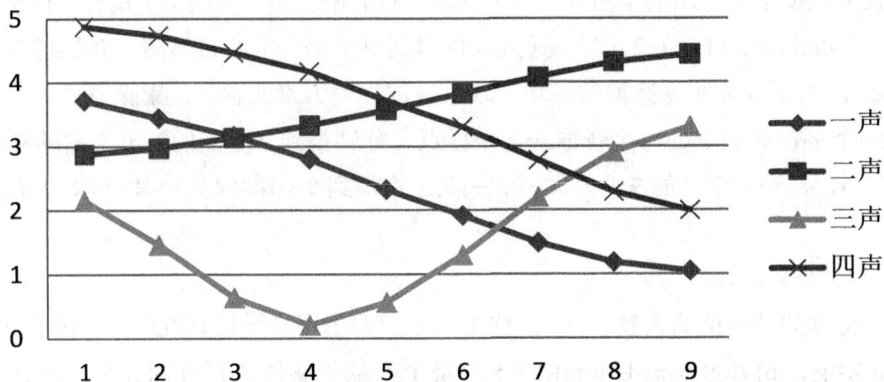

图 2　天津话声调格局图

表 2　天津话声调 T 值表

点位 声调	1	2	3	4	5	6	7	8	9
一声	3.715	3.442	3.165	2.802	2.326	1.915	1.485	1.181	1.047
二声	2.877	2.971	3.139	3.328	3.565	3.826	4.081	4.317	4.441
三声	2.155	1.460	0.637	0.206	0.559	1.296	2.203	2.911	3.306
四声	4.875	4.736	4.468	4.171	3.714	3.302	2.780	2.285	1.994

　　由此可以很轻易地看出，天津方言与天津普通话之间的差别；也可以看出，天津普通话与标准普通话之间的差别。首先：天津普通话与天津方言之间最大的差别在于一声。本次试验测算的天津话一声是一个高降调，调值应为 41；二声是一个高声调，调值应为 35；三声是一个曲折调，调值为 314；四声还是一个高降调，调值为 53。对比天津话的一声和四声，天津话的一声略低于四声，也有一些学者认为天津话的一声应该是一个低降调。可能是由于采样样本较少导致误差的存在，也有可能是因为受到了普通话高平调的影响导致天津话的一声调值有所提升。天津普通话的调值为一声 55，二声调值为 35，三声调值为 314，四声调值为 52。图 3 对比了天

津话与天津普通话的声调差别。

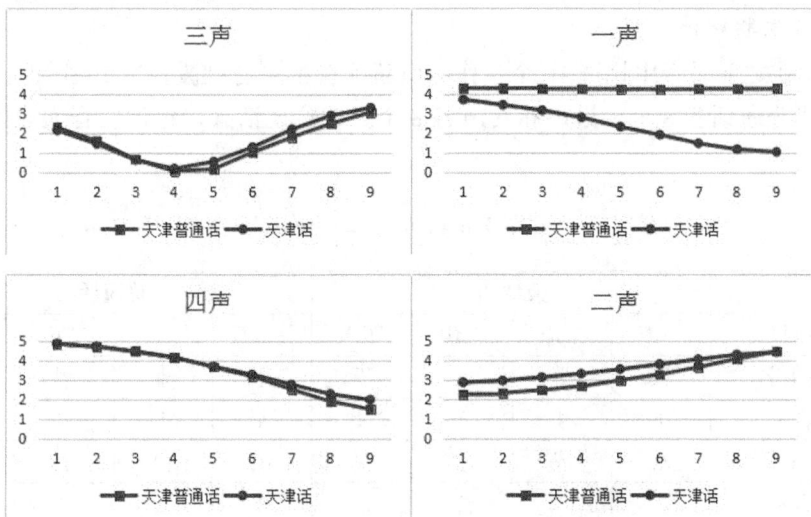

图 3 天津话与天津普通话四声调值差异格局图

总体上观察以上四图其中最有典型性差异的声调是天津话的一声和天津普通话的一声；调值分别是 41 和 55。其他三个声调的调值差异并不明显。我们注意到，带有天津特色的普通话除去一声外，在调值上均低于天津话的调值。对于二声三声四声的稳态段都能够和普通话重合。可见从听感上差别不会太明显。一般不会影响交流沟通的正常进行，但是就是这些许的不同就会造就整体上的不同，这样的普通话听起来就是会感觉是比标准普通话来得有些低沉。从而造成一定程度上的差异。

例如四声中，标准普通话的调值应为 51，天津话的调值为 53，天津普通话的调值为 52。天津普通话与天津话非常接近，都没能够将声调降到底，仅仅是降到一半的位置。天津普通话介于标准普通话和天津话之间，可见其受到了二者的共同影响。

同时我们发现，天津话的一声（41）与普通话的四声（52）在调值和调形上都很接近，因此笔者认为天津话的一声和普通话的四声，可能会在听辨的时候产生一些混淆，影响沟通理解。这一问题留待第三部分进行测验。

三、心理感知实验

（一）实验目的

本文的听辨实验是为了检验天津话与天津普通话的差异。因为，由上文可知，天津话与天津普通话的差异最大的差别在于一声。天津普通话的声调系统并没有与标准普通话有太大的差别，只是总体调值略有偏低，该差异可以忽略不计。因此本实验提出两个假设：①天津话中一声的辨识度是最高的，天津话二声和三声的辨识度不会很高。②天津话的一声会和普通话的四声相混淆。

（二）实验材料

笔者在之前录音中挑选 16 个字作为听辨实验的声音刺激。这 16 个字中，天津话和天津普通话各 8 个。男声和女声各 8 个。四位说话人，每位发音人取四个音，详见表 3。

表 3　感知实验材料用字

声调	天津话				普通话			
	一声	二声	三声	四声	一声	二声	三声	四声
实验用字	天	学	好	下	生	十	手	气
讲话人	1	4	1	4	4	1	4	1
实验用字	八	成	水	见	山	白	表	是
讲话人	2	3	2	3	3	2	3	2

本次试验使用由卡耐基 - 梅龙大学和匹兹堡大学学习研究与发展中心、美国心理学软件公司联合开发的 E-Prime 软件（2.0 版）进行测试。实验流程是：

①欢迎页面：向被试解释实验操作。并确认其知晓实验操作后，进入下一步。

②注视点帧：给被试看一张中间带有 "+" 的画面，使其注视屏幕。用以提示被试准备好听音。该帧画面持续 3 秒。

③播放录音：软件会以随机顺序给被试者播放 16 个单字音。每个音有 10 秒钟的反应时间。听到声音后即可作答。

④重复步骤 2 和步骤 3，直至 16 个音全部测试完毕。

⑤感谢页面。

实验中被试选择自己听到的语言，符合普通话的按 1，不符合普通话按 2。软件会收集测试者的反应时间和反应结果。全部过程大约持续 2—3 分钟。

本实验共请到十名被试者，其中 5 名男性，5 名女性。5 名是来自北方官话区，5 名来自非北方官话区，其中 3 名来自港澳地区，1 名来自吴语区，1 名来自赣语区。这十名被试均不会讲天津话，也几乎没有听过天津话。不具有任何天津方言基础。其共同特点就是都会讲普通话，可以使用普通话进行交流。

（三）实验结果

此次听辨实验共收集到 10 个人 16 个音的反应结果和反应时间。共有 320 个有效数据。为了分别看出受试者对不同语言的辨析程度，经统计与计算后得到图 4。可见十位被试对于普通话的一声辨识度相当高，二三四声依次有些降低。四声最低也是因为，天津普通话中的四声并不是标准的四声调值，虽然仅仅比标准调值在结束时稍微高了一些，但是依旧能够被辨认出与标准存在差异，会被误认为是非普通话。四声因为似像非像的特征，使得被试的思考时间加长，是四声中最长的一个。相反一声的思考时间最短，比四声的思考时间缩短将近 19.1%。最长的思考时间却没有得到最高的正确率。可见在四声上面出现了听辨的困难。二者成负相关关系。

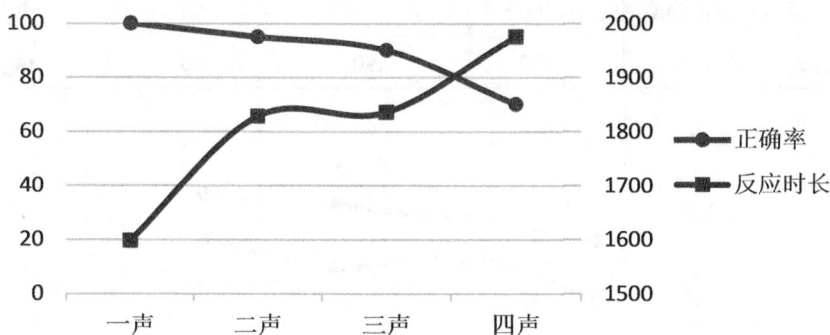

图 4　天津普通话声调感知结果

对与天津话声调感知方面，十位被试普遍辨识度不高。最高比例是天津话中一声具有 50% 正确率。仅有一半人能够正确分辨出该个声调是天津话。选择普通话的大部分被试是将天津话的一声辨别成普通话的四声。被试者对于天津话的四声和一声的反应时间最长，也得到了较高的正确率。二声和三声因为与普通话的声调十分接近，所以正确率非常低，而且也用了很短的反应时间。总体上讲，天津话的听辨实验中，正确率和反应时长成正相关。

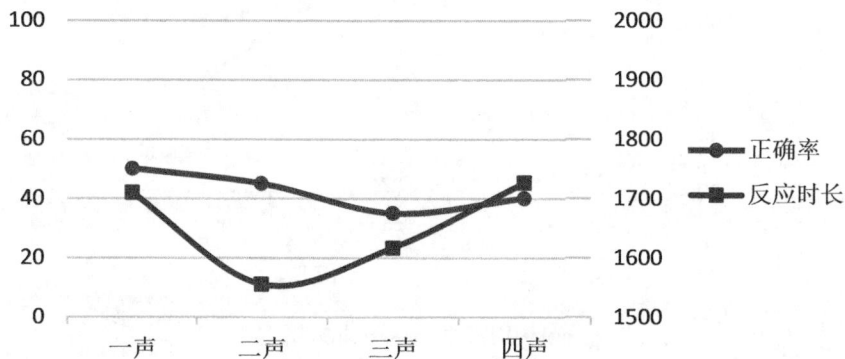

图 5　天津话声调感知结果

在完成以上统计后，笔者将被试按照语言背景分为北方组和南方组。分别统计他们两组被试对于普通话和天津话之间实验结果。从中我们可以看出两组对于普通话和非普通话认知上的不同，以及二者对于普通话和非普通话的感知差异。

表 4　　南北被试对天津普通话感知差异

	一声	二声	三声	四声
南方组普通话反应时间	1803.4	1952.4	2053.3	2132.1
北方组普通话反应时间	1392.4	1703.6	1617.3	1818.3
南方组普通话判断正确率	100	100	90	80
北方组普通话判断正确率	100	90	90	60

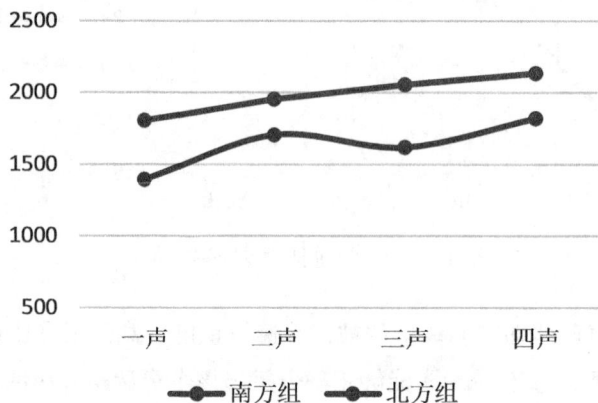

图 6　　南北被试对天津普通话感知反应时间差异

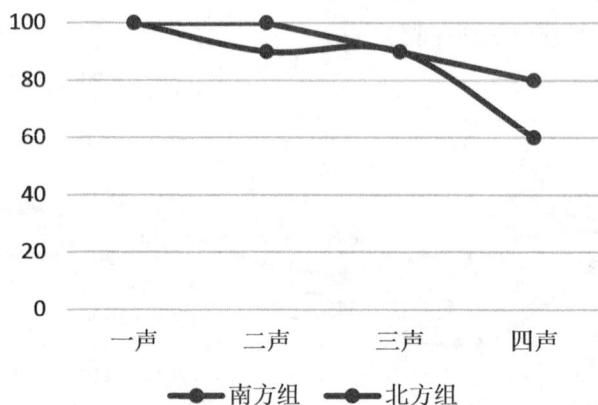

图 7　　南北被试对天津普通话感知正确率差异

　　从上面的图表中可以得到一些结论。首先图 6 中，南方组的判断时间总体高于北方组，整体大约高出 17.8%。可见北方组对于天津话与普通话的判断时间较短，两组一声的判断时长是用时最短的，四声的判断时长都是最长的。因为天津话的一声与普通话的四声有所相似导致的，另外一个原因也是因为被试接受的语音刺激实际上是天津特色的普通话，并不是标准的普通话，所以在判断上会有延迟。正确率方面，南方组的正确率要高于北方组。但总体没有较大差距。因为南方组被试对于北方话的区分程度并不高，天津话与普通话相比，并不觉得有很大的不同。所以倾向选择普通话。两组对于普通话的一声辨识度都达到了百分之百。最低的正确率都是四声。可见天津特色的普通话与标准普通话之间辨识度最低的是四声。把图 6 和图 7 中的南方组和北方组综合来看，南方组对于一声的判断用时最短，正确率最高，其余几个声调也是成负相关，花费时间越长正确率越低，表示被试对于声调的判断程度越来越低，时间加长并没有让正确率提升。对于普通话的听辨实验中，南方组和北方组没有显示出极大的不同。

表 5　南北被试对天津话感知差异

	一声	二声	三声	四声
南方组天津话反应时长	1886.5	1670.3	1712.4	1855.1
北方组天津话反应时长	1532.8	1441.1	1521	1596.7
南方组天津话判断正确率	30	40	30	30
北方组天津话判断正确率	70	50	40	50

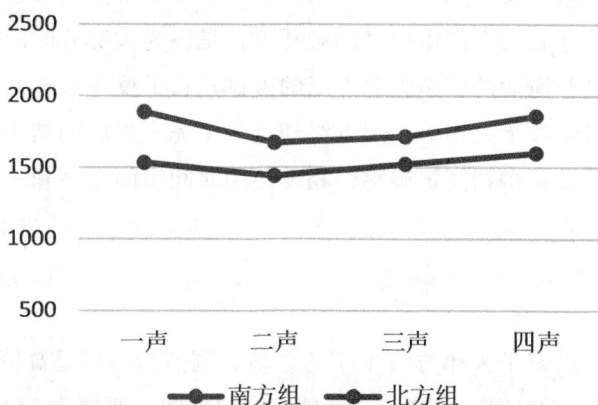

图 8　南北被试对天津话感知反应时长差异

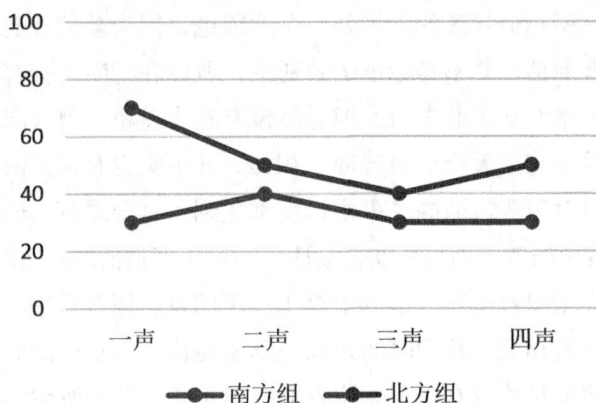

图 9   南北被试对天津话感知正确率差异

在上图表中，得到了和普通话完全不同的结果。天津话的反应时间，北方组依旧短于南方组，但是两组被试反应时长没有呈现出模型上的不同，在四个声调中，依旧是一声和四声是整体的高值，二声和三声呈现低值，是一个谷形的走势。在正确率方面，北方组和南方组就呈现出较大的差异。北方组的整体正确率高于南方组，毋庸置疑是因为北方组对北方官话区语言判断能力强于南方组。北方组对于天津话的一声和四声都表现出较高的敏感性，尤其是一声，能够有 70% 的正确率。二声和三声则由于与普通话太过接近，导致较低的正确率。南方组和北方组最接近的地方在于二声和三声。两条线就几乎平行，只差 10%。可以说相当接近。南方组并没有对天津话最明显的标志一声产生很高的敏感度，是因为大部分的南方组被试将天津话的一声误认为是普通话的四声。北方组的被试延长了反应时长从而得到了更高的正确率。大致走向是属于正相关。南方组却是一个完全相反的结果，虽然延长了反应时间，但是依旧没有得到高正确率，相反使用时间短的二声和三声却得到了较高的正确率。

四、结论

本文首先重新测定了天津方言单字的调值，调值为一声是高降调，调值为 41；二声是一个高声调，调值应为 35；三声是一个曲折调，调值为 314；四声还是一个高降调，调值为 53。并且同时测定了天津普通话的单字调值。天津普通话的调值为一声 55，二声调值为 35，三声调值为 314，四声调值为 52。本文发现天津方言的一声是和天津普通话的一声差异最大，其次是四声的差异。另外天津方言的一声和天津普通话的四声在调值和调形上有些近似，因此在听辨实验中提出两个假设：①天津话的一声和四声的辨识度应该高于二声和三声。②天津话的一声会被误认为是普通话的四声，而导致其正确率不高。之后通过实验验证了这两个假设，两个假设得到了实证的支持。并且在听辨实验中，本文分别分析了南方组和北方组，发现了不同语言背景的被试对于普通话和天津话的反应有很大差异，也找到了影响沟通的一些因素。本文认为带有地方特色的普通话绝不仅仅是声调上面的差异，而是更多超音段音位的因素在起作用。天津普通话与普通话是语言近似度较高的两种语言变体，仅从系统特征差异的角度上分析，未必会推导出二者之间会有明显的感知差异，然而事实上确是二者之间有明显的感知差异。因此利用心理感知实验能够有助于揭示微小语言差异带来的心理认知差异。往往明显的特征差异未必引起显著的心理差异，而不明显的特征差异却会引起显著的心理差异，因此可以利用心理感知实验检验差异的显著性，并最终为方言普通话的类属问题提供心理依据。

二、中外文学研究

清代文学世家中女性文学生成的文化环境

——以常州恽氏女性群体为例

许菁频*

摘要： 以常州恽氏女性文学群体为例，清代文学世家中女性文学生成的文化环境主要由家学传统、闺秀唱和和社会认同三个因素构成。其中，家学传统的形成与家族文化规章的制定和家族成员的鼎力协助息息相关。闺秀唱和主要表现为结社集会、题词作序和选编诗集三种活动方式。而我们之所以认为清代社会对女性诗词创作是认同的，则主要基于三个事实：清代女性文学的兴盛和繁荣、名家招收女弟子之风的蔓延，以及男女平等思想的抬头。

关键词： 文学世家；女性文学；文化环境；恽氏

作为中国古代社会文化最发达的时期，清代在文学创作方面取得了恢宏的成果。在浓厚的文化氛围熏陶下，女性文学也呈现出一派繁荣的景象。仅诗歌创作而言，清代有逾 4000 位女诗人，其诗文集"超轶前代，数逾三千"①，可谓中国女性诗歌史上最繁盛的时期。值得一提的是，如易顺鼎所言："所传名媛，不少诗家，至于有清，遂臻极轨。"② 在清代出现的数量惊人的女性大多是诞生于文学世家之中。

"天下恽氏出常州"，从清初画坛"六大家"之一的恽寿平，到清代中叶"阳湖派"创始人恽敬，再到中国共产党早期的重要领导人之一恽代英，均出自常州恽氏。明朝弘治年间，常州恽氏家族第五十六世恽巍进士及第，自此至清末，恽氏一门十二代共出十七名进士，成为名副其实的"科举世家"。作为以读书进入仕途而遗泽后世的典型代表，恽氏对读书的重视超乎寻常，而文学则成为家族文化活动的主体，

---

* 许菁频（1973—），女，江苏宜兴人，浙江外国语学院中国语言文化学院教授，研究方向为明清文学、传统文化。

① 胡文楷：历代妇女著作考 [M]，上海：上海古籍出版社，1985 年版，第 5 页。

② 易顺鼎：序 [C]，施淑仪：清代闺阁诗人征略，上海：上海书店，1987 年版，第 1 页。

明末至清末几乎代代有文学专集传世，文学世家的称号也因此当之无愧。徐珂在《近词丛话》中指出："毗陵多闺秀，世家大族，彤管贻芬，若庄氏、若恽氏、若左氏、若张氏、若杨氏，固皆以工诗词著称于世者。"① 的确，在恽氏文学世家中，女性文学创作不容小觑。仅胡文楷编著的《历代妇女著作考》中，就载有如下恽氏女性文学创作：

恽元箴撰《靖宇室诗草》，《清闺秀艺文略》著录（未见）。元箴字婉如，江苏阳湖人。俞承修妻。

恽冰撰《题画诗稿》，《清闺秀艺文略》著录（未见）。冰字清於，江苏阳湖人。恽珠姑母，毛鸿调妻。

恽幼晖撰《篆香阁吟稿》，《历史文献图书馆藏书目》著录（见）。幼晖字亚芬，江苏阳湖人。上海图书馆藏有稿本，前后无序跋，分订二册。

恽珠撰《红香馆诗草》二卷。

恽珠编《闺秀正始集》二十卷。

恽珠编《闺秀正始续集》十卷。

恽珠撰《兰闺宝录》六卷。

恽毓湘撰《瘦篁吟馆诗稿》，《清闺秀艺文略》著录（未见）。毓湘字锜华，江苏阳湖人。庞树楷妻。

恽毓留撰《絮吟楼诗稿》，《清闺秀艺文略》著录（未见）。毓留字选芬，江苏阳湖人。毓湘姊，翁顺孙妻。

恽氏撰《集唐咏怀集》，《丹阳县志补遗著录》（未见）。恽氏，江苏武进人。丹阳吴维伯妻。②

虽然由于诸多因素，导致恽氏女性文学作品流传至今的并不多，但其女诗人数量却是不少，它曾经的辉煌是不容我们抹杀的。探究恽氏女性文学群体兴盛的缘由，我们发现清代文学世家中女性文学生成的文化环境主要由以下这些因素构成：

一、家学传统

罗时进、陈燕妮在《清代江南文化家族的特征及其对文学的影响》一文中指出，所谓"家学"有狭义与广义之分："狭义的家学指家族传承的专门学术性的私学，广

---

① 徐柯：近词丛话 [C]，清稗类钞，北京：中华书局，1984 年版，第 3987 页。
② 胡文楷：历代妇女著作考 [M]，上海：上海古籍出版社，1985 年版，第 630—636 页。

义的家学指诗书传家的文学艺术创造活动。"①以此论之,则恽氏狭义的家学当指书画创作;广义的家学则是诗文创作。不论是书画还是诗文创作,恽氏均有悠远的传统。而之所以能形成传统,并沿袭至女性身上,我们认为与家族文化规章的制定和家族成员的鼎力协助有关。

（一）家族文化规章的制定

从明后期恽巍科举及第开始,恽氏以诗文传家,殷切期盼子弟自小受到良好的教育,并将之写入宗规、家训之中。恽鹤生等编撰的《恽氏世谱》中的《南阳公家训》中更是明确规定:"教子急矣,教女亦不容缓。女至六七岁,即宜教之识字以《女诫》及《列女传》等书,且为之讲解,使其明义理,娴矩范。习久成性,柔顺温良,不亦善乎?"②恽氏对子女教育的重视,不仅见诸文字,而且付诸行动。恽氏设置祭产,修建宗祠,兴办家族书院和设置家塾,为族内穷苦子弟开设义塾,支付应试旅费等等。此等举措在文学世家中屡见不鲜。例如,苏州范氏宗族《广义庄劝学规矩》中明确规定:"凡族姓子弟年十三以上,诵完经书古文有志上进者,许本生亲属呈明主奉,率领到书院候验,果堪造就者候主奉批准后到院肄业。"③常州盛氏家族则规定:"凡子孙年至六岁送入小馆发蒙习礼,至十二三岁,观其资质志趣,量能有成,当勉力延师教诲。若能进步显祖荣宗为读书者劝,如资质志趣不像读书之人,随教务农生理。"④族内子弟需到小馆、书院接受启蒙、深造,这成为世家弟子都需遵守的条例。

（二）家族成员的鼎力协助

家族文化规章的制定固然重要,而家族成员的倾力协助对女性文学群体的形成则意义更为重大。冼玉清在《广东女子艺文考·自序》中:"就人事而言,则作者成名,大抵有赖于三者。其一名父之女,少禀庭训,有父兄为之提倡,则成就自易。其二才士之妻,闺房唱和,有夫婿为之点缀,则声气易通。其三令子之母,侪辈所尊,有后嗣为之表扬,则流誉自广。"⑤的确,来自父兄、丈夫、子女的支持直接促成了清代女性文学的繁盛。此类支持主要包括以下几方面内容:

（1）创造条件,使女性从小接受文学熏陶。但凡在文学上有一定成就的女子,早期必然受过正统的教育,这得归功于父母的开明。恽珠自称尚在龆龀,"先大人以为当读书明理,遂命与二兄同学家塾"。及至稍长,父亲恽毓秀就亲授古今体诗,"谆

---

① 罗时进、陈燕妮:清代江南文化家族的特征及其对文学的影响 [J],江苏社会科学,2009（2）:155。

② 恽鹤生:恽氏世谱 [M],诒燕堂本。

③ 范安瑶等:范氏家乘（卷十五）[M],乾隆十一年（1746）续修刊本。

④ 盛虎德:毗陵盛氏族谱（卷一）[M],民国四年（1915）思成堂木活字本。

⑤ 胡文楷:历代妇女著作考 [M],上海:上海古籍出版社,1985 年版,第 951—952 页。

谆以正始为教，余始稍学吟咏"①。恽世临妻子戴青亦是自小饱读诗书："生而明慧，读经史，通大义，喜论史事、诗词。"②又如清初徐昭华是著名的才女，工诗擅画，而其老师毛奇龄则是父亲徐咸清亲自延聘来的。

（2）帮助刊刻文集，并为之写序、跋类文字。父兄、丈夫、子女等家庭成员帮助闺阁女子刊刻文集，这在文学世家中并不少见。例如，戴青的《洗蕉吟馆诗词钞》和《云圃秋吟》就是由儿子恽炳孙出资帮助刊刻的，并为之写跋。恽珠的《红香馆诗草》和《国朝闺秀正始集》是由长子完颜麟庆刊刻的，而规模宏大的《国朝闺秀正始集》更是得到了儿子麟昌、麟书，以及长媳程孟梅、孙女妙莲保等人的通力协助才完成的。程孟梅还为《国朝闺秀正始集》写了跋。恽珠本人也非常重视宣扬族内女子的文学成就，在其所编的《国朝闺秀正始集》中，"排比次序：第一录宗室红兰主人女县君作，尊天潢也；次录先高祖姑科德氏作，述祖德也；次录族姑恽清于作，重家学也"。"述祖德"和"重家学"反映了恽珠浓厚的家族意识，且这一意识贯穿于《正始集》始终："（闺秀）其有祖父兄弟雅副时望，母姑姊妹夙著文明者，亦标出之，以彰家教"③。又如恽氏南分七十一世恽宝元，据恽宝惠记载辑有《香咳集》，"皆历代闺媛之作，原为一时遣兴，亦非自我作始。原书今已不存"④。此外，常州词派中坚人物陆继辂，将其妻子钱惠尊的诗作进行删存，题为《五真阁吟稿》，附刻于自己的诗集《崇百药斋三集》之后，并为之作序。清代藏书家、目录学家孙星衍与妻子王采薇夫妇情深，可惜王采薇二十四岁就英年早逝，孙星衍为纪念她，将她的诗集《长离阁集》收入《平津馆丛书》中。"常州词派"的创始人张琦的妻子汤瑶卿是翰林编史汤修业之女，其创作的《蓬室偶吟》一卷，被刊附在张琦《宛邻诗》后。由此可见，没有父兄、丈夫、子女的协助，传统女子要将其文集流传下来几乎是不可能的。

（3）请名家为文集题词、写序、跋、作注等，扩大女性诗词的影响。女子深锁闺房的现实使其往往名不见经传，为扬其诗名，其家庭成员常常会延请名家来作宣传。例如，戴青的《云圃秋吟》，儿子恽炳孙就请清末著名学者俞樾为其作序。戴青的《洗蕉吟馆诗词钞》，儿子恽炳孙则请诗人李香严为其作批语。戴青死后，家人还请俞樾为其撰写墓志铭。恽珠则由于儿子麟庆显赫的地位，蔡之定、林培厚、高鹗、崇硕、郑汝揖等人均为《红香馆诗草》题写文字。孙星衍请洪亮吉、孔广森和叶欢

---

① 恽珠：国朝闺秀正始集 [M]，清道光十一年（1831）红香馆刊本，第 2 页。

② 俞樾：故湖南巡抚恽公继室戴夫人墓志铭 [C]，恽宝惠：恽氏家乘 [M]，常州：光裕堂铅印本，1949 年版，第 142 页。

③ 恽珠：国朝闺秀正始集 [M]，清道光十一年（1831）红香馆刊本，第 5 页。

④ 恽宝惠：恽氏家乘 [M]，常州：光裕堂铅印本，1949 年版，第 42 页。

国为妻子王采薇的《长离阁集》作序，并请袁枚为其撰写《墓志铭》。在传统社会中，话语权毕竟是掌握在男性手中，有了男性名家的点评、删定，女性诗文更添了几分成熟与魅力。

二、闺秀唱和

传统社会中，女性的文学成就虽然与在社会上占主导地位的男性的支持密不可分，但同时也与来自同性的唱和、关照息息相关。闺阁女子之间对文学的唱和主要表现在以下三个方面：

（一）结社集会

男性之间的文会雅集在清代是极为普遍的一种文化活动方式[①]，而女性之间的结社、集会亦不稀见，但学界对此关注不够。犹如《红楼梦》中黛玉、宝钗等闺中女子常常开展诗会一般，现实世界中清代女子亦不时以诗会友。早在明代万历至崇祯年间，江苏吴江地区沈宜修一家，包括姐妹、兄嫂、堂姐妹、侄女、姑母和族姑等人就结成诗社，这在钱谦益的《沈宜修传》中就有记载："宛君与三女相与题花赋草，镂月裁云。中庭之咏，不逊谢家；娇女之篇，有逾左氏。于是诸姑伯姊后先娣姒，靡不屏刀尺而事篇章，并组纴而共子墨，松陵之士，汾湖之滨，闺房之秀，代兴彤管之诒，交作也。"[②]一族之内的闺中女子因鉴赏、创作诗文而聚集在一起。谢国桢先生对此曾评论道："结社这一件事，在明末已成风气，文有文社，诗有诗社，普遍了江、浙、福建、广东、江西、山东、河北各省，风行了百数十年。大江南北，结社的风气，犹如春潮怒上，应运勃兴。那时候，不但读书人要立社，就是女士们也要结起诗酒文社，提倡风雅，从事吟咏。"[③]清初，杭州的"蕉园诗社"则将女性诗会发展到了相当的规模。不仅人数众多，分为"前五子"时期和"后七子"时期[④]，而且刊刻诗集《蕉园五子集》。乾嘉时期吴江张允滋联合当地女诗人结成诗社，以张允滋的号"清溪"命名诗社为"清溪吟社"，成员号称吴中十子，并著有《吴中女士诗钞》。道光年间，京城就出现了一个由女性诗人沈善宝、林太清、项章、许延祏和钱伯芳组织的诗社"秋红吟社"，沈善宝在《名媛诗话》中记载："己亥秋日，余与太清、屏山、云林、伯芳结秋红吟社。"[⑤]这五位女性趣味相投，结社吟诗，共同促进诗歌创作的发展。

---

① 罗时进：清代江南文化家族雅集与文学创作 [J]，文学遗产，2009（2）：86-95。
② 钱谦益：列朝诗集小传（闰集）[M]，上海：上海古籍出版社，1983 年版，第 753 页。
③ 谢国桢：明清之际党社运动考 [M]，沈阳：辽宁教育出版社，1998 年版，第 7 页。
④ 李冰馨：从"秋红吟社"看明清女性诗社的发展 [J]，乐山师范学院学报，2007（2）：43—46。
⑤ 沈善宝：名媛诗话（卷五）[C]，续修四库全书（第 1706 册），上海：上海古籍出版社，1999 年版，第 616 页。

（二）题词作序

　　为女性诗文题词写序、跋的不仅有男性，而且有女性，来自同性的肯定与赞许同样弥足珍贵。恽珠编撰的《国朝闺秀正始集》前有恽珠多年好友潘素心与黄友琴写的《序》，后附 23 名闺秀所写的题词 46 首，并附石黛卿的《后序》与程孟梅的《跋》。潘素心对恽珠积数十年之力编撰《正始集》予以高度赞扬，认为该集"用以微显阐幽，垂为懿范，使妇人女子之学诗者，发乎情，止乎礼义"①。而黄友琴则揭示了女性写诗的特殊意义："女子之于诗，较男子为尤近。何也？男子以四方为志，立德、立功，毕生莫殚吟咏一端，宜其视为余艺。女子则供衣服、议酒食而外，固多暇时，又门内罕与外事，离合悲喜之感发，往往形诸篇什，此如候虫时鸟，一任天机，了无足异。且敬姜不云乎：'劳则思，思则善心生。'故尝以为，女子之读书属文，亦所以习之于劳而已。"②黄友琴认为，女性写诗更能抒发真实的自我情感。《正始集》中闺秀所作的 46 首题词则是对恽珠的《红香馆诗草》和《国朝闺秀正始集》的褒扬，例如陆韵梅的"甄香妙笔传家法，点缀名花异俗姿"③；高仪凤（高鹗之女）的"《才调》《然脂》与《撷芳》（三集均闺阁作），诗人一例费平章。而今织出天孙手，云锦星珠焕七襄"④。恽珠将同性对自己所创作的诗作和所编撰的诗集的嘉奖收入、刊刻出来，可见恽珠对同性的意见的重视。在这个由男性与女性共同组成的世界中，来自同性的肯定亦是对女性进行诗文创作的一种不可或缺的鞭策和鼓励。

（三）选编诗集

　　与以往被动地借助男性出版诗词集不同，清代女性开始主动地选编自己与其他女性的诗词集、诗话，例如，沈善宝的《名媛诗话》、施淑仪的《清代闺阁诗人征略》、季娴的《闺秀集初集》、单士厘的《清闺秀正始再续集初编》、柳如是的《古今名媛诗词选》、王端淑的《名媛文纬》和《名媛诗纬初编》，以及恽珠的《国朝闺秀正始集》和《国朝闺秀正始续集》等。这些诗集与诗话无疑推动了女性文学的传播和发展，在女性文学史上具有不可估量的价值和意义。同时，女性编选诗集也反映出女性对"诗名"的渴求，渴望得到来自主流社会的认同，是女性寻求个体价值的一种积极、有益的探索。

三、社会认同

　　清代文学世家中女性群体的出现与家族成员、闺阁密友的全力支持固然不可分

---

① 潘素心：序 [C]，恽珠：国朝闺秀正始集，道光十一年（1831）红香馆刊本。
② 黄友琴：序 [C]，恽珠：国朝闺秀正始集，道光十一年（1831）红香馆刊本。
③ 陆韵梅：题词 [C]，恽珠：国朝闺秀正始集，道光十一年（1831）红香馆刊本。
④ 高仪凤：题词 [C]，恽珠：国朝闺秀正始集，道光十一年（1831）红香馆刊本。

割，但更大因素是因为得到了来自社会的认同与肯定，只有得到主流文化圈的许可，女性文学才会焕发出夺目的光彩。我们之所以说清代社会是认同女性诗词创作的，主要基于以下几个事实：

（一）女性文学的兴盛和繁荣

随着王学左派思想的传播，明代后期出现了一批女性文学作品，而至清代，女性文学呈现出一派繁荣的景象。清末名士易顺鼎为施淑仪的《清代闺阁诗人征略》作的序中说："汉唐宋明诸朝，更沐数千年之文化，所传名媛，不少诗家，至于有清，遂臻极轨。琼闺之彦，绣阁之姝，人握隋珠，家藏和璧。"① 诗歌如此，词亦同样。严迪昌教授说："词坛上巾帼群体的形成期在清朝。清词的史称'中兴'，不能轻忽女性作家所作的努力，一代清词之所以如此绚丽多彩，女词人们是与有功焉。"② 女性文学的兴盛从侧面展示了社会对女性创作的认同，如果没有来自主流社会的许可，此种文学必然不能走得太远。

（二）名家招收女弟子之风的蔓延

有清一代，一门风雅的现象比比皆是。例如，吴江叶氏午梦堂（叶绍袁妻沈宜修与五女皆有文采）、常州陆继辂的珠帘合璧（妻子钱惠尊与二女皆擅诗词），等等。但值得注意的是，在清代，女性开始走出家庭，追随名师进行诗文创作。"在清代，男性招收女弟子是一个较普遍的文化现象，除著名的袁枚、陈文述外，像钱谦益、毛奇龄、杭世骏、陈秋坪、萧蜕公、沈大成，都招收女弟子，并给她们以切实的指导。"③ 其中，最为著名的当推袁枚。袁枚公开招收女弟子，名震一时："四方女士之闻其名者，皆钦为汉之伏生、夏侯胜一流，故所到之处皆敛衽报地，以弟子礼见，先生有教无类。"④ 弟子人数达四五十人之众，成员以苏、杭两地为主，袁枚还将她们的作品编成《随园女弟子诗选》。当然，我们也不无遗憾地发现，招收女弟子的行为在清代还是遭到了来自保守势力的攻击，著名史学家章学诚在《丁巳札记》中就批判道："近有无耻妄人，以风流自命，蛊惑士女，大率以优伶杂剧所演才子佳人惑人。大江以南，名门大家闺阁，多为所诱；征诗刻稿，标榜声名，无复男女之嫌，殆忘其身之雌矣。此等闺娃，妇学不修，岂有真才可取。而为邪人播弄，浸成风俗，人心世道，大可忧也。"⑤ 但不论反对者吹起怎样的号角，也难以抵挡女性迈向社会的步伐。

① 易顺鼎：序 [C]，施淑仪：清代闺阁诗人征略，上海：上海书店，1987 年版，第 1 页。
② 严迪昌：清词史（第五编）[M]，南京：江苏古籍出版社，1990 年版，第 1 页。
③ 郭蓁：论清代女诗人生成的文化环境 [J]，山东社会科学，2008（8）：62。
④ 汪心农：随园女弟子诗选序 [C]，袁枚全集，南昌：江西古籍出版社，1997 年版，第 1 页。
⑤ 章学诚：乙卯札记丙辰札记知非日札 [M]，北京：中华书局，1986 年版，第 98 页。

（三）男女平等思想的抬头

在晚明文学解放思潮的影响下，清代女性的主体意识开始逐步苏醒，女子不再满足于相夫教子的封闭生活，她们在有识之士的带领下，用文学敲开社会的大门，而这应归功于男女平等思想的抬头。《红楼梦》中鼓吹的"女尊男卑"的思想犹如一剂强心针，让人们看到了女性解放的希望。明末清初叶绍袁夫妇大胆地提出"德、才、色"三者兼备的女性人生理想的新模式，"标志着晚明解放思想已深入到女性的主体意识"①。女子纷纷开始寻找自身的价值所在，戴青上能辅佐夫君为官，下能教诲子女成才，用诗词为夫君鸣冤、总结人生的智慧，此等行为能令男子都自惭不如。文学带给女性不一样的人生，但只有在男女平等思想的影响下，文学方能真正掀起女性心底的波澜。自然我们也不能忽视，在这封建社会末期，男性依然占有主导地位，男性话语权依然遏制着女性身心的解放。但男女平等思想的抬头已经不容我们抹杀了，它直接促成了女性文学进入了一个新的时代。

女性文学群体的存在是恽氏成为"文学世家"一个至为关键的因素。在江南望族中，不论是声名显赫的吴江沈氏家族（沈璟及其后裔），还是一门珠联的常州张氏家族（张琦及其四女），女性队伍的齐整与女性文学的成熟是其引以为傲的资本。所谓"半亩莺花堪入画，一家妇女尽能诗"（陆继辂《寄李凤台兆洛诗》），成为文人竞相追求的目标。需要指出的是，女性文学群体的存在不仅给传统文人增添了几许光彩，实际也是文学世家能代代延续的重要条件。在母教传统的浸染下，女子为人母后承担着教育子女的重担。完颜麟庆"其学皆由母夫人教也"②，恽炳孙自述"七岁太夫人教以诗"③，恽氏如此，其他世家亦如此。例如，陆继辂九岁而孤，其母林太孺人督教甚严；张惠言四岁而孤，母亲姜氏担起督课重责。女性文学群体的存在在一定程度上促成了文学世家的诞生，而女性文学群体之所以能在文学世家中存在亦有赖于一定的文化环境，其中关系相辅相成，缺一不可。

---

①　陈书录："德、才、色"主体意识的复苏与女性群体文学的兴盛——明代吴江叶氏家族女性文学研究 [J]，南京师大学报（社会科学版），2001（5）：134。

②　蔡之定：完颜母恽太夫人墓表铭 [C]，钱仪吉：清代碑传全集，上海：上海古籍出版社，1987年版，第 738 页。

③　恽炳孙：澹如轩诗钞附词钞 [M]，上海：上海聚珍仿宋印书局，1922 年版，第 2 页。

论穆时英小说语言的"陌生化"效果

陈海英[*]

摘要：穆时英的小说注重主观感觉印象的表达，并追求感觉印象的新奇独特，而为更好地表现新奇独特的感觉印象，他刻意追求语言的新奇效果，积极探索小说语言的艺术化，追求词句的超常搭配、反常组合，显得新颖奇特，富有诗意，带有明显的陌生化语言的风格特色。穆时英小说对语言陌生化的刻意追求，主要表现在对变异性语言的创造和运用上，而比喻、比拟、移就、通感等变异修辞格的运用是其创造变异语言进而产生陌生化效果的重要手段。

关键词：穆时英；陌生化；变异；修辞格

　　"陌生化"是 20 世纪俄国形式主义的核心概念，其代表人物什克洛夫斯基在《作为手法的艺术》中说："艺术的目的是使你对事物的感觉如同你所见的视象那样，而不是如同你所认识的那样；艺术的手法是事物的'反常化'（通常被译为'陌生化'）手法，是复杂化形式的手法，它增加了感受的难度和时延，既然艺术中的领悟过程是以自身为目的的，它就理应延长。"[①]形式主义学派认为，日常的现实磨钝了人们的感觉，惯性思维导致人们陷入熟视无睹或者视而不见的境地，人们的所有感觉都因为不断重复而面临自动化，产生机械性，因此必须通过艺术的手段把人从这种"自动化"和"机械性"中解救出来，而"陌生化"就是这种艺术手段。形式主义学派还认为，日常语言与诗性语言（艺术语言）的区别在于：日常语言是规范的、普通的语言，其司空见惯、呆板固定的话语形式，往往使人产生一种习惯化的感觉方式与思维方式，无法唤起人们的兴趣；而诗性语言则是一种加工的、扭曲的、变形的语言，是对日常语言的机械性和自动化进行"陌生化"的语言，是为产生艺术感觉

　　* 陈海英（1974—），女，浙江景宁人，浙江外国语学院中国语言文化学院教授，研究方向为中国现当代文学与都市文化。
　　① ［俄］什克洛夫斯基：作为手法的艺术·俄国形式主义文论选 [M]，方珊译，上海：三联书店，1989 年版，第 6 页。

而有意为之的语言。① 由此可见，所谓语言的陌生化，就是有意"损坏"日常语言的习惯和规则，创造出一种与日常语言不同的、特殊的语言，以造成语言理解与感受上的陌生感。正如伊格尔顿所说的，"文学语言的特殊之处，即其有别于其他话语之处，是它以各种方法使普通语言'变形'。在文学手段的压力下，普通语言被强化、凝聚、扭曲、缩短、拉长、颠倒。这是被'弄陌生'了的语言；由于这种疏离，日常世界也突然被陌生化了"②，语言的陌生化就是"陌生化"艺术手法在文学语言上的具体运用。

众所周知，穆时英的小说极注重主观感觉印象的表达，并追求感觉印象的新奇独特，而为更好地表现新奇独特的感觉印象，他刻意追求语言的新奇效果，积极探索小说语言的艺术化，正如沈从文所评价的"所长在创新句，新腔，新境"③，其小说语言往往突破常规，追求词句的超常搭配、反常组合，显得新颖奇特，富有诗意，带有明显的陌生化语言的风格特色。穆时英小说对语言陌生化的刻意追求，主要表现在对变异性语言的创造和运用上，而变异修辞格的运用是其创造变异语言进而产生陌生化效果的重要手段。

著名语言学家、修辞学家陈望道先生认为修辞方法是各种艺术手段在语言表达上的具体使用，修辞格"把语词运用的可能性发扬张大了，往往可以造成超脱寻常文字、寻常文法以至寻常逻辑的新形式，而使语辞呈现出一种动人的魅力"④，因此可以说"运用修辞格是形成言语变异的重要手段"⑤。结合穆时英小说文本，不难发现，有着独特艺术感悟力的穆时英对各种修辞格可谓信手拈来，随心所欲地把弄玩味着，有意识地拉开语言能指和所指之间的距离，增加了读者感知语言的难度，产生了陌生化的艺术审美效果。

一、新奇怪异的比喻

比喻作为最古老最陈旧的一种修辞手法，被作家们广泛地运用在文学作品中。所谓比喻，即"根据联想，抓住本质不同事物之间的相似点，用一事物来描写所要表现的另一事物的修辞方式"⑥，任何比喻都具有本体、喻体和相似点，在本体、喻体的相似点问题上，钱钟书先生曾在《读〈拉奥孔〉》一文中说，"相比的事物间距离

① 方珊：形式主义文论 [M]，济南：山东教育出版社，1994 年版，第 75 页。
② [英] 特雷·伊格尔顿：二十世纪西方文学理论 [M]，伍晓明译，北京：北京大学出版社，2007 年版，第 4 页。
③ 沈从文：论穆时英·沈从文文集（第 11 卷）[M]，广州：花城出版社，1984 年版，第 203 页。
④ 陈望道：修辞学发凡 [M]，上海：上海教育出版社，2006 年版，第 4 页。
⑤ 冯广艺：变异修辞学（修订本）[M]，武汉：湖北教育出版社，2004 年版，第 237 页。
⑥ 骆小所：现代修辞学 [M]，昆明：云南人民出版社，2007 年版，第 121 页。

愈大,比喻的效果愈新奇创辟"①。而穆时英在比喻艺术的运用上,似乎也深谙其道,在比喻相似点的选择上有意求新、求奇,总能在表面看来风马牛不相及的事物间找到其相似之处,出奇制胜,产生妙不可言的艺术效果,给人耳目一新的感觉。请看以下几例:

在她花朵似的嘴唇上,喝葡萄酒似地,轻轻地轻轻地尝着醉人的酒味。(《被当作消遣品的男子》)

前面的一串街灯是小姐们晚礼服的钻边。(《公墓》)

第二天起来,我发觉自家儿是睡在一个旅馆里的床上,我的贞操,碎纸片似地散了一地……(《Craven "A"》)

从袖口里望进去,父亲的手臂简直是两根细竹竿撑着一层白纸。(《父亲》)

父亲叹了口气,两滴眼泪蜗牛似的缓慢地,沉重地从他眼珠子里挂下来,流过腮帮儿,笃笃地掉到地毯上面。我可以听到它的声音,两块千斤石跌在地上似的。(《旧宅》)

安详地走进了教堂的陶苪和玛丽,是静谧,纯洁,倒像在银架上燃烧着的白色的小蜡烛。(《圣处女的感情》)

生真是满开着青色的蔷薇,吹着橙色的风的花圃啊!(《烟》)

异样的感觉,一只小虫似地从她的手上爬过来,沿着手臂向心脏蠕蠕地爬去。(《第二恋》)

在上述的例句中,作者分别将接吻比作喝葡萄酒,将街灯比作小姐晚礼服的钻边,将贞操比作碎纸片,将手臂比作两根细竹竿撑一层白纸,将眼泪比作蜗牛,将圣处女比作小蜡烛,将人生比作花圃,将感觉比作小虫爬。表面看来这些本体和喻体之间似乎毫无关联,风马牛不相及,但仔细品味,却觉得异常形象、生动,让人产生丰富的联想。如果说上述比喻虽新奇,但依然是以实喻虚或以实喻实,是变抽象为具体,化具体为形象,属于人们常用的直接性比喻,那么下列比喻则显得诡异奇特,耐人寻味:

那梦似的笑,蒙着雾似的眼光。(《公墓》)

可是一想起寂寞的父亲的暮年和秋天的黄昏那么地寥落的我家,总暗暗地在心里流过一丝无可奈何的怅惘。(《父亲》)

① 钱钟书:读《拉奥孔》七缀集 [M],上海:三联书店,2001 年版,第 50 页。

摸了摸自个儿的下巴，连胡根刮得干干净净的，就和自家的心情一样光滑。（《五月》）

商店有着咖啡座的焦香，插在天空的霓虹灯也温柔得像诗。（《骆驼·尼采主义者与女人》）

在迷离的月色下走着，只觉得自己抱了一个流动的，诡秘的五月的午夜踱回家去。（《墨绿衫的小姐》）

在上述比喻中，本体分别是"笑""家""胡根""插在天空的霓虹灯""女子的身体"，而喻体则分别是"梦""秋天的黄昏""自家的心情""诗""流动的、诡秘的五月的午夜"，在这里无论是"梦""秋天的黄昏""自家的心情"，还是"诗""五月的午夜"，谁也说不清它们是什么样的，它们都是抽象的概念，但作者以感觉为本，巧妙地抓住了本体、喻体之间的神似之处，有意地化实为虚，化形象为抽象，实现了对比喻的扭曲、变形，从而使语言富有朦胧的诗意，给读者以想象的空间。

比喻的修辞被穆时英运用得炉火纯青，精妙绝伦，最经典的莫过于《Craven "A"》中对女子的脸和身体的夸张比喻了。在文中作者用比喻的修辞将女子的脸和身体变成了一张国家地图，每一个景点都有精细的刻画，跟随着作者的目光，阅读变成了一次快乐的文本游历、一次冒险的想象历程。比喻"作为强化语义能指功能的一个手法"[①]，使这张地图的本体——女子的身体"多了一层隐喻的，甚至是寓言的维度"[②]，丰富了语言的能指，使其产生了多重含义，增加了读者感受的难度，延长了读者理解的时间，很好地实践了陌生化的理论主张。

二、别出新意的比拟

所谓比拟，即"基于想象，化物为人，或化人为物，或化此物为彼物的修辞方式，或者说，用描写彼类事物动作形态的词描写此类事物的修辞方式"[③]。穆时英小说追求感觉的外化，时常将主体感觉转移投射至客体，从而产生客体感觉化，感觉物态化的艺术效果，而这一艺术效果的产生在语言方面其主要的手段就是比拟修辞格的大量运用。比拟可分拟人和拟物两类，其中拟人的修辞在穆时英的小说文本中不胜枚举，仅以《上海的狐步舞》为例：

---

① 江南：汉语修辞的当代阐释 [M]，徐州：中国矿业大学出版社，2001 年版，第 210 页。

② [美] 李欧梵：上海摩登——一种新都市文化在中国（1930—1945）[M]，毛尖译，上海：三联书店，2008 年版，第 217 页。

③ 骆小所：现代修辞学 [M]，昆明：云南人民出版社，2007 年版，第 135 页。

刘有德先生的西瓜帽上的珊瑚结子从车门里探了出来，黑毛葛背心上两只小口袋里挂着的金表链上面的几个小金镑叮当地笑着，把他送出车外，送到这屋子里。

Neon light 伸着颜色的手指在蓝墨水似的夜空里写着大字。

在那片大草地的四周泛滥着光的海，罪恶的海浪，慕尔堂浸在黑暗里，跪着，在替这些下地狱的男女祈祷，大世界的塔尖拒绝了忏悔，骄傲地瞧着这位迁牧师，放射着一圈圈的灯光。

一只 saxophone 正伸长了脖子，张着大嘴，呜呜地冲着他们嚷。

电梯用十五秒钟一次的速度，把人货物似地抛到屋顶花园去。

电梯把他吐在四楼。

在以上各例中，作者均把无生命的事物拟人化，把"珊瑚结子""小金镑""Neon light""慕尔堂""大世界的塔尖""saxophone""电梯"等当作人来描绘，赋予人的行为动作或人的形象，使其人格化。此外，又如：

有着朴实的颜色的红木方桌默默地站在那儿，太师椅默默地站在那儿。(《父亲》)

月台往后缩脖子。(《街景》)

她的头发和鞋跟是寂寞的。(《夜》)

一抹橘黄的太阳光在窗前那只红磁瓶里边的一朵慈菇花的蕊上徘徊着。(《墨绿衫的小姐》)

家具还是摆着那样发霉的脸色。(《贫士日记》)

两条袖带娇慵地攀在没有血色的肩膀上面。《白金的女体塑像》

由于主体强烈情绪的浸染，作为客体的"红木方桌""太师椅""月台""头发""鞋跟""太阳光""家具""袖带"成了和主体情绪相融合之物，在物我两忘的心理状态中，客体被人格化，被赋予了生命和灵性，从而出现了"方桌和太师椅默默地站在那儿""月台缩脖子""头发和鞋跟寂寞""太阳光徘徊""家具摆脸色""袖带慵懒地攀在"等超常的搭配和嫁接，意象生动形象，语言富有奇趣，使读者获得了新奇的审美感受。

在把物拟人化的同时，穆时英也在其文本中将人拟物化，实现了人与物之间的"双向逆动"① 如：

① 李今：海派小说与现代都市文化 [M]，合肥：安徽教育出版社，2000 年版，第 27 页。

把发际的紫罗兰插在我嘴里，这大夜蝶从我的胳膊里飞去了。嘴里含着花，看着翩翩地飞去的她，两只高跟儿鞋的样子很好的鞋底在夜色中舞着，在夜色中还颤动着她的笑声。(《被当作消遣品的男子》)

白桦树似的身子安逸地搁在床上，胸前攀着两颗烂熟的葡萄，在呼吸的微风里颤着。(《白金的女体塑像》)

走在小径上面的时候，她完全萎谢在我身上。(《墨绿衫的小姐》)

街上稀落的行人，全像倒竖在地上的，没有人性的傀儡似地，古怪的移动着。(《红色的女猎神》)

这是从画上移植过来的一些流动的线条，一堆 Cream，在我的被单上绘着人体画。(《Craven "A"》)

在上述例句中，作者将人或人的身体当作物品来描写，用"飞""搁""萎谢""移动"等非人的动作来写人，或直接将人的身体以"线条"和"Cream"的组合来替代，实现了人的物化，产生一种怪诞的审美效果。而从更深层次来看，拟物的修辞揭示了穆时英小说的常见主题，即人的异化，"在把物质的东西拟人化，而把人拟物化的描写形式里，非常明显地包含着一个荒谬的事实：人与物质的性质和关系的颠倒。属于人的生命、意志、情感、精神的特征被物质的东西侵占了，而物质获得了人的属性和位置"[①]。

在将人作物化描写的同时，穆时英也将此物作彼物来写，即物的拟物描写，如：

在这儿，道德给践在脚下，罪恶给高高地捧在脑袋上面。(《上海的狐步舞》)

和她才会面了三次，总是怀着"留神哪"的心情，听着她丽丽拉拉地从嘴里泛滥着苏州味的话，一面就这么想着。(《被当作消遣品的男子》)

话从我的嘴里流出去，玫瑰色的混合酒从麦秆里流到我嘴里来，可是我的眼光却流向坐在我前面的那个舞娘了。(《黑牡丹》)

暗绿的旗袍和绣了边的裹裙无力地萎谢到白漆的椅背上面。(《白金的女体塑像》)

温柔的会话，微风似地从她们的嘴唇里漏出来。(《街景》)

下午是温煦素朴而爽朗，天上没一片云，亲切的阳光在窗上荡漾着，在我屋子里荡漾着。(《贫士日记》)

他的那本烫金的皮手册差不多载满了轻快的和沉重的各方面的计划。(《烟》)

---

① 李今：海派文学与现代都市文化 [M]，合肥：安徽教育出版社，2000 年版，第 26 页。

可以看出，在上述例子中，作者为抒发感情或表达某种感觉印象，有意地将此物当彼物来写，在语言上表现为对语言规则或语用规则的肆意偏离，有意颠覆原来约定俗成的语言规范，改变"自动化"的语言搭配方式，按照自我表达的需要进行言语的创造性组合或超常嫁接，产生新奇变幻的审美趣味和陌生化的艺术效果。

三、突破常规的移就

在穆时英的小说文本中，随处可见"冷落的门铃""抽咽的灵魂""古旧的声音""金黄色的梦""年轻的时间""感伤的，疲倦的调子"等反常怪异的词语组合，这种变异性的语言在修辞学中叫移就，即"把描写甲事物性质状态的词，移来修饰和描写乙事物的修辞方式"①。移就是一种变异的修辞格，穆时英在表达自身独特的感觉印象时，时常将主体情绪感受转移投射到客体上，达到主客体的相互渗透相互交融，在语言上则有意地变通词语的习惯性搭配，大量地运用移就的修辞格，创造变异化的语言，以产生语言的陌生化效果。如：

在吉士牌的烟雾中，我看见她那骄傲的鼻子，嘲笑我的眼，失望的嘴。(《被当作消遣品的男子》)

剩下来的是一间空屋子，凌乱的，寂寞的，一片空的地板，白灯光把梦全赶走了。(《夜总会的五个人》)

一幅静默的，黑宝石的长耳坠子，一只静默的，黑宝石的戒指，一只白金手表。(《白金的女体塑像》)

他的衰颓的咳嗽声老在我耳朵旁边响着，每一口痰都吐在我心脏上面。(《旧宅》)

两颗瘦眼泪挂在干枯的脸上。(《百日》)

在上述例句中，作者将"骄傲"移来修饰"鼻子"，将"失望"移来修饰"嘴"，将"寂寞"移来修饰"地板"，将"静默"移来修饰"耳坠子"和"戒指"，将"衰颓"移来修饰"咳嗽声"，将"瘦"移来修饰眼泪，骄傲、失望、寂寞、静默、衰颓、瘦原本都是形容人的情绪状态的，却被移用来修饰具体的事物，使这些事物富有了人的情绪色彩、性质状态，显得新奇怪异。与此同时，穆时英又时常将一些富有色彩感、动态感、情态感的词移来修饰抽象的事物。如：

可是他的眼珠子里边显露了他的整个的在抽咽着的灵魂。(《父亲》)

① 骆小所：现代修辞学 [M]，昆明：云南人民出版社，2007年版，第144页。

他是在我身上做着黄金色的梦的。(《旧宅》)

他的眼珠子里边没有光,没有愉快,没有忧虑,什么都没有,只有着白茫茫的空虚。(《旧宅》)

是的,正是淫逸的两点钟呢!(《红色的女猎神》)

我是拖着一个衰老的,破碎了的灵魂走回记忆里边来了,走回蜜色的旧梦里边来了。(《第二恋》)

那只手像一只熨斗,轻轻熨着我的结了许多皱纹的灵魂。(《第二恋》)

在他的手掌上是热烘烘的友情。(《第二恋》)

无论是"抽咽着的灵魂",或是"衰老、破碎的灵魂",还是"结了许多皱纹的灵魂",都使抽象的灵魂富有了动态感和情态感,显得生动形象而又奇妙新颖。"黄金色的梦""白茫茫的空虚"则将富有色彩感的词移来修饰抽象的梦和空虚,显得新颖别致又耐人寻味。而"淫逸的两点钟"和"热烘烘的友情",同样是把抽象的事物用具体的状态加以描写修饰,使抽象的事物具体可感,富有审美的奇趣。

看似不符规范、不合情理的移就,是词语搭配的一种创造性运用,这种语义上的超常搭配和巧妙嫁接,使语言显得新奇陌生,具有特殊的艺术魅力。移就的修辞,使穆时英很好地将自我强烈的主观感情渗透在客体中,将自我的感觉印象转嫁到客体上,使客体带上了强烈的主观情绪色彩,产生了物我交融的艺术功效,使语言带有了强烈的抒情色彩,富有语言的诗意美,更使小说具有了诗歌的意蕴,带给读者崭新的感官体验。

四、匠心独运的通感

人有多种感觉器官,虽各司其职,但在大脑的统一指挥下,各种感觉是可以相通的,正如钱钟书先生所指出的,"在日常经验里,视觉、听觉、触觉、嗅觉、味觉往往可以彼此打通或交通,眼、耳、舌、鼻、身各个官能的领域可以不分界限。颜色似乎会有温度,声音似乎会有形象,冷暖似乎会有重量,气味似乎会有锋芒"[①],这种感觉的转移和复合在艺术上被称为通感。作为一种修辞格,通感即指"在描述客观事物时,用形象性的语言使感觉转移,把人们某个感官感觉到的移到另一感官上,从而启发读者联想,深化意境,体味韵味的修辞方式,又称移觉"[②]。

穆时英在进行感觉化的描写时,特别重视各种感觉的复合,常用通感的手法将感觉器官相互沟通,从而进行感觉的错位、挪移和荒诞组合,使感觉得以全方位、

---

① 钱钟书:通感·旧文四篇 [M],上海:上海古籍出版社,1979 年版,第 52 页。

② 骆小所:现代修辞学 [M],昆明:云南人民出版社,2007 年版,第 150 页。

多层次、立体的展现，使感觉的描写显得新奇且富有立体感，使语言显得新异变幻，富有表现力。

如："钟的走声也是黑色的，古龙香水的香味也是黑色的。"钟的走声作用于听觉，香水的香味作用于嗅觉，但作者却用视觉所感受的黑色来表达听觉和嗅觉，这就是感觉的复合，当所有的感官都被黑色所笼罩时，人的窒息感、压抑感便显而易见了。又如：

绢样的声音溜了出去，溜到园子里边去了，凝冻在银绿色的夜色里边。(《墨绿衫的小姐》)

声音的圆润宛转、悦耳动听，本来只能作用于听觉的，但作者用"绢样"一词进行转换，陡然间就使声音变成了可触摸的对象，具有了立体感、形象感。

笑声从门缝里挤出来，酒香从门缝里挤出来，Jazz 从门缝里挤出来 (《上海的狐步舞》)

笑声和 Jazz 是作用于人的听觉，酒香则是作用于人的嗅觉，但作者分别用了三个"挤"字将笑声、Jazz、酒香变成了视觉可感之物，却形象地写出了舞厅里喧闹的声音和浓烈的酒香。

菲摩的哀歌又轻风似地在夜色里边荡漾起来了。(《第二恋》)

同样是作用于听觉的"哀歌"，作者却用触觉"轻风似地"和视觉"在夜色里边荡漾起来"进行描写，使得"哀歌"不仅可触，还可见，生动可感。此外，类似的例子还有很多：

古铜色的鸦片香味。(《上海的狐步舞》)
愉快的笑声却留在空气里边荡漾着。(《街景》)
那紫色的调子，疲倦和梦幻的调子。(《Pierrot》)
在华尔兹的旋律上面舒适地飘着的时候。(《红色的女猎神》)
她的眸子里还遗留着乳香。(《第二恋》)
人的脸上，酒杯上，草地上，树上，荡漾着一片朦胧的柔软的光泽。(《第二恋》)
那怀念的，低回的调子，从音乐团那边飘了起来，像一条断了的丝一样，在空

中浮沉着，浮沉着。(《第二恋》)

是妻的憔悴而空洞的声音。(《贫士日记》)

这些都是作者为追求感觉的新奇，对各种不同的感觉进行转换、加以复合而产生的表达，达到了生动、贴切、新奇的艺术功效。

除了上述辞格外，如"我的心脏从裤管里跌出来了"(《第二恋》)的夸张修辞，"他们的脚践在华尔兹上面，飘飘地，飘飘地"(《上海的狐步舞》)的倒装修辞，也是穆时英常用的。当然穆时英小说语言的陌生化风格，除了随意调用各种变异辞格外，还表现在标点符号的反常使用上，在文本的某些段落中，穆时英常有意地省略标点，且看：

主救我白金的塑像啊主救我白金的塑像啊主救我白金的塑像啊主救我白金的塑像啊主救我白金的塑像啊主救我……(《白金的女体塑像》)

由于标点的省略，各语言单位之间的界限被混淆，一方面体现了人物意识的流动绵延，另一方面却凸显了语言的能指，主救我？主救我的白金塑像？主救我和白金塑像？语义的不确定性给读者带来了想象的空间，也使语言呈现为陌生的面孔。

总之，为了追求陌生化的审美效果，穆时英创造性地运用各种语言变异手法，以探索性的创作实践实现对常规语言的艺术变异。在小说中，传统的语言规范和语用习惯被空前消解，而通过超常搭配、反常组合起来的语言则充满了天马行空式的想象和联想，使语言富有张力和弹性，耐人咀嚼和寻味，富有独特的艺术魅力。穆时英对小说语言的富于变化的实验和探索，使语言作为"有意味的形式"负载了更多的来自主体特殊的情感信息，在当时有较大的影响，风靡一时的"穆时英笔调""穆时英风"即为证。

论隋文帝时期的文化建设与文学观念

杨金梅*

摘要：隋文帝时期的文化建设沿袭了关陇文化的传统：重实用，轻审美；重教化，轻装饰，排斥和抑制以审美追求为旨趣的南方文艺。文化建设的实用性倾向直接影响到隋代前期的文学观念，与周、齐后期相比，文帝时期的文学观念不进反退，最终出现了"公私文翰，并宜实录"这样极端保守主义的文学观。

关键词：隋文帝；文化建设；文学观念

隋文帝时期的文化建设

西晋灭亡之后，中国经历了二百多年南、北分裂的历史。在相对独立的政治环境中，南、北两地共形成了三大文化系统：即关陇文化、山东文化和江左文化。隋代统一虽然结束了南北双方政治、军事的对立，但文化的碰撞、冲突并未停止。文化层面上的隔膜依然存在，这种状况对于政权稳定和社会进步而言均是严重阻碍。新王朝迫切需要建构一个能够为己所用的新文化系统，一个能够消除地区隔阂、凝聚各方力量的新文化系统，为巩固新生政权打下坚实的思想基础。

隋承周制，不仅是政治遗产，也包括文化传统，这一点在隋代前期的文化建设中体现得十分充分。隋代建立之初政权尚不稳定，不但需要防备内部潜伏的异己力量，还要时刻警惕来自梁、陈的外部威胁。为了巩固新生政权，具有务实精神的隋文帝将主要精力用在了物质领域的建设上，于文化则眷顾较少。隋代前期文化发展裹足不前的原因与文帝的无暇顾及有着直接关系。隋文帝杨坚的性格与西魏的宇文泰非常相似，杨坚出身于军事之家，崇尚简朴生活。史载其践祚后，"恭履俭约，六宫咸服浣濯之衣，乘舆供御有故敝者，随令补用，皆不改作。非燕享之事，所食不

---

* 杨金梅（1972—），女，安徽滁州人，浙江外国语学院中国语言文化学院副教授，研究方向为魏晋南北朝文学。

过一肉而已"①。这与西魏宇文泰"性好朴素,不喜虚饰"的性格非常接近,使他在审美上同样倾向于朴素之美。隋文帝以权术谋得帝位,其治国策略同样侧重权术,对文化的认识较为有限,仅停留在文化服务于政教的层面。基于上述原因,文帝时代的文化建设完全沿袭了西魏时代确立的"重事功、轻文艺"的传统:在意识形态领域推广儒家学说,尊儒重经;并将这一思想带入文艺领域,推行保守的文艺政策,以文艺服务于政治,使得这一时期的文艺思想呈现出倒退趋势。

隋文帝时期文化建设最重要的任务就是要消除地区之间的文化隔膜,实现文化融合。为此,文帝首先确立了以儒治国的基本思路,采取各种措施隆盛儒学,这些措施包括开设学校、建立科举制度、征召儒士入朝任职、提高儒士地位。在开皇三年的诏书中,文帝提出了"欲使生人从化,以德代刑"②的主张,在《劝学行礼诏》中提出"建国重道,莫先于学,尊主庇民,莫先于礼",以德代刑和以礼治国都是以儒学教化吏民的具体要求。在开皇九年颁布的诏书中,文帝提出:"武力之子,俱可学文,人间甲仗,悉皆除毁。有功之臣,降情文艺,家门子侄,各守一经。"③在这种思想指导下,各州县皆置博士习礼,京师国子寺也扩充规模。通过这些积极措施,儒学在短时间内获得空前发展:"中州儒雅之盛,自汉、魏以来,一时而已。"需要指出的是,文帝尊儒与学术本身无关,诏书中提到的"学文""降情文艺"以及"各守一经"都只是文帝为了巩固统治而采取的手段,并不意味着隋文帝开始重视学术、文艺,而只是出于政治功利目的,希望利用儒学来维护和巩固社会秩序。其次,隋文帝积极着手修订以"五礼"为代表的具体的文化准则。"五礼"的内容涵盖了政治、经济、军事、法律和官制等多个领域,是封建社会上层建筑的重要组成部分,也是封建统治阶级维护统治秩序的重要工具。南北分裂时期,各地文化对礼制的认识差异很大。对于刚从混乱中走出的隋王朝而言,为社会制订统一的文化准则显得十分必要。仁寿二年,隋文帝下诏任命杨素等七人修订"五礼",明确指出:"礼之为用,时意大矣。"④所谓"时意"即为时所用之意义,是安定社会秩序的依据和准则。诏书中尤为强调"五礼"之范围涵盖四海:"今四海乂安,五戎勿用,理宜弘风训俗,导德其理,缀往圣之旧章,兴先王之茂则。"⑤而非仅限于一隅,明确指出"五礼"的政治功用。

文帝虽然能够意识到文化建设的重要性,但其后的文化建设并不成功,这一点

① (唐)魏征、令狐德棻:隋书·食货志 [M],北京:中华书局,1973 年版。
② (唐)魏征、令狐德棻:隋书·高祖纪上 [M],北京:中华书局,1973 年版,第 20 页。
③ (唐)魏征、令狐德棻:隋书·高祖纪下 [M],北京:中华书局,1973 年版,第 33 页。
④ (唐)魏征、令狐德棻:隋书·高祖纪下 [M],北京:中华书局,1973 年版,第 48 页。
⑤ (唐)魏征、令狐德棻:隋书·高祖纪下 [M],北京:中华书局,1973 年版,第 48 页。

从参与修订"五礼"成员的构成来看即可见出。除杨素外实际参与"五礼"修订的人有六位，即牛弘、苏威、薛道衡、王邵以及许善心、虞世基，从出身看，六人分属三大集团：牛、苏出自关陇望族，薛、邵来自山东，许、虞出身江左世家。如果说，这样的安排体现了文帝对三地文化不偏不倚的态度，那么，任命牛弘为修订工作的实际负责人就显得耐人寻味了。因为三大文化体系中以江左文化最为发达，关陇文化水平最低，但修订"五礼"的实际负责人却是牛弘。这样的安排似乎更能够反映文帝对江左、山东文化难以释怀的特殊心理，简而言之，接纳这江左文化和山东文化更多是迫于政治需要，显示出文帝保守的文化态度。

与文化上保守的态度一致，文帝对文学艺术的认识同样落后于当时的客观需要。表面上看，文帝时期制定的文艺政策似乎并没有完全局限于一己之见，没有以关陇文化取代江左、北齐文化，相反，倒是在许多方面借鉴了后者的文化成果。但是，仔细分析就可以发现，在文帝实际借鉴来的成果与其预期目标之间实际上存在着很大差异。准确地说，文帝是在不知情的情况下借鉴来了他不了解的文化成果，而这些成果并不是他预先期待的内容。试以音乐为例加以说明。

隋代初期继续沿用北周旧乐。开皇二年，颜之推上言："礼崩乐坏，其来自久，今太常雅乐，并用胡声，请冯（凭）梁国旧事，考寻古典。"高祖不从，曰："梁乐亡国之音，奈何遣我用邪？"于是诏令牛弘、辛彦之、何妥等议正乐。但是，修订雅乐的要求在古乐失传多年而今乐又深受江左音乐以及胡乐影响的文化背景下已经很难实现了，是以"积年不决"。开皇九年平陈，牛弘奏曰："中国旧音多在江左，前克荆州得梁乐，今平蒋州又得陈乐，史传相承，以为合古。请加修缉以备雅乐。其后魏之乐及后周所用，杂有边裔之声，皆不可用，请悉停之"，于是文帝"诏弘与许善心、姚察及通直郎虞世基参定雅乐"[①]。经过一番复杂的明争暗斗，新乐终于修成，并于开皇十四年颁行。同时诏令："民间音乐，流僻日久，弃其旧体，竞造繁声，宜加禁约，务存其本。"正式宣布禁止俗乐，在此之前，文帝已经遣散了传播"糟粕，不足达神明之德"的太常乐工，禁止杂乐百戏。至此，可以看到，隋文帝时期的文艺政策与观念相比于江左时期而言出现了明显的倒退。

从艺术本体论角度看，音乐的功能主要在于审美、娱情，但不会直接产生社会效益。南北朝后期，以审美、娱乐为旨归的江左音乐基本上偏离了传统雅乐的道路，音乐被更多地应用于审美、抒情。陈后主时期，音乐的独立性开始增强。后主"尤重声乐，遣宫女习北方箫鼓，谓之《代北》，酒酣则奏之。又于清乐中造《黄鹂留》及《玉树后庭花》《金钗两臂垂》等曲，与幸臣等制其歌词，绮艳相高，极于轻薄。

---

① （唐）魏征、令狐德棻：隋书·高祖纪下 [M]，北京：中华书局，1973 年版，第 34 页

男女唱和,其音甚哀"①。高齐政权所在的山东地区这一时期的音乐发展也出现类似的趋势,齐后主"唯赏胡戎乐,耽爱无已。于是繁手淫声,争新哀怨。……别采新声,为《无愁曲》,音韵窈窕,极于哀思,使胡儿阉官之辈,齐唱和之,曲终乐阕,莫不陨涕"②。可以看出,陈、齐后主时期的音乐发展较为相似,虽然主观上是为了放纵情欲,但客观上的确体现了音乐抒情、审美的本质特征。在江左、山东音乐的影响下,关陇地区的音乐也出现了一些新动向。哀艳动人的新乐受到人们的喜爱,《资治通鉴》中记载有隋太子杨勇在宫中演奏《妩媚娘》的情况。传统的雅乐却受到冷落。隋代著名乐工万宝常依照文帝的要求创制新律,因为"其声雅淡,不为时人所好,太常善声者多排毁之"③。不仅普通人不喜欢典重但乏味的"雅淡"之声,连代表官方音乐立场的太常寺都"排毁之",说明承载教化功能的雅乐即使在文化相对保守的北方也已经失去了生存空间。

　　但是,武人出身、秉承北朝传统文化观念的隋文帝并没有意识到这一变化。文帝一向视文化为政治附庸,音乐在文帝看来仍然只是教化的工具。在开皇九年的诏书中,文帝提道:"朕情存古乐,深思雅道。郑、卫淫声,鱼龙杂戏,乐府之内,尽以除之。"表明自己执着、钟情的依然是"滔滔和雅"的庙堂音乐。秉承这一精神的除了文帝本人之外,还有一批深受儒家文化影响的学者(如牛弘),制定雅乐的任务也主要由这些人来负责。与大多数接受中原文化的北地士人一样,牛弘一向视江南文化为正朔之所在④,在音乐观上,认为"边裔之声,皆不可用",建议文帝采江左之音以为雅乐。文帝、牛弘的本意是要恢复晋代以前能够教化崇德的正声雅乐,但是,二人都未能意识到,江左雅乐虽是"华夏正声",但已经只是理论意义上的存在了。一方面,传统的雅乐实际上往往只存在于理论上,并不具备现实意义⑤,换句话说,"华夏正声"已经不具备实现的物质条件了。另一方面,修订新乐主要依靠的是一批江左士人,如许善心、姚察、虞世基,这些人虽然出身江左世家,精通江左文化,但他们生活的时代盛行逸乐之风,音乐成为娱乐的重要手段。在这样文化环境中生活的江左文人必然无法避免受到影响。在这种情况下,文帝虽然派了牛弘等人负责把关,但"不精音律"的牛弘却无法起到监督作用。结果,按照江左音乐创制出的新乐同样"乐声淫厉而哀",明显具有"俗乐"的特征。

　　从根源上说,江左文化务实而奢华的性质与文帝谨遵传统、恪守勤俭的思想明

　　① (唐)魏征、令狐德棻:隋书·音乐志上 [M],北京:中华书局,1973 年版,第 152 页。
　　② (唐)魏征、令狐德棻:隋书·音乐志中 [M],北京:中华书局,1973 年版,第 160 页。
　　③ (唐)魏征、令狐德棻:隋书·高祖纪下 [M],北京:中华书局,1973 年版,第 34 页。
　　④ 按:视南朝文化为正朔之所在实际上当时北方地区的通识,南北朝史籍中多次出现。
　　⑤ 陈寅恪:隋唐制度渊源略论稿·礼仪 [M],北京:中华书局,1979 年版,第 4 页。

显不合。因此，文帝时期创立的"雅乐"虽然借鉴、吸收了江左音乐的成果，实际上却并不符合文帝的初衷。文帝时期的文艺建设依然沿袭了关陇文化的特点：重实用，轻审美；重教化，轻装饰，排斥和抑制以审美追求为旨趣的南方文艺。

二、隋文帝时期的文学观念

从魏晋时代开始，文学逐渐形成了自己特定的质的规定性，人们对文学审美内涵的认识也渐次清晰。经过建安、正始、太康诗人的创作，诗歌作为一种审美的艺术载体已经广为大众所接受。但是，在北朝统治区域内，受意识形态影响，对诗歌的认识反而出现了倒退。文帝的文艺观同样沿袭了北朝传统，重视文艺的教化功能，视文化为政治附庸。

魏晋时期，中原地区的文学创作日渐繁荣，关陇地区则由于其特殊的地理位置和胡汉混居的文化背景，文学并未迈向独立发展的道路。西晋失国后，疆域分裂，南北双方各自为政，中国文化的发展进一步呈现多样化格局。在关陇地区，随着汉族政权控制力的削弱，士人阶层开始凋零，统治者则多出于胡族。民族文化中的尚武传统加上长期的军事活动使得统治阶层对于文学采取了排斥或冷淡的态度，所谓"文章之事，不足流于后世"①。即使在采取汉化政策的时候，也并未改变对文学的狭隘认识。据《隋书》于仲文本传记载，于仲文九岁时，宇文泰问他"书有何事"，于回答"资父事君，忠孝而已"，宇文泰听后十分满意。可见，无论是于仲文还是宇文泰，读书的目的完全在于理家治国，丝毫无涉于文学之审美属性。

汉族士人的凋零以及胡文化对文学（尤其是纯文学）的轻视直接导致关陇文学的落后。西魏入关后，为了抗衡其东、南强邻，积极推行关中本位政策，确立了胡化为体、汉学为用的文化路线。其具体做法是"就其割据之土依附古昔，称为汉化发源之地，不复以山东、江左为汉化之中心矣"②。仅就文学而言，这一政策的现实意义在于它以官方身份彻底拒绝了魏晋以来中国文学一直追求并逐步实现了的独立精神，将文学的本质重新纳入功利主义的范畴。在这一思想指导下，关陇文学走向了一条不同于江左、山东文学的道路。当南方的萧氏父子抛却儒家伦理对艺术的干预，在文学的花园里吟咏风谣、流连哀思的时候，西北的宇文泰郑重地提出了革除浮华文风的要求。当萧纲提出"文章且须放荡"③"未闻吟咏性情，反拟《内则》之篇，操笔写志，更摹《酒诰》之作"④的时候，似乎是针对性的回应，西魏大统十年，宇文泰

① （唐）令狐德棻：周书·李昶传 [M]，北京：中华书局，1971 年版，第 686 页。
② 胡大雷：中古文学集团 [M]，桂林：广西师范大学出版社，1996 年版，第 89 页。
③ （唐）欧阳询：艺文类聚 [M]，上海：上海古籍出版社，1998 年版，第 125 页。
④ （唐）欧阳询：艺文类聚 [M]，上海：上海古籍出版社，1998 年版，第 988 页。

乃命苏绰作《大诰》之篇："自有晋之季，文章竞为浮华，遂成风俗。太祖欲革其弊，因魏帝祭庙，群臣毕至，乃命绰为《大诰》，奏行之。"①《大诰》模仿上古文风，语言古朴、典重，体现了当时反对形式、强调实用的文艺思想。西魏时期，官方对于文学的要求主要集中在它的实用性上。对文学本质的错误认识以及视文学为政治附庸的功利态度导致关陇地区文学发展陷入停滞，不仅远远落后于同时期的江左文学，与山东文学的差距也逐渐增大。

　　值得庆幸的是，文学的发展并不完全受制于政治。《大诰》文风的实际影响仅限于公文领域，对纯文学的影响并不大。更重要的是，虽然官方文化视文学为末流，但文化发展的大趋势中已经包含有尚文倾向。一方面，随着北周建立，官方对文学的态度有所改变，"世宗雅爱文史，立麟趾学，在朝有艺业者，不限贵贱，皆预听焉。乃至萧撝、王褒等与卑鄙之徒同为学士"②。周武帝时，"置太子谏议员四人，文学十人"③，标志着文学正式进入北周官方文化视野。另一方面，南北文化交流增加，先前入关的南方士人这时已经不再像宇文泰时期那样被视为囚徒，反而凭借其文化优势陆续进入上流社会，对当地文学发展产生了积极影响："才子词人，莫不师教，王公名贵，尽为虚襟"④，反映了时人对庾信或者说对以庾信所代表的纯文学的空前尊崇。在庾信、王褒等人的影响下，部分贵族子弟开始留意文学，为关陇地区下一阶段的文学发展奠定了基础。周灭北齐后，以卢思道、李德林等原北齐文林馆成员为代表的大批北齐文人（包括之前进入北齐的江南文人）进入关陇社会，关内地区尚文风气逐渐浓厚。在江左、北齐文人的共同影响下，关陇社会相继涌现出众多文学爱好者，其中包括一批享有较高文誉的贵族子弟，如明帝宇文毓、滕王宇文逌、赵王宇文招等。他们以帝王之尊而从事文学活动，这种姿态完全是对之前官方文学态度的彻底颠覆。虽然这些人的文学水平没有达到比肩江左、北齐文人的程度，但他们的文学活动仍可视作这一时期关陇地区文学沙漠中的一片绿洲，其积极意义更多体现在为后一阶段文学的发展保留了星星之火。

　　在移民作家的影响和本土作家的努力下，经过几十年的发展，到了隋代初期，关陇地区文学水平显著提高，文学发展基本上处于上升阶段。一个明显的事实是出现了纯粹的本土优秀作家，以杨素为例。除此之外，这一时期还出现了规模较大的文人团体，杨坚诸子中太子杨勇、晋王杨广、秦王杨俊身边都各自聚集有一批文人。虽然，这时的杨氏兄弟因为各种原因（如年纪轻、文学根基浅等）尚不能导文学之

---

① （唐）令狐德棻：周书·苏绰传 [M]，北京：中华书局，1971 年版，第 383 页。
② （唐）令狐德棻：周书·于翼传 [M]，北京：中华书局，1971 年版，第 524 页。
③ （唐）令狐德棻：周书·武帝纪 [M]，北京：中华书局，1971 年版，第 69 页。
④ （清）严可均辑：全后周文 [M]，北京：商务印书馆，1999 年版，第 288 页。

先路，但是出现文人团体这个现象本身就是文学崛起的一个标志。从这些事实来看，隋代初期的北方文学无论是创作水平还是创作氛围，都比南北分裂时期的状况大为改善。

但是，对于文学领域发生的新气象，隋文帝本人似乎没有受到任何感染。虽然文帝的几位王子颇类建安时期的曹氏兄弟，文帝本人却没有魏武帝的风流文采。关于文帝的文学活动，典籍中鲜有记载，现存诗歌仅有一首："红颜讵几，玉貌须臾。一朝花落，白发难除。明年后岁，谁有谁无？"据《隋书·五行志》记载："开皇十年，高祖幸并州，宴秦孝王及王子相。帝为四言诗曰：……"可见这是一首宴会时的有感之作。诗没有题目，形式是早已远离创作主流的四言体，主题是感叹时光易逝、年华易老。诗中既看不到同类题材作品中文人诗的含蓄深婉，也看不到武人诗的慷慨悲凉。虽然诗中也有"红颜""玉貌"之类的辞藻，可以略见江左绮丽文风的影响，但整体而言，谈不上任何艺术成就，甚至也不能称为诗歌。即使是以当时北方文学的水准来衡量，这首诗也很难获得认可。

不仅文学创作水平低下，更重要的是，文帝的文学观基本上是西魏宇文泰时代重质轻文态度的延续。周、齐时期，南北文学的交流日益频繁，文学发展遵从内在规律的倾向越来越明显。但是，隋文帝本人很少参与文学活动，甚至"不悦学""不悦诗书"，对于当时南北文学初步融合的现状缺乏感性认识。文帝和南北诗人的交往仅限于政治领域。许善心是南朝著名诗人，深得文帝赏识，文帝曾有"我平陈国，唯获此人"的感叹。尽管如此，作为诗人的许善心入隋后始终没有得到任何展现文采的机会。同样的情况还见于薛道衡等人。薛道衡，河东汾阴人，与卢思道、李德林齐名。《隋书》本传记载，道衡仕齐时，逢陈使傅縡聘齐，"以道衡兼主客郎接对之。縡赠诗五十韵，道衡和之，南北称美"；"道衡每有所作，南人无不吟诵焉"。薛道衡虽以诗闻名于世，以文采取名于文帝，但其文学才华并未得到重视，仅被文帝当作高级秘书，得到"薛道衡作文书称我意"的评价，与当初李德林见用于周武帝如出一辙。

既没有创作经验，又缺乏理性认识，文帝的文学观念必然只能停留在北方文化传统的层面上，视文学为小技末道，甚至是丧志之玩物。

文帝对文学最直接的干预是"开皇四年，普诏天下：公私文翰，并宜实录"。这一事件在《隋书·李谔传》中有详细记载。李谔是由北齐入关的名儒，属于山东士人集团，对隋文帝成就帝业也有过莫大影响①。本传记载，李谔因为"属文之家，体尚轻薄，递相师效，流宕忘返，于是上书"。这份奏书清楚地反映了李谔的文学观。奏

---

① 按：隋文帝曾有"今此事业，谔之力也"之论，见《隋书·李谔传》。

书一开始即提出了诗教观念，即文学的价值不是审美，而在于其"正俗调风"的社会功能。这一观点完全否定了魏晋以来文学发展的意义，与曹丕《典论·论文》里提出的"诗赋欲丽""盖文章经国之大业，不朽之盛事"的观点大相径庭，是文学认识水平的严重倒退。因此，接下来作者对曹氏父子的批判就是很自然的事情了。客观上说，针对梁陈时期"世俗以此相高"的社会风气和"朝廷据兹擢士"的选才制度，李谔反对"文华"的态度有其必要性，但据此提出"文笔日繁，其政日乱"的观点显然失之偏颇，认为文学是"构无用以为用"更是对文学的严重误解。

不过，李谔以文学为教化之具的观点确实与文帝推行儒学的初衷不谋而合，因而得到文帝大力支持，随即下令在全国范围内宣传推广。

文帝前期，北方地区文化发展本来已经有明显进步，尤其是原北齐治下的山东地区，文学水平显著提高，出现了卢思道、薛道衡这样的高水平诗人。由于文帝本人落后的文化观念，这一积极态势未能延续下去。综观隋代前期的文化发展，南北、东西之间文化隔膜依然存在，文学发展水平继续维持着原有的不平衡。除了文化发展本身具有滞后性特点之外，不能不说文帝本人的文化立场是导致这种状况长期存在的重要原因。

"诗是经验"之新解

——重读里尔克《马尔特手记》第十四小节

陈 芸[*]

摘要:早在 20 世纪 30 年代,里尔克"诗是经验"的诗学主张已被引介入华,且对中国现代派诗人影响深远。一般而言,研究者认为,"诗是经验"强调诗人返回心灵的内在空间,以此达到与宇宙精神融合。这种观点虽言之有理,却有意无意地忽视了里尔克所处"贫乏时代"的语境,未能有效揭示与解释背后的悖谬性。本文试图指出,里尔克既认识到经验贫乏的现代世界,写诗成了不可能之事,另一方面,又强调通过"写诗"来转变现代的生存处境。

关键词:《马尔特手记》;诗是经验;贫乏时代

一

早在 20 世纪 30 年代,里尔克"诗是经验"的诗学主张已被引介入华,且对中国现代派诗人影响深远。1931 年,在德国海德堡大学短期访学的梁宗岱在写给徐志摩的信中,首次翻译了《马尔特·劳里茨·布里格手记》(*Die Aufzeichnungen des Malte Laurids Brigge*)(之后简称《手记》)[①]"诗是经验"的片段。针对当时中国的新诗界诗歌缺乏感染力的时弊,他提出应该借鉴里尔克"观察和等待"的艺术主张:"一方面要注重艺术修养,一方面还要热热烈烈地生活,到民间去,到自然去,到爱

---

    * 陈芸(1981—),女,广东潮汕人,浙江外国语学院中国语言文化学院副教授,研究方向为比较诗学和德国文学。

    ① 此书的中文译名还有:《布里格随笔》《布里格笔记》《布里格手记》《马尔泰手记》《马尔特随笔》。下文的引文主要以魏育青译本为主。采用的是《马尔特手记》这一译名。本文参考的德文本主要是两本评注本。(Manfred Engel Hrsg.und kommentiert, Rainer Maria Rilke Die Aufzeichnungen des Malte Laurids Brigge (Stuttgart: Reclam, 1997), August Stahl,[Kommentar] In:Werke in vier Bänden Kommentierte Ausgabe. Hrsg. Von Manfred Engel [u.a]Bd.3 (Frankfurt a M/Leipzig:Insel Verlag,1996).

人的怀里去，到你自己底灵魂里去。"①

　　不久之后，同在海德堡留学的冯至也对此书产生了浓厚的兴趣，陆续翻译此书的片段。1934 年，冯至在纪念文章《里尔克——为十周年祭日作》中进一步阐发"诗是经验"的主张。在冯至看来，里尔克开始观看，"一件件的事物在他周围，都像刚从上帝手里做成。他呢，赤裸裸地脱去文化的衣裳，用原始的眼睛来观看"。而诗人之于经验则"像是佛家弟子，化身万物，尝遍众生的苦恼一般"②。19 世纪 40 年代后期，袁可嘉、唐湜在多篇诗论中重申这一诗学主张，并进而提出："只有在生活经验沉入潜意识的底层，受到潜移默化的风化作用，去芜存菁，以自然的意象或比喻的姿态，浮现于意识流之中，浮浅的生活才能变成有深厚的有暗示力的文学经验。"③之后，又有吴兴华、徐迟、郑敏、穆旦、陈敬容、绿原等诸多诗人在不同场合援引此说，并在自己的创作中成功贯彻这一原则。正是这些现代派诗人的推波助澜，里尔克的诗歌、诗学主张也随之融入中国现代新诗的创作和诗学建设中。

　　但在经历了半个多世纪的诠释之后，当我们重新审视此语时，不难发现这个看似已被汉语语境接受消化的诗学思想，却因经过多重诠释，原有之意反而变得模糊不清。

　　仅从上面列举的三位最具代表性的诠释者观点，可见，为了矫正时弊，中国诗人们的"问题意识"相当"务实"地放在了如何"作诗"，如何将"生活经验"转为"诗歌经验"，却对"何为经验"的根本问题缺乏必要的思考。梁宗岱的解释重心放在了"学什么"，唐湜加入"潜意识"的概念，将之意识流化。即使是对里尔克体悟最深的冯至，虽对"经验"有特别的提点，但还是以一种佛家式的体悟法，套用一个比喻，形象又略显轻巧地一带而过，并未对"经验"做出进一步规定。不得不说，这三种解释路向非常符合当时中国诗人们的处境，因为对他们而言，拿来为己所用是第一义之事，而具体考究其本意，反而过于学究气。

　　所以，之后的研究常常也是沿着他们的路径前行。后世的研究者阐释"诗是经验"时，其实谈论的往往已经不是里尔克的"诗是经验"，而是中国化的"诗是经验"。不少研究者会认为，"诗是经验"是对外在世界的观看与内在自我的融合，是通过"本质直观"，返回心灵的内在空间，在物我融合中达到宇宙精神④。此类观点一方面已言说出部分真理，但一方面却忽略了什么是里尔克的"经验"，抽空了他提出此主张时所处的具体处境，遗忘了那时正是缺乏"经验"的时代。

---

① 梁宗岱：诗与真 [M]，北京：外国文学出版社，1984 年版。
② 冯至：冯至全集 [M]，第四卷，石家庄：河北教育出版社，1999 年版。
③ 唐湜：辛笛《手掌集》，新意度集 [M]，北京：生活·读书·新知三联书店，1990 年版。
④ 周锋：论里尔克的"经验"诗学 [J]，东南学术，2010（1）：237—244。

那么，问题的关键便是在经验贫乏的世界中如何能够写诗？写诗又意味着什么？此问题正与海德格尔（Martin Heidegger,1889－1976）所言"贫乏时代，诗人何为？"关系密切。本文试图回到"诗是经验"的原始出处，诠释其原有之义，并进而论述重新认识它的重要性。

二

"诗是经验"是《手记》全书的核心概念，出现在书中的第十四小节。书中的主角青年马尔特在第二小节中，便明确地提出要"学习观看"，并以此为原则"观看"了自己生活的街区、医院、路人、垂死者。但到了这里，他突然意识到自己写过研究文章、戏剧、诗歌，但都写得很差。此处，马尔特从割断自己与他人之关系，进一步到割断自己和旧我之关系。在否定过去诗歌的基础，引出他对将来诗歌的看法：

应该耐心等待，终其一生尽可能长久地搜集意蕴和甜美，最后或许还能写成十行好诗。因为诗并不像人们认为的那样是情感（说到情感，以前够多了），而是经验（es sind Erfahrungen）。为了写一行诗，必须观察许多城市，观察各种人和物，必须认识各种走兽，必须感受鸟雀如何飞翔，必须知晓小花在晨曦中开放的神采。必须能够回想异土他乡的路途，回想那些不期之遇和早已料到的告别……然而，这样的回忆（Erinnerungen）还是不够。如果回忆数不胜数，那还必须能够忘却，必须具备极大的耐心等待这些回忆再度来临。因为回忆本身还不是它。只有当回忆化作我们身上的鲜血、视线和神态，没有名称，和我们自身融为一体，难以区分，只有这样才会出现它——在一个不可多得的时刻，诗行的第一个词在回忆里站立起来，从回忆中迸发出来。①

此段感悟往往被浓缩为一条诗学原则：诗是经验。那么何为经验？"经验"（Erfahrungen）德语的词根之意为"行驶"（das Fahren），有"拉、牵引、移动"（Ziehen）之义，如木匠在建造房屋时沿着木梁在某个方向上移动。"行驶"是一种"伸向……"，如一个人迁移到另一个人的视野中；行驶也是一种"护送着达到……"，如牧人外出放牧，护送牧群上山。②"经验"的最初含义中包含着某种缓慢的趋向性，从一端向另一端发展、积累的过程性，这种变化性正是其原初含义中最重要之意。

回到马尔特的思考，他的"经验"首先是对"情感"而发，因为文中明确否定

① 魏育青：布里格随笔，里尔克读本 [M]，北京：人民文学出版社，2011 年版。
② 海德格尔对"经验"的考察是针对黑格尔《精神现象学》展开，这里借用一下他对"经验"原始意思的说法。见（[德]海德格尔：林中路 [M]，孙周兴译，上海：上海译文出版社，2004 年版。）

诗歌只是情感的说法，表达了对自己曾深受德国后期浪漫派末流的影响，诗歌感伤哀怨，过分倚重情感的处境不满。流俗意见认为诗歌是情感，大抵是受到英国浪漫派诗人华兹华斯（William Wordsworth,1770—1850）的名言"一切好诗都是强烈情感的自然流露"的影响。①然而殊不知华兹华斯此言有其特定语境，他之所以如此强调情感，乃是以情感来反对过于刻板的 18 世纪古典主义作诗法则，而就他本人而言，并未认为诗歌只是情感。若只一味强调情感，诗歌便会充斥着感伤滥情，抑或是无节制的赞美歌咏。诗歌便会忘记自身承担真理的义务，而成了个体自我抒发的工具，"我"成为诗歌唯一的主角，如此写诗的境界与气象，必然越写越逼仄狭小。而"经验"甚于"情感"的地方，就在于经验里包含着对情感的节制和沉淀，包含着对记忆、经历的反思和升华，包含着对自我与周匝世界的牵挂和关切，一言以蔽之，"经验"能较有效地消解情感的弊端。

　　其次，"诗是经验"强调了一位真正的诗人必须通过观看万物，从认识万物中获取经验。它要求着诗人能够回忆、忘记再记起，再三地与自己的回忆融为一体，用巨大的耐心等待一行诗，等待它自己从生命里流露出来。"观看""回忆""忍耐""等待"成为创作出真正诗歌的重要前提。这四个步骤的逐层递进，也确实已经体现了"经验"原初意义中的"变化""缓慢"之义。而这种表述似乎与之前的歌德、黑格尔时期诗学（美学）思想并没有太大分殊，因为在歌德的作品和谈话录中曾多次提到创作与生活密切关系，描绘日常小题材和培养作家伟大人格正是开始写作入手处。黑格尔《美学》更是上升到理论的高度，总结到"诗人必须从内心和外表两方面去认识人类生活，把广阔的世界及其纷纭万象吸收到他的自我里去，对它们同情共鸣，深入体验，使他们深刻化和明朗化，""以巡视内心世界和外在世界的自由眼光去临高俯视"。②但"诗是经验"只是对歌德、黑格尔诗学思想的再次重申吗？显然没那么简单。

三

　　行文于此，马尔特突然意识到自己的反思都成了一件可笑之事，他继续写道：

　　我，布里格，已经二十八岁了，却没有人知道我。我坐在这里，我是虚无。然而这个虚无开始想了，在这五层楼的小室里，在巴黎一个灰蒙蒙的下午，思索着以

---

　　①　[英]华兹华斯：抒情歌谣集 1800 年版序言，古典文艺理论译丛 [M]，曹葆华译，第 1 册，北京：人民文学出版社，1961 年版。

　　②　[德]黑格尔：美学（第三卷下册）[M]，朱光潜译，北京：商务印书馆，1981 年版。

下的问题。①

　　他一口气用了七个反问句式"这是可能的吗？……是的，这是可能的"囊括了自己诸多疑问。真实、文化、宗教、智慧、历史、个体、少女、上帝这些司空见惯的"语词""概念"，是否真正得到了理解？这些在人的一生里最值得反思和认识的事物，是不是已经被日常的琐碎所遮蔽，被自以为知的方式遗忘？人类对真理的静观只是吃下了黄油面包和苹果，历史谈论的只是群体而忽视了个体，一个人不知道自己出生之前的事，对自己从何而来一无所知，历史和现实如何发生关联呢？"女人""儿童""男孩"失去了原来让人浮想联翩的复数含义，上帝如同两位小学生的小刀，同时拥有却被以不一样的方式使用，可能被磨损也可能完全不用，这些最高的词与最低的日常之物并置在一起时，"大词"背后的神圣含义在反讽的语气中被消解大半。马尔特艰难而略带稚气的思考，从思考的逻辑上，将最抽象、最高之物与最具体、最低之物作比相连，而这种方式看似荒诞，其实是试图向着原有语词含义的回归，因为这些抽象之词原来在语境中的丰富含义，已在后人形而上学化的思考中慢慢被抽空了感性含义。这一系列的发问，常被归结于一句话：我们怎样才能生活，如果我们根本无法领会生活的诸要素？它们一方面凸显了马尔特试图付诸"过往经验"而不得的焦虑困境，一方面草蛇灰线地埋下读解后文的潜在线索——历史、少女、上帝都是马尔特继续思考的主题。

　　所以，笔者认为，在中国语境对"诗是经验"的诠释，常常都被"断章取义"，其不足之处就在于，忽略了之后这段反思，未注意到马尔特所处时代的特性。

　　而如何看待马尔特把自己看作了一个"虚无"呢？② 一无是处，一无所有显然并不足以解释他此时的自我定位，而若进一步认为马尔特已成了虚无主义者，则又显得太过武断轻率地将之标签化。更合理的似乎是，马尔特从自己的贫乏处境中洞穿了身处时代的真实处境——这是一个贫乏时代，自己是一个贫乏的人。诚然如此，作为外省青年的马尔特只身来到现代大都市巴黎，他在巴黎的所见所闻，一点点地崭露了这个看似丰富的都市贫乏的生活处境。陌生的路人都是戴着面具的脸，人与人之间成了彼此窥视的关系，批量生产的"死亡"无处不见。正如里尔克的师友西美尔在《都市和精神生活》一文中指出随着 20 世纪现代都市出现，人与人之间的关系将被异化，并预言感性的丧失必然导致直接经验的贫乏。

　　这种处境又反过来影响到具体的个体。马尔特像福音书中的浪子因为意识到匮

---

　　① 魏育青：布里格随笔，里尔克读本 [M]，北京：人民文学出版社，2011 年版。
　　② Nicht 在英语语境中，往往翻译成 empty，冯至翻为"无"，魏的译本中只翻译成"我什么也不是"，今从冯至的翻译。

乏，回归了自己（he came to himself），他接近了最深处的自我，醒悟到自己内在状况。正如柏格森"回归自我"的双重含义①，这是一个认识的"我"，也是一个行动的"我"，这个否定性的自我认识，开始进行了一次对过往历史、经验的根本性颠覆，也正是这个否定性的自我认识，开启了马尔特式的"现代自我"。

进而言之，将这七问与之前"诗是经验"合而观之，不难发现其中蕴含巨大悖谬处境：一方面是过往经验的贫乏和不可靠，诗人从骄傲高昂的创造主体蜕变成一个无可奈何的"虚无"，一方面则是马尔特期待通过写诗来积累经验，对抗恐惧，自我救赎，这个"虚无"尽力向"诗人"的方向发展。一方面是带有诗意田园想象，马尔特所举的意象浸濡着浪漫主义色彩，一方面他所处的巴黎却是一个带有工业时代特征，医院、疾病、垃圾、恶臭随处可见的现实局面，天平两端的反差都将马尔特推向了悬崖边。马尔特时代已经不再是歌德、黑格尔时代，虽然马尔特渴望延续着德国教育小说模式进行，然而它的发展轨迹却渐渐背离教育小说的框架。这种背离并不是马尔特的过错，而是他所处的悖谬时代使然，在这个支离破碎的时代里还想回到前工业时代，整合、培养一个"完整的人"，几乎就是一场生存的冒险。

明白背后困难，我们才能知晓"诗是经验"并不只是对歌德、黑格尔诗学思想的简单重申，两者的相同之处在于，诗歌不仅是一种文体形式或是写作技巧，更是与诗人的生活、存在的意义直接联系在一起，歌德、黑格尔的创作思想并没有过时或是失效。但由于马尔特所处时代的碎片化，使得写诗成了更加艰难之事，成为诗人也便具有了更深意义：诗歌与一种不确定，乃至危险的境地联系在一起。换言之，在马尔特看来，成为诗人，也不只是那些有天赋的人可以从事的事业，而是一个处于厄运之中的人面对自己的生活，自我救赎时所用的方式，极为可能是"一次独特的、晦涩的升天"②。

如布朗肖（Maurice Blanchot, 1907—2003）所阐发，经验"就是同存在的接触，对这种接触的自身的更新，即一种检验，却依然是不确定的检验"。"这些体验（经验）同某种富有活力的接近方法相关联，同某种在生活的劳作中，在严肃中完成的行为相关联。要写出一句诗，必须穷尽生命。"③或说，"要写作一句话，必须穷尽艺

---

① 柏格森指出"回归自我两重意义：它既是回到深层之我的行为，又是一次道德反省，正如德文中的'回到自我'这个词表达的含义。这种双重性很好地反映了生命哲学的立场。因为作为经验媒介的生命的特点是：知识和行动是不可分割的整体。人不是作为自我观察者，而是作为行动的人了解自己。"[法]柏格森：《时间和自由意志》，吴士栋译，北京：商务印书馆，1958年。

② [俄]露·安德烈亚斯·莎乐美：莱纳·玛丽亚·里尔克，与里尔克一起游俄罗斯[M]，王绪梅译，上海：华东师范大学出版社，2006年版。

③ 这里需要指出的是一个翻译上的问题，在布朗肖这里，体验和经验是没有差别的，因为在英文中都是一个词（experience）（[法]莫里斯·布朗肖：文学空间[M]，顾嘉琛译，北京：商务印书馆，2003年版。）

术，必须在艺术追求中穷尽其生命。"①因为"艺术作为一种追求，不是不确定的，它是被不确定所确定的，并且这追求贯穿生命的全部，即使它是无视生命也罢"。②布朗肖的诠释，独具慧眼地点出"经验"与"存在"的关系，并再三强调这是一种"不确定"的经验，甚至与"死亡"紧密相连的经验。这背后的潜台词正是艺术、诗歌将人投入了危险的关系之中，在面对死亡问题的探寻中，"诗是经验"的真正意涵才得以展现。

里尔克的夫子自道，更是证明这一点："你要坦白承认，万一你写不出来，是不是必得因此而死去。这是最重要的：在你夜深最寂静的时刻问问自己：我必须写吗？你要在自身内挖掘一个深的答复。若是这个答复表示同意，而你也能够以一种坚强、单纯的'我必须'来对答那个严肃的问题，那么，你就根据这个需要去建造你的生活吧。"③写不出诗就可能去死，即把艺术（诗）与生活的冲突推到激化之后，强调写作与观看一样成了一种"必须"，成了生命最重要目的。这个答案只能自己告诉自己，正是在最内心的地方反思，逼迫自己，这样得出的"经验"才是最有价值的经验，因为这个"经验"成了一种不可能的可能性，一种存在论上的"有限性的经验"。正如同人认识到自己终有一死的命运，生命的有限性赋予了人尊贵和独特。此时，马尔特领悟到自己的"天命"，领悟到诗歌、艺术与存在、生命之间的"冒险关系"，永远都无法现成的、安全的关系，而是"此在"抛入存在之中的游戏。

四

也正如海德格尔在《诗人何为？》中指出的那样，在这个充满恐惧的时代，长夜来临，诸神隐退，技术统治着世界，人成了所有存在者的中心与尺度，人却把存在彻底遗忘。人类失去了家园，无家可归。时代的贫困不仅在于人对上帝之死、上帝缺席毫不在意，更在于人对自己终有一死的命运也茫然无知。更令人绝望的是，这个危机自我遮蔽，使得少有人能够意识到遮蔽存在的危险。而在危险之中，诗人们用自己的诗歌吟唱起神圣，开始对诸神踪迹的追寻。有意思的是，海德格尔以里尔克一首名不见经传《即兴诗》作为切口，进入对他的诠释。

正如自然一任万物
听其阴沉乐趣的冒险摆布

① [法]莫里斯·布朗肖：文学空间 [M]，顾嘉琛译，北京：商务印书馆，2003 年版。
② [法]莫里斯·布朗肖：文学空间 [M]，顾嘉琛译，北京：商务印书馆，2003 年版。
③ [奥]里尔克：给一个青年诗人的十封信 [M]，冯至译，北京：生活·读书·新知三联出版社，1994 年版。

　　　　绝无特殊保护在土地和树枝中，

　　　　同样，我们存在的原始基础

　　　　也不再喜好我们；它使我们冒险。

　　　　不过我们，更甚于动植物

　　　　随此冒险而行，意愿冒险，

　　　　有时冒险更甚，甚于生命本身，

　　　　秉气勇毅（决非出于贪营私利）……

　　　　这就为我们创造安全，在保护之外，

　　　　那是纯粹之力的重力的统辖之所；

　　　　最终庇护我们的，是我们的无保护性，

　　　　而且，当我们看到它逼近时，

　　　　我们已改变它，使之进入敞开者中，

　　　　从而在最宽广之轨道中，

　　　　我们为法则所触动而把它肯定。①

　　在这首《即兴诗》的分析中，海德格尔强调，冒险是一种关系，"自然"让存在者放纵于冒险中，万物和人都被抛入这种危险又微妙的关系之中。人与动物相比，人因为有"意愿"，所以冒了更大的险，这种意愿是出于勇气，或是寻求一种安全，但最终庇护人的却是"无保护性"。这种"无保护性"乃是对敞开者告别的颠倒，并重新回到敞开之中。这使得这种冒险关系成了一场游戏，如同站在天平上，处于摇摆，处于活动的过程之中。这种冒险又是一种重力，是存在者整体的中心，将存在者牵引入敞开的世界。

　　这首诗歌写于 1924 年 6 月，里尔克将之题写在馈赠好友的小说扉页上，而这部小说正是《手记》。也正是这冥冥之中的关联性，以海德格尔的《诗人何为？》作为《手记》的潜在文本，才可以恰如其分地揭示出"诗是经验"的意义所在。换而言之，唯有意识到"贫乏时代，诗人何为？"，唯有真正理解了马尔特所处的贫乏时代（dürftiger Zeit）的本质，② 才能明白之前中国诠释"诗是经验"缺失的前提所在。

　　同样，唯有意识到写诗是冒险之事、自我救赎之事，才能真正理解马尔特之后

――――――――――

　　① ［德］海德格尔：诗人何为？（林中路）[M]，孙周兴译，上海：上海译文出版社，2004 年版，第 249 页。

　　② dürftig 通行的翻译为"贫困"，但从海氏的阐释看，译为"贫乏"更为妥当。"贫困"更容易让人联想到"穷"和"困在某处"。但海氏强调的却是"不足"和"缺乏"，无家可归、无处可依，"乏"还包含着世纪病中的厌倦情绪。朗氏德汉双解大词典 [M]，北京：外语教学与研究出版社，2009 年版。

所做的种种努力。可以说,《手记》在第十四小节之后,都是马尔特通过"写诗"的方式来践行他的诗学主张与生存信念。因为想成为诗人,马尔特不断试图出离"常人"的"日常状态",打开自己感官感受新的环境,却日渐发现隐藏在日常生活背后的可怕之物,他无法承受生活背后无家可归(Heimlosigkeit)的残酷真理,也终于意识到自己的浪子 / 失丧之子(Der verlorene Sohn)身份。马尔特在巴黎的遭遇代表了一个个体在贫困时代,失去目标、归属感、人生意义乃至失丧家园的过程。所以,从这个角度看,《手记》不仅是"冒险",还是一位在贫困时代渴望成为诗人的青年的冒险,是真正的"诗之冒险"。

　　承前所述,"诗是经验"这一诗学主张包含着极大的悖谬性。一方面是经验贫乏的现代世界,写诗成了不可能之事,一方面里尔克又强调通过"写诗"来转变现代的生存处境。一方面诗人已经身处危险,一方面又呼吁诗人应该继续冒险。因为"哪里有危险,哪里就有救赎"。所以,"诗是经验",与其说是现代的诗学理论,不如说是诗人的一种生存信念。这也正是它为何深受中国现代派诗人喜爱的原因。虽然,中国现代派诗人并未真正重视过里尔克、海德格尔所言的"贫乏时代",但对生存信念的重视却是始终未遗忘的维度。这也正是因为中国在接受里尔克的时候,正是国家的危亡之时。中国所处的战争时世,人心的无处安顿,虽然与里尔克写作《手记》时的西方现代化时世不同,但具有的危机意识又是相同的。这种处境的考察,在我们现在的学术研究中反而容易被忽视和遗忘,所以,只有返回原初,纠察原意,才能拨开迷雾,重新领会"诗是经验"的真正含义。

"自由主义""文而不学"与"技巧至上"

——施蛰存批评思想新论

王 敏[*]

摘要：施蛰存不仅是 20 世纪 30 年代现代派小说的创作者，还是其理论的重要传播者和建构者。他坚持"中左派"的政治立场，主张创作自由，而对心理真实和写作技巧的强调则构成了施蛰存批评思想最重要的两个方面。在内容上，他认为作家阐释人生中时应重视刻画人物的心理真实更甚于拘泥于事件的写实，不能屈从于理性意识形态的指导，而偏重于感觉的营造；在技巧上，他强调从语言、篇幅和文体三个方面来雕琢作品，使其更具有文艺价值。他的批评与创作摆脱了写实主义的旧文学传统，而跻身现代派之列。

关键词：施蛰存；小说批评；文艺观；创作技巧；现代派

以"新感觉派"为代表的现代派创作受西方及日本文艺思潮和理论观点影响至深，大部分作品都是出于对某种文学批评的自觉实践。作为现代派文学理论的传播者与践行者，施蛰存在 20 世纪 20 年代末到三十年代前期先后以《无轨列车》《新文艺》和《现代》等杂志为艺术阵地所提出的一系列小说与诗歌创作论，对推动上海现代派文学的发展起到了至关重要的作用。学界对施蛰存的关注大多聚焦于对其小说作品的阐释与分析，包括主题意象、人物形象、影响因素、形式特征和美学内涵等诸多层面，极大地肯定了他部分心理小说和历史小说在现代派文学书写过程中的重要意义，而对他在文学批评和理论思想方面的建树却鲜少有人关注。

施蛰存固然受西方现代主义文学影响至深，深厚的传统文化积淀同样在他的创作中留下了不可磨灭的印迹，更为其文学批评提供了开阔的比较视野。查建明认为，

---

[*] 王敏（1986—），女，山东临沂人，浙江外国语学院中国语言文化学院讲师，研究方向为西方侦探小说与 20 世纪中西文学关系研究。

施蛰存的翻译和创作活动体现出鲜明的比较文学精神，这既是一种"融汇中西、会通文史哲的人文素养的追求"，也是"对人文精神和品格的追求与坚守"。①张柠的长文《施蛰存的观念与艺术》则是通过对施蛰存小说世界的分析，多角度地呈现了"作者的观念世界与其艺术世界之间的关联性"，②其中着重探讨了施蛰存的风格特征，并强调了文学（美学）视角在目前施蛰存研究工作中的迫切意义。"摆脱概念之争"固然重要，但毕竟仍囿于创作方面，而对施蛰存批评思想的整理不仅可以为理解他的作品提供理论基础，更可以丰富我们对 30 年代现代派文学建构之路的认识视角，并理解其在整个现代文学史上的特殊意义与贡献。本文拟从施蛰存对自由创作观、心理真实以及形式技巧等三个方面的理论建设入手，考察并梳理他的文学（主要是小说）批评思想，一窥现代派文学在审美观照下的建构之路。

一、"自由主义左翼"：施蛰存的文艺立场

作为 20 世纪 30 年代上海现代派文学的舵手，施蛰存在八九十年代的访谈中不止一次地强调说，自己虽然遵循自由主义的创作之路，政治立场方面却是左倾的。从施蛰存本人的书信、评论、日记和回忆性文章中可以看到，他第一次公开的自我剖析似乎是在 1933 年伐扬·古列久访华期间，当古列久问起戴望舒是否为共产党员时，施蛰存否认了这一点，称自己同好友乃是自由主义左翼——"与国民党作家没有关系，共产党作家是朋友"。③考虑到古列久左翼作家的身份，施蛰存这样的澄清实际上意味着就其个人而言，已基本上抛弃了早期的共产主义思想倾向，与左翼作家之间，不再是同路人，而只剩下"朋友关系"。

施蛰存的这一创作观经历了一个转变过程，他和左翼作家之间的关系也从亲密的"战友"渐渐疏远为"故友"。1926 年秋至 1927 年春在沪求学期间，施蛰存和戴望舒、杜衡等人加入了国民党左派和共青团组织，四·一二事变之后，加上此前戴、杜二人被捕的经历，使施、戴认识到革命的危险性，为明哲保身，他们相继辞去了党员身份，却并未立即停止对马克思主义文艺理论的介绍和创作实践。应当说，施蛰存的文学转向同自己的党员身份无关，他出于家庭方面的实际考虑退党，并不必然影响其对待左翼文学的态度，只是当这一主动性的文学试验活动变成被动的政治宣传时，才从根本上动摇了他对左翼文学的看法。但需要指出的是，施蛰存所说的"中间派"并不是韩侍桁和杨邨人等为代表的"第三种人"，两者是有区别的，虽然对于后者，施蛰存的态度经历了从认同到拒斥的大转变。1932 年 7 月，杜衡以"苏

---

① 查金明：施蛰存的文学世界与比较文学精神 [J]，中国比较文学，2005（3）：47—54。

② 张柠：施蛰存的观念与艺术 [J]，东吴学术，2016（3）：133-144。

③ 施蛰存：施蛰存全集（第二卷）[M]，上海：华东师范大学出版社，2011 年版，第 363 页。

汶"之名在《现代》第一卷第三期上发表了《关于"文新"与胡秋原的文艺论辩》一文，提出了"第三种人"的概念，指出在"知识阶级的自由人"和"不自由的、有党派的"的争斗中，最吃苦的却是这两种人之外的第三种人。施蛰存解释说，所谓"知识阶级的自由人"指的是胡秋原所代表的资产阶级自由主义者及其所主张的文艺创作观，而"不自由的、有党派的"阶级，则是无产阶级连同其所倡导的文艺理论，游离于这两极之外的"第三种人"，其实就是不承认理论先行的自由创作论者。

在"第三种人"论辩发生的初期，施蛰存因为赞同杜衡"文艺不必有政治性"的观点，曾撰文为其辩护，但在两人辞去《现代》编务、杜衡同韩侍桁和杨邨人合办《星火》月刊之后，施蛰存对他们所表现出的结合"第三种人"帮派的意图感到很不满，"因而连朋友交情也从此冷淡了"。[①]虽然，随着抗日战争的爆发，韩侍桁等人在重庆发表团结抗敌的新声明，结束了"第三种人"同左联的对抗，施蛰存和杜衡之间冷淡的友情却再也没有能够恢复，可见，施蛰存对"第三种人"一直是敬而远之，这种置身事外的态度与其说是因为对"第三种人"反左倾向的不满，倒不如说是对一切政治话语的有意退避。"中间派"和"第三种人"的根本区别不在于他们同左联之间是否构成对抗话语的关系，而在于前者与后者相比，不仅能够保持政治立场的正确性，而且努力使自己的文艺创作应和于感性的身体话语，这才是施蛰存所谓"自由主义左翼"或"中左派"文艺立场的真正含义。金理在《"关系网络"中的施蛰存》一文中，通过分析施蛰存同"第三种人"和"新感觉派"等人的"关系"，阐明了他们之间的区别，同时也指出施蛰存的文艺观虽然同左翼差异较大，却在主编《现代》期间，始终坚持不做某种"文学上的思潮、主义或党派"的同人杂志，[②]这就表明了他自由主义的创作观。而他和冯雪峰、戴望舒等人的关系，早年和左翼作家之间的交往，以及对世界无产阶级革命形势和文学作品的关注，也证实了施蛰存"中左派"的立场。

施蛰存再三表明进步作家不必同政治有直接关系，同时强调作家应具备他自己的Egoism(自我主义)。所谓与政治的直接关系，指的是作家的党员身份，而Egoism一词他后来则承认用得不甚恰当，原意乃是指作家的个人自由。施蛰存视保持自由思想为作家写作的先决条件，在《现代》发行的"美国文学专号"中，他将其最大的特征与优势总结为"创造的"与"自由的"两点。然而从施蛰存本人的创作及其对同时代诸多作家作品的评价来看，他对"创造性"或者说"原创性"的态度是相对松懈的：施蛰存曾痴迷并翻译过奥地利作家施尼茨勒（Arthur Schnitzler）的短篇

---

① 施蛰存：施蛰存全集（第二卷）[M]，上海：华东师范大学出版社，2011年版，第274页。
② 金理："关系网络"中的施蛰存[J]，中国现代文学研究丛刊，2015（11）：13—32。

小说，其早期创作中也明显带有对后者心理分析写作手法的借鉴甚至模仿，虽然他很快摸索到了一条将西方现代主义写作手法与中国传统文学题材以及光怪陆离的都市生活融合起来的创作之路，克服了早年略显粗糙的模仿痕迹，但依旧很难完全称之为"创造的"。二者之间，他强调更多的还是"创作自由"。

要实现创作自由，作家首先需做到文思自由。在广泛评论同时代作家作品的《一人一书》这篇长文中，施蛰存提出了"一个作家最好的作品往往是他早期代表作"这一规律，①他认为原因即在于作家在使其成名的处女作中不仅倾注了自己最真挚的情感，还因不为名声所累，故而能够更为自由地进行构思与写作。因此，要做到文思自由，就要不为时代习气或舆论导向所影响，换言之，作家的创作态度要诚恳。对于这一点，沈从文也是认同的，在《论中国创作小说》一文中，他将施蛰存、孙席珍和沉樱在20年代末所作的短篇小说同废名等人做了对比，认为他们的作品虽然称不上伟大，却能摆脱琐碎的牢骚话，不为时代积习所拘囿。他特别推崇施蛰存的《上元灯》，认为这部集子所收录的作品"笔头清丽，长于描绘"②，跟创造社和"语丝派"作家及其青年追随者刻意营造的讽刺习气或是"诙谐趣味"相比，这几位小说家能够"诚实的制作自己所要制作的故事，清明的睥睨一切，坦白的申述一切"③，因此表现出一种较为"纯粹"的品格。"纯粹"是沈从文对小说创作一个很高的评价，它意味着作家在创作时将艺术价值置于道德评判或宣传作用等意识形态的考量之上——不是说优秀的作品不能表现道德判断或是宣扬政治理想，只是要通过恰当的艺术手法真挚而自然地流露，绝不能一味地追求内容或者"思想"表现而弃艺术价值于不顾。

施蛰存也曾以同样的美誉赠予沈从文：

我以为沈从文先生似乎是十年来创作态度最忠实的一位作家了。成为一个好的作家，除了充足的生活经验外，还只需要一个条件，那就是为创作而创作的忠诚态度……一个作家正在从事创作的时候，他对于他的工作不能有一点枝蔓的观念。不要以为我是在拯救劳苦大众，也不要以为我是在间接打倒帝国主义，也不要以为我是在暴露一个烂熟的资产阶级社会的丑态，只要认识自己正在写作一个好的作品就尽够了……沈从文先生，我以为是能始终保持着这种态度的。④

---

① 施蛰存：施蛰存全集（第四卷）[M]，上海：华东师范大学出版社，2011年版，第1045页。
② 沈从文：沈从文全集（第十六卷）[M]，太原：北岳出版社，2002年版，第221页。
③ 沈从文：沈从文全集（第十六卷）[M]，太原：北岳出版社，2002年版，第221页。
④ 施蛰存：施蛰存全集（第四卷）[M]，上海：华东师范大学出版社，2011年版，第1040页。

默契之深，则可见一斑。

作家在创作时应当忠于自己的内心，使作品成为真情实感的自然流露。施蛰存从来不否认文学可以表现政治性，但这种呈现必须建立在作家本人深刻的理解和真挚的态度之上，无论是出于政治暴力所迫还是为沽名钓誉而一味随波逐流者，所写出的文章必定免不了要流露出因刻意雕琢而矫揉造作的痕迹。对于国民党当时的"御用文人"，施蛰存自然是不屑一顾，面对 30 年代迅速崛起的左翼文学，他也曾积极响应和靠拢，在普罗文学盛行之际，写出了《追》《花》和《阿秀》等三篇试验性的习作，然而一旦意识到自己因为缺乏生动的生活体验而难以维持情感的真挚，便果断放弃了这条创作道路。失败的经历使他明白，尽管能够在情感和认识上接受马克思主义学说，但这种认同还不足以作为自己创作无产阶级文学的基础，因此感慨"硬写不会有好结果"。[1] 在这样的经验之下，他选择了一条小心翼翼的"中左派"道路，即始终不让左右着文坛导向的意识形态话语成为自己文艺创作的指导方针。能洞见到时代的积习、把握其跃动的脉搏，同时又坚守得住自己的文艺理想，不随波逐流，这是对作家极为严苛的考验，施蛰存和沈从文都经受住了这一考验。

二、"文而不学"：感觉与心理的真实呈现

20 年代的文学在五四精神的熏染下，体现出鲜明的启蒙色彩，现代派文学却抛弃了这一理想，从形式与内容两个方面背离了现实主义的文学传统，为第一个十年的结束画上了句点。其创作放弃了传统文学对"意义"的追问，自然也就不再信奉文学对于人生的指导或训勉价值。小说的功用虽是解释人生，但这解释里面也并不应该包含理性的意思或教训，施蛰存因此提出了"文而不学"的文艺观，即"无论在作家还是读者这方面，文学始终不是一种需要深邃研究的专门学问"[2]。小说是作者对人生的种种情感、印象和回忆的表达与呈现，无法用理智和科学去分析和阐释，所以小说家在创作时并不需要一个事先准备好的训诫式思想作为指导。

现代派作家认为，小说要描写感性人生，最重要的是情感真挚，内容却不必拘泥于纪实性的现实生活。因此，当施蛰存在《古今中外的"小说"》一文中将虚构性作为近代小说一个显著而重要的特征进行阐述时，[3] 他实际上是在为现代派作家在小说中抛弃传统知识分子现实关怀的行为做辩护。然而，虽然以"新感觉派"为代表的现代派作家在创作中大多摒弃了对社会时局的直接描写，也不论这种摒弃或者说逃避在当时的形势下是多么不合时宜，他们笔下所呈现出的那些或物欲横流，或

① 施蛰存：施蛰存全集（第四卷）[M]，上海：华东师范大学出版社，2011 年版，第 1046 页。
② 施蛰存：施蛰存全集（第三卷）[M]，上海：华东师范大学出版社，2011 年版，第 544 页。
③ 施蛰存：施蛰存全集（第三卷）[M]，上海：华东师范大学出版社，2011 年版，第 793 页。

怪诞离奇，或醉生梦死的场景，纵使不是整个上海社会的缩影，却也不可否认真实地反映了一小部分极端敏感的现代都市青年的心理状态——他们在畸形发展的都市文明和西方现代思潮的冲击下率先感应到了现代世界的脉搏，然后怀着欣喜、困惑、骄傲和战栗尝试将其描述出来。正是这种在碎片似的经验世界中捕捉和呈现心理真实层面的努力，使得施蛰存等人走上了一条迥异于写实主义传统的现代派的文学创作之路。

现代派文学的一个重要特征，即是心理分析手法的运用，对人物的刻画主要依靠其内心独白而非行动描写。作为海派文学代表团体的"新感觉派"小说家，刘呐鸥和穆时英等人的短篇小说无一不注重人物的心理刻画，他们使用快节奏的蒙太奇手法将人的瞬间感觉与意识活动镶嵌在浮动的都市场景之中，一反传统心理描写的合理性和连贯性。而施蛰存在这一点上走得更远，他受西方现代主义思潮影响至深，对弗洛伊德的心理分析学说和显尼支勒独白式的叙事技巧尤为倾心，他从 20 年代末开始翻译显尼支勒的小说，其创作也深受其影响。李欧梵称其为施蛰存创作最重要的灵感源泉，认为通过一种新文体的实验，施蛰存对人的欲望进行了深度挖掘，而在创作手法上，则表现出以下特征，"施蛰存希望通过他的人物或叙述者描述一种'主观现实'，并且用第三和第一人称写作，这种写作比我们所看到的，比如说鲁迅的短篇小说，要更主观化"。[①] 所谓"主观现实"，意即通过人物内心独白对非理性世界的开启，作者逐渐抛弃了外部现实的真实性及其存在意义，使其彻底消解于不可知甚至是荒诞的内在现实之中，感觉的真实取代了行动的苍白从而获得它至高无上的地位。

然而行为虽可以虚构，驱使人物行动的心理活动却必须是真实的，同时，心理真实也必须建立在经验真实的基础之上。在施蛰存看来，真实并不代表对现实生活机械而刻板的模仿，小说家在组织材料时，还需要充分发挥想象力，因为即使是写实小说毕竟也不是新闻纪事，不可能完全真实。小说既是一种描写，"多少就是作者的想象力所驰骤的地方"[②]，而文学归根结底乃是一种主观性的创造。戴望舒甚至提出，心理小说也是写实主义在近代文学的一个分支：和另外一条致力于描写社会全景的自然主义的道路不同，心理小说是"透入到人性的更深奥的地方去了"[③]，因此也是写实的一个方式。这一观点虽有些极端，但却道出了现代派作家对小说之"写实"与"真实"的理解。施蛰存强调心理真实和人物行为的虚构性，在他所创造的小说世界

---

① [美] 李欧梵：上海摩登——一种新都市文化在中国（1930—1945）[M]，毛尖译，北京：北京大学出版社，2001 年版，第 180 页。

② 施蛰存：施蛰存全集（第五卷）[M]，上海：华东师范大学出版社，2011 年版，第 1780 页。

③ 戴望舒：戴望舒全集（散文卷）[M]，北京：中国青年出版社，1999 年版，第 146 页。

中，则对由行为构成的现实世界和潜意识所主导的心理世界做出了区分，认为迷宫一般看似杂乱的后者才是能够真实反映人性的场域之所在——行动虽具有可视的真实性，但这"真实"可能不过只是受理性驱使而表现出的一个"假象"。

写作要表现心理真实，在一定程度上，需要规避理性的过度支配。施蛰存在《书评家即读者》一文中认为，"纯粹的文艺作品，其写作的动机，常常是只有一个冲动"，① 这种冲动是对某种突然降临的感悟或情绪一吐为快的欲望，而在欲望书写的过程中，理性是暂不参与的。小说的内容不能承载理性的意思，而应偏重感觉的营造。施蛰存早年曾迷恋过一阵爱伦·坡的小说，后者在作品中描述的正是"一种情绪，一种气氛（Atmosphere），或是一个人格，而并不是一个事实"②。小说家通过对情感记忆的复现或是心理真实的深层挖掘，将经验世界的碎片重新拼凑起来，在此再现和还原的过程中，理性所追问的意义成了一种缺失，但这种缺失无须去补缀。因为小说（现代小说）并不赞成它的读者在阅读之后投身于作品意思的检讨，他们唯一要做的，只是去思考作者对于人生的描写是否使他对人生有了更进一步的了解，是否在他个人的经历之外敞开了世界的另一种面目。施蛰存反对将文学作为思想的承载，尤其反对作为政治宣传的工具，因为如此一来，读者对意义的追问就成了一种学问性的期待，这就使文学发生了"学"的偏向，其核心的"文"则势必将处于失重状态。非但政治家不能将文学作为知识或主义的宣传工具，即使是文学研究者，所致力的方向也应该是"培养充分的欣赏能力，而不必用种种理论去从每一件文学作品里企图发掘出什么真理来"③，用理智而不是情感来抚触文学作品，是一种本末倒置的文学研究方法，因而是行不通的。应该说，施蛰存对感性经验在文学创作中的强调一定程度上反驳了当时意识形态色彩过于浓重的文坛流弊，但是这种完全"置身事外"的做法，最终却很可能将文学创作引入极端脱离现实的歧途——施蛰存后期的创作被批评是走入了"魔道"。然而无论这一主张在当时有多"不合时宜"，毕竟为文学创作的多样性、特别是现代派文学的出现做出了积极贡献。

同时需要指出的是，施蛰存并非认为小说创作全然不需要理性的参与，至少在技巧的使用方面，理性的训练和选择不可或缺。他对爱伦·坡和海明威的小说都很推崇，认为在他们的作品中，摒弃了传统小说对故事性的雕琢，而以一种生动的艺术方法来表现或记录某些心理或社会现象。这种看似间接的描述，实际上却能使读者产生一种非常直接的感受，并且这一效果的实现，同内容和选材无关，而是有赖于小说家创作技巧的使用。他甚至认为，小说家所看到的人生同一般读者并无二致，

---

① 施蛰存：施蛰存全集（第三卷）[M]，上海：华东师范大学出版社，2011 年版，第 535 页。
② 施蛰存：施蛰存全集（第三卷）[M]，上海：华东师范大学出版社，2011 年版，第 519 页。
③ 施蛰存：施蛰存全集（第三卷）[M]，上海：华东师范大学出版社，2011 年版，第 544 页。

前者看似敏锐的感觉不过是因为"能够用尽善尽美的文字的技巧去把他所看到的人生的各方面表现得格外清楚，格外真实，格外变幻，或格外深刻"①，因此，一个优秀的小说家除了能够敏感地捕捉经验世界中转瞬其实的感觉与印象，还必须具备优越的创作技巧。

三、技巧至上：语言、篇幅和文体的雕琢

1923 年，施蛰存在松江中学读书时，因有感于当时新诗写作每况愈下的文坛现实，曾计划发起一个"维娜丝文学会"，并在《最小》报第 4 卷第 92 期发表了《关于小说之文：新旧我无成见》的短文，称这个文学会的目的是要"恢复诗而创作小说"——在诗歌方面，主张破除格律，对小说创作则提出了"讲求艺术"的文艺主张。② 终其一生，施蛰存基本不曾动摇过这一观点。所谓小说的艺术性，主要是就其写作技巧而言的，他认为不同派别的小说之间，区别仅在于对题材处理态度的不同，比如，写实主义与浪漫主义的小说，题材尽可以相同，因为"同一题材可以因为作者态度不同而成为写实的或浪漫的"③，而这里所谓"作者的态度"，主要指的是技巧与形式的呈现。小说要有"文学意味"，即需要小说家在创作技巧方面苦心经营，能够博采众长而自成一格。

技巧运用得当与否，是一篇小说写作成败的关键，而他对穆时英、刘呐鸥、沈从文等人的创作给予很高的评价，也盖源于此。1932 年 10 月《现代》的"社中日记"里，施蛰存坦率地写到，在当时的文艺界，"穆时英君和刘呐鸥君以圆熟的技巧给予人的新鲜的文艺味是很可珍贵的"④，可见，"文艺味"主要指的还是圆熟而新颖的写作技巧在小说中所营造的艺术氛围。甚至对他人作品的借鉴和化用也是小说创作技巧的一种，化用得巧妙，便与机械的模仿不同：化用意味着将模仿对象吸收之后再以属于自己的方式呈现出来，类似春蚕吐丝的过程。施蛰存在谈论穆时英的"抄袭"事件时，曾这样为其辩解：

他写小说，正如蚕吃着桑叶，东一叶、西一叶地吃进去，而吐出来的却不再是桑叶，而是纯丝了……我们若了解他的小说的技巧和作风就是这种别人的好思想、好辞句的大融化，那么对于他的技巧和作风，也正不必怀疑了。⑤

---

① 施蛰存：施蛰存全集（第三卷）[M]，上海：华东师范大学出版社，2011 年版，第 542 页。
② 施蛰存：施蛰存全集（第三卷）[M]，上海：华东师范大学出版社，2011 年版，第 445 页。
③ 施蛰存：施蛰存全集（第五卷）[M]，上海：华东师范大学出版社，2011 年版，第 1780 页。
④ 施蛰存：施蛰存全集（第五卷）[M]，上海：华东师范大学出版社，2011 年版，第 1611 页。
⑤ 施蛰存：施蛰存全集（第四卷）[M]，上海：华东师范大学出版社，2011 年版，第 1048 页。

　　施蛰存认为《公墓》比《南北极》更能代表穆时英的小说成就，但他随即又解释说，这两个集子其实差不多，自己并没有认为《南北极》就不如《公墓》。在革命情绪已经酝酿至爆发临界点的 1937 年，特别是在经历"第三种人"和"《庄子》《文选》风波"之后，施蛰存这样的一句补充更多的是出于谨慎的自我保护意识，不愿因此再引发与左翼作家之间的任何冲突。事实上，事过境迁之后，他不止一次地提及或暗示，当时左翼评论家对穆时英那几篇普罗小说的高度评价是言过其实的。因为作者不但没有马克思主义思想的倾向，无产阶级的生活体验更是无从谈起，他笔下关于上海工人的描述，之所以还不算失败，所凭借的只是"一点灵敏的模仿能力"，从内容到方法，穆时英的早期创作几乎全凭他天才的不着痕迹的模仿。如此一来，"无产阶级的优秀作品"也好，"左翼作品中的尖子"也罢，不过是意识形态检讨下的"谬赞"而已。按照施蛰存对小说原创性及其创作技巧的推重，《公墓》比《南北极》优秀是不言自明的事实。尽管后来穆时英投身汪伪政权之后两人关系疏远，对其小说成就的评价，施蛰存基本上是持肯定态度的，这一点无论在当时还是在晚年回忆性的文章或访谈中，都没有太大的变化。

　　技巧的使用是如此重要，以至于在很多情况下可以弥补内容方面的不足，冰心的作品就是这一观点的有力证明。施蛰存认为，作为开时代风气的五四作家，冰心早期的小说不免显得有些"幼稚"，而《超人》之后的作品，"题材总还是那么狭隘，感情总还是那么纤弱"，所有这些缺陷则多亏了她那"纯熟干净的笔致"来救济和遮掩，才能免于诟病，而丁玲的《在黑暗中》之所以比《母亲》更好，也是因为技巧锤炼得当。在当时的左翼作家中，施蛰存对沙汀十分推崇，认为他作品中所表现的无产阶级意识乃是出于自己真挚的情感体验，同时对浪漫主义、写实主义和象征主义的技巧都能加以融会贯通，"既维持得住他的意识，也维持得住他的文学"[1]，而能够兼顾这两方实属不易！施蛰存将萧军《八月的乡村》同沙汀的小说做了对比，以为前者尽管内容充实，但若论及技巧，总是沙汀技高一筹，小说创作也更接近艺术品。技巧上的圆熟可以补救内容的不足，技巧的粗鄙与疏漏却又很可能破坏思想上的进步和内容的丰富：

　　一个小说家若不能用适当的技巧来表现他的题材，这就是屈辱了他的题材。一个好的题材——我的意思是指一个好的故事，或一段充实的生活经验，或一个表现准确意识的事件，倘若徒然像记账式的写录了下来，未必就会成为一篇好的小说。[2]

---

① 施蛰存：施蛰存全集（第四卷）[M]，上海：华东师范大学出版社，2011 年版，第 1046 页。
② 施蛰存：施蛰存全集（第四卷）[M]，上海：华东师范大学出版社，2011 年版，第 1047 页。

现代派小说家虽然对技巧的磨炼推崇备至，但也指出技巧的使用不宜显出过分雕琢的痕迹——即作者在下笔时尽可以反复锤炼与斟酌，下笔后行文却要有"天然去雕饰"之感，这无疑是对小说家极大的考验。施蛰存对张天翼运用技巧的能力十分钦佩，认为他的小说读来流畅自然，"故事的展开与进行，作者能够随意驾驭，一点不费力气，一点不着痕迹"，而对其在描写对话方面的成就尤其钦佩，盛赞他是"中国作家中的第一个"。[①] 他认为穆时英在这方面可以与张天翼相媲美，两人都有能力表现新技巧——一个擅长捕捉都市人的厌嫌情绪，一个则精于描写对话，但在遣词造句和语法修辞方面，又都以"轻灵流利见长"，因此，两人初涉文坛就获得了读者和评论界的一致肯定，可见技巧和风格在小说写作中的重要性。

那么技巧的提升可以从哪些方面来锤炼呢？施蛰存认为，语言、篇幅和文体是需要作家格外关注的三点。小说的写作首先离不开语言的表达，语言既是一个民族所共有的交流工具，承载着历史文化的种种积淀和象征，同时又带有作者鲜明的个人印记和私人特征。施蛰存虽然曾经主张要从最能代表传统文学语言成就的古文和最贴近日常生活经验的口语两方面来淬炼小说语言，但从其创造实践来看，他自己显然更倾向于前者。在《说说我自己》这篇回忆性的散文中，施蛰存声称古典文学对自己小说创作的唯一影响即是语言方面的，尽管白话文的口号早在新文化运动之处就已经提出，但整个20年代的新文学作家在语言风格上受古文的影响依然很深，这种痕迹甚至在30年代的文学中还隐约可辨。施蛰存说自己在"语文的层次上"不能不受古文风格的影响，指的就是这种时代风气，而他向青年推荐《庄子》和《文选》，也是这个意思。他以自己做教师和编辑的经验，有感于当时青年人"文章太拙直，字汇太小"的弊病，在《大晚报》寄来的表格里推荐了这两本古书以期提高青年人的修养，希望他们从这本经典之作中"参悟一点做文章的方法，同时也可以扩大一点字汇"[②]。他承认其中有许多字已经随着旧时代的逝去丧失了实用价值，但这一类"文言文的遗产"虽不是新时代的产物，却也仍旧是我们文化传统的一部分，欲将传统适时地纳入新的轨道中去，则需要青年人吸收古文并"酿造"成属于自己时代的活文字。

小说技巧的第二个体现是篇幅。现代派小说以短篇居多，刘呐鸥、穆时英和施蛰存都以短篇小说而著称。叶灵凤在创作数量上较为客观，而且长短篇均有涉及，1927—1937的十年间共出版短篇小说集六部，长篇小说七部，但写得最好最广为人知的也仍旧是短篇。小说的篇幅要与作者所表达的内容相称，现代派小说家——特

---

① 施蛰存：施蛰存全集（第四卷）[M]，上海：华东师范大学出版社，2011年版，第1047页。
② 施蛰存：施蛰存全集（第三卷）[M]，上海：华东师范大学出版社，2011年版，第475页。

别是"新感觉派"小说家选择以短篇为体裁，一个直接的原因是他们的小说轻故事而重感觉——缺少故事框架的支撑，很难做出鸿篇巨制；而洋洋洒洒的十几万言，又将削弱感觉作为一种情绪的瞬时性特征。由此，短篇显然比长篇更适合营造气氛、描摹情绪或呈现印象。施蛰存对短篇体裁情有独钟，早在1923年初入文坛之时，他就呼吁小说家们"毋为金钱故扯长作品，致失精彩"①。而要做出好的短篇，篇幅剪裁就要适度，使读者既不感到拖沓，又不觉得急促，"在最恰当的时候展开故事，更在最恰当的时候安放了小说中的顶点"②，如此，则堪称修短得当，纤秾相宜。同时，篇幅的简洁同语言的凝练相得益彰，要为内容"量体裁衣"，即为审美形式服务，不为承载不必要的说教而使内容拖沓冗滞。

　　最后，文体的选择对小说技巧性和艺术性的体现也有很大影响。现代派小说家中，施蛰存最重视文体的雕琢与使用，这无形中也成为他判断一篇小说优劣的重要标准之一。但他并不主张"为文体而创作"，因为文体的重要性只在为小说情绪的表达或感觉的呈现寻找到一个最和谐的形式，为形式而废内容，则万万不妥。在中国现代小说家中，他推崇沈从文为优秀的文体家，最能体现这一特点的集子则是《雨后》，施蛰存认为，写到这里，作者对文体的使用正是恰到好处，自此之后，则有过度雕琢文体的倾向，不免令人惋惜。而在中国新文学的文体家中名列首位的，当属废名，施蛰存评价废名在创作时偏重于追求低回婉转的趣味，这一倾向在他的第一部小说集《竹林的故事》中就初露端倪。写到后来，小说的故事性和结构则越来越淡，"从《枣》到《桥》而《莫须有先生传》，这种倾向便愈加发挥得透彻"，废名因此便以一个独特的文体家而有别于其他作家了。他还评价说，废名的独特性表现在能够"涉笔成趣"，尽管耽于文章之美，有些刻画太过的地方不免有些迂气或是"饤饾气"，好在作者一点"写小说的欲望"就足以挽救这些不足。能将这两者结合得最为自然的是《枣》。施蛰存认为，在这部集子中，废名洒脱隽永的文章没有掩盖作品的小说性，反而成为令人拍案叫绝的点睛之笔，这种独特的风格无疑是受到了他的老师周作人及其日本俳句的影响：

　　看废名先生的文章，好像一个有考古癖者走进了一家古董店，东也摩挲一下，西也留连一下，迂回曲折，顺着那些古董橱架巡行过去，而不觉其为时之既久。而他的文章之所以使你发生摩挲留连之趣者，大抵都在于一字一句中的"俳趣"，——这是日本人的说法，用我们中国人的话说起来，也即是所谓"涉笔成趣"。③

---

　　①　施蛰存：施蛰存全集（第三卷）[M]，上海：华东师范大学出版社，2011年版，第441页。

　　②　施蛰存：施蛰存全集（第四卷）[M]，上海：华东师范大学出版社，2011年版，第1045页。

　　③　施蛰存：施蛰存全集（第四卷）[M]，上海：华东师范大学出版社，2011年版，第1041页。

　　施蛰存本人最关注的文体问题，是有关对话与叙述文的衔接技巧。在其创作早期，他就敏锐地感觉到，受西洋小说影响而发展起来的新小说，一改旧小说中对话与叙述连贯进行的写法，为了使读者能够看清楚说话者的身份，加入了大量"某人说"之类的标注性词语，这样做的一个直接后果就是破坏了小说整体上的描写意味。日本的文体作家谷崎润一郎在《春琴抄后语》中，即表达了对近现代小说中大量使用补助性词语的不满，主张在写作时把对话和叙述文连接在一起，使"会话的韵律和叙述文的韵律一致"①，两者融为一体。因此，他提出从故事体和叙述体的"东洋旧小说"中寻找新的灵感。施蛰存对谷崎的这一倡言表示出了赞赏的态度，他以《红楼梦》的成功对自己早年创作中过分关注心理刻画的技巧进行了反思，也呼吁中国当时的小说家"从这中间去蜕化出一个新的阶段"②，使白话文的小说创作能够日臻完善。

　　由此，对自由创作的强调、感觉描写的推崇以及西方现代主义写作手法的借鉴与使用，都令施蛰存及其所代表的"新感觉派"小说家有别于此前的写实传统，而跻身现代主义文学之列。虽然施蛰存的许多批评思想同左翼理论家不同，但现代主义文学在发轫之初却是二者共同推动的结果。他们的同盟关系始自对当时颇为"新兴""先锋"的普罗文学的译介，但很快也在对待普罗文学的不同态度上走向了分裂：施蛰存、刘呐鸥等人的兴趣在于探索和试验一种全新的叙事方式，而左翼作家所看重的则是它在宣传无产阶级意识形态方面所起到的政治宣传和思想启蒙的重要意义。伊格尔顿认为，美学的出现是为了平衡身体的感情话语和意识形态的理性权威的两极，从某种程度上讲，左翼文学和现代派文学在这一次的分裂之后，实际上即分别走向了不同的极端。对施蛰存而言，虽然创作实践一度误入"魔道"的极端，题材也稍嫌狭窄，但批评思想却体现出他开阔的视野、对现代主义美学内蕴的精准把握以及关于文艺创作的真知灼见。只有在对照的视域中考察他的文学创作和理论批评，才能更好地理解施蛰存作为中国现代主义文学实践者和理论奠基人的重要价值。

---

①　[日]谷崎润一郎：春琴抄[M]，陆少懿译，上海：上海文化生活出版社，1936年版，第98页。
②　施蛰存：施蛰存全集（第四卷）[M]，上海：华东师范大学出版社，2011年版，第533页。

论陈继儒题画诗的思想内容

杜 梅[*]

摘要： 陈继儒（1558—1639），字仲醇，一字眉公，华亭人。他不仅是晚明著名书画家，而且是文学家。陈继儒所作题画诗散落于其诗文集，二十多首。题画诗，即是绘画者本人或欣赏该画的欣赏者根据绘画内容自发地表达个人感受。首先，本文梳理了陈继儒题画诗的三种思想内容：第一，传达隐逸却旷达的人生态度；第二，流露出佛教影响下的禅理思想；第三，表达人性自由平等之观念。其次，本文进一步探究了陈继儒题画诗思想风貌得以形成的三个主要因素，即：追求入仕却科举不第的经历、个人富有禅宗思想的独特气质、晚明社会风潮中的山人风气。

关键词： 陈继儒；题画诗；思想内容

陈继儒（1558—1639），字仲醇，一字眉公，华亭人。他不仅是明代著名书画家，而且是晚明文学家。陈继儒擅长山水、水墨梅花文人画，如《梅花册》《云山卷》传世，与董其昌齐名。著有《妮古录》《陈眉公全集》《小窗幽记》等。目前相关陈继儒的研究成果还是比较丰富的，主要涉及他的交游考证、书画创作、戏曲评点、诗文创作、隐逸心态、造园活动等相关领域，如李菁《陈继儒嘉兴诗文交游考》《陈继儒与嘉兴名士书画交游考略》、李斌《王锡爵陈继儒交游考论》，萧海扬《陈继儒诗文集的流传及版本述略》、杨晓芳《陈眉公诗歌研究》、朱万曙《陈继儒戏曲评本考》，楚默《笔随天游 味在字外 陈继儒的书法艺术》、谢蓉蓉《陈继儒与晚香堂苏帖》、彭建《明末画梅名家陈继儒书画册赏析》，夏咸淳《论晚明隐士陈继儒》、贾文胜《陈继儒仕隐生活及心态浅论》，况克彬《陈继儒的造园活动与造园思想探析》等等。虽然也有关于陈继儒题画诗的相关成果，如：张晨主编的《中国题画诗分类鉴赏辞典》其中曾简要提及陈继儒的《题画梅轴》，认为该诗反映了陈继儒淡泊名利的内心精神。

---
[*] 杜梅（1989—），女，山东聊城人，浙江外国语学院中国语言文化学院讲师，研究方向为中国古代文学。

另外，刘继才《中国题画诗发展史》第六章明代后期题画诗的第三小节《明代后期其他题画诗人》仅用三百多字简要概述了陈继儒题画诗歌的主旨，认为其题画诗歌主要反映隐居生活的情趣。总之，前人的研究大多即认为陈继儒题画诗的思想内容就是反映隐居生活，分析较为不足，成果相对较少。

题画诗，即是绘画者本人或欣赏该画的欣赏者根据绘画内容而有所感触，多以诗歌的形式来吟咏抒发，有的题款于画作之上，有的则独立于画作之外。正如清代孔衍栻于《石村画诀》所言："画上题款诗，各有定位，非可冒昧，盖补画之空处也。如左有高山右边宜虚，款诗即在右。右边亦然，不可侵画位。"① 题画诗的发展脉络大致为："中国的题画诗之发展是有规律的。它萌芽于西汉，过渡于南北朝，形成于唐代，而成熟于北宋。"② 而至元代题画诗数量猛增③，明代题画诗的质量又进一步提高。明人陈继儒书画水平甚高，同时他又"工诗善文"，因而创作了不少题画诗，在其诗文集中散落了二十多首题画诗。陈继儒题诗的画作既有陈继儒本人的画作，亦有他人画作。既然本文是对题画内容进行分析，于是对画作出处的考证不再赘言。

虽然，以往学者认为陈继儒题画诗的主旨思想主要表达隐居情趣，但笔者认为其题画诗的内容并非单单反映了隐逸思想，而是蕴含了以下三点思想内容：

一、隐逸却旷达的思想内容

陈继儒，其著述有《陈眉公全集》《小窗幽寄》《吴葛将军墓碑》《妮古录》等。《明史》卷二百九十八《隐逸传》载："继儒通明高迈，年甫二十九，取儒衣冠焚弃之，隐居昆山之阳，构庙祀二陆，草堂数椽，焚香晏坐，意豁如也。……工诗善文，短翰小词，皆极风致。兼能绘事，又博闻强识，经史诸子，术技稗官，与二氏家言，靡不校核。或刺取琐言僻事，诠次成书，远近况相购写，征请诗文者无虚日。"④ 据此可知，陈继儒同大多士人一样曾积极求仕，但于二十九岁就已放弃仕途，隐居小昆山，后居东畲山，开始杜门著述。追求隐逸却旷达的诗歌风格不自觉地在题画诗中流露出来。

我有一枝笛，顽儿拗作樷。

---

① 俞建华编：中国画论类编 [M]，北京：人民美术出版社，1986 年版，第 978—979 页。
② 孔寿山：论中国题画诗 [J]，文学理论与批评，1994（6）：105。
③ 王振纲：中国古代题画诗发展史研究之奠基之作——评刘继才教授新著《中国古代题画诗歌发展史》[M]，中国当代名家学术精品文库.王振纲卷，沈阳：东北大学出版社，2015 年版，第 286 页。"说到元代的题画诗，书中的判断是'元代题画诗的人均数量极大'，并用一组数字对比：明代题画诗 3752 首，而元代为 3798 首……"
④ 张庭玉：明史（卷二百九十八）[M]，北京：中华书局，1974 年版，第 7631 页。

三三两两花，一开绣如铁。（《陈眉公题陈莲画梅轴》）

陈继儒善于创作山水花鸟的绘画，尤其善于墨梅创作。而他不仅为自己的梅花绘画作品题诗，也曾为其子的画作题诗。该诗歌前两句直白、简洁地交代儿子拿自己的画笔顽皮画画，"一枝笛""顽儿"，写出了童真和童趣。而第三、第四句，则描绘了画作的形态，虽然儿子画的仅仅是三三两两的花，是稚嫩的，但在诗人看来却认为整体很美，甚是可爱。作者通过记叙儿子作画过程及画作内容，透露出一幕祥和温馨的家庭场景，令读者不禁感觉到诗人享受着亲人之间的脉脉温情以及对生活的满足。

萧萧绿发映朱颜，买鹤修琴不记年。
门外客来无酒器，铁冠长吸杏花泉。（《题寿山福海图二首》其二）

诗歌前两句以"朱颜""绿发"指代曾经的青春年少，然而时间匆匆而逝，在常人看来，诗人本应十分感伤，但实际不然，诗人第三、四句却道"门外客来无酒器，铁冠长吸杏花泉"。门外客人前来，虽然没有精致的酒器，但是朋友却不会因此而见怪，即使用简陋器皿，并还能痛快畅饮。诗人热爱生活、真诚质朴地待客，因此诗人豪放不羁的旷达显露无遗。可见，陈眉公虽然追求隐居的生活，但这并不意味着他过着杜绝与人交往的孤独生活，实际上是以随性自足，却又积极乐观、充满生活乐趣的方式来面对生活。

二、禅理之思想

陈眉公曾自号"扫花头陀""清懒詹士"，自己的居室名为"晚香堂""顽仙庐""箬帚庵"等，而且他与雪浪禅师、秋潭和尚、紫柏禅师多有交往。因为"在晚明时代，宦党握政，科考艰难，使得众多士子无缘仕途。吴越文人寄居其间，为远离世事多喜谈禅，矫言尚幽，陈继儒也不例外。秋潭为晚明嘉兴金明寺高僧，能诗文，善书法，禅学功底深厚"[①]。其中他和秋潭禅师相交 30 余年，在多首诗歌中记述了他们的交游情况，如《夜访秋潭》《秋潭限韵二首》《赠秋潭僧》等。除了与禅友交游，陈继儒在题画诗中也常常不自觉地传达出禅理之思想。

首先，诗歌内容中孤寂的僧人形象和幽静的寺院、钟楼等意象。

---

① 李菁：陈继儒嘉兴诗文交游考 [J]，牡丹江教育学院学报，2012（4）：4。

竹色冷于泉，泉声响于竹。

有客对山僧，幽吟白茅屋。(《题竹石茅屋图》)

这首诗前两句描述了竹子与泉水的色彩、声音的对比，从视觉和听觉的感官方面营造出清幽的竹林山水图。后两句中则有"僧人"及人物活动场所"白茅屋"，因此，穿着当黄色禅服的僧人和清苦生活的白色茅屋，构成一幅山僧独行图。这一动一静的意象，并没有打破这清幽的环境，反而是更进一步增添了几分禅意，这种清幽、平静的场景，传达出诗人内心对禅意的境界的追求。

老俊支筇已不胜，兴来独上最高层。

长松落落微阴里，却少斜阳扫叶僧。(《题赵子尊画》)

该诗是陈继儒为他人的画作所题，然而据诗歌内容可见，诗人以身临其境的感受力写下了这好似游记的诗。前两句诗人想象自己日暮时分登楼远望，"长松"映入眼帘，虽然这已经足够清幽，但是诗人觉得禅意还不足，若是能够在斜阳下再有一位"扫叶僧"就更有意境了，因为踏实勤恳的扫地僧形象能进一步传达出诗人内心所倾向的笃定和安适。陈继儒题画诗常借助僧人、寺院意象来传达其对禅静的追求。

其次，诗歌意境表达平淡清幽、顺遂自然的禅意意境。

秋高木叶丹，月出水容白。

吹笛看飞鸿，我是烟波客。(《题季仲举扇》)

由该诗前两句"秋""月"两字可见，正值秋日月夜之时，"木叶丹""水容白"一白一红的色彩，这为秋日月夜增添了几分意趣。后两句中的"吹笛"则为整幅画面增添了听觉效果，形成一幅动静结合的场景。而诗人在此景中，只身一人独立于天地之间，观飞鸿，不知不觉间感觉自己也似这飞鸿。笔者认为苏东坡的旷达意趣对陈继儒也有一定影响，因为这首诗后两句同苏轼的《和子由渑池怀旧》中"人生到处知何似，应是飞鸿踏雪泥"两句所蕴含的禅理意境相似，而且陈继儒曾于《岩栖幽事》叙述其隐居生活："余拥山居，公（苏东坡）所无者尽有之，不省何德而享此。惟日拈一瓣香，向古佛忏罪耳。"[①]因此，可见陈继儒自认其对禅理的追寻更胜于苏

---

①　陈继儒：《岩栖幽事》卷一 [M]，四库全书存目子部 118 册，济南：齐鲁书社，1997 年版，第 698 页。

东坡。

　　　　少年雪里能调马，蹀躞寺门路上沙。
　　　　只有老夫无气力，小舟随路看梅花。

　　该首诗题于《梅花图》册第三开《红梅水仙图》画面上①，《明末画梅名家陈继儒书画册》该画虽没有落款绘制时间，但通过诗意以及老辣稳健的画风推断，此册当为陈继儒晚年作品。该诗对比了老夫和少年不同时间段的心性状态，前两句写少年时候，精神十足，有敢于挑战之精神；后两句老夫虽无精神气力，没有了少年时代的勃勃生气，转为顺遂于自然的心性，这符合佛教所强调的本性自足、内心自在的观念，因此晚年的陈继儒能于小舟中觉察风景，体味平常小事中的美好。

三、人性平等之观念

　　首先，陈继儒性情随和，处事圆融，他的个性也流露于题画诗中。据清钱谦益《列朝诗集小传》中载："少为高才生，与董玄宰、王辰玉齐名。仲醇为人，重然诺，饶智略，精心深衷，妙得《老子》《阴符》之学。……娄东四王公雅重仲醇，两家子弟如云，争与仲醇为友，惟恐不得当也。"②可见，陈继儒为人言而有信，足智多谋，交友众多。陈平原也曾说陈继儒"性情好，待人温和，经常有人去他的山庄里参观，跟他聊天，他都热情接待"③。可见他践行亲切待人之道。

　　基于此，陈继儒不同于那些与世隔绝的山人，而懂得圆融处事。他曾于《读书镜自叙》："要做天下第一奇男子，须要事理圆融。"④另于《笔筒铭》云："中虚外圆，避文士之笔端，吾法子以自全。"⑤眉公借笔筒之形，抒发人生感悟之言，处事之真谛。可见陈继儒不仅性情温和，而且善于与人结缘，处事圆融。

　　① 彭建、李笙清：明末画梅名家陈继儒书画册赏析 [J]，文物鉴定与鉴赏，2015（5）：28-30。"赏析武汉博物馆收藏了一件陈继儒的《梅花图》书画册，是陈氏诗画结合、情趣横生的一件代表作品。此册已著录于文物出版社 1998 年出版的《中国古代书画图目》第十八卷。此《梅花图》册共计八开，纸本设色。每开纵 60 厘米，横 40 厘米。其中梅花图每幅纵 30 厘米，横 20 厘米；题诗页每页纵 30 厘米，横 20厘米。每开以一画一跋分列左右，右侧为画，或纸本水墨，或纸本设色，左侧以草书题诗，均书于金笺纸上。作者撷取了梅的八种不同姿态，分别描绘成八幅梅花小像。书有八首题画诗，诗意画情相向而对，相映生辉，雅然成趣。……第三开绘《红梅水仙图》画面上不见梅树根部，只是截取了梅树的两枝，辅以一丛青绿的水仙和数朵绚烂的水仙花。……画左金笺上书有草书七绝一首：少年雪里能调马，蹀躞寺门路上沙。只有老夫无气力，小舟随路看梅花。"
　　② 钱谦益：列朝诗集·丁集卷十六，清顺治九年毛氏汲古阁刻本。
　　③ 陈平原：从文人之文到学者之文 [M]，北京：生活·读书·新知三联书店，2004 年版，第 50 页。
　　④ 陈继儒：读书镜 [M]，四库存目丛书史部 288 册，济南：齐鲁书社，1996 年版，第 408 页。
　　⑤ 陈继儒：陈眉公集 [M]，卷十四，明万历四十三年刻本，第 7 页。

其次，他交游广泛，尊重底层，敢于赞美底层。陈继儒性情温和，能与人为善，才情卓著。据《明史》卷二百九十八《隐逸传》载："幼颖异，能文章，同郡徐阶特器重之，长为诸生，与董其昌齐名。"①可见他深受内阁首辅徐阶的器重和赏识。除此之外，笔者认为陈眉公不仅能够处理好与达官显贵之关系，据其题画内容可知，他还能尊重底层之人，突破传统礼教观念，怀有人性平等之观念。

画兰不在肖，要在笔势。游戏温日观葡萄，通于书法，文与可竹得之左氏，此非深于绘事者不能。马卿以闺秀名娼，画凤兰乃尔，非特校书避席，若操笔入宋院，当作女待诏矣。从秦淮远寄振之，振之宝此，弗与桃李共掷渡头也。因题一绝云："画兰不在肖，寄郎郎知否？非无桃李花，贵出侬亲手。"②（《题马妓画兰》）

马姓女子虽身为底层妓女，但陈继儒对其画技赞誉有加，甚至认为"若操笔入宋院，当作女待诏矣"。因此，陈继儒在收到画作后，欣然为其题画。而笔者认为"贵出侬亲手"一句，更可见他并不受封建礼教思想之桎梏，但他毫不避讳，而是敢于赞美娼妓之画并为之题诗。因此，据其题画诗可反映出陈继儒不以门第等级为交友依据，而是重视人之真情，敢于抒情，即徐霞客所言"眉公用情周挚，非世谊所及"。③

据以上题画诗内容分析，可见陈继儒题画诗的思想内容不仅传达出隐逸的人生态度，而且流露出旷达、洒脱的思想追求。除此之外，还流露出丰富的禅理思想和追求人性自由平等之观念。

陈继儒的题画诗之所以流露出以上三种思想内容，笔者认为与以下三点因素息息相关：

首先，与他追求入仕却科举不第的人生经历息息相关。《明史》卷二百九十八《隐逸传》载："继儒通明高迈，年甫二十九，取儒衣冠焚弃之，隐居昆山之阳，构庙祀二陆，草堂数椽，焚香晏坐，意豁如也。……诗善文，短翰小词，皆极风致。兼能绘事，又博闻强识，经史诸子，术技稗官，与二氏家言，靡不校核。或刺取琐言僻事，诠次成书，远近况相购写，征请诗文者无虚日。性喜奖掖士类，屡常满户外，片言酬应，莫不当意去。"④可见，他不同于大多士人，能敏锐地意识到晚明政治漩涡，主动放弃仕途。能在以登科入仕为荣的社会背景下，做到顺从本心意志，这实属不

①　张庭玉：明史·卷二百九十八 [M]，北京：中华书局出版社，1974 年版，第 7631 页。
②　陈继儒：陈眉公集·卷十一 [M]，续修四库 1380 册，上海：上海古籍出版社，第 159 页。
③　徐弘祖：徐霞客游记，清嘉庆十三年叶廷甲增校本，第六册上，第 7 页。
④　张庭玉：明史·卷二百九十八 [M]，北京：中华书局，1974 年版，第 7631 页。

易。因为这需要明哲保身的智慧，敢于突破传统儒家思想而追求个人价值的魄力，敢于不与乡愿为伍的勇气，可见其淡薄功名利禄、旷达超脱之豪情。

其次，与融合禅宗思想的独特气质相关。《空青先生墓志铭》中言"称性而出，率性而止"①，可见陈继儒本身性情就较为率真。此外，《陈眉公先生全集》卷十二《艺苑赘言序》："余宇宙之赘人也！方其翩翩为儒生也，近儒；及其毁冠绅，游戏于佛奴道民之间，近二氏；醉卧酒炉，高吟骚坛，近放；遇人伦礼乐之事，扣舌屏气，斤斤有度，近庄；好谭天文禽道及阴阳兵家言，近迁；浪迹山根树林之傍，与野猕瘦猿腾跃上下而不能止，近野。故余之游于世也，世不知其何如人，余亦不自知其何如人。其五行所不能束，三教之所不敢收者邪？盖宇宙之赘人也！"②可见，陈继儒对自己的定位是：余宇宙之赘人也！他虽然自幼接受儒家传统礼教教育，然而对于佛教思想亦有沾染，加之其率真、超脱的性情，于是选择隐遁山林，顺其自然，顺其本心，自足、自适地面对人生。虽然这是为乡愿所嗤之以鼻的狂狷者形象，但是陈继儒不以为意，从而更具超脱的气质。他曾与秋潭禅师交游密切，据钱谦益《列朝诗集》闰集卷三《秋潭舷公》可知，秋潭为晚明嘉兴金明寺高僧，能诗文，善书法，禅学功底深厚。陈继儒诗歌中常提及秋潭禅师，如《夜访秋潭》《秋潭限韵二首》《赠秋潭僧》等诗，其中《赠秋潭僧》："人与寒云淡，身如秋叶轻。非关住禅寂，兼欲遣诗名。萝月辞潭影，松风迁名声。为怜苔藓碧，不敢下阶行。"③诗人将自己对人生的感悟、对声名的态度分享给这位禅友，可见两人关系之密切。于是，其题画诗中时常流露出僧人寺院意象、清幽的禅意意境，则自然在情理之中。总之，禅宗思想对其产生着潜移默化的影响。

第三，深受晚明时期山人风气之影响。明代山人之风自嘉靖时期兴起④，虽然山人本意是指因不愿为官而隐逸于山中之士，但明代山人却并非如此，明代山人往往是指游走市朝之人，他们以近似门客的身份结交朝中官员和权贵，来维持生机或求显达。但陈继儒却与之不同，因为他无须以山人身份维持生计或求显达。

对他而言，借助晚明山人之风，只是为自己打开一条通向旷达、洒脱的道路，是自己追求自足、自适生活的有利因素。因为以山人形象自居，更有利于他言人之所不能言、不敢言之语，例如对马姓女子画作的肯定和赞美。因此，陈继儒的题画诗内容并非仅仅传达隐逸之情志，更传达出对儒教桎梏的抗争，对人性的尊重。

① 陈继儒：陈空青先生墓志铭，陈眉公集·卷十二 [M]，续修四库集部 1380 册，第 216 页。
② 陈继儒：艺苑赘言序，转引自吴承学、李斌：隐逸与济世——陈眉公与晚明的士风 [J]，中国文化研究 2005（1）：74。
③ 陈继儒：陈眉公集（卷三）[M]，续修四库全书本 1380 册，第 37 页。
④ 沈德符：万历野获编，清道光七年姚氏刻同治八年补修本卷二十三 [M]，第 6 页。《山人名号》："（山人）始于嘉靖之初年，盛于今上之近岁"。

三、跨文化和海外汉学

论程抱一的汉学研究

樊宝英[*]

摘要：法国汉学家程抱一集多重角色于一身，既是一个具有独特贡献的汉学家，又是一个具有鲜明个性的诗人和小说家，同时还是一个卓越的翻译家和艺术评论家。他游走于中法语言和文化之间，不断营造新的学术空间和文化空间。程抱一率先借助于结构主义语言学和符号学原理，对中国古典诗歌进行形式主义阐释，不但提供了研究中国古典诗歌的新视角，而且还展示出中国古典诗歌的独特魅力。更重要的是，在用结构主义"二元对立"眼光来透视本己的中国古典诗歌的语言形式时，竟然发现中国古典诗歌的词句、格律及意象与虚实、阴阳及天地人之间的循环对应关系，从而掘发出"三生万物"三元理论。同时程抱一将这种三元观进一步落实到整个的文学创作实践之中，着意于"三"的意象经营与创造。这一探索旨在表明中西两大文化传统不但可以衔接，而且还可以共生易变，实现新的创造。因此，程抱一由中西形式诗学所生发的三元智慧，不但成为贯穿他所有作品的主题变奏，而且也为中西文化的未来发展开辟了一条新的道路。

关键词：程抱一；汉学；语言观；结构主义；三元观

基金项目：国家社科基金项目"中国古代文论的汉字批评研究"（21BZW052）

法国汉学家程抱一集多重角色于一身，其身份认同呈现多面性特征。首先他是一个具有独特贡献的汉学家，主要代表作有《张若虚诗歌之结构分析》《中国诗语言研究》《虚与实：中国画语言研究》等。其次他是一个具有鲜明个性的诗人和小说家，主要代表作有《双歌集》《冲虚之书》《天一言》《此情可待》等。复次他还是一个卓著的翻译家，主要代表作有《法国七人诗选》《水云之间——中国诗再创》等。最后他还是一个艺术评论家，主要代表作有《石涛，生命世界的滋味》《气乃化成符

---

* 樊宝英（1965—），男，山东莘县人，浙江外国语学院中国语言文化学院教授，研究方向为古代文论和文艺美学。

号》《美的五次沉思》等。一方面作为本根者，程抱一出身中国书香世家，对中国语言与文化浸润颇深，有难以抹去的"本己之习得"。另一方面作为朝圣者，去国七十载，又对法国语言与文化颇为熟稔，不得不面对"异己之考验"。程抱一曾把自己誉为一个"驾驭汉语和法语两门语言的艄公"①。正是在中西跨文化交流中，程抱一始终与法语同行，同时也不忘汉语这一"老奶娘"，两种传统相融共生，从而催生出"对话统一体"②的文化新空间。"虽然他的舌头任由法语主宰，他的心灵深处却阡陌交错着两种语言，沟通频频：我乃是我，我又是非我，我更是先我。"③"我不是独自诞生的。诞生，对于万物而言，是共生。一切诞生都是一种相识。"④程抱一身处两种文化之间，通过吐纳易变，不断开放生命的旅程，此时他已获得文化新人的身份，正所谓"一个完全是我自己却又绝对不同的人"⑤。基于程抱一的这种卓越贡献，他被授予"法兰西学院院士"之称号，真可谓当之无愧。

程抱一"对话统一体"文化新空间的营造应始于他对早期对汉学的研究。在《中国诗语言研究》等著作中，程抱一率先借助于结构主义语言学和符号学原理，对中国古典诗歌进行形式主义阐释，不但提供了研究中国古典诗歌的新视角，而且还展示出中国古典诗歌的独特魅力。更重要的是，在用结构主义"二元对立"眼光来透视本己的中国古典诗歌的语言形式时，竟然发现中国古典诗歌的词句、格律及意象与虚实、阴阳及天地人之间的循环对应关系，从而掘发出"三生万物"三元理论。在程抱一看来，真正的超越不是一元，也不是二元，而是三元，其核心在于阴阳两极之间中空的不断往返沟通。我总是本能地认为二元不是我的命运……相反地，我是多么坚信三元的美德！"⑥程抱一借助于结构主义的穿透，在中国哲学思想中找到了"两极中的三元"智慧。这一探索旨在表明中西两大文化传统不但可以衔接，而且还可以共生易变，实现新的创造。因此，程抱一由中西形式诗学所生发的三元智慧，不但成为贯穿他所有作品的主题变奏，而且也为中西文化的未来发展开辟了一条新的道路。

一、程抱一的语言观

程抱一对语言有着特有的敏感和认知，并有着自己的语言观。他认为作为一个

---

① 高宣扬，[法]程抱一：对话 [M]，张彤译，北京：北京大学出版社，2011 年版，第 61 页。

② [法]Madeleine Bertaud：程抱一——走向开放生命的旅程 [M]，李佳颖译，上海：复旦大学出版社，2016 年版，第 28 页。

③ 高宣扬，[法]程抱一：对话 [M]，张彤译，北京：北京大学出版社，2011 年版，第 116 页。

④ [法]Madeleine Bertaud：程抱一——走向开放生命的旅程 [M]，李佳颖译，上海：复旦大学出版社，2016 年版，第 31 页。

⑤ [法]程抱一：天一言 [M]，北京：人民文学出版社，2009 年版，第 102 页。

⑥ 褚孝泉主编：程抱一研究论文集 [M]，上海：复旦大学出版社，2013 年版，第 218 页。

知识分子，自己的整个生命由两大爱好组成：一是对沟通的爱好，二是对语言的热爱。而语言恰恰又是对话、沟通的工具。在程抱一看来，语言不仅仅是一堆词汇和语法规则的演绎，而且还是一种展示生命存在的方式。人通过语言，依靠语言，发现自我，表现自我，从而实现生命的价值。程抱一说："不能用二元论的眼光来分离'体'、'用'。形态和符号是有生命内涵的。人类是语言的动物，也可以说是符号的动物。"正如海德格尔所说："语言是存在之家。"① 程抱一这种语言观的形成，一方面得力于自身的"语言的奇遇"，另一方面得力于结构主义语言学和符号学的激荡，同时还得力于汉语言文字本身的滋养。

　　程抱一一直游走于中法两种语言之间，始终处于绝望与希望、痛苦与快乐的张力之中，并在此过程中获得了一种重新命名世界与自己的表达方式。"在我到达法国后的至少二十年时间内，我的生命仿佛一场激情的戏剧，充满了矛盾与撕裂。不过，当我最终决定从两门语言中择一作为我创作的工具时，这种痛苦又转变为另一份艰辛的求索，因为，在如是抉择的同时，我并不希望另一门语言，也就是我的母语，从我生活中完全地、简单地消失。于是，悄悄地，我的母语蜕变为忠实却又谨慎的对话者。它在我耳旁絮语，营养我的心灵，不断为我提供意象，让我表现，又为我带来不尽的乡愁，让我疏解，每每此时，它的有效性便凸现得格外清晰，与此同时，我也挚爱上了法语这第二语言。这是一次奇遇，语言的奇遇。其中，引人注目的主题便是对话与沟通，这一宏大主题照亮了我缓缓前行的道路。我苦苦追寻，每当看到两种语言奇迹般地结合，相依相赖时，我无数次为之奋激，为之陶醉。"② 一方面无法抵抗，通过法语的选择，破除了陈词滥调和习气尘俗，进入了西方诗的语言世界，发现法语作为表音文字的特有魅力。"法语的魅力本质在于它所拥有的一系列限制：句子内部的限制，句子和句子之间的约束，主体和述体在思想逻辑上的连贯。而句法的角度看，在众多的可能中，总要求你选择最巧妙的结构，最简洁的文笔。而在遣词造句上，更是锱铢必较。"③ 拼音文字的严谨表达和细致入微，更能见出自身逻辑表达的力量，同时借以反观出中国诗歌语言文字的音形之美。无论是马拉美、瓦莱里，还是司汤达、福楼拜、普鲁斯特，其创作善于描述人类从毁灭中解救出来的个人或集体事件，表达出人类的痛苦和荒诞，触及人类存在的某种神秘，都在很大程度上拓展了法语作为一种分析性语言的"史诗"般内涵。另一方面，程抱一又从未放弃中国诗歌的语言，从自己的母语中汲取灵感。"汉语不仅不是我的累赘，相反一

---

　　① 海德格尔：关于人道主义的书信，路标 [M]，孙周兴译，北京：商务印书馆，2007 年版，第366 页。

　　② 高宣扬，[法] 程抱一：对话 [M]，张彤译，北京：北京大学出版社，2011 年版，第 61—62 页。

　　③ 高宣扬，[法] 程抱一：对话 [M]，张彤译，北京：北京大学出版社，2011 年版，第 81 页。

直陪伴着我在人生道路上前行,仿佛一个忠实的奶娘拥抱着他曾经乳过的孩子。"①汉语言文字作为表意文字体系,同样用自己独特的魅力。每一个符号都是生动、独立的单位,它所拥有的至上权利便是去结识其他的符号。程抱一在诗歌创作中,利用汉字的图画意象性和声音效果,对作为拼音文字的法语进行表意性试验,便爆出生命的异彩。或注重文字的形象特征,诸如 A 代表张腿站立的人,E 是拾级而上的阶梯,S 是游行的蛇;或关注文字尾音的延展,诸如"visage"(脸)、"rivage"(岸)、"paysage"(风景);或者强化文字的语音相近而语义相反,诸如"fight"(斗争)和"flight"(逃跑)、"cime"(山顶)和"abime"(深渊)、"fission"(分裂)和"fussion(溶合)"。特别是在《树与石》《云水之间》《谁来言说我们的夜晚》等诗篇中,通过开启每个词的语音交互便创造了一首诗。如《云水之间》诗云:"无尽的云,是夏空赤裸的透明。胴体,异香,更比天使羽翼。废墟缺口,酝酿暴雨氤氲。干渴化馈赠,天女,花雨……无尽的云,大地突然流淌的泪水,从脸,入心。花雨,化入,星醉。"法语"NUAGE"(云),在中文的世界中,"云"是由流淌着的泉水,经过气体蒸发,变成云,云变成生雨,而又形成新的水之源泉。这是一个万物变化、天地循环的节奏。而法语中的"NUAGE"一词又让人联想到非常接近的美丽的词"NUANCE"(色调)。同时"云"这个词的第一个"NU"的音,先是在空中轻轻地凝聚,而后在柔柔地化开,直至最后在空中消失殆尽。另外还可以由此联想到马拉美诗句中"女性"(NUE),女性的胴体与变化的云朵融为一体。这些似乎又与中国传统诗歌中的"女人"与"云朵",甚至"云雨"关联一块。在诗歌创作中,程抱一东西穿透,左牵右连,使词与词的组合以及相互冲撞,便会获得出人意料的神奇效果。在这里,程抱一将表意文字与表音文字互文关联,将"三元"思想引入法国诗歌语言之中,使之产生了语音回响的想象空间。这正如加拿大布里吉特·布尔尼瓦所说:"您的诗表现了这门语言的特点:既严谨又充满遐想。您笔下的每个音节都让人浮想联翩,仿佛是您的母语在帮助您从词与词的碰撞中,将我们的语言展示得淋漓尽致,为我们解除了先前缠绕在它身上的各种过于散漫的拐弯抹角,之前我们曾经常因此听不到我们语言的真正声音。"②

　　20 世纪 60 年代,法国结构主义思潮风起云涌。身逢其盛的程抱一在与列维·施特劳斯、罗兰·巴特、雅各布森、拉康等大师的切磋对话中,形成了一种结构主义和符号分析学的态度、眼光和方式。程抱一说:"我庆幸自己在那个年代掌握了一种能让我驰骋在汉语研究领域的新方法:从语音和词义之间的关联着手,解构符号的组

---

① 高宣扬,[法] 程抱一:对话 [M],张彤译,北京:北京大学出版社,2011 年版,第 101 页。
② 高宣扬,[法] 程抱一:对话 [M],张彤译,北京:北京大学出版社,2011 年版,第 112 页。

成元素，从特殊的分析角度，观察符号与符号之间的对立性和相关性、符号的转义和象征意义，等等。"①程抱一凭着结构主义和符号学的视野，对以汉字为中心的表意文字的语言内涵、层次及特征把握得更理性，分析得更细密。此前对程抱一颇有影响的法国诗人克洛代尔、谢阁兰、米修已对"中国文字"表现出浓厚的兴趣。克洛代尔撰有《西方表意文字》，着意于单个的汉字象形符号，试图通过模写在西方拉丁文字中寻求类似的绘画象形意义。谢阁兰撰有《古今碑录》，在关注汉字图画魅力的同时，更强调汉字结构背后的象征意义和变化空间，视汉字是一种象征性摹本。米修撰有《中国会意文字》，领悟到汉字意象的密集布排，音节的纵横交错，原始的氤氲气象，既映射生生不息、往复流转的宇宙生命，也呼应着自己见素抱朴、虚以待物的心迹与诗情。与之相比，程抱一凭借自己的双重背景，对中国文字的研究视野更宏阔，研究更深入。他撰有《中国诗画语言研究》一书，旨在强调在中国传统文化中，无论是诗书画，还是神话音乐，无不受启发于中国表意文字，相互之间已经形成了一个复杂而统一的符号学网络。程抱一认为汉字表意文字是一个既错综复杂而又浑然一体的符号网络。在这个网络中，既有图画形象的积聚云集，也有声调节律的应和对位，各个符号之间或对立或互补，孕育出整体生命，并与周流天地的宇宙节奏异质同构。每一个字都有一定的笔画组成。笔画之间相互交错，字义相互隐含。"在每一个符号下，规约的含义从来不会完全抑制其他更深层的含义，这些深层含义随时准备喷涌而出；而根据平衡和节奏的要求形成的符号之整体，显示为一堆意味深长的'笔画（特征）'：姿态、运动、有意而为的矛盾、对立面的和谐，最后还有生存方式。"②程抱一正是通过对汉字笔画的符号学分析，重构出唐诗的潜在意境。如王维的《辛夷坞》的第一句"木末芙蓉花，山中发红萼"，主要展现和目睹了一株树开花的过程及其印象，其中"木"代表一株光秃秃的树；"末"代表枝头上长出一些东西；"芙"代表出现了一个花蕾，"艹"用来表示草或者植物的叶子；"蓉"代表花蕾绽放开来；"花"代表一朵盛开的花。整个字词及其笔画的排列组合，使整句诗生动形象，直观醒目。但这只是一种表层意义，而在这个表层意义的背后，还隐藏着深层结构，即诗人试图暗示花开与人参相互融合的禅意。一个"芙"字有"夫"有"人"，一个"蓉"字有"口"有"面"，均有人迹，寄寓了人的身影；一个"花"字含有"化"，人通过静观参与了树的成长变化，达到梵我合一、与天地参的境界。程抱一用结构主义符号学的眼光审视中国古典诗歌特殊的语法结构，从中掘发出中国古典诗歌中符号与世界、人与宇宙的密切关联，的确不失为评价中国古典诗歌的

① 高宣扬，[法]程抱一：对话[M]，张彤译，北京：北京大学出版社，2011年版，第79页。
② [法]程抱一：中国诗画语言研究[M]，南京：江苏人民出版社，2006年版，第10页。

一条独特路径。正如程抱一所说:"最重要的是他们启蒙了我对符号学的知识。符号学被我和我的诗所用,来重新看待我的文化。"①

相比而言,由于中西方文字的不同,其语言观也表现不同。如果说中国表现为文字主宰着语言,而西方则是语言主宰着文字。汉语的每一个字都代表一个独立的表意单位,是以图像符号来再现世界本体的表意文字。每一个字无须借助概念的抽象和逻辑的推演,只凭借意象之间的组合与转换就可以直接呈示世界的本来面目。同时这种组合和转换并不像印欧语系那样,追求各个单词之间形式上的对应,而是讲究非线性的空间组合,要求各个单词之间在功能、句法和意思上的秘响旁通。汉字既是"能指"又是"所指",进入语言就是进入了世界。汉语言这种文字系统及其符号观念,孕育出自己一种专门的语言,形成了一整套表意实践,奠定了具有决定性意义的语言观。正如程抱一所说:"对自然和人类世界的现象进行系统性的象征化,将象征形象构成表意单位,按照某些根本性的规律(这些规律有别于线性的和不可逆的逻辑)构建这些单位,孕育出一个符号世界——这个世界受到一种循环运动的支配,在这种运动中所有的构成成分不停地互相牵连和互相延伸。"②

二、对唐诗的结构主义分析

结构主义研究事物,往往把事物视为一个系统,然后进一步分析该系统,由此区分出表层结构和深层结构的二元对立模式,最后把后者视作一切事物的普遍原则。正如罗兰·巴特所说:"结构主义活动包括两种典型的操作过程:分割与排列。"③结构主义者往往采用分割与排列的原则来重构对象,以探讨事物表层结构与深层结构的互动关系。按照程抱一的理解,就是分清层次→寻觅关系→引申寓意。其中引申寓意的最高层次乃是象征。④程抱一使用"结构主义"这把利器,对张若虚的《春江花月夜》诗歌进行了尝试性解读。程抱一的"分解"既不同于金圣叹以起承转合诗法为主的"前后解",也不同于王尧衢所言"观其立局命意而分疏之"⑤的"九解",同时也不同于今人所谓"前八句、中八句、后二十句"⑥三层解读。他把三十六诗句、十八诗节的《春江花月夜》分为前四诗节、后四诗节、最后一诗节三个部分。程抱一

---

① [法]卡特琳·阿冈文:访程抱一(弗朗索瓦·程)[J],秋叶译,中华读书报,2002年7月17日。

② [法]程抱一:中国诗画语言研究[M],南京:江苏人民出版社,2006年版,第22页。

③ [法]罗兰·巴特:结构主义活动,转引自怀宇罗兰·巴特随笔选[M],天津:百花文艺出版社,1995年版,第295页。

④ [法]程抱一:中国诗画语言研究[M],南京:江苏人民出版社,2006年版,第6页。

⑤ 王尧衢注:唐诗合解笺注[M],单小青、詹福瑞点校,保定:河北大学出版社,2000年版。

⑥ 潘百齐:全唐诗精华鉴赏集成[M],南京:河海大学出版社,1989年版。

依据统计学的原理，发现在整首诗中，"春"字出现四次；"江"字出现十二次；"花"字出现两次；"月"字出现十五次；"夜"字出现两次。可见，其中"江""月"构成了整首诗的两大主干意象。之所以这样来分割，还与诗节之间的转韵有内在的关联。所谓"每于转韵分解处见神情并字句之工"。诗人在第一部分中交替运用了平声韵和仄声韵，如诗节内容以江为主的韵脚"霰、见、似、水"；而以月亮为主的韵脚，则以"生、明、轮、人"。而在第二部分韵脚则纯粹使用平声韵，如"愁、楼、台、来、君、文、家、斜"，诗节的内容以月为主。在最后一节中，诗人用的是仄声韵，韵脚为仄声，如"路、树"。在程抱一看来，这种韵脚的转换应对诗歌内容上的变化。第一部分主要是用圆圆明月以烘托的滚滚而流的大江意象，突出春江浩渺的壮丽景色，展现了浩瀚无垠的境域和渺渺无期的意境。春夜之美好，春江之浩荡，激发起游子青春的脚步，胸怀的豪迈。游子之心犹如春天万物一般勃发英姿，恣肆汪洋，为了理想不惜漂泊游荡。然而面对无穷无尽的滚滚江水，亘古照临的明月，又感到人世变幻的迷惘、漂泊异乡的凄苦，表现出宇宙永恒、人生短暂的无可奈何的感伤，惆怅和留恋，正所谓"人生代代无穷已，江月年年只相似"。第二部分诗人自然把笔触从大自然的江月美景转入人生图像，抽象的玄思代之以人世的离合。月已成为寄托男女相思、离情别恨的核心意象。"白云一片去悠悠，青枫浦上不胜愁。谁家今夜扁舟子？何处春江无月明？"其中"白云"象征游子，"青枫浦上"象征思妇，总抒相思别离之愁。然后紧紧为围绕圆月这个核心意象，分别从游子、思妇的角度抒写相思之情。"可怜楼上月徘徊，应照离人妆镜台。玉户帘中卷不去，捣衣砧上拂还来。"这是从思妇的角度，借月光抒写闺妇的相思情状，月光如此相扰，感也赶不走，擦又擦不去，真想化身月光，去照见自己思念的人。正所谓"此时相望不相闻，愿逐月华流照"。"昨夜闲潭梦落花，可怜春半不还家。江水流春去欲尽，江潭落月复西斜。"这是从游子的角度写人在天涯的愁苦情怀。游子梦见花落闲潭，江水东流，春已过半，江月西斜，而游子仍然漂泊在外，遥望故乡，不尽兴叹！第三部分写明月的斜落，再次把游子思妇的个别分离上升到玄学的高度，从而获得了普遍的意义。"斜月沉沉藏海雾，碣石潇湘无限路。不知乘月几人归，落月摇情满江树。"碣石潇湘，天南地北，如此遥远，又有几人能归？游子思妇也不例外。面对着残月的余晖，不由生发出落寞忧伤的思绪，久久难以消散。但一个"摇情"二字又给无可奈何中的人们带来了美好的憧憬。天地万物，人间离合，一切因月而起，也因月而结。

    程抱一对"江""月"形象的分析，不但着眼于二者之间的"分解"，而且着力于二者之间的排列组合以寻找其中象征意义。在程抱一看来，"江"和"月"不但构成了并列关系，如"春江潮水连海平，海上明月共潮生""江流宛转绕芳甸，月照花林皆似霰"，而且还构成一种毗邻关系，如"何处春江无月明""落月摇情满江树"。

有时"江""月"难舍难分，三次直接使用"江月"一词，如"江畔何人初见月？江月何年初照人？人生代代无穷已，江月年年望相似。不知江月照何人，但见长江送流水。"在整个诗歌中，"江""月"形象已变成具有左右相就、上挽下推的牵连关系，或对立，或映衬，或互补。程抱一常把"江"视为具有宏大气势的阳性形象，而把"月"视为柔弱多情的阴性形象。"白云一片去悠悠，清风浦上不胜愁。谁家今夜扁舟子，何处相思明月楼？"前两句诗虽然不含"江"和"月"的形象，但实际上暗示着"江"和"月"的存在。因为这两句诗，可以让我们联想到第一部分中的"空里流霜不觉飞，汀上白沙看不见"两句。其中词组"白云"和"青枫浦"，可以对应到词组"空里流霜"和"江上白沙"。同时程抱一认为"明月"还可以代表女子的形象和感情，因为她的恋人"扁舟子"是从江上泛舟去远行了。而"扁舟子"的出现是与江的形象紧密相连的。正如程抱一所说："江和明月的二重性仍然是通过这两个人物而显示出来。一方面，江把舟中的男子带到遥远的地方；另一方面，明月是女性露面的具体体现。"①二者的交织便获得一种象征意义。"此时相望不相闻，愿逐月华流照君"一诗中"流照"一词，其奇特配合获得了陌生化的效果。"流"是一个专门描写江的动词，而"照"则是描写明月的特有的动词，它们的结合极富表现力。这个词组表现了这位女子不受空间限制、要和她所爱的男子化为一体的幻想，犹如映照在江中的明月。程抱一说："在《春江花月夜》中，江和月这两个主体是处在一种辩证的关系之中，它们互相对立，犹如一出戏中的两个敌对者。由于这种对立，它们才能够确立自己的位置，并相互指明对方的特征。一方面，存在着一种永恒不变的秩序；另一方面，又存在着一个为潮水涨落的规律所支配的有生命之物。江中无情的流水衬托出明月变幻不定的脆弱的本性。明月的光华照耀着江流，使大江变得宏伟壮观。这种通过在大自然中找出一些彼此既有联系而又互相对立的因素，来解释大自然的方法，还从没有被人如此深刻地在诗歌中尝试过。"②程抱一认为诗中的"江"和"月"及其相互关系，并不仅仅是游子和思妇、男人和女人情思的一种象征，更重要的是的华夏民族积淀而凝聚成的应对宇宙人生的大智慧。该诗的主体是"江"和"月"，但在诗的中间因"人"的介入，宇宙万物的运行与人类的命运便交织在一起，其象征的外延与内涵不断得以提升。"江"代表大地，创造人类美好的家园，"月"代表天空环宇，象征宇宙的无限时空。大地让人爱，天宇启人思。人类只有在面对深邃无垠的宇宙之时，才能展示出博大精深的人类哲思。所以张若虚在诗中最形象地展示了华

---

① [法] 程纪贤：论《春江花月夜》的内容与形式，参见钱林森编，法国汉学家论中国文学：古典诗词 [M]，北京：外语教学与研究出版社，2007 年版，第 190 页。

② [法] 程纪贤：论《春江花月夜》的内容与形式，参见钱林森编，法国汉学家论中国文学：古典诗词 [M]，北京：外语教学与研究出版社，2007 年版，第 210 页。

夏民族传统文化之天、地、人三元结构智慧。程抱一说："所有这些象征性的意蕴，张若虚都力图把它们聚集在一起，并在一首诗中表达出来。诗人的这种意图是通过处理诗中两个主体的方式而表现出来的：他自始至终都在注视着每一个主体的变化。江水向前流着，直至与大海混为一体。江水流动的这一形象首先使诗人脑海里浮现出宇宙浩瀚的意念，其次是时间无穷的意念，最后是永恒的意念。至于月亮，诗人描写了它的升起，它在宇宙间的行程以及它的坠落；并且诗人还把各种不同的看法，如对新生命的看法、对宇宙中生命的看法、对情人分离的看法、对人们希冀团聚的看法、对一切生命终结的看法，与月亮行程的一系列阶段联系起来。特别要指出的是，诗人很注意把玄学方面的重要内容插进自己的诗里。他面对这些重要的形象提出了一系列本质性的问题：生命从何而来，又从何时开始？它有何目的，有何期待？它向何处发展？诗人力图对一个形象的一切含意进行穷根究底，并把它们上升到玄学的高度，这种愿望在中国的诗歌中确实是从未有过的。"①

如果说《张若虚诗歌之结构分析》是程抱一运用结构主义方法对唐诗进行解剖的小试牛刀，其意义在于是一种尝试性探索。那么到了《中国诗画语言研究》一书中，其结构主义方法的运用更加娴熟、更加系统、更加深入。它将《春江花月夜》一诗中隐性的"天地人"三元思想进一步逻辑化、显性化，从而为唐代律诗诗歌语言结构的阐释提供了形而上的依据。正如钱林森所说："如果说，对《春江花月夜》的分析，还只是运用结构主义方法探讨一首唐诗的一种尝试，那么，《中国诗画语言研究》，则是他更系统地运用这种方法对中国古典诗歌，特别是对唐诗进行全面艺术探讨的一部精湛之作。"②正在这个意义上说，《中国诗画语言研究》被视为汉学研究中的"一个转折点"③。

程抱一依然保持着他结构主义严谨而细腻的眼光和态度，把唐诗视为一种特定的语言加以研究。其绝句、七言诗等体裁已将表意文字及其内在结构的语言魅力发挥到极致，整个系统构成了一个独立自足的语言符号系统。据此，程抱一首先从字、词、句、章入手，将唐诗分解为虚实层、阴阳层和天地人层。然后在每一个层次上寻找最小的语法单位。对比、组合和分析单位与单位、层次与层次之间的组合关系。最后揭示各层之间背后的象征意义和深层结构。所谓虚实层，就是以字为单位的词汇层，主要表现为实词与虚词之间交织语言游戏。清代刘淇《助字辨略叙》说："构

---

① [法] 程纪贤：论《春江花月夜》的内容与形式，参见钱林森编，法国汉学家论中国文学：古典诗词 [M]，北京：外语教学与研究出版社，2007 年版，第 210-211 页。

② 钱林森编：牧女与蚕娘——法国汉学家论中国古诗论《春江花月夜》的内容与形式，参见钱林森编，法国汉学家论中国文学：古典诗词 [M]，上海：上海古籍出版社，1990 年版，第 379 页。

③ [法] 弗朗索瓦·程：对话——一种对法语的激情，转引自蒋向艳《程抱一的唐诗翻译和唐诗研究》[M]，上海：华东师范大学出版社，2008 年版，第 8 页。

文之道，不过实字虚字两端，实字其体骨，虚字其性情也。"① 实字善于状物写景，言事言理，而虚字则善于悠扬婉转，神情生气。恰当的运用会给诗歌创作增色不少。所谓"律诗重在对偶，妙在虚实"。不过对于唐人而言，更擅长虚字的运用。谢榛《四溟诗话》引李西涯语曰："诗用实字易，用虚字难。盛唐人善用虚字，开合呼应，悠扬委曲，皆尽于此。"② 对此，程抱一认为在表层上，唐人交替使用实字和虚字，以造成诗歌语言的生动流畅，韵律节奏。而在深层上，唐人又通过省略人称代词、介词、时间状语、表示比较的词与动词以及将某些虚词重新用作实词等手段，从而使整个语言获得了一个"虚"的维度。实词与虚词之间的交往转换产生了一种纯净却又自由的语言，形成了一个新的意义增值的场域。正如程抱一所说："中国诗人，通过简化的过程，并非寻求极端的精简语言，而是寻求增加名词态和动词态之间的游戏，并在语言中引入一个暗含的虚的维度。在范式轴和句段轴上，虚（由省略人称代词、虚词乃至动词，以及通过将某些虚词重新用作动词所造成）孕育出一些错综复杂的替换关系和组合关系。"③ 李白《送友人》诗中的"浮云游子意，落日故人情"两句，就属于"省略比较的词和动词"的情况。这是一首分别诗，由于诗句中缺乏比较的词，使两个比较项产生了一种交互关系，激发出新的语意。第一句可做两种解释："游子的心性如同浮云"或者"浮云拥有游子的心性"；第二句也可做两种解释："故人的情感如同落日"或者"落日拥有故人的情感"。因此主客交融，人与物合一，大自然与人一起承担离别的痛苦。特别是通过"浮云"与"落日"两项对照，它们在相偕翱翔片刻，一个升向天空，一个沉落大地，似乎也懂分离的痛苦，此时展示出人的悲剧与大自然的悲剧不可分离的象征意蕴。所谓阴阳层，是指诗句为单位的句法层，主要表现为诗句之间的形式与格律之间的关系。汉语是一种非常特殊的语言。就语音而言，古汉语单音节占优势，声调讲究平上去入；就语法而言，汉语词法缺少形态变化，讲究词性的不定性、多义性；就外在形态而言，汉语是一种方块字。汉语言文字的这种表意性精髓在唐代律诗中得到了充分的发掘。主要特征是在形式上表现为对仗，而音韵上表现为韵律。程抱一说："一首律诗由两个四行诗构成，每一个四行诗由两联构成。因此一联是其基础单位。在一首律诗的四联中，第二联和第三联必须由对仗的诗句组成，第一联和最后一联，由不对仗的诗句组成。这种对仗的诗句与不对仗的诗句的对照，还有存在于对仗的诗句内部的对照，是律诗的特征；律诗的体系由存在于所有层次（语音、词汇、句法、象征等）的对比成分构成。

①　刘淇：助字辨略 [M]，北京：中华书局，1983 年版，第 1 页。
②　谢榛：四溟诗话 [M]，北京：人民文学出版社，1961 年版，第 20 页。
③　[法] 程抱一：中国诗画语言研究 [M]，南京：江苏人民出版社，2006 年版，第 47—48 页。

在层际间，建起一个应和的网络；在这个网络中，诸层彼此互相支撑、互相牵连。"①
在结构形式上，律诗是由对仗的诗句与非对仗的诗句组成，呈现为不对仗—对仗—
对仗—不对仗的进程。它们之间的交替、对比、互补会生发出一个意味深长的表意
空间。"两句诗这样并排出现，从美学的观点看，提供了一种不容置疑的视觉美；它
们形成了一种相互呼应和关照的结构，在其中每一成分都同时指向其"配偶"，从而
在它们之间进行着经常性的交流，并且各自都面对着另一主体来确立自己的主体身
份。"② 如王维的《终南别业》有"行到水穷处，坐看云起时"两句诗。如果以线性时
序的方式解读，意即行至水的尽头，坐等白云升起时。但如果以对仗垂直空间的方
式解读，意即发现一个新的隐性含义。"行—坐"意味着动态和静态；"到—看"意味
着行动与静观；"穷—起"意味着死亡和再生；"处—时"意味着空间与时间（地利和
天时）；最后处于中间的对子"水—云"肯定了二者相互转化、周而复始的冲虚状态。
真正的生活方式并非非此即彼，而是一种亦此亦彼的两种维度。在韵律方面，律诗
既可以通过重音和非重音轮番重读、交替碰撞产生节奏感，也可以让平声与仄声声
调对位造成偶数句入韵和奇数句不入韵之间的对比，已形成静态与动态相互呼应的
音乐美。事实上。这也是阴阳交替宇宙节奏的一种呼应。所谓人地天层，是指以意
象为单位的篇章层，主要表现为贯通天地人之间的象征意义。作者通过历史的考察，
认为诗歌的构思和表达在于经营意象，追求意境。无论是刘勰《文心雕龙》"窥意象
而运斤"、王昌龄《诗格》"搜求于象"、虚中《流泪手鉴》"心合造化，言含万象"、
胡应麟《诗薮》"古诗之妙，专求意象"、王夫之《姜斋诗话》"情中景，景中情"，
还是皎然《诗式》"采奇于象外"、刘禹锡《董氏武陵集纪》、司空图《与极浦书》"象
外之象，景外之景"、严羽《沧浪诗话》"羚羊挂角，无迹可求"，都表明中国古典诗
歌不断调动"比兴"手法，通过"情以物兴""物以情观"的方式，生成"情景交融"
的意象。更重要的是在这种意象体系中达到超乎象外的无穷意味，表达一种带有全
人类性质的普遍精神体验和哲理深思，是对人生终极意义的探寻与追问。正如刘熙
载《艺概》所说："诗者，天地之心""诗为天地之和"。王维《欹湖》诗云："吹箫凌
极浦，日暮送夫君。湖上一回首，青山卷白云。"程抱一对这首妻子送别夫君诗分析
得别有新意。第一句"湖上一回首"，因省略了人称代词，究竟是远行夫君从湖心回
首遥望，还是暗指妻子滞留岸上目光再次转向湖心呢？这里明显折射着一种交互关
系。尽管已经看不到对方，但共同一道目光的连接，暗示双方一直在"望着"，有一
种恋恋不舍之情。特别是"青山卷白云"一句，有湖水映现的"青山"和"白云"

---

① [法]程抱一：中国诗画语言研究 [M]，南京：江苏人民出版社，2006 年版，第 53 页。
② [法]程抱一：中国诗画语言研究 [M]，南京：江苏人民出版社，2006 年版，第 61 页。

两个隐喻意象又把双方关系推进到难舍难分、永不衰竭的境地。须知在中国传统文化中，云在其原初状态，不过是山的肺腑孕育出的雾气，并且它不停地重返山的怀抱。同时山属阳，云属阴，在这种情况下，山当指称男人，云则指称女人。"青山"和"白云"交织着夫妻爱的回声："我在游荡，但如同山，我和你在一起""我在这里，但，如同云，我的思绪在飘荡。"夫妻之间的相亲相爱、缠绵相思、离别之苦再经过一个"卷"字，注入了自然界的活力，象征男女之间情爱关系像"青山""白云"一样，始终缠绕，不断更新，无穷无尽。在这里，一首小诗，虽是人心所得，但可与天地互证，的确负载着不轻的使命。正如方东美所说："艺术精神贵在勾深致远，气韵生动，尤贵透过神奇创意，而表现出一个光辉灿烂的世界。这个世界绝不是一个干枯的世界，而是一个万物含生，浩荡不竭，全体神光焕发，耀露不已，形成交光相网、流衍互润的一个'大生机'世界。"[①] 对此，程抱一也予以总结："每个形象，不是取自一个僵硬的链条中的一个零件，而是一个自由的整体；这个整体，由于其多重构成成分（语音、字形、通常的含义、象征的意象、在诸感应体系中潜在的内涵等等）而有了向着四面八方辐射的含义。而所有这些形象，由于存在于它们之间的有机的和必然的联系，编织成真正的拥有多重交流渠道的网络。幸亏有了一种碎裂结构，在其中句法'羁绊'被减至极限。从而在一首诗中的，意象超越线性，形成一些'星座'，这些'星座'则通过它们交错的光焰，创造出一个广大的含义场。"[②]

三、程抱一的三元观

程抱一之所以把唐诗分为"词汇层""句法层"和"意象层"，一方面得力于结构主义的细密分析，另一方面更得力于中国古代的宇宙观。中国古代宇宙论首先讲本体，万物的本源常常被称为"无极""太极""道""元""理"，等等；其次讲究生成，道分阴阳二气，相摩相荡，交互感应，生成万物；最后讲究层次，天地万物融为一体，和生共荣。因此，中国的宇宙论是以道为本体，以气为形态，以为万物和谐为指归的大生命体系。程抱一从中概括为"三元论"。《道德经》第四十二章云："道生一，一生二，二生三，三生万物，万物负阴而抱阳，冲气以为和。"程抱一认为太初之道被构想为太虚，从太虚中散发出一，而一就是元气。元气孕育出二，二则体现为阴阳二气。通过彼此的相互作用，支配着无数生气，从而赋予天地万物以生命。不过，在二和万物之间，有三的位置。就道家的观点来看，这个三代表了阴阳二气与冲虚（或冲虚之气）的结合。正是凭借着第三元的冲虚之气所提供的中

① 方东美：中国艺术的理想，中国文化论集 [M]，台北：台湾幼狮文化出版公司，1980 年版，第208 页。

② [法] 程抱一：中国诗画语言研究 [M]，南京：江苏人民出版社，2006 年版，第 95—96 页。

空虚位，才使宇宙与生命周流运转，生生不息。就儒家的观点来看，这个三就是由阴阳二气派生出来的天、地、人。人作为"天地万物之心"，同样追求"虚"，追求"无"，凭借冲虚心灵与天地一起，共同协助并参与实现宇宙的生成转化过程。在程抱一看来，山水之间因有冲虚之气而获得了生命的张力，人凭着冲虚之气的调节才赋予身体以生命的精神。程抱一说："对万物而言，'虚'是生命的一种维度。虚是实的必要条件：没有虚，气就不会流动也不会再生。气，既是有也是无，既是精神又是物质，它始终在运动中。冲气存在于万物的核心里，使万物与太虚保持联系，它使万物不断生成、变化，同时又构成一个有机的整体。"① 所以中国宇宙观不是一元的，也不是对立的二元，而是三元。三代表了生命之气即阴阳与第三种气即冲气的融合。正是这种三元观造就了唐代律诗特定的符号秩序：实词与虚词的彼此交替、相互转化构成了诗歌虚实层，音韵的平仄、句式的对仗对比呼应构成诗歌的阴阳层，物我合一、情景交融构成了诗歌的人地天层。正如程抱一所说："虚实、阴阳和天地人构成相关的和分等级的三个轴，围绕着它们组织起一种建立在气的观念基础上的宇宙论思想。这种思想认为，无是有的一个充满活力的维度；在活跃的物质存在之间发生的一切与物质存在本身同样重要；正是这种冲虚之气使得两个根本性的物质存在阴和阳得以充分运转，并由此致使人的精神在与地和天的三元关系中得以完成。诗歌语言，探索着书写符号的秘密，不失为在不同层次，依据这三个轴进行自我构成。从而，在词汇和句法层，进行着虚词与实词之间的微妙游戏；在格律层，尤其是在声调对位和对仗的诗句中——它们是律诗形式的基本构成成分，阴阳辩证关系得以设立；最后，在象征层，从自然中汲取的隐喻意象，通过其所暗含的含义迁移和主体与客体之间的往返运动，充分开发了人地天三元关系。在此，我们找到了又一个证据：诗歌语言，由于承担着中国思想的基础轮系，再现了典型的符号秩序。"②

程抱一式的结构主义观的确有自己的独特性。以结构主义的视野去打量中国古典诗歌，使其朦胧的意蕴得以逻辑化澄明，极大地展示了中国古典诗歌的表意特点与魅力。但生命如此丰盈的诗歌一旦用这么理性的方式去肢解，又难免陷入一种套路之中。对此程抱一称自己的操作不免产生"一些过分的形式主义"③。但值得庆幸的是，程抱一洗尽铅华，不断更新，在西方二元对立和中国三生万物之间的交会中凝练出普适性的三元观，可谓功莫大焉。程抱一说："这里我所指的是二之上的那个三，即最高点，生命的最高准则，而非折中调和，是超越二的三，生于二而超于二。真正的艺术品也是三，艺术是物我之间的超出物。生命的境界也是以三为最奇妙。人

① [法] 程抱一：美的五次沉思 [M]，北京：人民文学出版社，2012 年版，第 131 页。
② [法] 程抱一：中国诗画语言研究 [M]，南京：江苏人民出版社，2006 年版，第 24—25 页。
③ 高宣扬、[法] 程抱一：对话 [M]，张彤译，北京：北京大学出版社，2011 年版，第 79 页。

与神、人与人，人与天地之间的对话关系都是超于二的，只有对话关系才能滋生出最高境界。……中国人很早就放弃了二元观。中国思想中则始终强调三，道家强调阴阳间的冲气，儒家强调天地人的关系。我以为中国人的领会方式是三。这个从'气'出发的遗产架势很大，是以虚抱实，相信以后还会发生它的作用。"① 程抱一将三元观转化为一种普世的价值追求，主张只有通过东西双方的对话，文化的繁荣与发展才能获得真正的创新。

作者并不回避中西方文化的异质性及其不足。从古希腊到十九世纪，西方基本持一种"二元论"。对美的看法要么见物不见人，如柏拉图、亚里士多德等；要么见人不见物，如鲍姆加登、康德、尼采、克罗齐等。这种主客二分、绝对对立虽有极端性、绝对化之弊，但也确保了逻辑观察和科学分析以及主体自由发挥的高度，仍有界限分明的优势。与之相比，中国传统文化发挥二元性方面的确不足。中国历来因为未能创造真"二"的条件，未能给主体以绝对的尊严和权力，因此，所达到的"三"往往只是妥协或者折中。当然，对三元的认知也并非为中国传统独有。西方传统也有"三分法"。如符号学家皮尔士将符号分为图像符号、指索符号、象征符号；弗洛伊德将人格结构分为本我、自我和超我；拉康将之分为真实、想象和象征；伽达默尔也有三种我—你关系，即你被经验为一个类的成员、我承认你是另一个主体、我完全以开放的态度承认你是一个人。同时程抱一还善于发现中西文化之间共同的交汇处。谢林有关艺术观念物质化、物质主观化的思想似乎符合中国文人物我交会的视角；塞尚"交错配列"的画风很接近中国山水画之道；海德格尔哲学天地人神思想同样吸纳老子的智慧，恰与中国古代文化的天道观念心有灵犀。所有这些意在表明，中西两种文化尽管有着不同的思维方式，但仍存在着相衔接的传统。二者可以相辅相成，通过交换乃至更新，实现新的喷发。在程抱一看来，只有开启中西文化之间的对话，通过相互交融，相互补充，才能开发出新的空间。"我们都认为，对善美的追求是开向真生的追求，它是我们不可或缺也是唯一的价值标准。当对话的双方有诚意共同致力于这一追求时，'三'就成为不是强加而是对话者甘愿融入其中，甘愿遵从之唯一'超越'。'三'不来自独自的主观或冲动，它来自共同显示，共同认为的善美，它汲取了'二'之向上精华。一旦出现、成长，它每次都成为开向无限的生命之道。"② 事实上，程抱一由自己的创作实践践行了他的三元观。小说《天一言》着意于"三"的意象经营与创造。从外在来看，小说情节有三个不同的阶段，主要讲述了主人公天一在中国度过的童年、旅居法国的特殊经历以及又回到祖国的

---

① 张宁："程抱一先生与他的获奖小说《天一言》：与张宁对话"，http://www.francebooks.info。
② 高宣扬，[法]程抱一：对话 [M]，张彤译，北京：北京大学出版社，2011 年版，第 124 页。

心路历程。与之相对应，小说使用了史诗、叙事、神话三种文体，主要塑造了天一、玉梅、浩郎三个人物形象，而他们分别代表了画家、川剧演员、诗人三种艺术家身份。从内在来看，主要通过天一与浩郎、玉梅之间生死相依的描写，表达了作者对于生活、友谊、爱情的探索，折射出一代文化漂泊者的悲情传奇。当得知自己钟爱的对象玉梅与自己的朋友浩郎相恋之时，天一毅然决然远走他乡，漂泊人生，以艺术的探究成就了辉煌人生。当得知玉梅和浩郎处于人生危难悲苦的境地之时，天一又毅然离开巴黎，回国寻找昔日的恋人玉梅和朋友浩郎，共同面对命运的挑战。对天一来说，友情与爱情同等重要。其三角关系同样暗合了三元之道。如果说玉梅喻指阴，浩郎喻指阳，那么天一则喻指"冲气"或者中。正如褚孝泉所说："这部小说的'三'并不是第三个人物，而是某种虚空，这个虚空创造了一个空间，在这个空间中元气能够在'天一——情人'和'天一——朋友'之间流通。"① 当然，程抱一为了更好地创造三元，常常有意设置明晰的二元对立，既有法语与汉语之词语对立，也有向天超脱道士与扎根大地江湖好汉人物形象之对立，还有玉梅爱情与浩郎友谊、安格尔少女裸体之美与南京大屠杀奸杀之恶等主题之对立。这些对立矛盾在天一这位画家身上呈现出两极之间的往返，滋生出一种可能的变幻和两极之间的过渡状态。在程抱一看来，这种"两极中的三元"在艺术中体现得最突出。当天一面对西方艺术深深感到只有在佛罗伦萨和威尼斯博物馆里才能感受到和宋元画家多么地接近。这正如作者程抱一在欣赏罗马式和哥特式教堂门楣中央的雕塑时才重新发现了北魏时期（公元 5 世纪至 6 世纪）的佛教雕塑有一样的感受。事实上，天一是在以一种共生、互补、融合的视野，试图跨越中西，超越二元对立，在两极之间建立一种对话关系。"美的作品总是产生自某种'（二者）'之间，它是一种'三'，它从相互作用的两者之间喷发而出，使得两者都能超越自身。"② 美既不在物，也不在心，而在物我之间。艺术创作的秘密，就在于捕捉万物之间永无休止的相遇相易，解释那转瞬间即逝的奥妙。"真美乃是邂逅"③。因此，当程抱一面对世俗功利的世界之时，极力张扬"以美来救赎"的理念，试图通过寻找真美、善美来拯救人生，超越苦难。

① 褚孝泉：程抱一的小说艺术，跨文化对话 [J]，第 30 辑，北京：生活·读书·新知三联书店，2013 年版，第 280 页。

② [法] 程抱一：美的五次沉思 [M]，北京：人民文学出版社，2012 年版，第 108 页。

③ [法] 程抱一：万有之东——程抱一诗集 [M]，上海：同济大学出版社，2007 年版，第 331 页。

现代性书写的权力话语和女性空间

——论周蕾的女性批评

刘亚斌 *

摘要： 目前学术界关于女性与现代国家关系的思考存在着社会女性、形象女性和工具女性等三种女性视角及其所呈现出来的意义。相比于前两者的书写政治，周蕾更侧重工具女性的视角。她将女性观念泛化成一切具有阴性特质的弱位者，利用阴性空间的联系，取得女性、族裔以及其他边缘者的同一化，关联起身份政治、影像凝视、西方霸权、意识形态和欲望规制等，使其成为强大的批判武器，揭示文学文本的隐形政治和各种权力关系的细密展布，而空间言说也成为辩证的场所，交织着压制与反抗，进行着话语权的争夺，打开女性自我的成长空间，试图重构现代中国的另类叙事话语，彰显其女性批评及其书写的政治意义。

关键词： 周蕾；女性空间；权力话语；现代性书写

基金项目： 浙江省高校重大人文社科攻关计划青年项目"东方表述的理论反思与汉学主义的重构"（项目编号：2018QN065）阶段性成果。

　　周蕾出生于香港，是美国著名的现代文学研究者。对这位海外汉学家及其著作的批评涉及意识形态的认同、学术背景的差异和书写体会与经验的区别，如因其本土经验匮乏而产生"阐释过剩"的问题[①]；因其书写香港的立场所产生的"意识形态的偏执"的弊病[②]；而其所主张的西化主体"无法有效处理中国现代化进程中错综复

---

　　* 刘亚斌（1976—），男，江西安福人，浙江外国语学院中国语言文化学院副教授，研究方向为当代媒介文艺理论和海外汉学研究。

　　① 孙桂荣：经验的匮乏与阐释的过剩——评周蕾《妇女与中国现代性——西方与东方之间的阅读政治》[J]，中国现代文学研究丛刊，2010（4）：138—145。

　　② 朱立立：意识形态与文化研究的偏执——评周蕾《写在家国以外》[J]，文艺研究，2005（9）：136—143。

杂的万象"，缺乏应有的史料、历史感与本土语境，其分析只是"理论与文本间的操演"的局限性①；同时，其认知隔膜在于历史的体认和位置的摆放，以及西方理论思维的惯性，并最终无法回应"民族国家的追求和言说为什么不能加入中国主体性的建构中来"的片面性②，等等。在当代批评泛政治化的学术背景下，这些思考和分析对于海外现代文学研究者学术立场和体认的廓清是有帮助的，但过于强调学术的本土化和经验性也存在着某种局限，本文希望通过周蕾著作中女性视角的切入与分析，勾连文本阅读和性别政治之间的内在关联，来呈现其女性观者（族裔观者）的书写意义及其困境。

一

目前学术界对女性主义及其相关问题的思考涉及三种视角及其意义，第一种是社会女性，作为历史现实的存在体；第二种是形象女性，作为文艺作品塑造出来的人物形象；第三种则是工具女性，作为分析和批判工具的阴性主体③。作为一种理论体系的女性主义，与关注女性的社会运动密切相关，即有其社会和物质化的根源，而社会女性指的就是女性作为社会存在体，她们处于与男性不平等的地位，其运动要求公民权和政治权利，两性在智识和能力方面的均等，以及话语权和书写权的追求，具体到生活中则争取男女同工同酬、女性走入社会、家庭劳动和社会劳动同利等等。书写社会女性所遭受的低贱待遇和权力压迫，一直是女性主义的重要议题，其资料相当丰富。比较而言，塑造社会女性的积极意义则显得要困难得多，必须立足于大量芜杂资料的历史考证和细密爬梳，让社会女性获得一种可视性价值，所幸这一动向越来越引起女性学者的关注。夏晓虹女士的论文《作为书面语的晚清报刊白话文》对白话文运动进行了追根溯源，仔细考证出上海女士潘璇在1898年出版的中国第一份女报中就撰文《上海〈女学报〉缘起》，提出以"白话"取代"古话"以增进实学的主张，显示出女性知识者在白话文运动的先行作用及其在新文化运动酝酿期的历史功绩④。民族国家的叙事并非男性知识分子专有，亦有社会女性的知性参与，甚至有着更为重要的孕育性意义，更符合女性的某种特质。夏女士还在不少文章中详细考察过近代中国妇女在女性自主性、身体意识和解放观念等女性话语方面

①　柯婧婷：如何从边缘位置考问现代性——评周蕾《妇女与中国现代性：西方与东方之间的阅读政治》[J]，文艺研究，2009（9）：141—147。
②　陈惠芬：他山之石，何以攻玉：重读周蕾《妇女与中国现代性：东西方之间阅读笔记》（上、下）[J]，上海文化，2011（2、3）：87-93，104—112。
③　张屏瑾：现代文学"幻觉"和"细节"中的性别形式——从《妇女与中国现代性》解读海外中国现代文学研究的一种主题 [J]，文艺理论研究，2010（1）：94—99。
④　夏晓虹：作为书面语的晚清报刊白话文 [J]，天津社会科学，2011（6）：115—124。

的社会功绩及历史影响 ①。可以肯定的是，在社会女性的书写中，女性既是权力话语的宰制对象，也是其反抗的动力根源，这种反抗存在着对男性历史的积极参与和话语争夺，以及女性特质的有力呈现。从死亡、黑暗、边缘和虚弱处汲取力量，重塑既有的认知框架，调整可见、可听和可知的陈旧图谱，已成为现代学术的主要趋势。

　　相比于社会女性的历史考证性，文学艺术描绘中的形象女性则具有想象性，是文艺美学的研究对象。海外现代文学研究者李欧梵在其名作《上海摩登：一种新都市文化在上海（1930—1945）》中对都市大众文化进行了图绘式的详细研究。当时，上海作为国际化都市交织着各种文化及其权力话语。因其得益于印刷出版业的迅猛发展，形成一种新生活方式及其想象图景。在对大众文化考古式的史料梳理和理论想象的有效结合中，李欧梵肯定了女性形象在建构这一新式共同体方面的贡献，如其对《良友》画报和月份牌广告女郎形象的深入剖析，还有新感觉派小说中男女都市生存能力的颠覆性对比，这些女性"一个个显得活力四射，对她们自身的'主体性'也反而更有信心，甚而还与男人周旋，在舞厅、咖啡馆、跑马场这样的公共休闲场所耍弄男人" ②，在新感觉派作家眼里，她们成为都市物质性的现代化载体，出入各种高级娱乐休闲场所，打扮艳丽时髦神秘，展现各种男性都不具备的都市生存技巧和生活享受，从而与左翼作家对女性受压迫受欺凌的定位完全不同 ③。

　　不过，在对李欧梵著作的批评当中，形象女性的虚构性成为众矢之的。作为操控力量的印刷资本主要还是由男性把持，女性处于被男性启蒙的地位。而形象女性所表征的时间意识是与日常生活、商品化、想象图景、娱乐场所和时装形象交织的形而下的循环往复，而男性的时间意识则是进化的、启蒙的、形而上的线性历史。其实，作为一种现实力量的女性及其生产力，在现代性及其话语衍生中已扮演重要角色，尤其在现代中国的新兴产业中。如传统戏剧男扮女装，女性无法登台表演，但在 20 世纪初的电影产业发展中，通过技术性的视觉图像和对真实的追求使得女性获得电影文化资本，女性的神秘主义、底层性和晦暗不明变成了可见性的银幕形象和娱乐明星，其资本的社会效用扩展开来。汉森曾分析过早期中国电影女演员、银幕表演和"粉面女郎"之间的动态关系，使女性在"极端不平等的时空和社会条件

　　① 参阅夏晓虹：晚清报刊、性别与文化转型 [M]，台北：台北人间出版社，2013 年版。
　　② 李欧梵：上海摩登：一种新都市文化在中国（1930—1945）[M]，上海：上海三联书店 2008 年版，第 34 页。
　　③ 海外学者史书美也注意到这点，在论述刘呐鸥的文章中说到所谓的"摩登女郎"追求金钱、财物和快感，魅力十足，且任性、自主、胆大、奔放，最重要的是不贞，体现出都市女性的主体化趋向。见史书美《性别、种族与半殖民地性——刘呐鸥的上海都市风景》，载《刘呐鸥国际研讨会论文集》，台湾文学馆，2005 年版。

的缝隙中的生活富有意义"①。周慧玲发现中国早期电影寻找"新女体"或"女扮女"的追求实践与写实主义美学原则有关,并用来"摆脱颠覆中国传统的秩序"②,这些电影演员的示范作用,使观众在电影结束后思考其生活愿望、社会角色和想象各种成功的可能性,模仿并开启欧式现代生活。当然,重要的是女性自身走上了现代性舞台,发挥其银幕形象的作用,两者的相互推动让读者重新体认现代社会,理解现代女性的压抑和身体创痛。"早期中国女演员(如王汉伦等)以一双真实的'放大脚'走上银幕的感人经历,对中国现代性的发生来说便不仅具有胡适'自嘲'式的象征意义,更有着某种'肉身'的历史在场感。"③显然,在对李欧梵著作的批判中,女性学者用社会女性去对抗形象女性,因为前者的逻辑是社会女性建构形象女性从而影响民众的现代性,而后者的逻辑还是男性力量借用形象女性从而开启现代中国的启蒙叙事。

应该说,在周蕾有关现代性的重新书写中,女性不仅作为历史现实的主体,特别是作为与欲望、凝视关联的社会性存在,如母亲对《末代皇帝》的观看;亦有张艺谋、陈凯歌等中国第五代电影作品里作为某种文化精神的形象存在。但是,相比于社会女性和形象女性的立场角度,周蕾更重要的成就在于将女性工具化,甚至将两者纳入进去,作为一种理论性的阅读策略,将弱势群体当作女性化的空间存在来探究和审视,从而呈现其内部的权力关系,重构现代文学的另类叙事。由此,问题及其意义变成了文艺作品如何将叙述对象女性化,其叙事如何具有阴性空间的特质,女性观者与族裔观者是如何联结起来的等等。总之,东西方、性别之间的权力关系可以通过女性视角的阅读而关联起来,重审甚至打破既有的话语秩序。

二

客观地说,三种女性视角的出现都与学术界对于女性和现代中国关系的思考途径有所关联。概括而言,这种思考展现出融合和疏离两种途径。前者认为,即便有着清醒的性别意识,甚至提到性别话语的反叛和挑衅作用,但其表述话语亦被纳入民族国家的宏大叙事进程中,而无法纳入其中的则被排斥在外,或者隐藏在暗无天日中,最终难逃民族国家话语的结构性宰制。后者则试图去辨识密集在女性身体上的各种权力话语,揭示其在场与缺场的关系,并对其进行反思和清算,争夺现代中

---

① 米莲姆·汉森:堕落女性,冉升明星,新的视野:试论作为白话现实主义的上海无声电影 [J],当代电影,2004(1):44—51。

② 周惠玲:表演中国:女明星,表演文化,视觉政治(1910-1945)[M],台北:台北麦田出版社,2004年版,第272页。

③ 陈惠芬:性别差异与文化阶位——以周蕾、李欧梵等海外学者的相关研究为例 [J],南开学报(哲学社会科学版),2012(4):35—44。

国的话语权，召唤另类现代中国的叙事话语。因此，性别话语、女性形象参与以男性为主导的民族国家叙事的文学生产，并试图在与其对抗的叙事中寻找属于自身的系谱建构。融合与疏离的思考尽管难以脱离女性主义与民族国家范式之间的二元对立关系，但毕竟有其鲜明的女性意识和性别话语，将女性作为研究对象或分析视角，阐明其中的现代性功能和最终意义。

很明显，前两种女性视角都在努力揭示男性话语对女性的压制而具有的消极功能，以及她们反抗、颠覆和发挥作用而呈现的积极意义；而后者则比较复杂，在前两者的基础上将女性观念泛化成一切弱位者，将其作为一种阴性特质的空间来处理，从而关联起身份政治、影像凝视、东西方文化关系和内部殖民等问题，形成一种超大型的、形式化的批判武器，呈现其权力机制及其书写意义。我们认为，尽管周蕾写作没有排斥前两种女性，但第三种女性及其意义才是其批评特色所在，彰显出与其他女性主义者的区别。

首先，周蕾破除了一种简单化的融合模式，即只考虑女性角色的消极和积极作用，而是利用阴性空间特质将女性和族裔问题相互联结，将不同类型的主导文化统一起来，揭露其被掌控的命运和多重压制，尤其是民族国家话语的力量所向，其对象则包括女性在内的各种边缘群体，甚至还有处于弱势的男性，从而在书写政治上发挥其权力意义；其次，建立在阴性空间基础上的族裔和性别两套话语的融合不仅由男性或西方文化所完成，也是女性与东方世界对意识形态幻觉自主性弥合的结果。女性观者与族裔观者在阅读政治上被关联，立足于女性个体的心理空间，从而将工具女性的视角扩展到影视文化与精神分析领域。具体地说，周蕾借用并发展穆尔维（Laura Mulvey）的观点来论述工具女性的泛化，即女性观者与族裔观者在阴性空间上的合一。简要地说，穆尔维的观点可用两组词汇对比来表达，前组是摄影机、观者、男性、凝视、主动等，后组是中国、被观者、女性、影像、被动等，前者宰制后者。这种模式非常经典，无论是法兰克福学派、萨义德的东方主义，还是美国汉学的中国中心主义、文化相对主义、区域研究和本土主义等都难逃这种内在逻辑。穆尔维将男性同于拍摄、女性同于影像，两者之间是一种赤裸裸的凝视。但这种简单对接的关系很容易产生阿甘本意义上的内部差异的"剩余"，如西方男性凝视东方男性或者白人女性凝视黑人女性的"余数"[①]。按照剩余逻辑，拍摄于1987年的《末代皇帝》（The Last Emperor），其围绕主人公溥仪的一切就被意大利导演贝托鲁奇（Bernado Bertolucci）女性化，锁定为阴性特质的空间，满足其凝视的欲望。

---

① 阿甘本：剩余的时间——解读《罗马书》[M]，长春：吉林出版社集团有限公司，2011年版，第56—73页。

根据穆尔维的看法，电影的凝视包括情欲投资的多元化和女性主体的罪恶和病症，这些都在《末代皇帝》中得到体现。影片中展现了各种文化奇观，溥仪是个永远长不大的小孩，与其母亲、太监、各种女性服侍者之间产生一种古老的、无以名状的相互联结。本来，溥仪被各种当局侦察和审讯，又为白人的摄像机所摄入，成为双重的且分等级的凝视对象。换言之，贝托鲁奇巧运匠心，将自己扮演成白种拯救者，将"女性"（溥仪）从有色男人（当局）中拯救出来，赋予其人文主义关怀。如果说男性他者还在结构之内的话，那么真正的女性则被推向非结构性的外部，成为彻底飘荡的游离者。影片透过叙事回忆，乳娘、贵人、婉容皇后、皇妃、东珠等女性角色的登场，或是成为提供欢愉的对象，或是成为寻欢作乐者，如性爱游戏中的玩伴、性倒错的女同性恋者以及吸食鸦片成瘾的人。皇后为表达对溥仪与日本合作的轻蔑，也只能通过发疯的举动来表达，将自身变成一种奇观，以患病者的身份来传达政治真理。

周蕾对穆尔维的超越表现在两方面：第一，延伸了影像即女人的观点，将影像空间女性化，如此溥仪及其周围的一切被纳入进去；第二，从跨文化的辩证来分析电影元素。穆尔维将意识形态等同于男性的凝视；意识形态等同于虚假，虚假则被定义为幻觉，要打破幻觉，需要恢复其不是幻觉之物即可。为了反对幻觉，极端的做法就应该对与男人相关的任何事物丝毫不感兴趣，鼓吹对其完全忽略，但事实上并非如此，其母观看贝托鲁奇的影片后竟然说："洋鬼子竟能拍出这样一部关于中国的电影，真了不起。我得说他拍得很好！""然而，那就是我，那就是我们，那就是我们的历史。尽管出自洋鬼子的手中，我还是从中看见了我们的历史。"[1]穆尔维忽略了电影除影像外，还有叙事的重要性。根据阿尔都塞的意识形态国家机器理论，凭借教堂、公立及私立学校、家庭、法律、政治体系、职业公会、媒体以及诸如文学、艺术、体育等"文明"方式的运作，个体被召唤进入既存体系的意识形态想象中，并将其认定为自己自主性发挥的结果。因此，幻觉不应该仅仅被视为电影所制造出来的意识形态，而要从观者角度来考察，母亲不自觉地回应了意识形态的召唤，说出了那段认同的结语。那么观者主体的幻觉从何而来呢？显然与族裔历史有关，即与现代中国的历史有关。"现代非西方的主体可说是主要透过失落感所形构而成——丧失了所谓'古代的'历史，一个人尽管认同于这个所谓古代的历史，但除非借由恋物的方式，否则就永远无法回到这个所谓古代的历史之中。"[2]观者主体其实是一

① 周蕾：妇女与现代性：西方与东方之间的阅读政治 [M]，上海：上海三联书店 2008 年版，第 36—37、41、4 页。
② 周蕾：妇女与现代性：西方与东方之间的阅读政治 [M]，上海：上海三联书店 2008 年版，第 36—37、41、4 页。

名精神分析意义上的恋物癖者。在周蕾看来，面临各种强势文化，包括各种西方文化和民族国家话语，边缘者总是被处理成具有女性特质的阴性空间，难逃被主宰被凝视的命运；同时，这些边缘者还在"自主性"地不断弥合，忘记了自己的恋物癖，只不过在这些边缘者中，东方女性尤甚而已，那么她们的出路在哪里呢？

三

　　上述对李欧梵的批判表征出女性主义者的一种论调，男性的时间意识才是真正的时间性，而形象女性的时间意识更多地被空间化处理，围绕着场所、生活世界、图景和环形圈而锚定。简要地说，男性属于时间，而女性隶属空间，性别话语的争夺、东西方关系都可视为时空的论争。它产生两种结果：空间言说和空间方法的兴起。正是借助于这种为人所忽略的、所贬斥的空间利用，周蕾发展出一套阅读政治的方法论，将空间与女性同一化，东西方文化关系与女性视角互相关联，从工具女性的角度将其泛化至所有具备阴性特质的对象上，在跨文化、跨文本和跨学科中寻找隐形政治和权力关系；同时使空间言说变成辩证的场所，交织着压制与反抗，进行着话语权的争夺。

　　如果非西方文化被纳入时间的历程中，那么它必然是落后的、异己的，也是空间化的，这种空间言说充满霸权论色彩。西方是历史的、理性的、充满想象的，而东方则是无时间性的、被固化为"现实"的物质实体；西方学者用非语言的、现实和实用的、利益导向的角度来表达东方；东方世界是民族的寓言和国家的神话，只有西方才有个体存在的自由；西方是抽象的、形而上的理论主义，而东方的命运只是其具体的、实证的考古式注脚。总之，东方文化不过是单调的、乏味的、理所当然的现实反映，这一系列源自于空间化的言说，"制造出一个没有幻想、没有欲望以及没有矛盾情感的非西方世界"[1]。

　　基于时空模式所发展起来的东西方比较言论数不胜数，空间化东方的言说现在正被一种空间辩证论所反转，如同黑人性观念或黑人文化自豪感一样[2]，非西方世界索性将空间作为一种对抗的力量。詹姆逊（Fredric Jameson）所说的"差异化发展"（uneven development）和"非同步性"（nonsychronicity）的特殊历史和结构现象，实质上就是西方霸权论的结果，时间的出现预示着先后差距，这正是西方文化主宰者

---

　　① 周蕾：妇女与现代性：西方与东方之间的阅读政治 [M]，上海：上海三联书店 2008 年版，第36—37、41、4 页。

　　② 萨义德：文化与帝国主义 [M]，北京：生活·读书·新知三联书店，2003 年版，第 325 页。

的论调，因此要重新启用"同时性"（coevalness）①概念来对抗，将东西方进行空间并置，既能看出其中的权力宰制关系，也能发现东方世界的抵抗与意义。在后殖民者看来，空间化既作为西方宰制的结果，亦作为对抗西方的力量，是辩证精神的体现。

根据女性主义的观点，定义表征着某种历史时间，故女性无法定义。时间为进程、目的论、线性与投射性的开展，时间是启程、进展与抵达；而女人则为空间，与重复以及永恒相关联。女人是负面的、否定的，而且无法存在。女性主义者可用一系列词汇来描述女性及其意义：局外、否定、无法再现，阴性空间，属于记号层次，其主体性仅能从否定中得到，从前卫的或诗意的语言中获知，从言说的韵律、声调与姿势等非理性元素中探寻。女性表征着未受时间影响之前、并非错综复杂的心理情绪，即前俄狄浦斯、前精神分析，属于脉络化、符号化之前的潜在原初空间。空间言说作为话语争夺的场所被运用起来，以反抗拥有时间形式的文化力量，而女性自然被定位为原初空间，交织着性别话语的争斗。女性与东方世界（原初空间）、西方与男性（进化时间）取得了同一性与矛盾性的关联。

周蕾得益于某种海外体验和汉学研究的空间优势，从更阔大的维度来挑衅和反抗国内外研究者立足于时间性（男性）的现代国家叙事，树立非历史性（女性）的边缘叙事。现代文学的诞生和现代国族的叙事紧密相连，在对鸳鸯蝴蝶派小说的剖析中，梁启超、周作人和胡适等人的文学书写与国族建构的言论被展现出来，沈雁冰和郑振铎等人更是针对鸳蝴派的文学叙事进行直接的批评，围绕着宏大叙事用客观科学的观察、分析和心理探索，以及真挚的情感、写实主义、捕捉整体的历史、创造真正的社会远见等方面的见解，斥责鸳蝴派的守旧传统，将其定位为卫道的创作、消遣的书写与主观的向壁虚构的文学，可是在这些作家和批评者的主张里同样有其强烈的传统文学因素。同时，对海外现代文学研究的批评亦铺展开来，夏志清肯定鸳蝴派小说"悠久的伤感—情欲传统"，但周蕾则遗憾其未能突破，实现像莎士比亚戏剧里的肉身化呈示，西化视野的局限性使其无法看出传统女性身体受限中的丰富性，情感剩余可用肉体矜持的方式呈现。在林培瑞（E.Perry Link）对鸳蝴派的社会阅读方法中，存在着科学精确性与艺术建构之间的矛盾，其解决只能以新批评作为工具，同样深陷于东方主义的话语体系。在本土国族叙事的社会关怀和海外的东方逻辑的双重视角下，鸳蝴派小说整体上被女性化而具有阴性特质，而在其具体文本中，其刻画的女性形象同样如此，她们成为女性中的女性，体现在三个方面：

① 参阅詹姆逊（Fredric Jameson）所写的前言，载 Liu Kang and Xiaobing Tang,ed. *Political, Ideology, and Literary Discourse in Modern China:Theoretical Interventions and Cultural Critique*. Durham,NC:Duke University Press. 1993,pp.1-7.

其一，非爱情关系的平衡对等，女性的爱情微不足道，更多的是承担道德议题、贞洁书写与抗拒个人热情的社会化要求；其二，女性的挣扎成为剧情的主要部分，即便存在爱情，也总有灾难相随；其三，女性在社会世界中就应该隐藏自己的身体和想法，或者直接让它们缺席与毁灭。

然而女性却可以在这种深渊中实现其触底反弹，一方面体现出女性情感与英雄人物、爱国情操、新国民性等男性特质的疏离；另一方面又拉开与守旧传统的认同差距，表明其独特性；更重要的也令五四文学尴尬的是，鸳蝴派小说的连载形式与电影蒙太奇相似所产生的社会功能，以及与商业化、民众心理的结合，使得它反倒更能实现国民的现代性想象。此外，女性自身亦可利用媒介技术来呈示自我。周蕾发现，在张艺谋电影《菊豆》里，主人公反转了肉身被技术性的摄像镜头和男性权力凝视的双重命运，通过有意识的大胆呈现来对抗既有的话语体系；而陈凯歌电影中的女性则飘缈不定，具有一种原初性的、文化乌托邦式的无意识，既作为对现在文化和制度的批判，同时又作为对一种无法言说的目标的追求而存在。这些女性形象与乡村、民间、野性和动物等要素结合起来，建构出本土性的原初世界，以某种起源性空间来重新证明当代中国所具备的现代性潜能。

就此而言，周蕾提出原初激情，即对"原初"的迷恋与激情般的摄取和盗用，促使现代文学和文化的生产，而非知识精英在自己启蒙后通过移情弱势群体来书写现代性。于是，女性即原初空间，拥有欲望、深渊、黑暗、情感、原始和神秘等属性，它不仅构成现代性的转型动力，同时也是各种权力话语斗争的集散地。但是，周蕾的著作并非像研究者所分析的那样[①]，只是满足于女性对现代性的重构作用，而是更强调女性在国族性和现代性的追求中是如何被压抑的，现代中国的男性作者在对女性等从属群体的书写背后，"不仅仅限于西方对非西方的剥夺，而且更是形式创新与原初主义之间的辩证在'第三世界'内部究竟怎样表明了文化生产的等级关系"[②]，"原初"的激情和寻求交织着多重批判的意义，女性的描写被有意识地指向种族化/国族化/男性化的人性道义的关怀，忽略了内部的权力关系。只有展布于女性身上的权力话语全部呈现出来，作为最底层者才有彻底解锁的可能，从而重构现代性的书写体系。由此看来，其书写重任似乎要落到女性作者的肩上。

① 陈惠芬：性别差异与文化阶位——以周蕾、李欧梵等海外学者的相关研究为例 [J]，南开学报（哲学社会科学版），2012（4）：35—44。
② 周蕾：原初的激情——视觉、性欲、民族志与中国当代电影 [M]，台北：远流出版公司 2001 年版，第 41—42 页。

四

按照社会女性或形象女性影响民众现代性的内在逻辑而言，女性作家的创作文本无疑是女性研究至关重要的内容，仅其书写行为就代表女性地位的某种提升，从而与男性作家争夺现代中国的书写权力，其塑造的女性形象呈现出对书写叙事与共同体想象的贡献。在女性主义者看来，此种书写大都旨在揭露男性体制对女性的压迫与残害，控诉女性所遭受的痛苦与悲剧，同时试图建构女性作家的书写谱系，提供另类的现当代文学史叙事。周蕾曾深入分析过女性作家及其作品，如丁玲《莎菲女士的日记》、冰心《第一次宴会》、凌叔华《绣枕》、张爱玲《半生缘》和《金锁记》等，但她并非书写现代女性文学史，更不用说真正重构现代文学史，甚至连单个作家作品都无法给予完整性的评析，而是秉承一种后现代精神，在碎片化的阅读中突出其政治性。这也就不难理解孙桂荣对周蕾的批评：以一两个片段抽象比较，竟然得出三个男性作家不如张爱玲的创作更富细节的现代性的结论[1]。

那么，我们应该如何看待这种后现代精神呢？首先，这是一场脱离历史的权力与反抗的辩证游戏。德国哲学家本雅明曾说一块布满青苔的破碎瓦片都在诉说着历史的厚重，而周蕾想要探寻的却是碎瓦上的权力踪迹和抗拒维度。历史感的缺乏体现在两方面：时间性的反对和历史深度的取消，而这正是詹姆逊所强调的后现代社会的重要特质[2]。从三种女性视角及其意义的角度而言，周蕾并不注重社会女性，对其所评论的作家很少去留意他们的人生经历与具体的社会环境，主要是通过对其作品及其女性形象的剖析来达到目的。其次，这是一种文本间性的跨学科、跨文化分析，运用空间并置的方法将男性与女性作家的创作文本、东西方世界的批评文本"拼贴"起来，依托于一种将女性意义泛化的工具女性的空间阅读视角，联结东西方关系、性别逻辑、影像凝视、叙事话语与精神分析的自反性，来勾勒出其间的政治性与权力踪迹，并以此抗拒既有的等级秩序。因此，如果对其"与国族主义有关的五四文学的历史情境不无隔膜或难有真正'同情的了解'"的批评是正确的话[3]，那么这种批评更多是立场和方法的不同。在空间方法运用的背后，是一种重新出发的自我成长的空间，方法论兼具或转变为本体论的意义。

就如同鼹鼠那样不断地在体系结构的裂缝处挖掘使其全然崩塌，从而引出重构体系或另类叙事的要求。旧有体系是由时间、历史、男性和西方等为主宰而架构起

---

[1] 孙桂荣：经验的匮乏与阐释的过剩——评周蕾《妇女与中国现代性——西方与东方之间的阅读政治》[J]，中国现代文学研究丛刊，2010（4）：138—145。

[2] 杰姆逊：后现代主义与文化理论 [M]，北京：北京大学出版社，1997 年版，第 201—205 页。

[3] 陈惠芬：他山之石，何以攻玉：重读周蕾《妇女与中国现代性：东西方之间阅读笔记》（下）[J]，上海文化，2011（3）：104—112。

来的，遮蔽与压制了空间、原初、女性与东方等存在的力量，如果说男性／西方的时间是理性进化的，历史是线性发展的，那么女性／东方的时间则是原初空间的，历史是挪移伸缩的。照此逻辑，如果女性／东方是一种权力与反抗的辩证空间，那么其"历史"变化只能是空间性的，即挪移伸缩的。周蕾在其著作《妇女与中国现代性》前言中论述了四个章节的身体动作：观看（seeing）、分离（dispersing）、细节化（分割）（detailing/cutting）以及哭泣（crying）。对其前述内容，学界略有忽视，往往集中身体功能、文学特质和问题意识等方面的意义，而没有看到其方法论中所蕴藏的空间移动①，实际上这四者的具体对应是：观看—视觉影像—族裔观者；分离—文学历史—文学中的传统裂解；细节化—叙事结构—透过叙事来建造崭新"内在"现实的问题；哭泣—情感接受—性、感伤主义与阅读三者的关系。因此，其思路先从影像分析中提出工具女性的视角和方法论，接下来是其运用。依次是，针对鸳蝶派小说评析中的国族叙事与西化逻辑的双重压制下的传统解构、现代男性作品与女性作品并置下的形象女性的细节现代性差异以及现代作品中形象女性的精神分析。要言之，就是从东西方的权力踪迹、性别话语逻辑到女性心理的秩序力量，即书写空间的运行从女性的外围逐步缩减至女性的内部，从社会空间到心理空间，从宏大到细节，从而在整体结构的层次上来展示其绝望与反抗。

在周蕾看来，细节被现代男性作家赋予阴性特质，总是感官的、琐细的和浮面的文本呈现，与改良、革命、新国族等宏大叙事存在矛盾，甚至被作为落后和病态的象征。在巴金《家》、茅盾《虹》与鲁迅《祝福》等小说中所塑造的形象女性，其身心总是滑出秩序外而无法掌控，从而对启蒙和革命的整体性造成一种逃逸与裂解，甚至是一种颠覆。当这些作家从外在国族意识转向女性内在身心时，一切都要被细节化，而其所包含的书写悖论和焦虑反复出现。反观张爱玲的《半生缘》、《秋桂蒸·阿小悲秋》和《金锁记》等小说文本却大胆采用细节化的叙事模式，拒绝一种纪念碑式的情感铭刻，在女性阴郁的世界里对抗着男性作家新国族的身份认同，现代性书写无法遮蔽其内在主体性的寻求。

在对小说形象女性的精神分析中，周蕾有效地借鉴了弗洛伊德的受虐理论、德勒兹（Gilles Deleuze）的恋物癖理论和拉普朗虚（Jean Laplanche）的反身性理论。在弗洛伊德看来，男性主体可视为主动的、施虐的主人，而受虐则主要是被动的、女性的。德勒兹却认为男性主体同样可以是被动的、受虐的、屈从的和婴孩般的角

---

① 参阅参看张屏瑾：现代文学"幻觉"和"细节"中的性别形式——从《妇女与中国现代性》解读海外中国现代文学研究的一种主题 [J]，文艺理论研究，2010（1）；季进、余夏云：写在主流之外——论周蕾理论批评的边缘论述 [J]，文艺理论研究，2010（2）；陈惠芬：他山之石，何以攻玉：重读周蕾《妇女与中国现代性：东西方之间阅读笔记》（下）[J]，上海文化，2011（3），等等。

色。拉普朗虚则反对施虐的优位性，双方存在着一种相互认同的反身性体认。将三者理论结合起来就可把女性心理的悖论和自反性呈现出来。现代男性作家通常将母亲角色理想化，如许地山《春桃》里对超越性爱的描绘与赞扬；甚至与一种身份认同结合起来，如郁达夫《沉沦》里对祖国母亲的念想，把感性欲望加以排斥，构建一种自我编造的性神话。相反，女性作家的文本形象则显得比较复杂，一方面满足社会关于女性（母亲）自我牺牲的秩序要求；另一方面却又表现出施虐的权力性和欲望的主体性。女性主体交织了自我的情感和欲望，体现出现代人性的多重维度和深刻性，这种辩证性的力量，让女性成为一种积极的能动力，呈现出受西化影响下的另类现代性。

周蕾并非去建构现代女性文学史或现代文学史甚至中国现代性的整体叙事，而是落脚在权力话语最密集交织之处，从中寻找对抗的支点和力量，并开辟崭新的或另类的成长空间，当然这种空间也难以清晰地、完整地勾勒出来，而是呈现出某种可能性。李欧梵曾经评论说："用一种书写的行为来达到文化的批判，她是非常坚定地站在第三世界、站在边缘来对抗主流的。"[1] 即揭示出现代文学批评、男性体制、传统文化和民族国家的宏大叙事等各种权力话语在女性身上的展布，那些最底层 / 最边缘 / 最无权势者的身上才是权力关系最集中、最细密的呈现之处，将其在狭小空间内的细微的、多重的整体运作图绘出来，获得可视化的效果。只有在所有权力关系辨识后，才能清晰地看到对抗的空间，才能找到解放的出路，否则便容易再次陷入权力逻辑而无效化，甚至成为其实现自身再生产的手段。

毫无疑问，用符号学或话语理论来叙述文学与社会的关系时，文学被理解为一种表现符号或话语体系，来代表或替代社会现实，造成文学符号与社会现实因其地位高低而具有价值差异，衍生出一系列诸如虚构与真实、在场与缺场、从属与决定、庶出与原生、复制与原样等之间的矛盾对立。作为理性辨识的文学批评来说，并非仅去做言说书写和社会现实的价值判断，更重要的是分析文学作品、批评话语和现实社会之间复杂的权力网络，照出全球化时代下体制、血脉、族裔、文化、土地和性别等种种已发挥作用的隐迹话语，在其融合和疏离的混杂中找到可资自我生长的空间，而非落入种种意识形态的陷阱，或将其虚无化而停滞不前，这才是周蕾女性批评的当代启示所在，也是其值得警惕之处。

---

① 李欧梵、季进：《李欧梵季进对话录》，苏州：苏州大学出版社，2003 年版，第 137 页。

夏志清《中国古典小说》中《红楼梦》评论刍议

摘要:《中国古典小说》（The Classical Chinese Novel）初版于 1968 年，是知名学者夏志清（1921—2013）评介中国古典小说的重要著作。夏志清是北美中国文学研究者谱系中不可忽略的人物，他对《红楼梦》的评论具有鲜明的个人特色，不仅反映了美国红学研究乃至中国古典小说研究在 20 世纪 60 年代前后的部分面貌，而且在海外产生了一定影响。本文拟结合《中国古典小说》上下文，考虑其总体思路、写作目的等因素对书中《红楼梦》评论的若干特点进行辨析，总结其得失，评价其意义。

关键词: 夏志清;《红楼梦》; 红学

《中国古典小说》（The Classical Chinese Novel）初版于 1968 年，是知名学者夏志清（1921—2013）评介中国古典小说的重要著作。该书共分八章，第一章为导论，第二至第七章分别对长篇小说《三国演义》《水浒传》《西游记》《金瓶梅》《儒林外史》和《红楼梦》进行专门研究，第八章《中国古代短篇小说中的社会和个人》选取"三言二拍"中部分篇目展开分析。夏志清是北美中国文学研究者谱系中不可忽略的人物，他对《红楼梦》的评论具有鲜明的个人特色，不仅反映了美国红学研究乃至中国古典小说研究在 20 世纪 60 年代前后的部分面貌，而且就在海外红学界的影响而言，"其见解和成果成为后来学者的资源和借力，事实上形成了'但开风气不为师'的影响"①。本文拟结合《中国古典小说》上下文对书中《红楼梦》评论的若干特点进行辨析，总结其得失，评价其意义。

---

*　边茜（1985—），女，山东济南人，浙江外国语学院中国语言文化学院讲师，研究方向为明清近世文学、近代文学与媒体关系。

①　参见张惠：夏志清红学研究刍议 [J]，红楼梦学刊，2014(02)：65—83。

一、对后四十回的评价

《红楼梦》的广泛传播是从一百二十回的程高本开始的，但该书的后四十回长期以来不断受到质疑、诟病，其中尤以胡适和俞平伯[①]的观点最有代表性和影响力：他们通过前八十回与后四十回的文本比较，发现两者间明显的差异甚至矛盾，同时结合程高本序言、引言、张船山诗作、清代笔记等文献资料推测后四十回的来历，得出《红楼梦》后四十回系高鹗伪作的结论。此后学者对后四十回的评价大致都坚持两个基本观念：一、《红楼梦》后四十回无论在艺术性还是思想性上都明显不及前八十回；二、《红楼梦》后四十回非曹雪芹原作，极有可能是高鹗伪造。

夏志清的态度则较为宽容，在《中国古典小说》中，他肯定了后四十回在保持《红楼梦》整体性上的价值，在创作时间和作者问题上，认为其早在程伟元、高鹗着手刊刻《红楼梦》之前即已问世，目前广为流传的版本大体仍为曹雪芹所作，但已经过"无名氏"删改。对于前八十回与后文的差异，夏志清写道：

> 尽管有脂砚斋的干扰，《红楼梦》本质上依然是一部极为统一完整的杰作。在后四十回中，所有主要女性的命运皆与前面的预言相符。在这样一部规模宏大、结构复杂的小说中存在着一些较次要的差异，一方面是由于作家的疏忽，另一方面也由于这样一个事实：即作家真正在埋头创作的时候常常会背离原先设计的情节。后四十回似乎有时忽视了评点中的一些暗示，这很可能是作家没有同评点者商量而最终作了改动的缘故。[②]

至于这种改动的原因，他认为"假如这部小说在作者死后确实有一些大规模的改动的话，那么就有可能是按照赵冈假设的那种方式发生的"[③]。所谓"赵冈假设的那种方式"，是指赵冈《红楼梦考证拾遗》中对《红楼梦》内容变化的推测，即最初版本的后四十回直露地描写了朝廷对贾氏一族的虐待，而早先流传的手抄本引起了乾隆皇帝的兴趣，为了避免文祸，有人删改了原稿中可能涉及政治的内容。

回顾《红楼梦》传播的历史，夏志清强调了后四十回的"证明"之功，而所证明的"悲剧深度和哲学深度"可谓专属于《红楼梦》，自然也是与前八十回一致的：

---

① 进入 20 世纪 50 年代，俞平伯看法开始变化，他不再否定程伟元、高鹗只是编辑了后四十回的可能性。参见：俞平伯：《红楼梦八十回校本序言》，曹雪芹著，俞平伯校订，王惜时参校：红楼梦八十回校本 [M]，北京：人民文学出版社，1958 版，第 16 页。

② 夏志清：中国古典小说 [M]，南京：江苏文艺出版社，2008 年版，第 249—250 页。

③ 夏志清：中国古典小说 [M]，南京：江苏文艺出版社，2008 年版，第 250 页。

长期以来，连那些通常不大关注白话小说的文人学者也无不对一百二十回本的《红楼梦》推崇备至（时至今日，最流行的版本仍然是1792年出的程高本，虽然就前八十回而言，学者们一般都更喜欢脂砚斋的文本。最好的评点本是前面提到过的四卷本的辑评本，其中也包括了后四十回）。既然没有后四十回我们便无法估价这本小说的伟大，那么，对后四十回进行批评攻击并且仅仅根据前八十回来褒奖作者，我认为这是文学批评中一种不诚实的作法。……但是任何一个公正的读者，只要在读这部小说时没有对其作者问题抱有先入之见，那他就不会有任何理由贬低后四十回，因为它们提供了令人折服的证据证明了这部作品的悲剧深度和哲学深度，而这一深度是其他任何一部中国小说都不曾达到的。①

基于对后四十回的认同，他在《中国古典小说》中以1792年出版的程高本（即程乙本）作为标准本展开论述。

夏志清对《红楼梦》后四十回的评价涉及三个重要的红学问题：一是对后四十回价值的评定，二是《红楼梦》的文本流变过程，三是《红楼梦》的作者。虽然以上三个问题至今尚难定论，但就保持研究开放性的意义而言，夏志清的论述是有价值的。能够提出与当时主流观点不同的见解，学者本人的学术个性由此亦可见一斑。

二、《红楼梦》的"心理现实主义"

夏志清对《红楼梦》推崇备至，认为后者在整个中国小说史上都是一部独一无二的杰作：

一个精通传统文学的学者为了表示对当代中国作品的轻视，总会这样问："近五十年来产生的作品哪一部能够同《红楼梦》相比？"但人们也可以针锋相对地反问："在《红楼梦》产生以前，有哪部作品可以与它相比？"回答同样是否定的。②

他赞同王国维对小说悲剧精神的挖掘，同时又从心理学角度总结出作品的另一个特点："而在这一部小说里，哲学和心理学是紧密相连不可分离的——在中国文学中，《红楼梦》不仅是一部最能体现悲剧经验的作品，同时也是一部重要的心理现实主义的作品。"③

《中国古典小说》从不同角度展示了《红楼梦》如何将"心理"与"现实"结合。

---

① 夏志清：中国古典小说 [M]，南京：江苏文艺出版社，2008年版，第251页。
② 夏志清：中国古典小说 [M]，南京：江苏文艺出版社，2008年版，第239页。
③ 夏志清：中国古典小说 [M]，南京：江苏文艺出版社，2008年版，第240页。

一种方式是分析贾宝玉、薛宝钗、林黛玉等人物的性格特征与心理变化过程，如评论宝黛间的冲突：

> 她与宝玉二人尽管趣味相投，性情气质却截然相反。宝玉好动，富于同情心，最能自我超脱；而黛玉则以自我为中心，神经过敏，最终招致自我毁灭。宝玉被她吸引并不仅仅是由于她的纤纤娇弱之美，也不仅仅是由于她的诗人的细腻和敏感，还由于她那与他正好相反的特性——多疑多忌和自我纠缠。这与宝玉那种开朗活泼的性格完全两样，因此宝玉对黛玉的爱情始终带有一种无尽的悲哀的色彩。①

除此之外，这部著作还在心理学层面上对小说中的两个梦境进行详细解读：第五回贾宝玉梦游太虚幻境，警幻仙子训导他"留意于孔孟之间，委身于经济之道"②，宝玉与可卿携手同游，堕入"迷津"惧怖而醒，这些具有道德说教意味的寓言式情节并不能掩盖小说对人物心理的挖掘：

> 可是，曹雪芹是一位非常出色的心理学家，因此他无法成为一个十足的寓言作家。紧接着梦境说教之后的一段现实主义场景描写，无疑是对上面那段寓言的一个讽刺。当晚，在梦境中被预先警告过的宝玉便哄袭人与他偷试云雨之情，对梦境中与秦可卿的柔情蜜意的回忆完全取代了对野兽恶魔的恐惧。③

即便在次要人物身上也能找到类似的例子——如贾瑞因迷恋王熙凤而丧命的故事。对于《红楼梦》里众多的恋爱悲剧，夏志清强调其中对青年人热情的哀叹之意：

> 在小说的发展进程中许多年轻的恋人丧生。作者对他们的死与其说是予以道德的谴责，不如说是表示遗憾和悲哀，哀叹青春的热情每每成为体弱多病和精神极端脆弱的征候。甚至就贾瑞而言，与其说他的故事是对所有失恋青年的一个可怕的警告，毋宁说他是一个任人捉弄的可怜的牺牲品。④

第五回的这个梦体现了《红楼梦》对人物心理的关注——这种关注不仅使人物更丰满，也使作品更加接近真实生活的全貌，换言之，"心理"符合"现实"，又使

---

① 夏志清：中国古典小说 [M]，南京：江苏文艺出版社，2008 年版，第 264 页。
② 曹雪芹、高鹗：红楼梦 [M]，北京：人民文学出版社，1964 年版，第 64 页。
③ 夏志清：中国古典小说 [M]，南京：江苏文艺出版社，2008 年版，第 258—259 页。
④ 夏志清：中国古典小说 [M]，南京：江苏文艺出版社，2008 年版，第 259 页。

小说中的"现实"更加令人信服。《中国古典小说》第一章就称这部小说"还用白话将人物的心理状态逼真地再现出来，可谓是空前的成功"①；《红楼梦》第八十二回中黛玉的噩梦则成为小说作者心理洞察力与写作技巧的绝佳例证，令夏志清赞叹不已：

> 黛玉那种孤苦伶仃的感情纠葛以及她对将来婚事的担心，在八十二回一场梦的描写中得到淋漓尽致的揭示。……然而如此卓越的真实心理描写，在《红楼梦》之外，只有陀斯妥耶夫斯基小说中的梦境描写才堪与之媲美。②

他从心理学中"意识"与"潜意识"的角度切入，花费相当长的篇幅联系原文情节进行评析，兹截取若干片段如下：

> 在这个梦以及小说中其他重要的梦里，曹雪芹对心理意识的挖掘实际已比现代心理学的发现抢先了一步。鉴于传统的中国一贯对潜意识心理不甚了了，作者能够如此，的确是很了不起的。梦里所见到的黛玉，失去了社交的风度和魅力，失去了吟诗作赋的才能和敏锐犀利的机智。她伤心绝望，得不到任何帮助，连那些对她来说意味着傍靠的人也都袖手旁观。……然而作为一个寄身于亲戚中间的人，她一定会想到如果她的父亲仍然活着而且与宝玉的父亲一样身居要职的话，她也就会重新获得往日的自豪和安全感。这个梦生动而形象地表现了这种愿望。但出于对女性心理的准确了解，作者又让女主人公无意识地将她父亲的富有与一个继母的毫不宽容的敌意等同起来，想见继母用最冷酷无情的方式专横地安排她的未来（黛玉想象不到自己会做一个妾，但袭人关于尤二姐和香菱的悲惨遭遇的叙述在她的潜意识中却产生了有力的作用，以致她想象自己成了一个鳏夫的妻子）。她转向平日对她十分慈爱的女保护者们，随着梦境中一刹那间的领悟，她揭露了她们真实冷漠的面目。后来贾母、王夫人、凤姐都反对她做宝玉的妻子，她的直觉得到了证实。③

尽管曹雪芹自己也打算使她成为一个天仙一样美的形象，但当他描绘她日趋严重，最终害及身体的病态情感时，在心理细节上却从不退避。到了黛玉做这个噩梦时，所有青春的迹象都早已离她而去。据她自己表白，一年之中她只有十来个夜晚睡得安宁；同时她又异常倦怠，总是躺在床上直到中午时分。她经常哭得眼睑红肿。这个梦成了她通往死亡的道路上又一个界碑——这天晚上她吐痰时连血也吐了出

---

① 夏志清：中国古典小说 [M]，南京：江苏文艺出版社，2008 年版，第 15 页。
② 夏志清：中国古典小说 [M]，南京：江苏文艺出版社，2008 年版，第 266 页。
③ 夏志清：中国古典小说 [M]，南京：江苏文艺出版社，2008 年版，第 269—270 页。

来。①

但是她②过分地沉溺于一种不安全感中，使她无法用一种客观的自嘲的眼光来看待自己。因而，她在小说中充当的是一个顽梗固执、凄楚悲哀的角色，以充分展示出自我中心意识对人的生理和心理所造成的摧残，无论它被描写得多么富于诗意，多么生动。在上面摘引的那个场面，如同在九十八回更令人心碎的黛玉之死的场面一样，作者显然对她表露了深厚的同情，但同时他又不吝笔墨，精确而详尽地描绘了她的心理状况。③

梦中发生的事件折射出林黛玉内心深处的潜意识，她平日显示出的矜持被长期压抑的自卑与恐惧逐渐压倒——小说作者细腻而层次清晰地将这种隐秘的心理展现出来。另一方面，不管是意识层面还是潜意识层面，林黛玉的心理都符合她的身份、经历，变化发展也线索清晰，合乎情理。

对《红楼梦》"心理现实主义"的阐述还在与《儒林外史》的对比中进行。在夏志清看来，吴敬梓和曹雪芹都更多地利用个人经历，使作品朝着现实主义的道路发展，但《儒林外史》仍然相对传统，《红楼梦》则有所突破：

但是，作为一个运用一种更加纯粹的现实主义手法、风格更为简洁的讽刺作家，吴敬梓仍然采用现存的故事和趣闻去丰富小说的情节，增强想象力。而曹雪芹的小说则犹如诗歌和寓言，风格也更加口语化、更加详瞻，同时他坚决避免利用第二手资料，并且更加深入地开掘个人的生活经历。吴敬梓的兴趣在于肯定隐逸文人的理想和抨击世俗社会的罪恶，由此他使得自传条理化了。……因而，在吴敬梓的自画像中所略去的，正是坦白的成分，而真实地描写个人生活，再现更加隐秘的内心实际，恰恰是自传性小说所必需的。曹雪芹这样做了，正因为这一点，使得曹雪芹成为反对中国小说非个人的传统的远为激进的革命者。在晚明时期，描写个人经历的散文和回忆录已十分流行，但尽管如此，《红楼梦》仍然是第一部大规模地利用个人生活经历的中国小说。④

《儒林外史》的"现实"是经过理性"净化"过的现实，不仅有所删减，而且保留下来的内容与"更加隐秘的内心实际"之间存在精细的分隔；相较之下，《红楼梦》提供了更为纷繁的生活场景，在这驳杂的"现实"中众多人物的心理与言行一一展

---

① 夏志清：中国古典小说 [M]，南京：江苏文艺出版社，2008 年版，第 270 页。
② 指林黛玉。
③ 夏志清：中国古典小说 [M]，南京：江苏文艺出版社，2008 年版，第 272 页。
④ 夏志清：中国古典小说 [M]，南京：江苏文艺出版社，2008 年版，第 240—241 页。

露，在这背后是作者袒露真实自我的一片挚诚。这样的分析很自然地引出一个问题：作为一部"自传性小说"，《红楼梦》究竟在多大程度上反映了曹雪芹及其亲友真实的经历？

20 世纪五六十年代，以胡适、俞平伯、周汝昌等学者为代表的"考证派"在红学界颇有影响，研究者考察曹氏生平及家史并与《红楼梦》对照，试图通过这种比较探究小说的作者、评论者、人物原型及内容走向等问题。夏志清接受了曹雪芹将个人生活经历写入小说的观点，但认为不能将作品内容与这些经历简单对应，因为作者"首先忠实于他自己的想象的冲动"：

> 曹雪芹和脂砚斋两人都倾心于重温往事。但他们之间基本的区别还是应当强调的：一个怀着勇气和激情将自己的过去诉诸笔端，另一个则颇有些感伤地对作品加以评论。……可是，如果说脂砚斋内心深处实际上是要一个往事的忠实的记录而不是要一部小说的话，曹雪芹则一定感觉到那么一种难以抗拒的冲动，情不自禁地要去表现他自己心目中所想象的世界。对于任何一个伟大的作家来说，他首先是忠实于他自己的想象的冲动，这种冲动也并不一定等同于他坦白和忏悔的冲动。为了达到他的目的，他可以尽量改写他的个人经历：他没有义务去详细地描述关于他个人和家庭的事实真相。[1]

至于贾宝玉是否就是曹雪芹本人的化身，他明确表示："自传体小说的主人公绝不会完全就是作者自己。"[2]

以上关于"心理现实主义"的观点在"自传说"流行的背景下显得颇为特别，这固然存在评论者在受政治影响有意与大陆主流研究方向保持差异的可能[3]，但客观上提醒读者注意小说允许虚构的本质，避免将艺术真实与生活真实混淆，忽略作者个人创造的问题，仍然是值得肯定的。既联系真实生活中的事件和规律，又探索艺术创作里的技巧与情感，这种研究思路在今天仍然可资借鉴。

三、对《红楼梦》的批评

夏志清对《红楼梦》无疑是十分看重的，在《中国古典小说》里，他多次以这部小说为中国古代小说的顶尖之作；但他也并非全无微词。在论及中国古代小说的

---

① 夏志清：中国古典小说 [M]，南京：江苏文艺出版社，2008 年版，第 249 页。
② 夏志清：中国古典小说 [M]，南京：江苏文艺出版社，2008 年版，第 290 页。
③ 在后四十回作者研究、钗黛评价等问题上，夏志清都提到了意识形态的影响。参见夏志清：中国古典小说 [M]，南京：江苏文艺出版社，2008 年版，第 247，263，282—283 页。

不足时，《红楼梦》也曾被作为例证：

　　就写世态的现实主义水平和写心理的深刻而言，《红楼梦》是一部堪与西方传统最伟大的小说相媲美的作品，但作者也免不了自讨苦吃地刻意维护故事堆积性的传统，附带叙述了许多次要的小故事，这些故事其实可以全部删除，以便把篇幅用在更充分地经营主要情节上面。①

　　赫胥黎曾在"悲剧"与"整体真实"两种描写现实的方式之间，做了一个有用的区分。"为了写一部悲剧，艺术家必须从人类经验整体中孤立出一个单独的因素，并以那因素做他惟一的材料"，而信仰"整体真实"的艺术家（赫胥黎举荷马为主要的例子）则照顾到经验的整体。就这方面而言，中国说书人和小说家不分青红皂白地醉心于生活，可视为一种对于"整体真实"的一种不自觉的关注。至少没有一部中国小说有意地要首尾一贯地是悲剧的或是喜剧的；甚至以诗意的敏感著称的《红楼梦》也不逃避生活的生理方面，并且极自然地从低级喜剧突转入摧肝折胆的悲怆。但是这部小说毕竟还是一部伟大的悲剧；正因为它看到的人生，将一切卑劣和崇高、兽性与神圣的东西往往包含在里面。②

　　夏志清常以西方小说作为评价中国小说的参照，以上两段引文都体现了这一特征。此处的比较不是单纯地考察异同，而是以西方文学观念批评中国古代小说（传统），运用赫胥黎"整体真实"概念评析中国作品的一段尤为突出。然而正如一枚硬币具有两面，《中国古典小说》鲜明的特点有时也会成为不足，上文所引的两段评论就有可以商榷之处：第一段评论惋惜《红楼梦》也不能摒弃"故事堆积性传统"，过多"次要的小故事"妨害了对主要情节的经营，但《红楼梦》中的情况并非如此简单。许多看似"次要"的情节实际上在人物塑造、情节铺垫等方面具有一定意义，如第七回"送宫花"从周瑞家的入梨香院到把最后两枝宫花送与黛玉，小中见大地展露了宝钗、黛玉等人的性格（为人津津乐道的"冷香丸"就是在这段故事中介绍的，它与宝钗的"冷"正好对应），一些情节还与后文呼应，如惜春与智能玩耍，戏言明日剃发，后来结局果然是出家为尼；王熙凤得了四枝宫花，立即命人送两枝给秦可卿，由此可见两人关系亲厚，这也为后来秦可卿托梦做了铺垫。"草蛇灰线，伏脉千里"是《红楼梦》极为突出的写作手法，倘若仅以是否与主要情节直接相关为准绳，对这部小说的理解就有可能简单化、表面化。夏志清的评论实际上遵循了西

---

① 夏志清：中国古典小说 [M]，南京：江苏文艺出版社，2008 年版，第 19 页。
② 夏志清：中国古典小说 [M]，南京：江苏文艺出版社，2008 年版，第 22—23 页。

方古典主义的美学要求，即"要求作品情调有一种僵硬的统一性，要求风格的纯粹和'简明性'，要求把注意力集中在一个单一的情节和主题上，创造一种单一的情绪（如恐惧或笑等）"①。第二段评论以西方"悲剧"观念考量文化背景大不相同的中国古代小说，结论也是需要斟酌的。与之类似，在中国古代短篇小说中，夏志清对《蒋兴哥重会珍珠衫》赞赏有加，在某些地方甚至超过了《红楼梦》：

然而，我们对中国小说的终极批评是：通俗小说中虽不乏其他好的故事，却只有一篇《珍珠衫》堪称独步；并且，据我所知，在小说发展史上，它还没有后继者。淫乱和柔情的主题，在两部著名小说《金瓶梅》和《红楼梦》中各得到了颇深的开掘，但两书都还没有拨动正常人性的温馨而热情的音键，而正是这种人性的温馨和热情，才使短篇小说显示出了自己的特色。在结构方面，几乎所有的中国小说都为并非总能帮助深化主题的过多人物事件所累。相比之下，即使按中国标准仍算相当长（英译文凡 50 页）的《珍珠衫》，却堪称严密和笔墨经济的典范。假如中国古典小说能以此为楷模，集中笔墨于主要人物和场景，集中表现人物的内心活动和道德理解，而不是仅仅着力于纷繁的事件，它们本来是可以达到堪与西方以《克莱弗丝公主》为嚆矢，以《安娜·卡列尼娜》为最高峰的爱情或奸情小说相媲美的水平的。中国通俗小说中充满了荒诞，而《珍珠衫》则是其中经过变异的独一无二的奇迹，如果当时沿着它的模式发展下去，中国小说的传统一定会变得更加优秀。②

可以看出，对《蒋兴哥重会珍珠衫》的肯定涵盖了思想感情和结构技巧两个方面，而评判标准是能否"集中笔墨于主要人物和场景，集中表现人物的内心活动和道德理解，而不是仅仅着力于纷繁的事件"——这一标准不时浮现于《中国古典小说》中，也包括涉及《红楼梦》的评论中，而其本质是西方化的。对中国古典小说未能达到《安娜·卡列尼娜》等小说高度的惋惜，流露不满的"荒诞"一词，都隐含着古典小说"中不如西"的论断。下面这段评论同样是以西方小说为参照和模范而展开的，也同样为《红楼梦》没能与西方小说保持一致而惋惜：

搜查大观园之后突如其来的一幕幕悲剧使宝玉受到极度的震惊，他不久便病倒了。为保养起见，百日之内不准他出去走动。然而四五十天之后，作者扼要地叙述道，他"和些丫环们无所不至，恣意耍笑"。不幸的是，关于这种狂欢胡闹却没有任何具体的描写。宝玉百日禁闭出来后对不幸姑娘们的同情和怜悯一如既往，对黛玉

① [美] 勒内·韦勒克、[美] 奥斯汀·沃伦：文学理论 [M]，刘象愚、邢培明、陈圣生、李哲明译，南京：江苏教育出版社，2008 年版，第 277 页。

② 夏志清：中国古典小说 [M]，南京：江苏文艺出版社，2008 年版，第 313—314 页。

的命运也一样关注。从这点来看，作者在他那富于表现力的语言中不可能含有任何放纵情欲的意思，如果这时作者让宝玉像《群魔》中的斯达洛津那样，开始疯狂地放纵情欲以显示他精神的死亡，从而拓展小说的心理广度，这恰恰是最合适的时机。但作者没有这样做，这不能说不是件憾事。①

　　然而，这种论断的立论也有薄弱之处，小说（特别是其中优秀的作品）往往各具特色，某些侧面（如人物性格、故事主题）的类似未必是两部作品应该保持一致的理由，细化到具体的人、事、物上也是如此。宝玉和斯塔夫罗金（"斯达洛津"）都是有叛逆精神的贵族青年，心理上也都受到过极大震动，但两人处于东西方不同的文化背景中，性格气质也有差别，因此"拓展小说的心理广度"未必要将对斯塔夫罗金的描写套用在贾宝玉身上。两部小说间的比较需要对每部作品都有较为全面客观的了解，但从对"抄检大观园"的分析看来，评论者对《红楼梦》的解读仍有不足之处。对挑唆王夫人的仆妇（王善保家的），书中写道：

　　为了讨好巴结王夫人，这个爱管闲事的恶毒女人提出搜查大观园的坏主意，并且中伤晴雯，诬陷她是一个会给宝玉惹麻烦的危险的妖精。②

　　然而在《红楼梦》中，王善保家的为何要挑唆已经交待得十分清楚。上文中提到的情节原文是：

　　王善保家的因素日进园去，那些丫鬟们不大趋奉他，他心里不自在，要寻他们的故事又寻不着，恰好生出这件事来，以为得了把柄；又听王夫人委托他，正碰在心坎上，道："这个容易。不是奴才多话，论理这事早该严紧些的。太太也不大往园里去，这些女孩子们，一个个倒像受了诰封似的，他们就成了千金小姐了。闹下天来，谁敢哼一声儿！不然，就调唆姑娘们，说欺负了姑娘们了，谁还耽得起！"王夫人点头道："跟姑娘们的丫头比别的娇贵些，这也是常情。"王善保家的道："别的还罢了，太太不知，头一个是宝玉屋里的晴雯。那丫头仗着他的模样儿比别人标致些，又长了一张巧嘴，天天打扮的像个西施样子，在人跟前能说惯道，抓尖要强；一句话不投机，他就立起两只眼睛来骂人，妖妖调调，大不成个体统！"

　　王夫人听了这话，猛然触动往事，便问凤姐道："上次我们跟了老太太进园逛去，有一个水蛇腰，削肩膀儿，眉眼又有些像你林妹妹的，正在那里骂小丫头；我心里

---

① 夏志清：中国古典小说 [M]，南京：江苏文艺出版社，2008 年版，第 280—281 页。
② 夏志清：中国古典小说 [M]，南京：江苏文艺出版社，2008 年版，第 275 页。

很看不上那狂样子。因同老太太走，我不曾说他；后来要问是谁，偏又忘了。今日对了槛儿。这丫头想必就是他了？"①

怨恨大观园中的丫鬟慢待自己，想要借机报复，这才是王善保家的言语调唆的主要原因，她指责的人物都是丫鬟。王夫人斥逐晴雯后，有一段文字描写王熙凤：

凤姐见王夫人盛怒之际，又因王善保家的是邢夫人的耳目，常时调唆的邢夫人生事，纵有千百样言语，此刻也不敢说，只低头答应着。②

王熙凤不敢言语的原因，正是王善保家的敢于挑动是非的一个次要原因：她不仅天性好惹是非，而且是邢夫人的亲信，所以狐假虎威，其他人一般也不会去主动与她作对。综上，王善保家的提出搜检大观园并不是为了讨好王夫人，为后者出谋划策只是报复他人的手段。讲述搜检后的惩罚时，迎春的婚姻也被包括进去：

……搜查过后，王夫人和邢夫人又不分青红皂白，对大观园中所有实际的和可能的惹是生非者进行迅速的惩办。司棋被逐，并最后自杀；迎春则被嫁给了一个极端残忍的浪荡之徒；同宝玉的命运密切相关的晴雯在身染重病之时被驱逐了出来。③

而实际上《红楼梦》中并没有直接证明迎春的婚事与搜检大观园直接相关，只是说由贾赦决定，贾政多次劝谏也未能使他改变心意。仆妇挑唆的动机与迎春婚事的性质，原文中一个有明确交待，另一个则语焉不详；在这种情况下，夏志清的评论似乎显得主观性较强，作品本身的提示则退居次席——在前文所引的其他论述里，主观性也较为明显，这可以说是一柄双刃剑，在使著作个性鲜明的同时也容易偏离作品实际，得出似是而非的结论。

狄百瑞在《中国古典小说》序言中评论道：

在任何对于中国文学的研究中，中国古典小说都是一个突出的方面。它们是对中国文化传统的主要表观；其中有些作品同世界文学中的主要作品一样值得重视。夏志清教授此书对这些作品的探讨重在阐释。围绕着一部博大精深的文学作品，常

① 曹雪芹、高鹗：红楼梦 [M]，北京：人民文学出版社，1964 年版，第 951—952 页。个别标点有改动。

② 曹雪芹、高鹗：红楼梦 [M]，北京：人民文学出版社，1964 年版，第 954 页。

③ 夏志清：中国古典小说 [M]，南京：江苏文艺出版社，2008 年版，第 276 页。

常存在许多版本和历史问题。夏志清教授不求一一澄清这些问题，而是从这样的研究中提取最需的资料，为对作品本身的基本理解和欣赏服务。[①]

正如狄百瑞所提到的，夏志清在《中国古典小说》中注重"作品本身的基本理解和欣赏"，对《红楼梦》的评介也不例外，在作者、版本等基础内容之外，花费大量篇幅从"悲剧经验"和"心理现实主义"两个关键词出发阐释作品，以求较为精炼地达到补充新知的作用，这和《中国古典小说》本身的定位不无关系：

《中国古典小说史论》系东方研究会发起编辑的"亚洲研究指南系列丛书"之一。这套丛书包括书目指南、文摘以及向接受普通教育的学生和一般读者介绍亚洲文明不同侧面的概览。该丛书最早由卡耐基公司，最近复由美国教育局赞助。它旨在与同由东方研究会赞助的"亚洲文明介绍"、"东方古典著作译丛"两套丛书所提供的基础读本和译作互为补充。[②]

这本书是在海外研究组织推动下问世的普及性读物，其读者是对亚洲文明不太熟悉的欧美大众，因此它是一部"从西方看中国"，重点关注中国伦理道德文化的著作。比较文学的方法提供了新的观察角度，何况《中国古典小说》主要是为欧美读者而写，以后者熟悉的西方文学进行比较也更易于理解和接受；但是也应看到，虽然文学评论本来就是仁者见仁，智者见智，而且书中对中国古典小说也不乏赞扬，但夏志清在比较中西小说时"以西绳中"的主观色彩略过浓厚，有时导致对作品的错误解读，这些都是此书的遗憾之处，也是在不少欧美汉学研究中容易看到的问题。

夏志清在《中国古典小说》中对《红楼梦》的评论瑕瑜互见，作者当年难免受到所在环境的影响，今天的读者则不妨以冷静的态度重新审视，从中得到有益的启示。

---

① 狄百瑞：《序》，夏志清：中国古典小说 [M]，南京：江苏文艺出版社，2008 年版，第 1 页。
② 狄百瑞：《序》，夏志清：中国古典小说 [M]，南京：江苏文艺出版社，2008 年版，第 1 页。《中国古典小说史论》是该书最早中译本的名称。

乌托邦想象的兴起与清末小说观的转变

张 冰[*]

摘要：清末十年间，乌托邦想象在小说创作里兴起，而这一变化和小说观的转变密切相关。受域外乌托邦小说和传统经世之学的影响，加上维新变法的失败和义和团事变的触发，清末知识群体开始使用"小说"这一不入流的文体来书写对未来世界的设计，希望达到启蒙下层社会、塑造合格国民的目的。但新小说的理论设计和创作实践都停留在中等社会阶层上，启蒙的任务并未完成。清末小说理论与创作的局限在于忽视了现代小说与建构具有内在性的个人主体之间的关联，这一目标要到五四新文化时期才初步完成。

关键词：小说观；乌托邦；清末；文学社会学；中等社会

从 1902 年梁启超发表《新中国未来记》起，到 1911 年辛亥革命爆发止，清末报刊上出现了一批具有乌托邦色彩的小说，如《新中国》《新石头记》《新纪元》《黄金世界》《电世界》等等。这些作品描绘了当时的知识群体对于新中国和新世界的想象，放置在清末新小说的序列里十分引人注目。小说作者在作品里畅谈未来中国在政体、国体、科学、教育、性别、道德、婚姻等方面的设想，通过开议会、设银行、操练新军、办新式学堂等一系列新政来培育新学生、新女性乃至新国民，一举化解中国在列强环伺下的瓜分惨祸，或殖民海外扬眉吐气，或怀抱着更大的国际理想，走向天下大同……为何在辛亥革命爆发前的这十年间，小说界会集中出现数十部涉及乌托邦想象的作品？除去清末面临的列强瓜分危机、日益深化的社会矛盾以及清政府推行的新政等因素，这一文学现象也和小说观念的转变存在着密切的关系。本文试图通过对清末小说理论和创作实践的梳理分析，以文学社会学的方法，对这一问题做一番考察。

---

* 张冰（1984—），女，山东济南人，浙江外国语学院中国语言文化学院讲师，研究方向为 20 世纪中国文学与文化。

一、从桃花源到乌托邦：以政论入小说

自东晋陶渊明写作《桃花源记》开始，中国文人就开启了一个田园牧歌式的梦，希望在政治黑暗的时代找到一片远离尘嚣的桃花源。直到清朝光绪八年，一部题为《桃源续记》的消闲小说仍然在抒发读书人对于世外桃源的歆羡。[①] 但到了 1902 年前后，打着桃花源旗号的小说发生了实质性的变化。梁启超原打算写作的"新中国三部曲"中的第三部《新桃源》，预计书写中国一大族民在海外孤岛上建立起堪与欧美发达国家比肩的社会制度，后来岛民不忘故土，于二百年后将这一新的文明制度带回祖国大陆。[②] 在梁启超的计划里，新桃源不再与世隔绝、若隐若现，而是和中国本土以及欧美国家都沟通相连，它是维新人士的试验田，也是挪亚方舟般的存在，在祖国面临灭顶之灾时保存着新制度的火种。尽管"新桃源"位于远离大陆的海岛之上，但古代桃花源里那种黄发垂髫、怡然自得的闲适氛围，早已一扫而光。更为激进的文学想象在这一时期的新小说里开始酝酿，1906 年，《复报》上登载了短篇小说《瀛仙梦》，讲述黄帝纪元四千三百九十八年，一处名为"新花世界华强省平权村一千二百六十四番地"[③] 的地方，一群虚无党女子为救亡图存大搞暗杀，她们名为"瀛仙"，实则是女侠、女革命党。她们的居住地，也早已不是"烟波微茫信难求"的海上仙山，而是追求民族富强和男女平权的新世界。《新桃源》和《瀛仙梦》里的这种新动向，显示出西方的现代乌托邦思想已经介入中国自古以来的桃源想象当中。

19 世纪末，西方乌托邦意识经由严复翻译的《天演论》等作品传入中国，清末的文人士子注意到了这一外来的思想命题与中国固有的文化思想存在着契合之处，以"仙源""华胥""蓬莱"等词汇来指称这个理想境界，但同时，他们也意识到西方现代乌托邦思想与桃花源有不一样的地方。马君武在 1903 年一篇介绍《华严界》（即莫尔《乌托邦》）的文章中称，莫尔创造的乌托邦并非"梦呓幻说"，"其叹息终可慰，其希望终可达"[④]。在另一篇介绍卡贝的乌托邦小说《伊加利亚旅行记》的文章中，他略带遗憾地批评了列子的华胥国和陶渊明的桃花源[⑤]，在他看来，卡贝小说里的社会主义思想是可以在美洲付诸实行的政治纲领，而非仅仅以游戏文字描画一个梦境。清末学者此时已经注意到，起源自托马斯·莫尔的西方现代乌托邦传统和中国

---

① 《本馆告白》[J]，益闻录，1883（271）。

② 新小说报社：中国唯一之文学报《新小说》[J]，新民丛报，1902（14），收入陈平原、夏晓虹编：二十世纪中国小说理论资料 [M]，第一卷，北京：北京大学出版社，1989 年版，第 44—45 页。

③ 瀛仙梦 [J]，复报，1906 年第 2 期。

④ 马君武：社会主义之鼻祖德麻斯摩儿之华严观 [J]，译书汇编，1903（3），收入莫世祥编：马君武集 [M]，武汉：华中师范大学出版社，1991 年版，第 118 页。

⑤ 马君武：社会党巨子加菩提之《意加尼亚旅行》[J]，政法学报，1903（4），收入马君武集 [M]，1991 年版，第 167 页。

自古以来的桃源想象确有不同，前者具有一定的世俗性和可实践性，后者虽然也根源于对现实的不满，却并不指向具体的社会规划。因此，受西方影响而写作出来的这批清末新小说和古代桃花源想象的最大区别就在于，清末的作品掺杂了更多的现实考量，这种乌托邦想象是直接指向现实政治的，清末的小说作者不把乌托邦视作上古或异域的存在，而是可以实现的将来。

小说在中国的古代，一向以"小道"著称，被文人士子视作消遣和娱乐。马君武在批评列子和陶渊明时，就说后人不过将他们的作品视作"游戏文字"而已。而清末的知识群体用"小说"这一文体来书写乌托邦想象，在作品里大谈特谈具体的蓝图规划，这就改变了传统中国对小说的固有认识。这个转变过程是缓慢的，实际上，西方的乌托邦小说最先不是作为文学作品，而是作为"养民新法"传入中国的。1891 年，英国浸礼会传教士李提摩太在《万国公报》上发表了由美国乌托邦小说 *Looking Backward* 翻译并缩写而来的《回头看记略》（出版单行本时改为《百年一觉》），这一部寥寥数千字的作品对戊戌变法产生了重要的推动作用。康有为、梁启超等人将《百年一觉》里的乌托邦和"大同"思想联系起来，用于推进维新变法。到 1903 年《绣像小说》将 *Looking Backward* 以小说文体译出之前，《百年一觉》一直是以非小说的性质参与到康梁的政治思想与活动中去的。

20 世纪初，一个新的现象出现了，部分小说出现了和政论文章合流的趋势。翻阅清末的报刊，随处可见的是大量的政论性文章。自然，政论的兴盛并非凭空出现。19 世纪前期，随着士大夫议政的热情和政治能动性的增强，经世之学复兴，思想界出现了一批讨论什么是理想社会的政论书籍，如《校邠庐抗议》《盛世危言》等等，黄宗羲的《明夷待访录》也重新进入人们的视野之中，对维新派的思想形成影响很大。到了清末，知识群体纷纷在政论和小说里大谈特谈"论何谓理想社会"，某种程度上看来也是 19 世纪前期经世之学复兴这一脉络的延续。1906 年发表在《广益丛报》上的一篇小说《理想之模范小学》里，伊尹、诸葛亮、周敦颐等历史人物在某个乌托邦式的村子里汇集一堂，提议建设一所理想小学，老师与学生均从古今中外的著名读书人里选出，并希望以这个小学为范本，逐步将这一改良方式推广到全社会。① 从这篇小说里，我们不难看到黄宗羲式的思路，黄宗羲在《明夷待访录》里对学校进行了重新定义，扩大学校的功能，让学校不仅起到一般教育的作用，而且要培养读书人的政治参与能力，使士人从官方到民间都发挥出应有的作用，这种扩张学校功能的设想后来辗转在清末以小说的方式表达了出来。再譬如，小说《黄金世界》写粤人何图南的家产被同族人侵犯，在美的商人夏建威和生活在桃源的朱怀祖

---

① 理想之模范小学 [J]，广益丛报，1906（209—210）。

对此事发表议论，朱怀祖认为不能专讲个人的财产，而要讲团体、合群，借助于"中国自昔相传的宗法"，他的理想是"人人欢若一家，亲若兄弟，协力同心，抵御外侮"①。朱怀祖置身的桃源是一乌托邦社会，其主要的思想延续了类似于冯桂芬以宗法规范社会的思路。这些清末小说的乌托邦想象里，细究起来都有着经世之学的回声。

在小说里长篇大论地讨论何为理想社会，清末以前是没有的。这种以政论入小说的写作方式，由梁启超始开风气，后来的新小说家纷纷效仿。一批受新学影响的作者在小说里对立宪运动、日俄战争、抵制华工禁约风潮、收回路权、男女平权等问题侃侃而谈，并开列出在国体、政体等方面一系列的设想。知识群体以"小说"这一文体来表达先前由"经世之学"承载的内容。陆士谔 1909 年出版的《新野叟曝言》是一部典型的乌托邦小说，为解决地球上人口激增的问题，主人公文素臣及其子孙建造飞船，在月球和木星开辟殖民地，让中国人移民外太空。在这部作品里，为和乾隆年间夏敬渠的旧作《野叟曝言》形成对比，作者写道："因《野叟曝言》上只讲教民之道，不讲富民之方，把政治的根本先弄差了，那里还会兴呢？陆士谔编撰《新野叟曝言》，无非欲纠正前书之谬误，增广未尽之意义，而使夏先生旧作成为完全无缺之政治书也。"②陆士谔直接把小说当成政治书来写，在当时是一个大胆的举动，陆士谔的妻子"镇海女士李友琴"称赞他在第九章里有关禁止早婚的文字："此种议论，吾国万千小说中从未见过，读之觉着奇横无论。"③尽管作者妻子的称赞可能不乏溢美之词，但仍指出了一个有趣的现象，上层知识分子讲求的经世之学和下层百姓爱读的小说在清末相遇并汇流了，似乎呼唤出一种新的文体。一方面，这一新文体仍以"小说"为名，但和中国古代的"小说"有着质的区别。另一方面，它虽然深受欧美、日本小说的影响，却也和欧洲的"小说"（novel）范畴存在着差距，缺乏一定的理论自觉。可以说，清末时期的小说观念，既发生了现代的转化，又不完全等同于西方的现代小说。

二、"理想派"小说：新的理论的提出

戊戌变法前后，康有为和梁启超意识到了小说的重要作用。1896 至 1897 年之间，康有为编纂《日本书目志》，收录了七千多种由日文转译的西方书籍，其中小说就占了一千多种，足见小说在康有为心目中的重要性。也是在这本书里，康有为说他得知各种书籍的销量里，小说拔得头筹，远胜于书、经和八股文，疾呼"今日急务，

---

① 碧荷馆主人：黄金世界 [M]，上海：小说林社，1907 年版；章培恒主编：中国近代小说大系 [M] 第 41 卷，南昌：百花洲文艺出版社，1996 年版。

② 陆士谔：新野叟曝言 [M]，上海：小说林社，1909 年版。

③ 陆士谔：新野叟曝言 [M]，上海：小说林社，1909 年版。

其小说乎!"他意识到,中国识字的人不多,深通文学的尤其少,"经义史故,亟译小说而讲通之"。在该书目里,康有为还特意列出《未来之面》《未来之商》《世界未来记》《大通世界》《新日本》《新太平洋记》等关涉未来的政治小说。① 小说在康有为的理论当中提高了位置,不过仍然是六经和正史的补充。这一论述已具备了日后小说界革命的几个基本要素,如看重小说的通俗性和启蒙的效力、小说应具备政治性、着力于书写未来等等。

梁启超对小说的关注始于 1897 年。《变法通议·论学校五·幼学》对"说部"的论述中,梁认为,今人文字与语言相离,妇孺农氓以读书为难事,但《水浒》等白话小说因为其通俗易解,一直拥有多于六经的读者数量。以日本为例,自使用了假名之后,识字读书之人渐多。因此,现在应"专用俚语,广著群书"②,以激发国耻,旁及彝情等等。③ 而从小说可以"激发国耻"这样的论述来看,在梁启超最初的这则小说理论里,开始出现了以小说来帮助形成现代国民意识的观念。④ 九个月后,几道和别士联名在《国闻报》上连载发表了《本馆附印说部缘起》,这篇近万言的雄文率先提出了以小说开启民智的观点:"且闻欧、美、东瀛,其开化之时,往往得小说之助……宗旨所存,则在乎使民开化。"⑤ 至于采用什么方法,是像传统的小说一样寓教化于娱乐,还是创造前所未有的新形式,文章并没有提及。值得注意的是,这篇文章提出了对小说的一种新的理解:"凡为人类……莫不有一公性情焉。此公性情者,原出于天,流为种智。"⑥ 小说要描摹出一种普遍的、共通的人性,但由于种族不同,

---

① 康有为:日本书目志 [M],收入康南海先生遗著汇刊·十一 [M] 第 2 版,台北:宏业书局有限公司,1987 年版,第 734 页。

② 梁启超:变法通议·论学校五·幼学 [J],《时务报》,1897(18),收入二十世纪中国小说理论资料 [M] 第一卷。

③ 中国古代的"小说"文体有其自身的发展脉络,和今天的小说概念相比,古代"小说"囊括的范围要宽泛得多,"小说"概念自身也在随时代而变迁。《汉书·艺文志》以后,"小说"是不能载入正史的琐事轶闻,对百姓起着道德教化的作用。唐代以前的"小说"大致指文言小说,其下包括笔记、杂录等文言短篇。宋、元、明、清白话小说兴起后,人们对小说的认识增加了娱乐性的功用,小说从正史的捆绑下解脱出来,小说批评领域也逐渐形成了一种娱乐和教化相结合的小说观。而清末小说界革命里频频提及的"说部"一词的形成历史并不长,在明代以来的文体区分法里,"说部"以内容上的不同而逐渐独立于经、史、子、集四部,但现在梁之所以看重"说部",则是因其语言文字上的通俗性。因此,梁所拿来作为言文一致例证的"小说"文体,并没有把文言小说算在其中。参见付建舟:小说界革命的兴起与发展 [M],北京:中国社会科学出版社,2008 年版,第 160-165 页。

④ 斋藤希史:近代文学形成时期的梁启超 [J],收入 [日] 狭间直树编:梁启超·明治日本·西方——日本京都大学人文科学研究所共同研究报告 [M],北京:社会科学文献出版社,2001 年版,第 294 页。

⑤ 几道、别士:本馆附印说部缘起 [J],载国闻报 1897 年 10 月 16 日至 11 月 18 日,收入二十世纪中国小说理论资料 [M],第一卷,第 1 页。

⑥ 几道、别士:本馆附印说部缘起 [J],载国闻报 1897 年 10 月 16 日至 11 月 18 日,收入二十世纪中国小说理论资料 [M],第一卷,第 1 页。

这一人性又存在着差别，因而，在不同种族的公性情基础上形成了不同的政教。那么，什么是公性情呢？文章回答，一曰英雄，一曰男女。接下来，作者从社会进化论的角度描述了人类的历史，得出结论：非有英雄之性，不能争存；非有男女之性，不能传种。在提出这两个主题之后，英雄和男女爱情又很快地被归并到为种族争取生存的清末"种战"论述当中。

如果我们把《本馆附印说部缘起》看作中国近代第一次阐明了小说的现代价值的文章，以此来对照欧洲现代的小说观念，就会发现二者之间的差异。很多理论家将小说（novel）看作一种伴随现代性而生成的文学形式，17、18 世纪，欧洲的现代小说（novel）从古代的散文虚构（fiction）中独立出来，成为新的文体。正如《本馆附印说部缘起》所总结的那样，欧洲的现代小说中，英雄和男女也是两个非常重要的主题。小说的主人公在英文中为 hero，亦包含"英雄"的含义。伊恩·瓦特在《小说的兴起》里把强调个体特殊性的现实主义看作现代小说和传统虚构类作品相区分的特征，他指出："小说是最充分地反映了这种个人主义的文学形式。"[①] 小说存在的基本条件有赖于个人主义为特征的社会的建立，现代欧洲小说的主人公是具有个性和内在深度的普通个体，读者也通过阅读小说而形成了对个人主义式个体的认同。同样，情欲在欧洲现代小说当中也和建构有内在深度的个人主体有关。反观《本馆附印说部缘起》，英雄主人公指对建立国家立有大功的帝王、教主，强调的是个人对群体所负的责任，而对男女爱情的叙述，也仍然残留着男权话语，将爱情视为与种族强大有关的重要因素。在清末，新的小说观念的兴起和近代化的过程紧密相关，但这时的小说理论指向"群"与合格国民的建立，尚且没有把小说与具有内在性的现代个体的建构联系起来。

戊戌变法失败后，康、梁流亡日本，因为失去了在国内直接发动政治变革的机会，梁启超将注意力转向了不那么直接、却同样迫切的文化斗争上，小说成为梁关注的核心问题之一。1898 年 11 月，梁在日本横滨创办《清议报》，下设"政治小说"一栏。12 月 23 日《清议报》上发表的《译印政治小说序》一文中，直接提出了"政治小说"的概念。在这篇文章当中，梁的小说理论往前迈了一步。在他创造性的发挥里，政治小说的写作者被描述成欧洲的"魁儒硕学，仁人志士"[②]，阅读者则是下层百姓。在末尾，他假借某位英国名士之口喊出了这篇文章的最强音："小说为国民之

----

① ［美］伊恩·P.瓦特著，高原等译：小说的兴起 [M]，北京：生活·读书·新知三联书店，1992年版，第6页。

② 这一判断来自日本明治维新的经验，包括日本的政治小说作者柴四郎、矢野龙溪、末广铁肠，尤其是当时在日本流行的英国小说作者李顿和迪斯累里，见夏晓虹：觉世与传世——梁启超的文学道路 [M]，北京：中华书局，2006年版，第206页。

魂"①,将小说和国民的精神联系起来。以小说来推进政治改革,完成自上而下的启蒙,这一观点此时是非常明确了。

在流亡日本的岁月,梁启超实地考察了日本明治维新的文学状况,受到德富苏峰等人的影响,于1902年创办了《新小说》杂志。第一期刊登的《论小说与群治之关系》,劈首就说:"欲新一国之民,不可不先新一国之小说。"②提倡改造中国的小说,目的是为中国锻造出合格的政治主体。在解释人类为什么嗜好小说时,梁认为以往所说的"浅而易解""乐而多趣"犹有未尽,进一步提供了两个原因:一是"理想派"的小说可"导人游于他境界,而变换其常触常受之空气";二是"写实派"的小说可写出人们深藏于心却习焉不察的想象、境界以及感情,令读者和小说心有戚戚焉。③这时梁所依据的小说文本,自然不再是《本馆附印说部缘起》所选择的中国传统小说,而是在日本所见的政治小说和翻译的西方小说。他对小说进行的"理想派"和"写实派"的划分,似乎参照了坪内逍遥将小说分为"Romance"和"novel"的理论,但更多的是出于自己的理解,似是对中国古代"虚"与"实"这对美学范畴较为生硬的搬用。"理想派"强调了小说的虚构能力,但理想究竟指向什么,理想社会采用何种政治制度,对这些问题的思考仍没有具体答案。

小说被明确作为锻造国民的中介环节,比此前的认识又向前推进了一大步。只是理想派小说描述何种政治理想,什么是政治小说,"新小说"新在何处,这些问题都没有得到解释。倒是刊登在《新民丛报》上《新小说》的一则广告文字为"政治小说"下的定义更为明确:"政治小说者,著作欲借以吐露其所怀抱之政治思想也。其立论皆以中国为主,事实全由于幻想。"④为配合政治小说的提法,梁启超亲自上阵,把酝酿五年多的《新中国未来记》写了出来,"理想派"小说和政治小说的概念才有了较为清晰的眉目。梁原计划写作三部,分别为《新中国未来记》《新桃源》《旧中国未来记》,虽然只完成了第一部,但三部曲的布局已初见端倪。不改变的旧中国将走向灭亡,维新后的中国则引向一个独立、自主、自强的未来,而这一光明未来的开创,由一座远离中国本土的海外孤岛作为治病救国的"药引",这些叙述模式大都为后来的乌托邦小说所袭用。

不仅政治小说里包含了乌托邦的想象,在科学小说、社会小说里,也有关涉未

---

① 任公:译印政治小说序 [J],清议报,1898(1),收入二十世纪中国小说理论资料 [M],第一卷,第21—22页。

② 饮冰:论小说与群治之关系 [J],新小说,1902(1),收入二十世纪中国小说理论资料 [M],第一卷,第33页。

③ 需要一提的是,在小说界革命当中,戏曲仍被囊括在"小说"概念之下。

④ 新小说报社:中国唯一之文学报《新小说》[J],新民丛报1902(20),收入二十世纪中国小说理论资料 [M],第一卷,第45页。

来的内容。鲁迅于 1903 年翻译了凡尔纳的科幻小说《月界旅行》。在辨言里，鲁迅认为科学借小说之力，可以使读者不知不觉间获得智识，从而破除迷信、改良思想、推动文明的发展。[①] 但在这篇短短的辨言里，科学蕴含的力量与科学不必然将人引向"福地""乐园"这两种观点之间，产生的裂痕清晰可见。鲁迅似乎是在欧美的科学理想成为虚幻之后，期待"黄族"的兴起。可是接下来，他并未解释，同样采用从欧美舶来的科学来改良思想的中国人，如何可以避免欧美争夺太空时星球大战式的惨祸，并将地球引向大同呢？基于同样的担忧，清末从欧美译介入中国的小说里，出现了有关世界末日的声音。书写末日的恶托邦小说，和乌托邦小说一起构成了清末小说界的一道新景观。

虽然提出了新的理论，但清末时的小说概念在实践中的运用却并不严格，创作也较为随意、散乱。首先，这一时期的小说囊括了戏曲在内，在小说杂志上，同时发表杂剧、粤讴等戏曲作品。一些称之为"小说"的作品，并不具备现代小说的性质，譬如《月月小说》上每期发表的"札记小说"，实为世界新闻和杂评[②]。这表明这一时期的小说观念，实际上并没有从古代小说的范畴里完全脱化出来，传统小说观念的影响力巨大，不因几篇宣言的发表就失去效力。其次，杂志的编选者想当然地把符合"开启民智"这个标准的作品都纳入小说麾下，如把柏拉图的《共和国》[③]和《泰西历史演义》[④]《美国独立史别裁》[⑤]这类通俗历史一律当作小说。这时期的人们对小说的理解，和五四相比，可以说是驳杂而不成熟的。但在这种不成熟里，也透出几分不被欧洲的现代文体概念所束缚的特性，隐现出一个包孕了全新视野的小说理想的雏形："文之至实者莫如小说，文之至虚者亦莫如小说。……导人于他境界，以其至虚，行其至实，则感人之深，岂有过此？小说者，实举想也、梦也、讲也、剧也、画也，合一炉而冶之者。"[⑥]"今明著一事焉以为之型，明立一人焉以为之式，则吾之思想，可瞬息而普及于最下等之人，是实改良社会之一最妙法门也。"[⑦]梁启超等人的小说理论，其立意之高蹈，文辞之峻急，希图使小说无所不能、无所不包，本

① 鲁迅：月界旅行辨言，收入鲁迅：鲁迅全集·编年版 [M]，第一卷，北京：人民文学出版社，2014 年版，第 57—59 页。

② 杨联芬：清末至五四：中国文学现代性的发生 [M]，北京：北京大学出版社，2003 年版。

③《新民丛报》上发表的广告《中国唯一之文学报〈新小说〉》中将《共和国》当作"哲理科学小说"介绍，《新民丛报》十四号，1902 年，收入二十世纪中国小说理论资料 [M]，第一卷，第 45 页。

④ 泰西历史演义 [J]，署"洗红庵主演说"，发表于绣像小说，1903 年至 1904 年。

⑤ 美国独立史别裁 [J]，清河译，发表于月月小说，1906（1-4）。

⑥ 楚卿：论文学上小说之位置 [J]，新小说，1903（7），收入二十世纪中国小说理论资料 [M]，第一卷，第 61 页。

⑦ 侠人：小说丛话 [J]，新小说，1905（13）年第十三号，收入二十世纪中国小说理论资料 [M]，第一卷，第 81 页。

身就像是一个文学乌托邦理想。他们勾勒出的"小说"既不存在于中国的古代，也不存在于欧洲的现代，实乃一种虚构的、属于未来的小说观。基于这种小说观念，清末十年间的小说里乌托邦想象大幅增加。

三、中等社会与下层社会：清末小说的作者与读者

有关上中下三等阶层当中究竟什么人才是社会变革的动力问题，清末的时论和小说作品里有很多讨论。1907 年，铁汉在《竞立社小说月报》发了一篇题为《过渡时代》的社会小说。小说第一回是一篇演讲，演讲者称清政府一直在睡梦中，直到甲午年日本大败清朝，"才把我中国昏糊老虎戳得粉碎"。上流社会虽然懂得文明公理，却不肯牺牲生命负担重任，下流社会则不免野蛮举动。……时局十分危险，政府臣民士绅商庶都该立定一个积极的主义，中国才有靠岸的希望。[1]

在铁汉看来，上流和下流社会都不可能担当重任，他没有直接说出的，则是 20 世纪初知识阶层普遍寄予希望的"中等社会"。清末的"中等社会"概念，是介于上等社会和下等社会之间的一个中介性的阶层："诸君（中等社会）在于湖南之位置，实下等社会之所托命而上等社会之替人也。提絜下等社会以矫正上等社会者，惟君之责；破坏上等社会以卵翼下等社会者，亦为诸君之责。"[2] 下等社会不能自发地扭结为一股政治力量，需要由掌握了知识、具有一定经济基础和权力的中等社会来启发："支那民族精英革命之事业者，必以下等社会为根据地，而以中等社会为运动场。是故下等社会者，革命之中坚也；中等社会者，革命事业之前列也。"[3] "中等社会"即中产阶级，也就是资产阶级，不过按照陈旭麓先生的说法，20 世纪初年的"中等社会"不完全是资产阶级的同义词。在当时的历史语境中，中等社会包括了由旧式的士向新式的知识分子转化的记者、编辑、律师、西医、近代学堂的教师以及职业革命家、新式商人等等[4]。新小说的写作者也来自"中等社会"，身份与上述职业大致重叠。比起传统小说以文人为主的情况，清末新小说的写作阵营大为扩展，构成也更加复杂。

伊恩·瓦特在《小说的兴起》里的研究表明，在 16 世纪以后的英国，小说是一种和史诗、戏剧、诗歌等传统文学不同的新文体，这一新文体的兴起背后是英国社会结构性的变化。欧洲的现代小说观念，和 18 世纪的中产阶级有着密切的联系。以

---

① 铁汉：过渡时代 [J]，《竞立社小说月报》，1907（1-2）。
② 杨笃生：新湖南 [J]，收入王晓明等编：中国现代思想文选 [M]（上），上海：上海书店出版社，2013 年版，第 405 页。
③ 民族主义之教育 [J]，游学译编，1903（10）。
④ 陈旭麓：近代中国社会的新陈代谢 [M]，北京：中国人民大学出版社，2012 年，第 257—266 页。

笛福和理查逊的作品为例，他们生活的时代的一个重要特征是中产阶级的壮大和自信。小说的读者大都是作为中产阶级的商人和店主，此外还存在着一部分潜在的女性读者，控制着小说的出版发行的书商也身处中产阶级行列，再加上小说家笛福和理查逊本身就是读者大众的代表，他们的作品从内部表现出了中产阶级读者的需要。因此，英国现代小说的出现所对应的是一个正在崛起的中产阶级。

瓦特的小说社会学研究启发我们将中国近代小说的兴起和清末的社会结构结合起来思考。这一时期的小说作者来自中等社会，而在作品里，承载建造乌托邦使命的也是中等社会。这些小说的主人公是地位正在升高的商人、处于新旧时代交接之际的文人士子、新式学堂培养出来的学生、革命党、新式军人、游侠……乌托邦小说塑造了栩栩如生的"中等社会"人物群像，这些人物来自现实，在一定程度上也是小说家心目里的理想主体，具有面向未来的性质。

那么，谁是新小说的理想读者呢？新小说家的意图是写给下等社会，也即他们所说的妇人、粗人看。戊戌以后，如何发动下层社会的民众，是身处中上层的士人群体所思考的重心。梁启超意识到，革命之事业，"必赖多数人"，革命派"欲用之以起革命之多数下等社会，其血管内皆含黄巾闯献之遗传性也"①。正是对下层社会的关注，使得正在转变中的知识群体将眼光集中在小说身上。清末小说理论中，义和团事变的出现频率极高，姜荣刚指出，义和团事变是触发"小说界革命"的现实因素之一。1900年7月15日《中外日报》发表的一篇评论在考察义和团事件本末之时列出了"四种旧党化合所成之新物质"，第二种即"小说派"："此派之人，其脑中本洞然无物，仅有一种小说流入其脑而据之。……平时将信将疑，一遇可以附会之端，登时信以为实。然凡支那之平民皆属此派。"②这一说法在当时具有普遍性，社会的主流舆论把小说看作义和团事变的主因，使得中等社会把注意力转向下层的"愚昧之人"。反思戊戌变法失败而义和团却可以席卷北方的原因，从而将视线集中在下层百姓身上，这算得上是另一种"开眼看世界"了。义和团的所作所为震撼了梁启超等人，老百姓真实的思想状况第一次这么集中而真实地袒露在困守书斋的读书人面前，他们惊讶地看到19世纪末20世纪初大多数中国人所信仰的仍然是孙悟空、二郎神、王朝马汉、哪吒等通俗小说、戏曲里的虚构人物："北人思想，多源于戏剧，北剧最重神权，每日必演一神剧，《封神传》、《西游记》，其最有力者也。故拳匪神坛，所奉梨山圣母孙悟空等，皆剧中常见者。愚民迷信神权，演此劫运。盖酝酿百年以来矣。"③义和团所采用的咒语、信奉的神灵、手执的武器大多源自小说和戏曲舞台，状

---

① 梁启超：中国历史上革命之研究 [J]，新民丛报，1904（46-48）。
② 中外日报，光绪二十六年，六月十九日。
③ 罗惇曧：庚子国变记 [M]，上海：上海书店，1982 年版。

写仙道神魔和英雄草莽的小说令北方人民获得了耳濡目染的知识与"学问",构成了"义和拳之原质"①。在后来的小说理论里,新小说的提倡者多次提到义和团运动,并无限夸大旧小说的毒害作用:"对下等人说法,法语巽语,毋宁广为传奇小说语。……若今年庚子五、六月拳党之事,牵动国政,及于外交,其始举国骚然,神怪之说,支离莫究,尤《西游记》、《封神传》绝大隐力之发见矣。"②"今我国民绿林豪杰,遍地皆是,日日有桃园之拜,处处为梁山之盟,所谓'大碗酒,大块肉,分秤分金银,论套穿衣服'等思想,充塞于下等社会之脑中,遂成为哥老、大刀等会,卒至有如义和拳者起,沦陷京国,启召外戎,曰惟小说之故。"③义和团运动从反面给了士大夫启示:启蒙下层民众,小说和戏曲是一个绝佳的载体,如果能保留小说强大的动员力,那么只需将怪力乱神和海淫海盗的内容替换为高尚的理想、现代的政治理念,崭新的小说作品就将成为政治运动最有力的推手。庚子之后,痛定思痛的士大夫提出了改革的"本中之本"为"从改革民众社会着手","一则注重于普通教育。改良小说,改良戏剧,组织乡约里社,实行宣讲,以种种方法,使下级社会与中上级逐渐接近,以相当之知识,递相输灌,俾多数民众,略明世界大事与人类生存之正理;勿侈言学校普及,炫难得之远功,而忽可能之近效,则事半而功自倍。"④改良小说和戏曲的成本比学校普及要低得多,可行性高,不失为中上阶层启蒙下层社会的有效方法。这里体现出中国近代启蒙的特点,表面上看,是新兴起的"中等社会"选中了小说,实际上,却是下层民众在日常累积的生活经验里率先选择了小说,从而启发了来自"中等社会"的"小说界革命"的主将。启蒙不再是单向的传授,而是变成了精英和民众相互激发的过程⑤。

不过,清末中国人的知识状况不容乐观,所谓"中国识字之人十一,读书之人百一,阅报之人千一"⑥,新小说预设的下层社会读者群体和实际上读者群体的构成状况非常不一致。从清末阅读史的研究来看,这时阅读新小说的仍然是郑孝胥、孙宝瑄、恽毓鼎等读书识字阶层⑦。尤其是那些充斥着新名词、新知识的乌托邦小说对普通人而言既陌生又难以理解,"普通之人不能解其文义及洞其道理者"⑧。读书人感叹

---

① 姜荣刚:义和团事件:清末"小说界革命"的触发点 [J],文学遗产,2010 (4):94—102。
② 邱炜萲:小说与民智关系 [J],收入二十世纪中国小说理论资料 [M],第31页。
③ 饮冰:《论小说与群治之关系》[J],新小说,1902 (1),收入二十世纪中国小说理论资料 [M],第一卷,第33页。
④ 吴永口述,刘治襄记:庚子西狩丛谈 [M],北京:中华书局,2009年版,第167页。
⑤ 汪晖:声之善恶:什么是启蒙?——重读鲁迅的《破恶声论》,收入汪晖:声之善恶 [M],北京:生活·读书·新知三联书店,2012年版,第6页。
⑥ 上海图书馆编:汪康年师友书札 [M],上海:上海古籍出版社,1986年版,第1623页。
⑦ 张仲民:出版与文化政治 [M],上海:上海世纪出版集团,2009年版,第269页。
⑧ 樊:小说界之评论及意见 [J],申报,1910 (1-20)。

新小说频频出现在"我辈之案头","伙计柜台上有此物乎？东洋车夫手中有此物乎？而佣媪侍婢无论也"①。最终，清末的新小说成了由中等社会创作、中等社会阅读的作品。以小说来启迪下层社会，在清末仅仅是一种意识，还远未成为现实。

四、结语

清末小说观的转变和乌托邦想象的兴起密切相关，受域外乌托邦小说和传统经世之学的影响，加上维新变法的失败和义和团运动的触发，清末知识群体开始使用"小说"这一不入流的文体来描述对未来世界的设计，在小说里长篇大论地书写政论，希望达到启蒙下层社会、塑造合格国民的目的。

然而，清末小说理论和创作中存在着一个悖论：新小说家借助小说来普及新思想，主要因其娱乐性、通俗性，而仓促上阵的新小说并不具备这些因素。将旧小说的娱乐性与特定的新思想生硬地嫁接在一起，反映出清末小说理论对形式与内容的机械理解，似乎小说的形式是一个容器，倒掉旧内容，可以直接装上新思想。倪伟先生在分析清末白话演说文时认为，以白话向听者演说并传播知识的言说结构中"并不存在真正的主体，无论是说话人还是听者，都只是新知识、新话语的载体和容器而已。他们之间的区别仅在于各自处于传播链条中前后不同的位置而已"，②这一结论也可用于解释新小说的话语结构。梁启超等人没有意识到，现代小说需要塑造具有内在性的个人主体，小说的动人有赖于具有内在深度的个体对理想的激发、碰撞和阐释，而不是仅仅以通俗的语言对政治理想做鹦鹉学舌般的传递。在梁启超等人的小说理论中，小说虽然被抬高到经国大业的重要位置，实际上仍然是较为低级的文体，小说的书写者是知识精英，他们自认为已先在地获得某种真理性的政治理想，再以小说这种通俗的文体把知识传递给不识字的民众。但在这一传递过程中，除去对新世界的渴望，我们看不到乌托邦对于作者个人意味着什么，也看不到小说主人公在乌托邦实现的时候的心理波动，当主人公通过各种方式抵达未来的理想王国时，这些来自旧世界的人未经多少内心挣扎就拥抱了崭新的中国，"时间差距造成的痛感与疏离轻易地被未来的新秩序收编"③。从唐小兵对清末小说《恨海》的研究可以得知，小说里的"内在自我"正在形成当中④，但这一时期的个人痛苦在乌托邦小说里往往呈现出个体和家国同构的特点。自我和现代民族国家之间，没有中介可经过渡，一

---

① 说小说 [J]，中外日报，1902（4-10）。

② 倪伟：清末语言文字改革运动中的"言文一致"论 [J]，杭州师范大学学报（社会科学版），2016（5）：41—53。

③ 颜健富：编译／变异：晚清新小说的"乌托邦"视野 [D]，台湾政治大学博士论文，2008。

④ 唐小兵：《恨海》的范式意义 [C]，英雄与凡人的时代：解读20世纪 [M]，上海：上海文艺出版社，2001年。

旦独立、富强的新国家建立，个体的问题也随之解决。[①] 要到五四新文学时期，小说中才出现了塑造具有内在深度的个人主体的自觉。而依靠小说等文艺作品来启蒙大众的任务在清末也并未完成，从五四新文学到解放区文艺一直贯穿着这一主题及其变奏，这个清末遗留下来的难题一直纠缠着中国二十世纪的历史与文学，并以政治实践和文学想象的方式，在不同的历史时期给予回应。

---

① 对于这一问题的深入讨论，可参看笔者博士论文的第二章第二节"来到新世界的'旧'人"，晚清小说中的乌托邦想象（1891—1911）[D]，上海：复旦大学，2013 年 12 月。

晚清域外游记中的"制度"

张　萍[*]

摘要：处于晚清这一"过渡时代"的人们如何审视西方和中国，对于中国道路的选择产生了深远影响。晚清域外游记中的思考建立在体验之上，对考察近代中国的思想转型和文化演进，具有十分重要的价值。中国文化的保守性在近代尤为突出，但既成的认同并不完全排斥非传统的观点，游记作者在本土体系中阐释西方制度，以一种微妙的方式将"传统"接引进"现代"。西方政情作为相异性"他者"，打开了与中国传统相对照的维度，成为中国进一步反思自身的契机。在西方制度面前，中国古制有着双重功能，"乌托邦"与"意识形态"二元交融。晚清域外游记中的"返本开新"体现了文化认同的规律。

关键词：制度；传统；现代

一、"过渡时代"：传统与现代

1901年，梁启超作《过渡时代论》："盖凡过渡之利益，为将来耳。然当过去已去、将来未来之际，最为人生狼狈不堪之境遇。譬有千年老屋，非更新之，不可复居；然欲更新之，不可不先权弃其旧者。当旧者已破、新者未成之顷，往往瓦砾狼藉，器物播散，其现象之苍凉，有十倍于从前焉。"[①]这里的景象是，清王朝在内忧外患中走向土崩瓦解，近代中国在这一历史巨变中进退维谷，四顾茫然。"过渡时代"是晚清许多知识者的共识，也为后来的不少研究者所认同。那么，这个时代的亲历者，如何看待西方和自己，如何思考和选择中国的道路？对这一状况的反映，体现了这一时代的思想史价值。

"过渡时代"之思想史，包括新学的输入和旧学的改变，二者难解难分。在"从

---

* 张萍（1984—），女，山东沂水人，浙江外国语学院中国语言文化学院讲师，研究方向为中西比较诗学。

① 梁启超：过渡时代论 [A]，梁启超著，吴松等点校：饮冰室文集点校（二）[M]，昆明：云南教育出版社，2001 年版，第 712 页。

传统到现代"这一思想转型和文化演进的过程中，"传统"作为一种资源，在中国朝向"现代"的"进化"中发挥了何种作用？面对西方，传统资源发生了怎样的变化，又生出了怎样的新质？在这一问题意识的观照下，晚清域外游记具有重要的研究价值。作为与近代中国的发展历程相同步的文类，晚清域外游记突显了中国在走向世界时所面临的问题：中国文化是怎样"屈尊俯就"，又是怎样将外来文化"占为己有"的？在对文化新质进行接引时，传统在哪些方面是助力，在哪些方面是阻力？近代中国的转型和进化是怎样在中西、古今、新旧、同异之间完成的？

晚清始于中西之间的直接对视，划时代的鸦片战争揭开了晚清的序幕，成为中国近代史的开端。西方作为一个不得不正视的"他者"，对于中国的意义不可替代。彼时走向世界、亲至海外的中国人置身异域，他们的闻见感思更加鲜活，晚清域外游记充溢着中西碰撞之际的心灵感受，闪烁着中西交锋之中的思想花火。不论身在何方，作者都有一个共同的安身立命之所，"中国"既是他们的出发地，也是他们的目的地，走出国门者始终携带着这个"永在的家园"。由此，游记具有了现实的源头和指归，传递出传统中国走向现代的丰富信息。

其中，传统思想作为既有的知识和信念，提供了认识他者、表述他者的起点和工具，也使接触的双方不复从前：他者在本土体系的阐释中被选择、被塑造；自我也在适应他者的同时发生了自我改造。恰恰是这种变形，将"传统"以一种或显或隐的方式接引进"现代"。晚清域外游记中的"西制"，显著地体现了这一规律。游记作者以传统的认知范式来考察西方社会，一方面容易发现其中的弊端，另一方面，本土语境下被遮蔽的问题也容易彰显出来，原本根深蒂固的观念随之发生松动，某些现代性意识渗透进传统的认知范式。这就是文化认证和身份认同的动态过程。①

晚清域外游记的作者身份各异，但他们作为一个游历海外的群体位于中西冲突的前沿，其记述正是中西文化冲突和交流的鲜活体现。他们是认识西方的主体，"欲知主体的批判意识如何，先需弄清彼时的现实。而对形象而言，所谓'现实'就是指时人对某一异国的集体想象"②。换言之，社会集体形象是形象创造的前提：作者既可以帮助推广一种已成形的集体形象，也可以在某种程度上表现出离心倾向，甚至成为一种新的集体形象的开创者。③因此，在考察晚清域外游记中的"西制"之前，需要了解时人对西方制度的思考和描述。这些思考和描述主要存在于书籍著作之中，

---

① 余冬林：晚清使臣"议会书写"研究 [M]，武汉：华中科技大学出版社，2014 年版，第 177 页。
② 孟华：比较文学形象学论文翻译、研究札记 [A]，孟华 . 比较文学形象学 [C]，北京：北京大学出版社，2001 年版。
③ [法] 莫哈著，孟华译：试论文学形象学的研究史及方法论 [A]，孟华：比较文学形象学 [C]，北京：北京大学出版社，2001 年版，第 31 页。

构成了彼时的社会集体形象。不少游记作者，常采取史地文献与实地考察相结合的方式，将所见所闻与自己涉猎的文献相互对照。"他们的议会书写，是其跨越时空和文化疆界后集体想象的投射物，亦是其自身主体文化和异域客体文化之间交流比较的产物。"①

　　构成当时中国西方制度之集体形象的书籍著作，主要有林则徐的《四洲志》、梁廷枏的《海国四说》、徐继畬的《瀛寰志略》、魏源的《海国图志》、李提摩太的《泰西新史揽要》等。这些文献不免运用中国传统思想文化资源解读西方议会文化，从中国传统的"君—官—民"的政治构架出发，呈现出这样的形象："议会"即"衙门"，"议员"即"官吏"；议会权力很大，议员由选举产生；议会制度只知法不知礼，不辨君臣等级。这就在相当程度上消解了西方议会文化的民主精神，从而使读者产生了中国社会贤人政治的印象，唤醒了中国式民本主义的观念。②进而言之，置于中华传统文化语境之中的西方议会文化，其异质性不再是不可克服的。这同时表明，在中西文化冲突之际，在一种前所未有的异质文明面前，中国文化传统依然被时人用来解释世界，华夏文化中心主义依然具有一定的活力。③

　　这种集体形象在晚清域外游记的制度书写中得到了传承和发挥。另一方面，游记又有对这一形象的质疑和突破。除此之外，尚有几点需要补充说明。其一，就整体而言，随着时代的前进，游记中对西方议会文化的认识在广度和深度上都有所发展。其二，就个体的思考而言，游记作者之间存在差异，这反映了在中西冲突背景下，来自传统共同体的中国人对西方文化的不同态度。其三，就某些作者自身而言，其西方文明观及西方议会观的形成是渐进式的，如张德彝、郭嵩焘、刘锡鸿、薛福成等。其四，这些域外书写之间存在相互传播与影响。④

二、西政大观：对比与反思

　　晚清域外游记的作者对西方制度的考察，是在"中体西用"的框架之中发生的。"中体西用论"将"技术系统"与"价值系统"进行区隔，意在防范西学对文化本体

---

① 余冬林：晚清使臣"议会书写"研究 [M]，武汉：华中科技大学出版社，2014 年版，第 177 页。
② 余冬林：晚清使臣"议会书写"研究 [M]，武汉：华中科技大学出版社，2014 年版，第 34—35 页、48 页、52 页、64 页。
③ 余冬林：晚清使臣"议会书写"研究 [M]，武汉：华中科技大学出版社，2014 年版，第 116 页、175 页。
④ 余冬林：晚清使臣"议会书写"研究 [M]，武汉：华中科技大学出版社，2014 年版，第 47 页、87 页、93 页、125 页、173 页、177 页。

的侵蚀，①而"制度"处于"器物""制度""文化根本"②序列的中间地带，这使得它在这一结构体系中具有重要性和复杂性。"西制"在"西洋本末"中的位置，决定了"西制"在"中体西用"中的角色。如果"西制"属于西洋之本，在价值体系中与"中体"相对等，就可能最大限度地对"中体"形成冲击；如果"西制"列于西洋之末，在价值体系中低于"中体"，对"中体"的冲击就被限定在一个较为"安全"的范围之内。

游记中的"制度"是广泛存在的，对于"器物"的考察也会涉及"制度"。例如，由泰西的制造精微，游记作者联想到相关政策及制度的功用。张德彝看到了"官助"的扶持作用："盖英人创制各物而独臻精巧者，实赖官助以成之也。"③正如蔡钧所说："故泰西新奇各器日增月盛而岁不同，心思材力蒸蒸益上，由上之人能鼓舞之者。"④再如，对于博物馆这一"器物之大观"的描述中也不乏对于制度的思考。李圭赞叹赛会"无物不有，无美不具"，"诚可谓萃万宝之精英，极天人之能事"，并且认为赛会有利于联交谊、奖人材、广物产、通有无，"其意良美，其心良苦"，"是有益于国而不徒费"。⑤曾纪泽认为法国的"小赛奇会"不单合于民间风尚，而且是政务之大端，有周官考工之遗意，若中国留心时事者在细微器物上整理而精进，未尝不是富民通商之一助。⑥林汝耀指出，设置博览会是为了推广制造、振兴商务。⑦

最典型的制度体现于"西政"。首先进入游记之中的，是相异性最为显著的部分，即君主的产生方式、人民的地位，以及君民关系。《航海述奇》将美国定位为"传贤不传子"的"天下民主之国"，介绍了四年一替、至多三任的选举制度；认识到众论在国政会议上的分量，即不仅能够裁决国家事务，还可以罢免不足以服众的"大

① 余冬林：晚清使臣"议会书写"研究 [M]，武汉：华中科技大学出版社，2014年版，第90页。

② 梁启超．五十年中国进化概论 [A]，梁启超史学论著四种 [M].长沙：岳麓书社，1985年版，第7—8页。

③ 张德彝：随使英俄记 [M]，钟叔河编：走向世界丛书（七），长沙：岳麓书社，2008年版，第424页。

④ 蔡钧：出洋琐记 [M]，王锡祺编：小方壶斋舆地丛钞（十一），杭州：杭州古籍书店，1985年版，第436页。

⑤ 李圭：环游地球新录 [M]，钟叔河编：走向世界丛书（六），长沙：岳麓书社，2008年版，第202—205页。

⑥ 曾纪泽：出使英法俄国日记 [M]，钟叔河编：走向世界丛书（五），长沙：岳麓书社，2008年版，第168页。

⑦ 林汝耀：苏格兰游学指南 [M]，钟叔河编：走向世界丛书（二），长沙：岳麓书社，2008年版，第695—696页。

臣"。① 《使西书略》注意到美国国无君长，统领由公议而立，四年择贤而更。② 《初使泰西记》中，"泰西立君"并不"拘于男女"，而要"能尽君道"，各国君主的具体治法可以不同，但同样都不敢"拂民之情"；详细描述了华盛顿议事的情形，尤其注意到上下一心、民情通达。③ 《欧美环游记》强调了议事厅中众议对"军国大事"及"庶政细务"具有绝对效力。④ 《英轺私记》发现英国是"绅主之，官成之，国主肩其虚名而已"。⑤ 《西洋杂志》透过英国"君主"的虚名看到英国实际上是"民政之国"；瑞士连"西洋民政之国"中"尚拥虚名"的总统也不置，"无君臣上下之分，一切平等，视民政之国又益化焉"⑥。《欧游随笔》注意到德意志作为君民共主之国，政令议于下而决于上。⑦ 《伦敦风土记》描写了英国"议院上之女主"的权限，"主曰不便可再议，主不能独创一议"⑧。

显然，游记中对于西方"民主"的理解并不透彻，但是，在作者的关注中，有着未曾言明的中国"原型"。"在形象的形成过程中，自我形象与他者形象相互照应和相互作用。自我与他人的划分形成了自我形象与他者形象的对照基础：'他者'是群体得以自我界定的必要的衬托体。相反，自我形象则首先是作为他者形象的反面呈现出来的。"将目光回转，人们能够发现一个相反的中国：王位世袭、君主专制、君民隔阂、民情不达。无论在时人的意识中，两组对立的特征是不是已经跟各自的社会性质相关联，可以肯定的是，西方的政情作为一种相异性的存在，打开了一个与中国本土相对比的视野，成为进一步反思中国自身的切口。

有些游记考察了更加具体、细致的原则或运作方式。《伦敦与巴黎日记》注意到"西洋官职有等威、有阶级，而无所为资格"；英国的"宰相"与"会绅"是相互牵制的，在国家事务上坚持的是少数服从多数的原则；会商军国大事时，每个人都有

---

① 张德彝：航海述奇 [M]，钟叔河编：走向世界丛书（一），长沙：岳麓书社，2008 年版，第 521 页。

② 孙家穀：使西书略 [M]，王锡祺编：小方壶斋舆地丛钞（十一），杭州：杭州古籍书店，1985 年版，无页码。

③ 志刚：初使泰西记 [M]，钟叔河编：走向世界丛书（一），长沙：岳麓书社，2008 年版，第 270 页、365 页。

④ 张德彝：欧美环游记 [M]，钟叔河编：走向世界丛书（一），长沙：岳麓书社，2008 年版，第 716 页。

⑤ 刘锡鸿：英轺私记 [M]，钟叔河编：走向世界丛书（七），长沙：岳麓书社，2008 年版，第 424 页。

⑥ 黎庶昌：西洋杂志 [M]，钟叔河编：走向世界丛书（六），长沙：岳麓书社，2008 年版，第 513 页、540 页。

⑦ 钱培德：欧游随笔 [M]，王锡祺编：小方壶斋舆地丛钞（十一），杭州：杭州古籍书店，1985 年版，第 393 页。

⑧ 张祖翼：伦敦风土记 [M]，王锡祺编：小方壶斋舆地丛钞再补编（十一），杭州：杭州古籍书店，1985 年版，无页码。

自己的立场，"无中立相持者，亦无顾恋禄位逶迤以求容者"，这是英国风俗淳厚的原因；英国人民享有议论朝政的自由，作者称之为"宽典"①。《环游地球新录》对美国的总统制有系统的介绍：上议院由"官绅"居之，下议院出自民间，"众议金同"后送入"政事殿"，"请伯理玺天德画押施行"；议政时准许报馆人员记录；省相当于国，各有事权，总统不干预各省"督抚"的权力；总统退位后与平民等同，在位时与国人互相牵制，既不能强迫国人行事，又可以遏止国人的建议改例。②《出使英法俄国日记》以中国的"布政、按察两司"与"督抚"的关系来比附法国的议院与总理的关系，同时也看到了二者的不同，即中国的督抚实际是高于两司的，而法国的总理之权势却不如两院。③《随使英俄记》看到了这样一种连带的关系："英国丞相之进退，视乎百姓之臧否；众官之黜陟，又视乎丞相之去留"，"丞相既易，各曹长亦易"，"是进则群进，退则群退，亦西国异俗也"④。《伦敦风土记》介绍了议院的政党组成和运作情况，以"尚书宰相部院大臣"来描述政府的各个职位，突出了"进则群进退则群退，君主不得而黜陟之"的特点。⑤《西征纪程》描写了英国议院的构成，其中以"吾华之有王公侯伯子"来类比上院"爵绅议政之所"的六等"入院之爵"⑥。

　　可见，游记中对这些规章程序的描述并不得心应手，"会绅""宰相""督抚""尚书""布政""按察"等是作者不得不借助的传统政治资源，离开这些话语，他们将无从理解和表达，这使得他们笔下的制度运作不能与西方的社会性质相匹配。经过游记的介绍，西方的政治制度大多发生了变形。然而，误解不是终点，"误解也以误解他者的方式打开了对话之门"，"在吸收和排斥的辩证关系中，我们发现了自我意识之源，同时也发现了误解的场所。在文化领域中，所有对他者的误解都是对自我的理解的必要推论"⑦。确实，这些变形的制度，跟晚清时代中国人的认识水平是一致的。

①　郭嵩焘：伦敦与巴黎日记 [M]，钟叔河编：走向世界丛书（四），长沙：岳麓书社，2008 年版，第 156 页、301 页、444 页、503 页。

②　李圭：环游地球新录 [M]，钟叔河编：走向世界丛书（六），长沙：岳麓书社，2008 年版，第 260 页。

③　曾纪泽：出使英法俄国日记 [M]，钟叔河编：走向世界丛书（五），长沙：岳麓书社，2008 年版，第 168 页。

④　张德彝：随使英俄记 [M]，钟叔河编：走向世界丛书（七），长沙：岳麓书社，2008 年版，第 333 页。

⑤　张祖翼：伦敦风土记 [M]，王锡祺编：小方壶斋舆地丛钞再补编（十一），杭州：杭州古籍书店，1985 年版，无页码。

⑥　邹代钧：西征纪程 [M]，王锡祺编：小方壶斋舆地丛钞（十一），杭州：杭州古籍书店，1985 年版，无页码。

⑦　[澳] 法伊特著，叶爱民译：误读作为文化间理解的条件 [A]，乐黛云、张辉编：文化传递与文学形象 [C]，北京：北京大学出版社，1999 年版，第 94 页、97 页。

"一切形象都源于对自我与'他者',本土与'异域'关系的自觉意识之中,即使这种意识是十分微弱的。"① 游历者以本土视角审视异域社会,同时也会以他者眼光反观自我文化。对于西方制度的评价,寄寓着时人对于"中体"的评价。刘锡鸿考察了"英国衙门官制":由于"制禄"自"宰相而下皆不足以给",故受官者多是富人之有才识者,且一旦得官就不再参与商业活动,以防凭借官势而侵民利,这是注意维护为官的体统,总之,"其志在名不在利,常数十年无以贪著者"。他由"开堂会""议时政"认识到,"盖合众论以择其长,斯美无不备;顺众志以行其令,斯力无不殚也",以财政政策为例,将年度出入公之于众,以绅民的监督制止虚滥的发生,达到"以通国之财,治通国之事"的效果,因此"苛敛"亦无人怨;英国人爱戴君主,而作为民政之国,国君不必治事,继任者也可以自得其乐。② 张德彝分析了英国官员"砥砺廉隅"的现象,认为这是由制度和舆论共同促成的;议院辩论培育了"其俗以理之是非为事之行止"的风气;在英国的人事交接中,后任能够接手前任的事业,新旧交接是"实交实收,绝无蒙混",并无"妄费国帑"的行为。③ 从中不难看出制度与人事的关联,西方的这些制度无疑有益于世道人心。

郭嵩焘的议论已经明显冲击了中国的"立国之本"。作者赞同,"西洋所以享国长久,君民兼主国政故也"。西方国家之所以能立国千年而不敝,是因为君民相持,交相维系,中国秦汉以来二千余年的历史却恰恰相反。在他看来,西方国家为天地精英之所聚,是政治教化作用的结果:西洋君德堪与中国的三代令主媲美,君主不以国政臣民为私有,择官治事必用贤能,且与臣民共主,以臣民之爱憎为爱憎,设议院分党以通达民情,辩明道理,尚实而不尚虚文,"其风俗之成,酝酿固已深矣"④。作者并非一概否定中国的历史,而是以"三代"为界将其分为两段,因此,对于"中体"而言,这种意见就同时具有质疑和维护两种作用。作者还提出"西洋本末"论:"西洋立国二千年,政教修明,具有本末"。从西方是工商业社会出发,他视"行商""商政"为治国之本、富强之基;从西方政治的体系看,他将西洋的"立国之本"归于制度和人才学问。作者还将君德、民意、政党、风气、法治、舆论共同

---

① 孟华:比较文学形象学论文翻译、研究札记 [A],孟华:比较文学形象学 [C],北京:北京大学出版社,2001 年版,第 155 页。

② 刘锡鸿:英轺私记 [M],钟叔河编:走向世界丛书(七).长沙:岳麓书社,2008 年版,第 83 页、102 页、190 页。

③ 张德彝:随使英俄记 [M],钟叔河编:走向世界丛书(七),长沙:岳麓书社,2008 年版,第 448—449 页、619 页、635 页。

④ 郭嵩焘:伦敦与巴黎日记 [M],钟叔河编:走向世界丛书(四),长沙:岳麓书社,2008 年版,第 156 页、407 页、434 页。

视为化成西方风俗之政治教化，具有"本"的意义。① 这种定位，使得"西制"对于"中体"的冲击达到了很高的程度。

三、中国古制：整合与颠覆

游记中对西方政治制度的理解不免调动传统的话语和资源，在以传统体认现代的过程中，双方都发生了变形；与此同时，中西之间有了可以通约之处，西方文化在中国人的思维世界里变得可以理解，并参与到中国的历史进程中来。关注西方制度源自现实需要，游记中的"西制"传达出的是作者对于既存秩序的意图：是为社会树立一个"乌托邦"的目标，还是维持社会固有的"意识形态"？意识形态和乌托邦是形象功能的两极：形象的意识形态功能指的是通过对他者进行整合，将其纳入自我的体系，进而起到维护现实的作用；乌托邦功能则是透过他者的眼光审视自我，接受他者的召唤，颠覆现实。二者的区别是："凡按本社会模式、完全使用本社会话语重塑出的异国形象就是意识形态的；而用离心的、符合一个作者（或一个群体）对相异性独特看法的话语塑造出的异国形象则是乌托邦的。"②

实际上，形象并非总是如此分明，"整合"与"颠覆"亦能并存共生，而这些形象又必定汇入原有的社会主流文化，成为"过渡时代"之中国选择自身道路时的一种启示。在游记作者对于"西制"的描述中，中国古制不时出现，这种中西互见的形象，发挥了微妙的功能。种种"化西为古"的做法，导致了"乌托邦"和"意识形态"的二元交融。此类形象发挥了自我反省的功能，是一种"乌托邦"形象，但它批判的是当下的现实，中国的历史传统则成为西方价值的发源地和对等物，因而又肯定和固守了自我，是一种"意识形态"形象。③

《英轺私记》将英国的地方官制与《周礼·地官》相对照，认为中国古时民亦举官，英国城乡官皆民选，中国与西方国家在这一点上是相通的，另外，以民治民、事归公议，"此制与汉之三老，明之里老略同"④。于是，官由民出、以民治事成为与国家性质无涉的治理形式，分别出现在中国的周代和汉、明。这种观点停留在简单类比、中西会通的层面上。

---

① 郭嵩焘：伦敦与巴黎日记 [M]，钟叔河编：走向世界丛书（四），长沙：岳麓书社，2008 年版，第 57 页、66 页、407 页、434 页。
② [法] 莫哈：试论文学形象学的研究史及方法论 [A]，孟华：比较文学形象学 [C]，北京：北京大学出版社，2001 年版，第 35 页。
③ 参见余冬林：晚清使臣"议会书写"研究 [M]，武汉：华中科技大学出版社，2014 年版，第 133—134 页。
④ 刘锡鸿：英轺私记 [M]，钟叔河编：走向世界丛书（七），长沙：岳麓书社，2008 年版，第 157—159 页。

《出使英法俄国日记》中提到一种说法，西人政教多与周礼相合，是因为老子西行带去了周之典章制度，作者认为"其说甚新而可喜"。欧洲昔时俱为野人，文学政术大抵从亚洲来，所以风俗文物与中华上古之时相近，西人一切局面都是中国自古以来曾有过的，这其实是典章制度方面的"西学中源"说。"观今日之泰西，可以知上古之中华；观今日之中华，亦可以知后世之泰西"，他认为，上古之中华相当于今日之泰西，今日之中华对应于后世之泰西，世界历史是以中国经验为标准而演进的，泰西是在重复中国的路线，但是比中国慢了一步。进而言之，中西之间是一致的，又是错位的，中国是超前的，西方是落后的。这样一来，中国落后于西方的现实就完全颠倒了。①可见，作者持有的并非是进化的历史观。然而，复古可以成为变革的依托，鼓吹"西学中源"说，又蕴含了救世的良苦用心。这意味着在赞叹先进的西方文明的同时，又不承认中国的落后——如果西方文明能在中国的文明史中得到印证，就意味着中国尊严尚存，希望仍在。②

《出使英法义比四国日记》中，作者发现欧美虽然自古不通中国，近数百年才稍有交往，近数十年才通行无阻，但各国设官之意与中国颇多暗合者，比如分"部"设"尚书"，有"内部、户部、学部、兵部、刑部、工部、藩部等尚书"，议院中众大臣"牵连而退""汇菇而进""亦稍有中国古风"。泰西各邦治国之法大多暗合《管子》，如设议政院得"量民力""不强民""不欺民"之意，重专家、有公司得"事者生于虑，成于务"之意。总之，"以古方今，殆不之过"。在他看来，民主、君主、君民共主是中国历史上曾经出现过的政治形式。简言之，中国唐虞以前皆民主，由匹夫而诸侯而天子就是一条民主之路；夏商周时，虽然君位世袭，但孟子的"贵民"之说也行于其间，可以视为君民共主；秦汉以来全为君主。他不仅勾勒了中国由民主而君民共主而君主的历程，还比较了这三种政治形式，认为三代之君民共主最为理想。③

作者一方面不满于中国的君主专制，具有变革的意愿，另一方面又不赞同西方某些国家的民主，而是属意于在他看来介于两者之间、程度适中、无过无不及的君民共主。更具意义的是，这种理想的政治形式是中国历史上曾经实行过的，而不是西方的舶来品，这表明古已有之的传统资源可以重获新生——拯救现实中国的，不是现代西方，而是历史上的中国。当然，他所赞赏的君民共主不同于西方的君主立

① 曾纪泽：出使英法俄国日记 [M]，钟叔河编：走向世界丛书（五），长沙：岳麓书社，2008 年版，第 177 页。
② 参见李扬帆：走出晚清——涉外人物及中国的世界观念之研究 [M]，北京：北京大学出版社，2005 年版，第 185 页。
③ 薛福成：出使英法义比四国日记 [M]，钟叔河编：走向世界丛书（八），长沙：岳麓书社，2008 年版，第 253 页、289 页、344 页、515 页、538 页。

宪，其前提正是维护君权——通过让渡给民众部分权利来消除君民之间的隔阂，使君权与民权互相协调，以实现政治的清明和社会的稳定。这种主张显然存在认识上的偏差，但同时也使得变革维新的潮流潜滋暗长。①

然而，并非所有的西方制度都能与中国古代的政治形式相合，二者之间相互抵触的部分代表了西方不能被归化的特色，但即便如此，古老中国的优越感仍然表露无遗。康有为强调了西方议院自有本源，认为欧洲议院是受元老院的启发、吸收希腊、罗马的政治经验改进而成。但另一方面，西方历史同样可与中国历史相类比。欧洲中世纪封建时的形势及会议犹如春秋列国诸侯大会，"吾国固行之二千年矣"。中国之所以未能产生议院，不是智力不及，而是地形限制使然，中国一旦移植和借鉴了西方的议院制度，必定能够后来居上。②

在对西方制度的批评中，来自中国的审视更加明显。西方政治制度的弊端，在游记中大致有三个方面。一是选举中产生的流弊。《初使泰西记》中有对于"选举不公"的反映，西法"保荐设官""惟从其众"，"其暗室纯修、不求闻达者，反寂寂无闻焉"，作者由此感叹，必须圣人在上，方能野无遗贤。③此处，圣人的适时出场意味着疗救之方在中国。

二是政党政治的负面效应。《伦敦与巴黎日记》提到西方的"分党"之弊，党派之间互相攻击，执政党全用本党人士，"其负气求胜，挈权比势，殆视中国尤甚"；法国政党中存在"中立一党"，立场视君党、民党为转移，"人心之浮动""甚于是中国之求富贵利达者"，实是"危道"。④《英轺私记》看到了英国政治中"进必群进，退必群退"所导致的"常相倾轧"。⑤显然，这一西方形象潜在的参照物是中国传统政治中的朋党，评价西方的标准来自中国。

三是民权过重引发的危机，这是游记作者最为瞩目的西政之弊。郭嵩焘认为，西方政教以民意为重会导致民权重于君权，以致"民气为强，等威无辨，刑罚尤轻"，工匠把持工价、君主屡遭刺击就是鲜明的例子；"民气过昌"还会造成"主权日替"，

---

① 参见余冬林：晚清使臣"议会书写"研究 [M]，武汉：华中科技大学出版社，2014年版，第127页、175页。

② 康有为：欧洲十一国游记二种 [M]，钟叔河编：走向世界丛书（十），长沙：岳麓书社，2008年版，第140页、143页、145—147页。

③ 志刚：初使泰西记 [M]，钟叔河编：走向世界丛书（一），长沙：岳麓书社，2008年版，第319页。

④ 郭嵩焘：伦敦与巴黎日记 [M]，钟叔河编：走向世界丛书（四），长沙：岳麓书社，2008年版，第101页、698页。

⑤ 刘锡鸿：英轺私记 [M]，钟叔河编：走向世界丛书（七），长沙：岳麓书社，2008年版，第84页。

"民气浮动，不可禁制"，以致"动至谋逆"。① 薛福成对西方国家进行了比较，认为同样是议会政治，美国民权过重，法国叫嚣之气过重，英、德两国的制度堪称尽善。"美国之政，惟民是主，其法虽公，而其弊亦有不胜枚举者"，"大抵民主之国，政柄在贫贱之愚民；而为之君若相者，转不能不顺适其意以求媚"，而民情虽然是"至可凭者"，同时也是"至无定者"。② 可见，在他看来，"贫贱之愚民"是不应一味迎合的。

这种批评显示出传统中国的民本学说与现代西方的民权政治之间的差别。"民本学说在中国古代只能是一种绝对君权的抑制剂、制动刹，而没有可能导向主权在民、人民参政的民主政治轨道。"③ "民本主义"与"民主主义"的区别，实质上是"君权"与"民权"的区别。"民本主义"的目的在于重视民生以稳固君主的统治，是在维护等级秩序的前提下强调不同等级间的协调关系，而"民主主义"作为资本主义的政治思想，起源于 18 世纪西欧资产阶级革命，其中心是人民主权，二者之间有着时代和本质的差异。时人对西方议会民主的理解和赞赏，着眼点是协调君民关系，即便他们希望借鉴议会政治的优点，也并不主张将其颁行于中国，相反，他们反对议会掌握国家权力而"虚君"，这就解释了他们为何担心和反对"民气过昌"。④ 也就是说，"民本"从属于"尊君"，仍是以"君"为本位来协调君民关系的传统政治理论。时人赞赏西方议会民主制度，是因为这种制度能够"通民情"，可能会对挽救晚清政治的危机有所裨益，出发点依然是维护皇权和君主专制，而民众并不享有个体的根本权利。⑤

即便作者对"西政"的评价是一分为二的，其评价尺度还是统一于中国传统。例如，薛福成分析了君主之国与民主之国：民主之国的好处是用人行政可以集思广益，君主不能恣意妄为，官员并非终身制，故不敢恃势凌人，合乎孟子"民为贵"之说，弊端是朋党挟私而争胜，不顾国事之损益，"权不一而志不齐"，君相有"五日京兆"之心，"不肯担荷重责"；君主之国若能得一贤主则功德无量，但弊端在于上重下轻，或者民无安乐，或者不通舆情；总之，民主、君主各有利弊，关键在于

---

① 郭嵩焘：伦敦与巴黎日记 [M]，钟叔河编：走向世界丛书（四），长沙：岳麓书社，2008 年版，第 576 页、611 页、683 页、800 页、867 页、911 页。

② 薛福成：出使英法义比四国日记 [M]，钟叔河编：走向世界丛书（八），长沙：岳麓书社，2008 年版，第 197 页、510—511 页。

③ 冯天瑜：中华元典精神 [M]，武汉：武汉大学出版社，2006 年版，第 499 页。

④ 吴宝晓：初出国门——中国早期外交官在英国和美国的经历 [M]，武汉：武汉大学出版社，2000 年版，第 51—52 页、132—134 页。

⑤ 余冬林：晚清使臣"议会书写"研究 [M]，武汉：华中科技大学出版社，2014 年版，第 135 页。

是否"得人"。① 这样一来，对西方政治制度的分析从民为贵、通舆情、鉴朋党等传统政治范畴出发，最终又归结为"得人"这一传统政治标准。

四、文化认同：返本与开新

文化的延续和发展离不开内在传承和外向摄取两个方面，"没有传统的知识资源，文化就失去了与外来知识交流的土壤；而没有与异质文化的互动，创新也就缺少了必要的养料和条件"②。就外来文化而言，任何一种文化的传播都面临着与本土文化相互碰撞和融合的问题，即所谓的"文化本土化"或"文化适应"，外来文化能否在本土立足以至发展壮大，主要取决于它能否做出适度的妥协和变形。就本土文化而言，在外来文化的冲击下，文化认同出现"认同"和"离异"两种情况。前者与主流文化相一致，并且通过对已有模式的进一步阐释，使文化在一定范围内进一步发展，同时排斥和压抑异己力量，以巩固主流文化的阵地；后者则怀疑和否定主流文化，使既成规范发生改变，鼓励和扶持异己力量，以冲击甚至颠覆主流文化；"离异"占主导地位的阶段就是文化转型时期。③ 晚清域外游记中的制度书写，体现了中国文化转型期"认同"和"离异"的微妙关系。

中华文化具有强烈的根源性，突出表现为源远流长的历史意识，进而形成了文化变迁中的复古传统。④ "复古"成为法家之外各家的一个情结，尤以儒家为甚："按其性格来说，儒家对往昔的怀恋胜于对未来的希望。他不瞻望猜想人类境遇的完善，而是以一种失落感眷顾黄金时代。"⑤ 这一方面使得中国的历史和文化具有极强的延续性，另一方面使得进取和创新的精神在"信而好古""述而不作"的束缚下有所消磨。⑥ 一切新鲜事物必有往古渊源，这就形成了一种社会退化观，但是在社会退化观之下，又蕴藏着推动社会前进的动机和效果。

在考察晚清域外游记中的西方形象时，时代环境对文化认知的影响值得充分估

---

① 薛福成：出使英法义比四国日记 [M]，钟叔河编：走向世界丛书（八），长沙：岳麓书社，2008年版，第 536 页。

② 邹振环：晚明汉文西学经典——编译、诠释、流传与影响 [M]，上海：复旦大学出版社，2011年版，第 26 页。

③ 邹振环：晚明汉文西学经典——编译、诠释、流传与影响 [M]，上海：复旦大学出版社，2011年版，第 22 页。

④ 杜维明：现代精神与儒家传统 [M]，北京：生活·读书·新知三联书店，1997 年版，第 385 页。

⑤ [美] 格里德尔著，单正平译：知识分子与现代中国 [M]，天津：南开大学出版社，2002 年版，第 21 页。

⑥ 冯天瑜：中国古文化的特质 [A]，复旦大学历史系：中国传统文化的再估计——首届国际中国文化学术讨论会（1986）文集 [C]，上海：上海人民出版社，1987 年版，第 97-99 页。韦政通：传统中国理想人格的分析——崇古价值取向的研究 [A]，韦政通：儒家与现代中国 [M]，上海：上海人民出版社，1990 年版，第 29-31 页。

计："文化关系并不总由政治和外交关系所决定,但在晚清,政治和外交关系确实主宰了中西文化关系。实际上,在广义的文化意义上,政治、外交冲突本身也是一种文化冲突。"① 伴随着近代以来西方主导下的不平等态势,中国与西方进入了文化冲突的新时期,西方所代表的现代世界既给传统中国以冲击,又使传统本身显示出强有力的韧性。西学是一种代表了历史方向的强势话语,迫于时局的中国只有学习西方才能抵抗西方,而这与中国自身的传统是背道而驰的,故而中国文化的保守性在近代更加突出;但也正是因为有了浸润在传统中所保有的安全感,才能避开文化断错的震撼,进而实现本土文化的转型与新生。

"自本土文化之中更革本土文化,以变法之传统支持变法之推展",② 这是以"返本开新"为路径展开的自我变革。对古代中国的赞美并不表示对现实中国的肯定,恰恰是现实中国的不尽人意促使人们返回远古。然而,中国社会无疑又具有连续性,那么,对传统的美化也就为现实中国罩上了理想之光。③ 换言之,现代化与传统的鲜明对照为近代中国树立了前进的目标,古与今的一脉相承则是近代中国前进的依据。④ 另外,这也是时代环境所迫:给富裕时代风貌的理论涂上一层古典的保护色,可以部分地消除人们的戒备心理,增强变法阵营的力量。确实,在考察晚清的此类现象时,很难把习惯与策略明确区分开。⑤

《东游日记》中洞见与盲视并存的情况可以为游记的复杂性提供佐证。作者认为议会肇始于美国,为华盛顿时所创,民主之局是其建国时"忽发奇想",当时亦"必有不得不然之故",华盛顿此举是为"弭患于未来",传国以有德者代子孙,有唐虞揖让之风;然而,其目光又是不够长远的,议会可以集众人之智,使上下贯通,初行确可收治平之效,但百余年后流弊将不可收拾,"庆澄尝谓治地球者议院也,乱地球者亦必议院也,记之俟质诸千百年之后"。他对华盛顿的赞美是基于其揖让之风,对议院之流弊的预言又在一定程度上抵消了对其现实功用的肯定。另一方面,作者又对时人将三代之学与欧美之学相比附的做法提出了批评:"三代之学,亡于中土,而存于欧美"是"似是而非"之语,实际上"三代自三代,欧美自欧美",不可互相攀缘比附;即以三代之学论,惟周学散见留存,尚被汉儒混淆改易,夏、商之学则更是渺不可考,以周学臆测夏、商之学已是捕风捉影,更别说以欧美之学臆度三代

---

① 李华川:晚清一个外交官的文化历程 [M],北京:北京大学出版社,2004 年版,第 7 页。
② 汪荣祖:从传统中求变——晚清思想史研究 [M],南昌:百花洲文艺出版社,2002 年版,第 65 页。
③ 李华川:晚清一个外交官的文化历程 [M],北京:北京大学出版社,2004 年版,第 79 页。
④ 冯天瑜:中华元典精神 [M],武汉:武汉大学出版社,2006 年版,第 19 页。
⑤ [美] 柯文:在中国发现历史——中国中心观在美国的兴起 [M],林同奇译,北京:中华书局,1989 年版,第 19—20 页。

之学。①

其实，"言必称三代"在晚清是具有普遍性的做法，是当时"以复古为革新"的一种。与历史上曾出现过的"返本开新"不同的是，将"西方"与"三代"等量齐观，或者在"西方"发现"三代"影像，意味着肯定了西方文明的价值。②"三代之学"并非中国特有之物，日本幕末变法思想家同样有此一说，从东方传统中汲取引进西方观念的力量，这表明，在西方面前，儒家思想仍然具有生命力。另外，这种选择又是近乎唯一的："如果说，近代欧洲人在创建民主政体可以依托希腊、罗马城邦制民主政治的形式和内容，加以再创造，那么，近代中国人在学习西方民主政治时，除寻来上古'尧舜之治'、'三代之治'作比拟外，很难从本民族的文明史中找到比较真切的参照物。"③

"复古"不等于"守旧"，"复古"中潜藏着改革的动能。"守旧"是效忠于当时的传统，"复古"却以更远更纯粹的传统来否定当前的传统，意味着对当前传统的跨越和改变，蕴含着"返本"与"开新"的辩证关系。④例如，"议院制度，在西方本是作为体现、保障民主自由的制度而出现的，晚清人们却简单将它与国家富强联系起来，将它视为上下一心、合力拒外的有效组织形式加以追求，出现了一边呼吁开议院、一边竭力反自由的奇特局面"⑤。因为时人只看到了西方议会制度的形式，却不理解支持这一制度的民权学说。所以，他们对议院的介绍常与古代的乡官选举相联系，提出的各种办法都给人一种古色古香的感觉，比如扩大言路以通上下、成立咨询机构等，实质上很少跃出中国古代治国术的范畴——西学之"用"确实未出中学之"体"。⑥然而，他们对西方议院制度的关注，意味着对中国现状的反思，孕育着改革的动向，与民权相联系的议院必然是对君权的限制，最终会挑战君臣纲纪之"中体"。

---

　　① 黄庆澄：东游日记 [M]，钟叔河编：走向世界丛书（三），长沙：岳麓书社，2008 年版，第341、350 页。

　　② 汪荣祖：从传统中求变——晚清思想史研究 [M]，南昌：百花洲文艺出版社，2002 年版，第 13页。

　　③ 冯天瑜：中华元典精神 [M]，武汉：武汉大学出版社，2006 年版，第 490 页。

　　④ 王汎森：从传统到反传统——两个思想脉络的分析 [A]，王汎森：中国近代思想与学术的系谱 [M]，石家庄：河北教育出版社，2001 年版，第 104 页。

　　⑤ 熊月之：西学东渐与晚清社会 [M]，上海：上海人民出版社，1994 年版，第 732—733 页。

　　⑥ 李时岳、胡滨：从闭关到开放——晚清"洋务"热透视 [M]，北京：人民出版社，1988 年版，第 391 页、411 页。王尔敏：十九世纪中国士大夫对中西关系之理解及衍生之新观念 [A]，王尔敏：中国近代思想史论 [M]，北京：社会科学文献出版社，2003 年版，第 27 页。

四、网络、传播与媒介艺术

出版如何扶智与扶志：国内扶贫主题图书出版的现状及对策研究

曾来海[*]

摘要：脱贫攻坚主题图书的出版如火如荼，但是关于扶贫主题图书出版问题的研究仍未得到足够的重视与关注。本文试图以北京开卷信息技术有限公司图书出版信息数据库为主要数据来源、同时以中国图书出版数据库等为补充，然后从这些图书出版数据库中获取截至 2020 年 12 月 31 日出版的有关扶贫主题图书的 2055 条统计数据并以此作为分析样本，从图书产品评价的基本指标中的出版时间及出版种数、作者队伍、出版机构、图书学科分类及读者定位等方面量化统计分析我国 29 年来扶贫主题图书出版的现状，并针对存在的问题提出相应的建议。

关键词：出版；扶智；扶志；扶贫

基金项目：国家社科基金项目"网络媒体对深度贫困地区多维贫困的精准扶贫模式及效果研究"（项目编号：19BXW080）的阶段性成果。

摆脱贫困是一个世界性难题，也是我国全面建成小康社会的基础与前提。为了实现在 2020 年全面建成小康社会的宏伟目标，让全国贫困地区的群众尤其是深度贫困地区的群众达到"两不愁，三保障"的脱贫标准，脱贫攻坚不仅是党和国家过去 5 年来举全国之力攻克的难题之一，也是包括出版行业在内各行各业全面参与攻克的社会工程。作为社会精神产品生产与传播主体之一的出版机构全面深入地参与脱贫攻坚更是责无旁贷。事实上，在过去的 5 年中，出版机构不仅一对一地直接参与对口扶贫，更是通过出版大批量的扶贫主题图书从知识、技能、思想、意志、信念等方面全方位参与脱贫攻坚，对贫困群众扶智与扶志。那么，在长期的扶贫行动中尤其是在这次脱贫攻坚中，出版行业是如何通过出版扶贫主题图书来扶智与扶志的？

---
* 曾来海（1974—），男，江西万安人，浙江外国语学院中国语言文化学院国际文化传播系副教授。研究方向为大众传媒与社会、大众传媒史论、中国近代传媒管理思想史。

其呈现的主要特点是什么？又存在哪些值得注意与急需解决的问题？为了在全面小康之后进一步做好扶贫主题出版，下一步又应该采取什么改进措施？这些都是当前出版界比较关注的问题。但是，从目前国内相关研究文献来看，关于扶贫主题图书出版问题的研究仍未得到足够的重视与关注。本文试图以北京开卷信息技术有限公司图书出版信息数据库为主要数据来源，同时以中国图书出版数据库等为补充，然后从这些图书出版数据库中获取截至 2020 年 12 月 31 日出版的有关扶贫主题图书的 2055 条统计数据，并以此作为分析样本，从图书产品评价的基本指标中的出版时间及出版种数、作者队伍、出版机构、图书学科分类及读者定位等方面量化统计分析我国 29 年来扶贫主题图书出版的现状，并针对存在的问题提出相应的建议。

一、研究方法

（一）数据的收集

数据的收集与获取是本研究的前提。在有关扶贫主题图书出版的研究中，本研究选择目前"已拥有国内最快、最全的书目信息库"的北京开卷信息技术有限公司（www.openbook.com.cn）自 1998 年创办以来至 2020 年 12 月 31 日期间所拥有的图书出版数据库为主要数据来源，以"扶贫""减贫""贫穷""贫困""贫苦""饥荒""脱贫""脱贫攻坚"为书名主题关键词进行检索，再进行人工阅读审核去掉重复、非相关的数据条目，同时为了防止遗漏及弥补开卷信息数据条目中残缺的数据，本研究又以中国图书出版数据库（www.cnpub.com.cn）、中国图书网（www.bookschina.com）、读书（www.dushu.com）、孔夫子旧书网（www.kongfz.com）、京东书城（www.jd.com）、当当网（www.dangdang.com）、读秀知识库（www.duxiu.com）、百度（www.baidu.com）截至 2020 年 12 月 31 日的图书数据库为补充，对已有数据条目的残缺数据进行人工检索、核对与补充，再辅之以补充开卷信息数据库尚未来得及收录的少数新近新闻报道所关注的有关扶贫主题图书，同时通过京东书城、当当网、百度等以扶贫内容主题词检索那些以书名关键词无法识别与检索获取的文学类扶贫主题书目，共计获得自 1992 年 5 月至 2020 年 12 月所正式出版且包含书名、作者、出版社、出版日期、一级分类、二级分类各项数据完整有效的扶贫主题图书出版数据 2055 条书目[①]（图 1）。

---

① 另有最近新闻报道的脱贫攻坚主题出版书目数条，由于仅有书名，其他信息暂时不全，则不纳入本研究的统计范围。

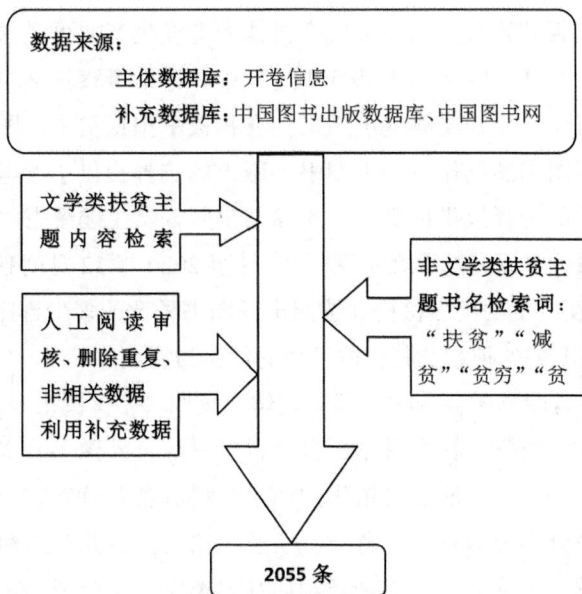

图 1　数据的收集过程

（二）主要类目建构

为了研究目前国内扶贫主题图书的现状，本研究根据图书产品研究的一般要素，重点考察了扶贫主题图书的出版时间及出版种数、作者队伍、出版机构、图书学科分类及读者定位等要素。① 具体如下：

1. 国内扶贫主题图书的出版时间及种数：根据本研究所获取的国内扶贫主题图书出版的数据，以年为单位统计分析 1992—2020 年国内扶贫主题图书在这 29 年间出版种数的变化、波动以及所呈现出来的总的规律或趋势，并试图解释其背后的成因。

2. 国内扶贫主题图书的作者队伍：作者是图书产品内容的创作者，是知识、技能、思想、信念的拥有者与传播者，也是图书出版研究的核心要素之一。所以在分析国内扶贫主题图书的出版有必要详细研究其作者队伍状况，让出版机构及社会公众明了是谁在通过扶贫主题图书出版的方式进行扶智与扶志。也为今后出版机构寻找与联系专业权威、高知名度又受读者欢迎的扶贫图书创作者提供依据。由于作者队伍的庞大与复杂，本研究选取在 1992 年 5 月至 2020 年 12 月间独立或合作出版 3 种及以上扶贫主题图书的个人作者或机构按图书种数的多少排序并对其身份信息进行统计分析。

---

① 图书价格是图书产品研究的一项常见指标，由于图书价格受市场与时间的波动较大，难以在一个比较长的时间跨度范围内进行比较，所以本研究没有把图书价格纳入研究的范围。

3. 国内扶贫主题图书的出版机构：出版方是图书产品的生产主体，只有创作者的智慧成果经过出版社等合法的图书生产机构的专业生产方可进入社会并公开发行与销售。因此，在扶贫主题图书产品分析过程中，详细考察扶贫主题图书的出版机构的状况不仅可以让公众知晓哪些出版机构在积极承担扶贫主题图书出版的重大使命，也为扶贫主题图书的创作者关于图书出版方的选择提供了参考，为相关读者对扶贫主题图书购买的选择提供依据。由于参与出版扶贫主题图书的出版机构数量众多且大多较为零散，本研究选取在 1992 年 5 月至 2020 年 12 月间独立或联合出版扶贫主题图书 10 种及以上的出版机构并按照出版图书种数的多少排序，重点分析各出版社出版扶贫主题图书的种数及其整体呈现的规律与特点。

4. 国内扶贫主题图书学科分类及读者定位：按照《中国图书分类法》，把图书分成马克思主义著作、哲学、社会科学、自然科学、综合性图书。本研究则根据北京开卷信息技术有限公司对一般图书销售的图书学科分类及读者定位，把图书分成两级分类，其中一级分类分为社科、科技、文艺、语言、少儿与生活休闲等，二级分类在每个一级分类之下又分成若干种类，如社科类图书又分成经济与管理、学术文化、教育、马列、法律、心理自助等种类，科技类图书又分为大农业、工程技术、自然科学、医学与计算机等种类，文艺类图书也分为文学、传记与艺术等种类，语言类图书又分为汉语、英语、小语种、中国少数民族语言、语言学等种类，少儿类图书又分为少儿文学、少儿科普百科、卡通漫画、少儿国学经典、少儿绘本等种类，生活休闲类图书又分为生活、美容、养生、旅游等种类。本研究将以上述主要图书种类分类标准对所获取的国内目前扶贫主题图书的数据进行学科分类及读者定位的统计分析。

二、研究发现

本研究在所获取的 2055 条从 1992 年 5 月至 2020 年 12 月间国内出版的扶贫主题图书的数据之后，从图书年度出版种数的变化趋势、作者队伍、出版机构、学科分类及读者定位四个方面分析目前国内扶贫主题图书的出版现状。

（一）国内扶贫主题图书年度出版数量的变化趋势：逐年增长且在 2015—2020 年最为突出

首先从图书出版的种数上宏观考察国内出版界是否响应国家扶贫攻坚行动，又是如何努力为国内广大贫困对象扶贫、扶智与扶志的。反观改革开放 40 多年的历史，我们发现：我国改革开放以来的经济发展历史其实也是一部扶贫脱贫的历史，尤其自 1994 年 3 月《国家八七扶贫攻坚计划（1994—2000 年）》的公布实施之后，我国的扶贫工程进入了有明确目标、明确对象、明确措施和明确期限的扶贫攻坚阶段。

在此基础上，国家已经连续实施了《中国农村扶贫开发纲要（2001—2010 年）》、《中国农村扶贫开发纲要（2011—2020 年）》两个 10 年扶贫开发行动纲领。在如此长期的大规模的扶贫攻坚期间，我国的出版界也通过扶贫主题图书的出版为同时期的扶贫对象进行扶智与扶志。从本研究所搜集的 1992—2020 年国内所出版的 2055 种扶贫主题图书年度出版数量的变化走势（图 1）可以看出，自 1992 年以来国内扶贫主题图书年度出版种数一直处于持续逐步稳定增长的态势，尤其在实施《中共中央 国务院关于打赢脱贫攻坚战的决定》《"十三五"脱贫攻坚规划》《关于加大脱贫攻坚力度支持革命老区开发建设的指导意见》《关于打赢脱贫攻坚战三年行动的指导意见》等指导性纲领之后的 2015—2020 年期间国内扶贫主题图书年度出版种数得到了急剧、快速的增长。具体地说，自 1995 年实施"八七扶贫攻坚计划"之后国内扶贫主题图书的年度出版数量处在 11—26 种之间增长，在 2001—2014 年实施两个"十年扶贫开发纲要"期间国内扶贫主题图书的年度出版数量稳定在 17—86 种之间增长，尤其在 2015—2020 年全面实施 2020 年全面建成小康社会、消除贫困的"十三五"脱贫攻坚行动期间国内扶贫主题图书的年度出版数量处在 85—386 种之间增长，是之前年度 2—5 倍速度的增长且年均出版种数 270 种以上，甚至这 5 年里出版扶贫主题图书种数占总量的 66%。此外，由于 2020 年是全面建成小康社会之年也是脱贫攻坚的决胜之年，还是五年脱贫攻坚成果、理论与经验全面展示的绝佳时刻，所以 2020 年也是脱贫攻坚主题图书出版的高峰之年。可以说，这是国内出版界以扶贫主题图书出版的实际行动直接主动地为扶贫对象提供脱贫知识、技能、信念与毅力扶贫，也即实现扶智与扶志，为国家扶贫攻坚做出出版行业应有的贡献与智慧。

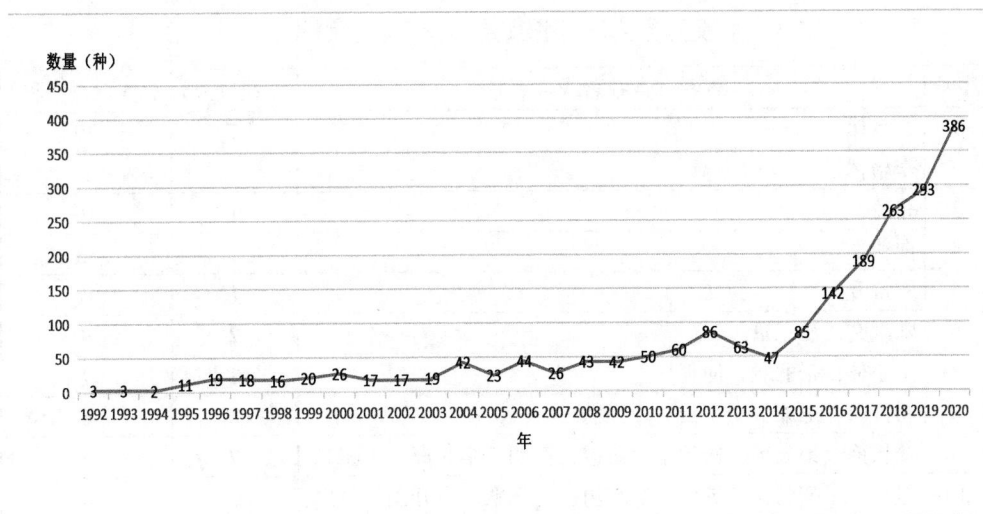

图 2　1992—2020 扶贫主题图书出版走势

（二）国内扶贫主题图书的作者队伍：以相关专家、学者、专业业务主管机构为核心力量

在本研究所选取的 2055 种扶贫主题图书的作者中，既有扶贫、减贫、贫困研究的新秀，也有不少长期研究该领域的资深专家。为了详细了解国内扶贫主题图书作者队伍的核心力量及活跃成员，本研究根据著者独立出版或合作出版该主题图书的种数多少进行排序，重点考察独著或合著 3 种及以上的作者或机构，并对这些作者的职称、职务进行统计分析。从个体著者来看，已经独立或合作出版扶贫主题图书 3 种及以上的作者已达 41 人，其中国务院扶贫开发领导小组办公室中国扶贫发展中心主任黄承伟研究员高居榜首，独著或合著 49 种；全国人民代表大会常务委员会委员、中国社会科学院学部委员李培林研究员排名第二，独著或合著 25 种；北京师范大学中国扶贫研究院院长张琦教授排名第三，独著或合著 16 种；华中科技大学减贫发展研究中心向德平教授独著或合著 13 种；中国国际扶贫中心主任左常升研究员独著或合著 12 种；华中师范大学中部地区减贫与发展研究院院长陆汉文教授与中国人民大学中国扶贫研究院院长汪三贵教授著或合著 9 种；国务院扶贫开发领导小组办公室信息中心副主任王小林研究员、中央民族大学经济学院教授张丽君与西北农林科技大学人文社会发展学院何得桂副教授独著或合著 7 种；其他作者独著或合著在 3—6 种者数量较多（见表 1）。以上作者也就形成了目前国内扶贫主题图书创作的中坚力量或核心。同时再进一步分析考察这些核心著者的职称职务之后发现，在这 40 人中有 25 名教授，8 名研究员，3 名副研究员，2 名副教授，1 名省部级官员，1 名高级讲师，且其中有 23 名博士生导师。由此可见，从出版种数的多少来看，目前国内扶贫主题图书的核心个人著者大部分是扶贫研究的专家、学者。

表 1 出版扶贫主题图书数量 3 种及以上的著者（个人）

序号	著者（含独著或合著）	人数（人）	著作数量（种）
1	黄承伟	1	49
2	李培林	1	25
3	张琦	1	16
4	向德平	1	13
5	左常升	1	12
6	陆汉文、汪三贵	2	9
7	王小林、张丽君、何得桂	3	7
8	胡富国、王廉、李小云、庄天慧	4	6
9	郑长德、吴大华、杨秋宝、游俊、雷明、李兴洲、王曙光	7	5
10	赵曦、王朝明、王灵桂、洪名勇、王飞跃、卢开国、吴忠	7	4
11	陈宗胜、高健龙、高建伟、刘敏、刘善庆、姜海波、王三秀、韦璞、文建龙、王天元、叶普万、李万明	12	3

续表

序号	著者（含独著或合著）	人数（人）	著作数量（种）
合计	教授 25 人　研究员 8 人　博士生导师 23 人	40	

　　此外，还有相关机构或单位作为国内扶贫主题图书的著作权所有人，本研究在 2055 种扶贫主题图书样本中选取出版了 3 种图书以上的著作权单位并按出版著作种数的多少排序，其中国务院扶贫开发领导小组办公室所属机构出版独著或合著扶贫主题图书 60 种，名列第一；国家统计局排名第二，达 22 种；中国国际扶贫中心排名第三，共 18 种；农业部排名第四，共 11 种；人力资源和社会保障部排名第五，共 10 种；司法部排名第六，共 8 种；全国妇联、四川省经济和信息化委员会、中共中央党史和文献研究院、中国农学会并列第七，共 7 种；国务院新闻办公室排名第八，共 6 种，其他机构独著或合著 3—4 种（见表 2）。由此可见，在机构或单位著作权人方面，国务院扶贫办、中国国际扶贫中心、农业部、人力资源和社会保障部等专业对口扶贫、农村、社会保障等政府主管部门是主导力量，为脱贫攻坚工程提供了及时的指导与服务，认真履行了工作职责，表现突出。

表 2　出版扶贫主题图书数量 3 种及以上的著者（机构）

序号	著者（含独著或合著）	著作数量（种）
1	国务院扶贫开发领导小组办公室（国务院扶贫办）	60
2	国家统计局	22
3	中国国际扶贫中心	18
4	农业部	11
5	人力资源和社会保障部	10
6	司法部	8
7	全国妇联、四川省经济和信息化委员会、中共中央党史和文献研究院、中国农学会	7
8	国务院新闻办公室	6
9	中共中央组织部、国家发展和改革委员会、贵州省民族宗教事务委员会、山西省扶贫开发办公室	4
10	山西省财政厅、中国社会科学院	3

　　（三）国内扶贫主题图书的出版机构：以经济管理类、综合类及相关专业出版社为出版中坚

　　在本研究所获取的 2055 种扶贫主题图书样本中所涉及的出版机构数百家，为了详尽了解出版社在目前国内扶贫主题图书出版中的表现，本研究重点考察了出版 10 种及以上扶贫主题图书的出版机构 39 家，按照出版扶贫主题图书种数多少排序，社会科学文献出版社名列第一，出版 222 种；中国社会科学出版社排名第二，出版 115 种；经济科学出版社排名第三，出版 106 种；中国农业出版社排第四，出版 104 种；

人民出版社排第五，出版 70 种；中国财政经济出版社排第六，出版 69 种；中国科技出版传媒股份有限公司排第七，出版 50 种；中国经济出版社排第八，出版 41 种；经济管理出版社排第九，出版 37 种；外文出版社排第十，出版 32 种；中国农业科学技术出版社等 29 家其他出版社出版种数在 10 至 28 种之间（见表 3）。同时，在这些核心出版机构当中，其中社会科学文献出版社、中国社会科学出版社、人民出版社、商务印书馆等国家综合类学术类出版社表现较为抢眼，还有经济科学出版社、中国财政经济出版社、中国经济出版社、经济管理出版社、经济日报出版社等经济管理学科类出版社也表现出众，中国农业出版社、中国农业科学技术出版社、中原农民出版社等农业农村农民类出版社及甘肃科学技术出版社等科学技术类专业出版社也表现不错。此外，民族出版社等民族类出版社和湖南人民出版社等地方综合性出版社也积极参与扶贫主题图书的出版。

表 3　扶贫主题图书的出版机构分布

序号	出版机构（家）	出版扶贫主题图书数（种）
1	社会科学文献出版社（1）	222
2	中国社会科学出版社（1）	115
3	经济科学出版社（1）	106
4	中国农业出版社（1）	104
5	人民出版社（1）	70
6	中国财政经济出版社（1）	69
7	中国科技出版传媒股份有限公司（1）	50
8	中国经济出版社（1）	41
9	经济管理出版社（1）	37
10	外文出版社（1）	32
11	中国农业科学技术出版社（1）	28
12	西南财经大学出版社（1）	26
13	湖南人民出版社（1）	25
14	华中科技大学出版社（1）	24
15	经济日报出版社（1）	23
16	甘肃科学技术出版社（1）	22
17	民族出版社、知识产权出版社、商务印书馆（3） 山东科学技术出版社（19）、中国社会出版社（19） 中国统计出版社（19）、中国劳动社会保障出版社（17） 中国人民大学出版社（17）、四川科学技术出版社（16）	

续表

序号	出版机构（家）	出版扶贫主题图书数（种）
	贵州人民出版社（14）、湖南科学技术出版社（13）、研究出版社（13）学林出版社（13）、中国环境出版社（13）、四川民族出版社（12）中原农民出版社（11）、江西人民出版社（11）、新世界出版社（11）广西科学技术出版社（11）、武汉大学出版社（11）暨南大学出版社（10）上海人民出版社（10）、党建读物出版社（10）	

（四）国内扶贫主题图书的学科分类及读者定位：以经济与管理、学术文化、大农业、文学为主

脱贫攻坚是一项艰巨而又复杂的综合性社会工程。其内容范围不仅仅是解决物质的贫乏、经济的贫困，还牵涉到文化、教育、技术、心理、信仰等社会各行各业，也涉及各学科门类。从本研究所选取的 2055 种扶贫主题图书样本的一级分类来看，社科类扶贫主题图书居于主导地位，达 1676 种，占总量的 81.5%；科技类扶贫主题图书位居第二，达 173 种，占总量的 8.4%，文艺类扶贫主题图书居第三，达 147 种，占总量的 7.1%；其余为语言类、少儿类及生活休闲类扶贫主题图书（见表4）。再从二级学科分类来看，在社科类扶贫主题图书中，经济与管理类高居榜首，达 1120 种，占总量的 66.8%；其次是学术文化类，达 425 种，占总量的 25.4%；其余为教育、马列、法律和心理自助等扶贫主题图书。在科技类扶贫主题图书中，大农业类居多，达 119 种，占总量的 68.8%；其次为工程技术类，达 41 种，占总量的 23.6%；其余为自然科学、医学和计算机科学与技术类扶贫主题图书。在文艺类扶贫主题图书中，文学类居多，达 102 种，占总量的 69.4%；传记次之，达 27 种，占总量的 18.4%,其余为艺术类扶贫主题图书。由此可见，从图书的学科分类来看，以社会科学、科学技术、文学艺术类的扶贫主题图书为主体，尤其是经济与管理类、学术文化类、大农业类、文学类扶贫主题图书为主导。也就是说国内目前扶贫主题图书的读者定位主要面向与脱贫攻坚有直接关系的经济与管理类、学术研究类、"三农"类及文学类读者群体。出版界通过经济与管理类、学术文化类、法律类、大农业类、工程技术、教育类、自然科学类、医学类、计算机类的扶贫主题图书为贫困者授之以渔，提供脱贫知识与技能等方面的智力支持。同时又通过马列类、文学类、传记类、心理自助类、艺术类、生活类、少儿类、语言类扶贫主题图书为贫困者提供思想、信念、志气、毅力等精神方面的"志"的支持。

表 4　扶贫主题图书的出版物分类

一级分类	种数（种）	所占比例	二级分类	种数（种）	所占比例
社科	1676	81.5%	经济与管理	1120	66.8%
			学术文化	425	25.4%
			教育	50	3.0%
			马列	44	2.6%
			法律	23	1.4%
			心理自助	14	0.8%
科技	173	8.4%	大农业	119	68.8%
			工程技术	41	23.6%
			自然科学	7	4.0%
			医学	5	2.9%
			计算机	1	0.6%
文艺	147	7.1%	文学	102	69.4%
			传记	27	18.4%
			艺术	18	12.2%
语言	36	1.7%	小语种	16	44.4%
			中国少数	13	36.1%
			民族语言	—	—
			英语	4	11.1%
			语言学	2	5.6%
少儿	19	0.9%	少儿文学	8	42.1%
			少儿科普百科	4	21.1%
			卡通漫画	3	15.8%
			少儿国学经典	2	10.5%
			少儿绘本	1	5.3%
			青少年心理自助	1	5.3%
生活休闲	4	0.1%	生活	4	100%

三、结论与讨论

本研究通过所获取 1992 年 5 月至 2020 年 12 月间国内扶贫主题图书出版的 2055 条数据的分析发现：目前国内扶贫主题图书的出版在年度种数及总量都是逐年增长，尤其在近五年国家举全国之力实施"脱贫攻坚"这一伟大社会工程消除贫困以实现 2020 年全面建成小康社会期间国内扶贫主题图书年度种数及总量都得到成倍增长；同时，该主题图书的核心创作者是黄承伟等相关扶贫研究专家、学者以及国务院扶贫开发领导小组办公室等专业业务主管机构，创作队伍的中坚力量是扶贫研究专家、学者；而该主题图书的出版机构中坚力量是以经济科学出版社为代表的经济管理类、以社会科学文献出版社为代表的综合类及以中国农业出版社为代表的专业出版社，且出版 10 种及以上扶贫主题图书的出版社达 39 家；该主题图书的学科分类与读者定位是以经济与管理类、学术文化类、大农业类、文学类图书为主，尤其是经济与管理类图书最多。

在这长期的扶贫期间，出版界在做好了日常扶贫题材图书出版的基础上，重点努力做好脱贫攻坚主题出版。通过脱贫攻坚主题出版既组织、宣传与传播了党和国家脱贫攻坚这一中心工作，也创新了党领导与管理消除贫困的理论。[①] 通过扶贫主题图书的出版让国内出版界借助图书媒介直接参与了全国的脱贫攻坚工程，为全国脱贫攻坚工作进行了扶贫脱贫思想的动员、扶贫脱贫知识与技术的传播、扶贫脱贫感人故事的报道与宣传，为扶贫工作者提供了扶贫政策与业务指导，为贫困者脱贫献计献策，为他们提供了脱贫知识、技术、思想、志气、信念与毅力，实现了对贫困者的扶智与扶志。

国内扶贫主题图书的出版之所以能得到社会的重视及空前的发展，这既是满足国内贫困群众渴望摆脱贫困的实际需要，也是满足国内脱贫攻坚实际工作的需要，更是国内出版界响应国家脱贫攻坚号召的实际行动。自 1994 年开始的八七扶贫攻坚行动到连续两个 10 年扶贫开发纲领行动，尤其 2015—2020 年国家脱贫攻坚工程，国家连续 29 年动员社会各界甚至举全国之力消除贫困，这都为国内扶贫主题图书的出版带来了千载难逢的机遇。

与此同时，目前国内扶贫主题图书的出版也存在一些值得思考的问题。比如最近五年在国家脱贫攻坚工程推动下国内扶贫主题图书得到快速甚至空前的增长，尤其在脱贫攻坚工程的决胜之年的 2020 年迎来了扶贫主题图书出版的高峰，但是之后呢？虽然基本贫困已消除，但是诸多物质脱贫者的精神贫困、文化贫困、信念贫困、思想贫困等没有完全消除，国内出版界还会一如既往地关注他们吗？而从目前国内扶贫主题图书的核心作者队伍来看，在该队伍中几乎难以见到贫困者或摆脱了贫困的个人或群体的身影，也即在该主题创作队伍中有专家作者、有作家作者却很少有贫者即作者；从目前国内扶贫主题图书的出版机构来看，大出版的观念还不够，出版机构之间或与其他宣传媒体、传媒文化公司等外界联动与合作不多；从目前国内扶贫主题图书的学科分类及读者定位来看，精神、文化方面的扶贫主题图书还是相对较少。

因此，为了在融媒体时代及消除了绝对贫困的后小康时代更好地做好扶贫主题

---

① 李建红：主题出版的作用、功能和使命 [J]，出版发行研究，2019(12)：70-73。

图书的出版，本研究提出以下几点建议：

首先，在思想观念上，国内出版界要继续重视与关注脱贫者的后续问题尤其返贫问题以及物质之外的精神、信念、思想、文化等多维贫困问题与现象。而不应该把扶贫主题图书的出版仅作为应景之作或临时任务。贫困本身是相对的，随着时间空间的变化会不断变化。只要有贫困的存在，无论是物质的还非物质的贫困，扶贫主题图书的出版就不能停歇。

其次，寻找贫者即作者，拓宽创作者队伍。目前国内扶贫主题图书的创作者大多数是专家、学者、作家、扶贫干部或记者，很少贫困者或脱贫者成为创作者。因为贫困者往往因文化教育的贫困而陷入贫困，从而更无法成为创作者。但是只要用心去寻找，在民间总是可以找到物质的贫困者却是精神、文化的富有者，让贫者或脱贫者现身说法，其真心实感的创作必定是感人的，受读者欢迎的。

第三，加强与其他相关传媒机构的联动与合作。树立大出版的观念，加强与相关传媒文化公司、影视文化公司、音像出版社、主流网络传媒公司、有影响力的网络自媒体以及报纸广播电视等传统媒体的联动与合作，协作寻找扶贫脱贫主题的内容资源、共享版权并联合生产能在纸质、电子、网络等多种媒介传播的扶贫主题图书、新闻、影视作品，以产生联动效应与规模效应。

第四，加大精神、文化等非物质贫困扶贫主题图书的出版。物质的贫困在短时间内比较容易消除，但是精神、信念、文化、思想、毅力等非物质的贫困的消除却是一个长期的过程。只有让脱贫者消除精神的贫困并及时掌握和更新谋生脱贫的技能方可真正摆脱贫困，做到真脱贫、脱真贫。尤其在消除物质贫困实现了"两不愁，三保障"之后的扶贫主题图书出版的重心更应该是加强精神、文化、信念、思想、毅力等非物质方面的扶贫图书出版，以满足经济脱贫者的精神文化需求。

第五，多生产能让贫困者接受的图书。贫困者由于文化教育的贫困难以甚至无力消费文化产品，无法接触与阅读扶贫主题的图书来提升自我。所以扶贫主题图书的出版应该尽量以低廉的价格、通俗的语言、喜闻乐见的形式服务于扶贫对象的读者。尤其在全国所有贫困地区经过电信部门的"网络扶贫"工程实现了村村通宽带之后，在这个以互联网为基础的融媒体时代，利用算法推送为贫困者提供融媒书将是未来扶贫主题图书出版的方向与趋势。比如，可以生产兼容图文、音频、视频，具有交互功能的扶贫主题图书；或生产含有动漫、游戏、AR、VR 的角色体验类扶贫主题图书；或生产具有图书馆和再创作功能的平台式、分享类扶贫主题图书。[①] 让

---

① 孙利军、周珣：融媒体时代主题出版数字化创新策略研究 [J]，出版发行研究，2019(12)：41—46。

贫困者可以通过手机移动网或宽带直接在线阅读。

　　总之，扶贫是一个艰巨的社会工程，出版界通过出版扶贫主题图书进行扶智与扶志也是一个长期而复杂的过程。本研究只是以北京开卷信息技术有限公司自 1992 年 5 月以来至 2020 年 12 月 31 日间扶贫主题图书数据为主，以当当网、百度等截至 2020 年 12 月 31 日的其他数据为补充所获取的 2055 条数据作为研究样本，较为具体微观地考察了目前国内扶贫主题图书出版，无法面面俱到，再加上数据自身的日日更新与丰富，有关后续的发展还需要进一步的关注与研究。

身体呈现、反叛规训与闯入城市：台湾新电影的行动表征和个体觉醒

齐　钢[*]

摘要：20 世纪 80 年代初台湾依然处于国民党当局高压统治之下，然而经济的快速发展吹醒了民众的个体自我意识，台湾社会民主政治诉求日益强烈，一场剧烈的变革正在酝酿。台湾新电影以写实主义手法塑造了一群生活于政治变动前夜的底层青年。电影着重于他们行动的描绘，描绘了他们青春强健的身体，片中的人物对各种规训强烈反叛，他们甚至纷纷离开封闭的农村闯入现代都市。人物的这些行动成为社会意识的表征，暗示了台湾社会个体的觉醒以及新世代的即将来临。

关键词：台湾新电影；身体；规训；闯入；个体意识

诞生于 1982 年的台湾新电影与台湾 20 世纪六七十年代的健康写实主义、琼瑶的"三厅"电影相比，呈现完全不同的面貌。尽管新电影活跃的这五年台湾社会并没有发生根本性变化，它依然处于国民党当局的高压统治之下，然而 20 世纪 80 年代经济发展和城市化运动推进，台湾民众对言论自由及族权平等的诉求日益迫切，民主政治运动风起云涌，这直接导致了 80 年代后期台湾威权的崩塌。新电影虽然创作于"解严"前夕，但是"春江水暖鸭先知"。因为影片的写实风格以及创作者对社会的细致观察和强烈批判现实的精神，电影中人物行动昭示了台湾社会个体的解放和自我意识的觉醒。在当时电影还处于被严格审查的背景下，影片却在人物看似无关宏大叙事的行动中寄予寓意，并成功混过了国民党的电影审检，完成了社会意识的表征，暗示了台湾社会个体的觉醒和一个丕变世代的即将来临。

---
　　* 齐钢（1971—），男，浙江余姚人，浙江外国语学院中国语言文化学院副教授，研究方向为电影文化评论和台湾电影。

一、身体的呈现

基督教的"原罪"论让人对身体讳莫如深，卑微地匍匐在上帝的十字架下。中世纪的宗教崇拜忽略了人的自我存在，使支撑人类的本体——人的血肉之躯和与之俱来的情欲长时间处于缺失状态。事实上，人类对自身的认识并意识到自己的独特性正是从身体的发现开始的，身体发现标志着作为人的个体意识的原初觉醒。"一个人关于自我或身份的观念，首先形成于身体上与异性的相互区别。……应该看到，身体虽为我们自己所有，却又外在于我们，它既是一个感受的主体，同时又是我们认知的对象。"①当欧洲终于挣脱上帝对人的桎梏敢于光明正大地展现身体的强壮与美丽之时，这就迎来了自我意识高涨和自由意志高扬的文艺复兴时期。像多纳泰罗（Donatello）、米开朗琪罗（Michelangelo Buonarroti）等雕刻的裸体人像，凸现了人类冲破禁欲主义后对自己身体的赞叹与迷恋。从此人类跃过中世纪的愚昧进入开化、理性的现代社会阶段，人格的独立、人的平等、个体的发展等人本观念星火燎原。尼采由此引申，认为身体与灵魂的切离使身体成为真实的存在，它不仅表征人与上帝的分离，宣告了人不再依附于上帝，而且它更体现了权力意志，"身体不再是一个可悲的听凭观念驱使的被动机器，也不是一个需要驯服管制的令人恼火的捣蛋怪物。它不再沉默、冷淡、无动于衷，……世界不再与身体无关，世界正是身体的透视性解释，是身体的权力意志的产品"②。身体的发现让人类在艺术创作中堂而皇之地表现个体自我意识的苏醒、权力意志的张扬与情欲的萌动，足够让人正视、认识人作为人而存在的内在需要。

《光阴的故事·指望》通过青春期来临的身体的细致描绘指涉了人的自我意识的觉醒，同时把丰富的社会寓意编入其中。当一个女孩在漆黑的夜里，第一次在睡梦中突然被体内涌出的一股液体惊醒的时候，或许她的第一反应会像小芬一样，惊恐不安、紧张羞涩。从社会学来说，女孩的初潮意味着她将脱离孩童世界踏入成人社会，这是青少年在成长过程中人生的第一个转折点，是她第一次体味到身体的奥秘，从此之后她的身心都将发生巨大变化。女性意识、自我意识的闸门在那一刻突然被一股神秘力量洞开而醍醐灌顶，醒悟后的直接反应往往从关注自己的身体肇始。一方面她开始喜欢打扮，关心自己的外表，另一方面对男性身体充满好奇，期盼着与异性的交往。依据奥尼尔（John O'Neill）的观点，人类身体本质上可分为生理身体和交往身体两种，它们分别表征不同的社会功能。生理身体是自然身体，显现人在成长过程中的外在形体特征和人的内在心理冲动；交往身体则是人与社会外界接触

---

① 康正果：身体和情欲 [M]，上海：上海文艺出版社，2001 年版，第 3 页。
② 汪民安：身体、空间与后现代性 [M]，南京：江苏人民出版社，2006 年版，第 56 页。

时通过行为反映出来的人的社会属性，它是历史、文化在人类身体的聚集，"是我们的世界、历史文化和政治经济的总的媒介"①。身体的两种特性在青春期的少男少女身上表现得尤其明显。如果说生理身体在他们身上直接呈现为身体发育以及因发育而产生的情欲冲动，体现出人的自然本能，"在我们的身体整个的发育过程中，几乎每一步显著的变化——特别是衣服遮盖下那些隐秘之处的变化——都会引起我们的惊恐、好奇和某些很难说清楚的秘密冲动，所谓性意识，应该说首先就是在我们注视到自己的身体，并感触到了什么的时候萌动的"②，那么交往身体则是个体的人在情欲驱动下应道德、社会规约的束缚对外界做出的不同姿态的响应，表现为社会文化给人身体的历史烙印。

电影以温馨的色彩、固定机位近景拍摄晨曦中对镜脱衣自怜的小芬女性裸体，以高速摄影反复特写小芬目光下沐浴着阳光的男大学生房客裸露的强健肌体，不同形态身体的两组镜头共同在小芬的视点中对比放大。前者突显了小芬视线里的女性身体的性特征，刻画生理身体发育后的小芬意识到男女两性的身体差异，从而唤醒她的个体意识即对自我的观照；后者重点描写情窦初开后的她对男大学生的心态，既爱恋又羞于启齿的复杂心理——折射了小芬处于一个由传统转向现代的社会——女性的性意识不再回避并得到正面昭示，这是现代社会文化侵袭下对人的意识的承认，然而传统的负荷让她不敢大胆追求自己内心的爱慕者。在这里生理身体与交往身体的不同功能在两组镜头中一览无余，既生动描摹了女性青春期的性爱萌动与微妙的心理波动，又反映了这是一个个体意识虽已觉醒然而又因袭层层重轭的时代。小芬刚刚迈出了人生成长的第一步，前面必定面临许多挫折。果然不久之后小芬就发现，由于自己的羞于表白，她暗恋的大学生竟然成了她姐姐的男友，她第一次尝到了青春的苦涩。小芬在苦涩中长大成人，这就是《指望》所要揭示的："无论过程与结果如何，青涩与不被成人世界所理会的成长个体，在期望把握自己的赤身裸体时，终究得面对外来现实的刺探，不可能永远停留于惊恐、暗自想象与自我保护的程度。"③电影以小芬的成长暗喻了台湾社会的成长，暗示了它即将从传统到现代的转折以及在成长过程中必然要做好的心理准备——坦然面对外来现实的刺探、脱离外在的庇护长大成人。如果联系到整部影片以"童年""少年""青年"和"成年"分段式的叙事模式，它的隐喻色彩更为明显。在接下来的《跳蛙》片段里原先《指望》中低矮的平房被现代的摩天大楼所取代，台湾进入了像"跳蛙"一样快速腾跃的现

---

① [美] 约翰·奥尼尔：身体形态：现代社会的五种身体 [M]，沈阳：春风文艺出版社，1999 年版，第 3 页。

② 康正果：身体和情欲 [M]，上海：上海文艺出版社，2001 年版，第 3 页。

③ 孙松荣：迎向恐怖的时代：台湾新电影时期的杨德昌 [J]，电影欣赏，2008（2）。

代工业社会。

《指望》用小芬的身体昭示了人的自我意识的苏醒，与此相对应它描写了台湾地区当时正处于传统向现代转变的过渡地带，而《风柜来的人》则是台湾已进入现代化轰轰烈烈全面铺开的阶段，城市的繁荣以及城市里制造业创造的财富像磁石一样吸引着偏远乡村、海岛的人们，他们从四面八方带着对未来的憧憬来到这片日益更新变化的土地。这充分意味着以城市为代表的现代工商文明正逐步征服传统农业文明，召唤越来越多的年轻人摆脱原先农业社会人对土地难以割舍的依赖，义无反顾地投入到现代化的洪流中。

全球化以及城市散发出的巨大魅力使以封闭、凝滞为代表的土地的向心力逐步降低，人们获得了更多流动的自由，从宗法制农村进入以个体或小家庭为单位的城市，土地/家族制对人身体的束缚越来越弱，个体自由意志的张扬得到更多机会。因此，现代文明带来的不仅是生产力的提高和生产方式的转变，更重要的是人的自由意识和权力意志获得更大程度的彰显。社会的变迁让人得到解放，他拥有了更多凭自己意愿处理自身身体的权力，包括大胆展示自己的身体和自由迁徙身体，这正是现代社会文化发展给人的身体留下的文明铭刻。布赖恩·特纳（Bryan S.Turner）这样写道："身体决定性处于世界的自然秩序和世界的文化安排结果之间的人类结合点。"① 从这意义说，身体已成为社会文化的符号，社会历史借助身体的表征使之成为表达文化意蕴的媒介，指示出文明的进程和人的自由程度。《风柜来的人》通过身体清晰地明示了这种现象。虽然现代化和全球化在台湾岛内如火如荼地进行，到处是机器的轰鸣和一艘艘满载集装箱离开海港码头的巨轮——大型货轮暗示了台湾与世界的紧密联系，它已成为全球化浪潮中不可或缺的阶序——然而澎湖列岛中的一个小岛渔村风柜却远离了这份喧嚣依然保持着它的宁静。不过这并不意味小岛丝毫不受现代文化的辐射，标志现代工业文明的一部分如好莱坞电影、桌球、摩托车等已出现于此偏远小岛，但总体而言小岛还处在传统农耕文明时期，闭塞、单调，其间还夹杂了家族和邻居间鸡毛蒜皮的矛盾。在现代文明之风吹进小岛后，显然这种农耕生活在阿清等这些年轻人眼中已变得乏善可陈。当中学毕业后旺盛的青春活力与不愿从事农耕的无所事事交集在一起时，打架、打球、追逐女孩难免充斥着他们的生活。无论其中哪一项，都与青春飞扬、精力过盛相关。影片不时用镜头拍摄他们强健的身体，身上凸起的肌肉似乎要冲破衣服的包裹，紧绷的衬衣更衬托出他们身体的年轻、强壮。为了吸引女孩，阿清他们背对着大海，一边欢呼一边赤身露体地

---

① ［英］布莱恩·特纳：身体与社会［M］，马海良，赵国新译，沈阳：春风文艺出版社，2000 年版，第 99 页。

在波涛中尽情、欢快地扭动着身体。此时辽阔的大海取代了小岛街道狭小空间的压抑，让人心旷神怡，在这海天一色的背景中他们四人袒露着上身互相手挽着手跳舞，它暗示出年轻人背离传统藩篱的意愿，少年的激亢与"我的青春我做主"的自由精神在此宣泄无遗。没多久阿清就与家人不辞而别，做出了人生的第一次选择，离开了母亲与姐姐的管束，来到台湾现代化大都市高雄，并在此开启了不同以往的生活。

二、规训与反叛

社会对人的规训无处不在，尤其是在集权制的传统社会，为了维护它的统治国家机器与意识形态，动用各种手段钳制人的身体与精神自由，努力形塑符合它要求的群体。当人的个体意识初步觉醒并试图去实现他的自由意志之时，如果整个社会的传统文化和政治背景还没做出相应调整，两者势必会产生矛盾，这时规训与反叛的斗争就会发生，80年代初的新电影对此有生动演绎。

如果说《光阴的故事》以小芬的初潮暗示一个女性的成长，指涉个体意识与自我存在。影片散文化的分段叙事手法还略显稚嫩，显示了新电影初期阶段导演对现代社会的把握不免生疏、断裂和不连贯的不足，反映的个体意识觉醒还较为含蓄的话，那么《小毕的故事》就以一个青少年完整成长的故事直接表达个体的真实存在，而这个个体存在是以影片主人公小毕反叛学校、父亲对他的规训来证明的，英文片名 Growing Up 形象点出了影片的象征意义。

毕妈妈年轻时交友不慎生下了私生子小毕，为了让她们母子俩生活有所依靠以及今后培养小毕读完大学，毕妈妈欲携子嫁给大她二十多岁的老毕。当毕妈妈与老毕相亲时，镜头转向了户外嬉戏的小毕，他逗玩着户外假山小池塘里的红色金鱼。这个镜头与电影片首毕妈妈无暇管教小毕只能放任他在空空荡荡的海滩边自由玩耍形成鲜明对比，它隐喻了小毕从此之后就要进入狭小规范的体制训练，这就是家与学校对他的规训。影片的下一个镜头就是毕妈妈与老毕的婚礼，在成婚的当晚，随着毕妈妈一块进入老毕家门的小毕就遭遇了他名义上的父亲对他的训诫。老毕说："我叫老毕，你以后就叫小毕。"接着老毕随手拿起毛笔一笔一画地教小毕写"毕"字。小毕天性调皮，加上毕妈妈疏于管教，养成了他活泼好动的性格。练习中国书法，需要凝神提气、保持姿势与全身体位的协调，使人在行为上祛心浮趋安宁，因此书法训练对规训一个顽皮捣蛋的孩子不啻为最好的途径。福柯说："一个训练有素的身体是任何姿势甚至最细小的动作的运作条件。譬如，书写漂亮是以一种体操、一种习惯为前提的。这种习惯的严格符码支配着从脚尖到食指的整个身体。"[①] 从此之

① [法]米歇尔·福柯：规训与惩罚[M]，刘北成、杨远婴译，北京：生活·读书·新知三联书店，1999年版，第172页。

后小毕必须接受老毕强加给他的这种刻板的书法控制。

　　除肉体规训外，老毕对小毕的命名显示了父权体制对个体的权力控制。小毕原先随母姓"林"，当毕妈妈嫁给老毕后，小毕的"林"姓理所当然要改为"毕"姓。改姓"毕"既显示了社会对一个无父的孩子给予的身份认同，让他的身份有了合理归宿，同时又表明父对子无所不至、无可置疑的权力控制，即使孩子不是他的亲生子。拉康认为，"以父之名"表明个体从想象界进入象征界，也就是说孩子从想象的自我阶段开始进入认同父亲，承认、接受父亲权威的阶段。"在这次经历中，儿童已超越了想象中的阳具而认同父亲——符号化的阳具之拥有者。换言之，儿童开始接受'父亲之名（the Name of the Father）'和'父亲的法则（the Law of the Father）'，接受了父权制文化统治下的符号界。"① 这是一种精神规训，从心理上让受训者认同规训者的符码规则，使前者自觉建立与后者的精神同构，从而整固以阳具为中心的菲勒斯（phallus）权威。

　　家庭／父亲是规训个体的第一步，学校则加以延续和强化，并有可能采用更加严厉的手段。当小毕因为妈妈的出嫁而转入新的小学后，老师上课的第一天就是在黑板上教小毕和其他同学学习老毕给小毕命名的"毕楚嘉"三个字，从此小毕的姓名在其他同学的称呼中得到社会确认。家庭、学校、社会三者结盟在青少年的成长中扮演了规训者的角色。学校本是传播知识、授业解惑的地方，但在福柯看来它和监狱、医院、工厂、军营一样是个体被规训以及被驯服的场所。由于学校学生数量众多，人员混杂，为了达到规训目的，学校制订各种严格的校纪来约束学生的日常行为，从清早的出操仪式到课堂的行为守则，通过每天重复性的肉体训练和精神改造，逐渐使学校的纪律内化为学生的行为指标，从而使个体的人失去自己的特性驯化为像工厂流水线生产出来的标准零件。福柯说，纪律"它规定了人们如何控制其他人的肉体，通过所选择的技术，按照预定的速度和效果，使后者不仅在'做什么'方面，而且在'怎么做'方面都符合前者的愿望。这样，纪律就能制造出驯服的、训练有素的肉体，'驯顺的'肉体"② 。小毕就受到学校这种严格的纪律约束，无论是头发的长短还是着装、行为礼仪、言语等学校都有非常细致的要求，学生就在这样的环境中一点点磨去了他的个性。

　　我们看到社会除了对青少年的规训外，成人同样受到控制。或许对成人来说青少年时期接受的多年训练已经内化为他的潜意识，成为他身体的一部分，在成人后他已从一个受训者转变为规训者，自觉依样画瓢去规训子一代，社会就在这样的传

---

① 夏光：后结构主义思潮与后现代社会理论 [M]，北京：社会科学出版社，2003 年版，第 153 页。
② ［法］米歇尔·福柯：规训与惩罚 [M]，刘北成，杨远婴译，北京：生活·读书·新知三联书店，1999 年版，第 156 页。

承中延续并给这种现象披上天经地义之外衣。在片中，有一天清晨老毕教小毕和他的两个孩子练习喊口令，老毕站在墙沿稍高处，俯视角度拍出三个站在下面听训的儿子，老毕用丹田之气喊出"立正"，声音穿越大海，震彻云霄。老毕是国民党撤离大陆时退台的军人，虽已退伍，但十几年的军营生活早已使他成了一个被"驯顺的"肉体，现在小毕为了参加学校早上的升旗仪式，也开始练习喊口令。画面中，父系传承、学校的教育体制以及政权机器三者充分地在此联结在一起，成为社会规训人的绝好象征。"当时台湾特殊的时空，使得'国家'机器透过学校教育、家庭教育形塑每个'国民'具有男性军事化（militarized）主体，个人身体透过教化（civilize）遭到'国家'化、工具化、军事化，它被'国家'机器安置救亡图存的'国族'价值，个人主义、无政府主义或种种丑陋、怪诞（grotesque）的生活习性被根除，一切身体的行为以是否对'国家'有利为目的，此种整齐划一、标准化身体展演具体落实在每个学校的升旗、降旗典礼，以及制服、发禁、军训课程，每个学校教育以军事化的规训为准则，并以打造每个'国民'身体成为'国族'身体（national bodies）为主要目标。"①

如果说在过去几十年的政权机器、学校教育体制的规训下被驯顺的肉体以老毕一代人为代表的话（影片中老毕是一个循规蹈矩、安分守己的老实人），那么充满个性与叛逆色彩的新一代人小毕的出现则暗示了一种新生的文化思潮。桀骜不驯的小毕处处显示着与规约的对抗。无论是课堂上反对老师叫他"毕楚嘉"，纠正说"我叫林楚嘉。是我妈妈跟他（老毕）结婚，我又没有跟他结婚"，还是扔下毛笔从家里偷偷翻墙出去与小伙伴玩，都表明了一个与体制社会、规范机制扞格不入的少年形象。即使对母亲的话，虽十分在意但也并非句句遵守，母亲叫他穿上雨衣，他则把雨衣当成披风或斗篷表示男孩个性。进入中学，他的顽劣脾性没有任何收敛，时时与学校的校规相抗衡，不是偷吃同学的便当，就是去剪同学的裤脚，或者传纸条给女生与她约会。学校纪律并没能约束到他。小毕的反叛表明了一个个体觉醒的时代对习以为常的规约、体制的抗议，虽然小毕的行为不免有顽皮成分，但背后透露出时代对冲破僵硬的社会体制、打破桎梏人性的政治统治的集体无意识。社会在小毕的恶作剧与对规训的反抗中找到了情绪宣泄口，一时之间拍摄成长与反叛的青少年电影成为社会潮流。

然而小毕最终还是回归到了体制社会，多年之后他以一个英俊的军校生的面貌现身于同学会，连一向乖顺、用功的好女孩朱小帆对他都投以无限温柔的眼光。影片理想化的结局一方面说明新电影初期台湾地区威权力量依然强大，家国情怀仍是

① 黄仪冠：台湾女性小说与电影之互文研究 [J]，台北：台湾政治大学博士论文，2005：274。

人们普遍梦想，老一代人（毕妈妈）以自杀身亡为代价规谏了小毕，使他没有成为一个反文化、反社会主流价值的英雄；另一方面它符合台湾当时的社会现实。80 年代初台湾还处于现代化全面建设中，除政治体制僵化外，社会整体处于上升期，这样的时代虽然需要一个觉醒与反抗规训的个体来平衡受到压抑的心理，但并不欢迎彻底反社会秩序和价值体系的英雄，人们祈盼的只是政治改革与羁束个体自由发展的规约的废除。这种诉求在稍后的《我们都是这样长大的》中可以见到。同样是描写校园生活的成长电影，然而影片中学校对人的规训意味有所淡化。女教师一开始采用红扣子、黑扣子的奖惩办法惩罚班上调皮捣蛋的学生，由于学生们反对和教师对学生个性的尊重，纽扣制度不久被女教师宣布取消。这样乐观性的情节成为台湾社会变革的前兆，预示了新世代即将来临。

三、出走与闯入

中国文学中的"出走"叙事始现于"五四"新文学时期，当时文学创作出现了青年人冲破牢笼般的家庭去寻求人生理想的叙述结构，比如鲁迅的《伤逝》以及后来茅盾的《虹》、叶永蓁的《小小十年》等都塑造了一个为了争取做人的权力而挣破封建家庭束缚离家出走的人物形象。这与挪威作家易卜生的戏剧《玩偶之家》里的娜拉极为相似，她为了获得人的尊严毅然拉开了出走的家门。娜拉出走契合"五四"人的解放、个体独立为标记的时代共名，标志着人的个体意识的觉醒以及对一切禁锢人精神自由的强权的反抗，她不顾一切的反叛精神赢得了五四青年的热切回应，鼓舞了青年学生对婚姻自由的渴望，加深了他们对封建制度的憎恶，以致青年人"出走"蔚然成风。虽然鲁迅的《伤逝》给青年人的狂热泼了一盆冷水，他对社会的绝望使他认为女性匆忙之中的离家出走并不会给她反叛的对手予以致命一击，相反，社会的黑暗只能让她落得遍体鳞伤直至死亡；但他的悲观并未阻止"出走"小说的发展，人们相信随着时代的进步和革命的发展，人类的出走并非必然以死亡而终结，他们会闯入陌生的世界，通过不断的磨炼学会在新环境中的生存。于是 20 世纪 30 年代的小说在"出走"的基础上增加了"闯入"环节，像白薇的《炸弹与征鸟》、谢冰莹的《女兵自传》等都讲述类似的故事：逃离封建夫权／父权家庭压迫的年轻女性在鲁莽地闯入一个不可知的天地后经历种种磨砺变得成熟和坚强。

由此可知，出走与闯入的文学叙事模式通过空间的转换与时间的推进来刻画人物成长，当他在社会中经历磨难——尤其当政治体制、社会文化发生转变时，主人公离开落后封闭之所闯入文明开放之地，在新的空间中把自身成长与正在建构的社会文明融合在一起。就本质意义而言，出走是个体意识觉醒的人对社会规训在身体层面上的不满，逃离是对传统文化的主动出击，并非像鲁迅所说的徒劳无功，在一次次逃离中坚决表明了他与封建家族制决裂的勇气。蓝棣之高度肯定了出走的意义："'出走'是决裂、背叛、选择，是个体对整体的道德行为，是个性的解放，……目的是为寻求更广阔的世界，寻求新的生存和创造空间。"① 出走后的闯入虽带有盲目性，会遭受许多挫折，但是在盲打误撞中通过身心的磨砺，人的智性得到发展、身份认同得到确认，完成了他的精神成长史。可见出走与闯入不仅是人物成长发展的叙事策略，它还具有社会文化意蕴。从空间上看，主人公多是从家庭、农村等狭小封闭的个人私密空间逃离，闯入部队、工厂、城市等复杂多元、开放包容的现代社会公共空间。人物出走与闯入的身体空间实践表明在社会转型过程中传统与现代的对立，一出一入的空间选择凸显了他们鲜明的自我意识与价值判断，心理世界在此过程中得到充实和丰赡。有人指出了其中的文化意味："逃离家庭闯入社会的空间行为模式、开放自由的空间逻辑构成了他们独特的空间实践，复杂多样的空间表征被高度隐喻化象征化后形成表征空间，标志着主人公身体成长的重要关节点，这一切又促使主人公身体的空间性得到充沛发育，使其自我意识和身份认同（即自我同一感）顺利构建。"②

　　新电影遵循了出走与闯入的叙事模式。《风柜来的人》里的阿清、《恋恋风尘》里的阿远、《超级市民》中的李士祥都不约而同离开农村家庭闯进陌生而又不确定性的现代城市。城市成为台湾青年闯入的共同场域意味着随着现代化与全球化的推进，现代城市已成为当时台湾社会难以回避的重要场所，它给社会带来巨大变化：丰富的物质财富，前所未有的现代性都市体验；同时城市也布满罪恶与危险。美国文化评论家戴维斯这样评价城市的积极和消极的两面性："世界的终极历史意义——同时也是洛杉矶的怪异之处——在于：洛杉矶扮演着发达资本主义的乌托邦和垃圾场的双重角色。"③ 青少年闯入城市前对它并没有深刻体验，他们只是抱着对城市文明的好奇而进入，而且一开始也没有做好长期留守城市的准备——阿清、阿远一边在城市工作一边等着服兵役，李士祥来台北只是寻亲并探究城市的秘密：为什么妹妹到了城市后就再没回到农村？然而在城市的遭遇逐步改变了他们的想法。虽然城市给他们一定的伤痛，阿远被一起来台北工作的青梅竹马的阿云所抛弃，阿清经受了暗恋失败的打击，李士祥目睹了赌博、卖淫、仇杀、偷盗等社会现象，但是城市经历使他们发生转变：原来讨厌学习的阿清读夜校学习日文，目睹了同乡黄锦和因偷窃被捕后他懂得了思考自己的人生；阿远失恋后并没有痛恨阿云，只是默默承受了痛苦；

①　蓝棣之：现代文学经典：症候式分析 [M]，北京：清华大学出版社，1998 年版，第 112 页。
②　顾广梅：中国现代成长小说研究 [M]，北京：人民文学出版社，2011 年版，第 123 页。
③　转引自 [英] 阿雷恩·鲍尔德温等：文化研究导论 [M]（修订版），陶东风等译，北京：高等教育出版社，2004 年版，第 158 页。

李士祥最后不仅没完成心愿带妹妹回乡，自己也留在台北，他已不再害怕台北带血的肮脏开始坦然面对。显然城市经验让他们对社会本质有了更成熟的认识，当他们不得不离开城市时却以转身融入现代都市的人流来表明对城市文明的认同。

虽然侯孝贤在片中以阿远回到家乡在白云青山中寻找到慰藉而结尾，但很难想象受过城市文明洗礼的阿远会像祖辈一样扎根于乡村。青少年从农村到城市的"表征空间"（space of representation）一方面指明在经历现实生活一系列的曲折后他们对城市已不再隔阂，慢慢融入社会的主体结构，社会主导话语已浸入他们的个体的意识原则；另一方面在城市与农村的矛盾中城市展示了它强大的威力，农业文明在它的扩张下步步退守，农村再也不可能保留纯朴真诚、诗情画意；城市独特的运行模式让生活在其中的人们的个体意识不断生长从而又推动社会的成长。

我们以《风柜来的人》为例加以说明。阿清受到海岛小镇电影院放映的好莱坞电影的启蒙以及零星听到他同学姐姐在高雄还混得不错传闻的影响，他逃离小岛来到高雄闯荡天下。好莱坞电影和高雄传闻代表现代工业文明符码，阿清在进入高雄前对这种现代工业文明并没有切身体验，他对此的所有认识都是通过间接的方式获取（电影和听说），这就注定他一到城市就为人所骗，然而这并不妨碍他对现代城市文明的渴望。影片中阿清几次三番翻墙进入影院偷看电影，平时嘻嘻哈哈毫无正经样子的他在观看好莱坞影片时则一本正经，他在城市的第一次被骗也是试图想看好莱坞影片而上当，电影在他精神世界中留下了不可磨灭的印象。无独有偶，《恋恋风尘》里第一次到城市来找工作的阿云到台北后第一天下午就是在电影院度过，在她的家乡好不容易才能看到一次露天电影。因此在她未到台北前，有一天傍晚她与阿远放学回家看到空地上拉起一块银屏要放露天电影时，他们不免十分惊喜。现代文明首先以电影这种形式吸引青少年，带给他们视觉的愉悦与心灵的震惊。相比农耕生活的乏味，现代电影的拟像和浪漫带给青年人的固然有社会学家卡勒富·奥博（Kalervo Oderg）提出的"文化震惊"（Culture shock），即"个体进入一个新的文化环境时可能产生的混乱与迷失"[①]，更确切地说它还有本雅明提到的现代性震惊。本雅明在谈到电影给人的视觉冲击时说道："因为电影中分散人们注意力的因素也基本上是触觉的，以一系列场面和焦点的变化为基础，这种触觉对观众产生了巨大的冲击力。……和所有其他冲击效果一样，电影的冲击力也是为了引起强烈的注意。"[②] 虽然本雅明在此主要试图阐明像电影等大众文化的出现导致传统艺术"灵韵"（aura）的

---

① 转引自梁丽芳：私人经历与集体记忆：知青一代人的文化震惊和历史反讽 [J]，张柠、董外平编思想的时差：海外学者论中国当代文学 [M]，北京：北京大学出版社，2013 年版，第 211 页。

② 瓦尔特·本雅明：技术复制时代的艺术品 [J]，陈永国主编视觉文化研究读本 [M]，北京大学出版社 2009 年，第 18 页。

消失，但他敏锐注意到了电影的蒙太奇剪辑给人心理的现代性震惊，这与现代城市的快节奏给人心理冲击十分相似。都市现代性震惊体验超越了乡村的平淡单调，成为青少年离开乡村进入城市的一个重要砝码。

城市还提供了大量的工作机会。无论是阿清还是阿远、阿云，他们离开家乡闯入城市的最主要目的是在这里能找到工作，而且可以随自己的意愿更换工作。虽然他们可能被雇主／老板责骂，但他们同样可以炒了老板的鱿鱼。阿远就因为老板娘的责备离开了她的印刷厂另找了送货的工作，充分体现了现代城市给予人的主体性与自由度。现代文明必然以人的行动自由为前提而产生，当人从土地或家庭中解放出来后就具有了自由选择的主动性，反过来人在日常生活和文化／经济场域中的身体和空间的行动自由萌生出人的自我意识，个性得以发展，精神同步成长并渐渐滋生出要求政治平等的权利意识，从而推动文明的进一步发展，这是现代社会生成的规律。由于新电影导演对现代城市文明的怀疑使他们在影片中更多展示了城市"黑色"的一面，但客观上我们在片中看到城市的繁华，车水马龙、景象万千，随着城市的建设，高楼大厦取代了低矮破乱的眷村和贫民窟，法制和民主正在酝酿。相反尽管侯孝贤极力美化农村，彩绘乡村的景致怡人、山清水秀，但农村的破旧贫困仍然暴露无遗。更可怕的是，当城市不断发展，它消极的一面已悄悄侵蚀乡村，农村不再纯朴，人情日渐稀薄，亲情逐步淡化，父亲去世回家奔丧的阿清深刻感受到了渔村的这种变化。因此电影结尾当阿清站在街头大声嚷嚷叫卖他的磁带，李士祥没有踏上返乡的火车停留在台北车站时，我们可以预见城市赋予他们的改变在他们体内蓬勃生长，他们身上残留的农耕文化正在像城市中的破房子一样被连根拔起，一种新的社会文化在逐步生成。

《金瓶梅词话》与晚明商业出版

陈毓飞 *

摘要： 中国古典小说名著《金瓶梅词话》在中国古代小说发展史上具有里程碑式的地位。这部作品的表现题材由历史故事、英雄传奇、神话传说转向家庭社会日常生活，这一转变长期以来受到学界重视。本文尝试探讨晚明时期繁荣的商业出版背景下，视觉私人化、阅读和写作私人化与这一转向之间的关系，尤其是晚明民间日用类书与这部小说之间存在的深层"知识型"关系。

关键词：《金瓶梅词话》；晚明商业出版；晚明民间日用类书；题材转向

学界对于明代四大奇书之一《金瓶梅词话》的诸多研究已达成以下共识：这部杰作在中国古代小说发展史上具有重要意义，在作者由集体创作向个人独立创作转变、题材由历史故事、英雄传奇、神话传说转向家庭社会日常生活、从着重故事情节编织转向人物性格塑造等方面做出了里程碑式的贡献。笔者认为，以上被认为是其独特创新或在古代小说史上具有新变意义的动向，都与这部作品注重对人类身体的呈现这一事实紧密相关。在现代理论的观照之下，与之前的《三国演义》《水浒传》《西游记》相比，《金瓶梅》中出现了关于"身体"语言的爆炸。从身体叙事的角度重新审视《金瓶梅词话》，对于我们理解和确立《金瓶梅词话》的文学史地位有着重要意义；而若要深入讨论这一问题，有必要重视晚明商业出版的兴盛与阅读、写作私人化之间的重要关联。

一、晚明商业出版时代的视觉私人化

深究作者在小说中表现身体之背后的原因，并不是本论文的主旨。如果需要尝试为这种相关性寻求解释，这里只能做极为简要的论证，以为本论文所讨论之主题

---

* 陈毓飞（1984—），女，浙江桐乡人，浙江外国语学院中国语言文化学院副教授，研究方向为比较诗学及中西小说研究。

的背景。作为第一部文人独立创作的章回小说，《金瓶梅词话》中转向日常生活，特别是对身体的关注这一变化是得到至少以下三个条件支持的：一是身体作为文学主题的创作积累和与身体有关的超出文学领域的文本资源，二是阳明心学和李贽在思想层面的影响，三是这一变化是晚明发达的印刷业所引发的一系列变革之一部分，也与晚明视觉文化关注人体的倾向一致。

首先，中国古典文学对表现人的身体的兴趣、对情爱和性的肯定，可以追溯到久远的源头，但在古代小说史上，直至唐传奇中以男女情爱为主要内容的《游仙窟》《莺莺传》等一批作品的出现，才开始大胆描写女性身体与性爱表现。在《金瓶梅词话》问世几十年前的弘治、正德年间，含有大量色情描写的作品纷纷问世。文言短篇小说《如意君传》及更早强调采补术的色情传统为《金瓶梅词话》所继承。这部作品对后者处理性的主题起了先导作用，甚至成为其抄袭片段的来源。[①] 但是，我们必须注意到，在对身体这一文学议题的继承上，《金瓶梅词话》的关注是多角度的，可以说以往文学作品中关于身体的讨论在这一叙事作品中得到了集中的呈现和更深层次的挖掘，它所依赖的资源范围极广，除了其对已有文学资源中的引用，其触角远远超出了文学传统本身。在外貌描写方面，《金瓶梅词话》对人物脸庞与身形的描写并未达到高度精确与细致的程度，往往因袭其他文学材料中对人物外貌描写的韵语陈套。与《三国演义》《水浒传》一样，其肖像描写用语大量借用《神相全编》《神异赋》《麻衣相法》等明代流行相书中之固定表达。[②] 至于小说中与生育、疾病相关的部分，《金瓶梅词话》很大程度上依赖于明代医学成果，尤其是医学材料中的病案和药方记录，对于人病状态的描绘却有难得的属于自身的原创性。

其次，阳明心学的兴起被认为是明代中后期思想文化活跃多元的思想基础。这一思想的流行打破了程朱理学的统治，催发了自我意识与独立人格的觉醒。阳明心学流布天下并在嘉靖、万历年间分化为多种流派。王学左派，即泰州学派肯定人欲的合理要求，重视世俗生活，主张追求发展自然之性。其中离经叛道、狂放激进的思想家李贽提出"吃饭穿衣，即是人伦物理"，[③] 同时认为追求"富贵达利"是人的普遍本性。此外，李贽直接针对文学发言。他提出一代有一代之文章，《西厢记》和《水浒传》可列入"古今至文"[④]，亲身参与通俗小说评点实践来打破对小说的偏见。

---

① 对这一问题的研究可参见 [美] 韩南：《金瓶梅》探源，韩南中国小说论集 [C]，王秋桂等译，北京：北京大学出版社，2008 年版，第 242 – 245 页。

② [日] 小川阳一：日用类书による明清小说の研究 [M]，第 227 – 242 页；陈东有：《金瓶梅词话》相面断语考辨，金瓶梅研究 [C]，第 4 辑，1993 年，第 122 – 132 页。

③ 李贽：焚书卷一，答邓石阳，李贽文集 [C]（第一卷），北京：社会科学文献出版社，2000 年版，第 4 页。

④ 李贽：焚书卷三，童心说，李贽文集 [C]（第一卷），第 92 页。

这样的形势之下，袁宏道将《水浒传》《金瓶梅》列为"逸典"①，与深受心学影响的其他士人，如汤显祖、冯梦龙、屠隆、王思任等，掀起了晚明"言情"的思潮。如果没有李贽及其先驱王阳明的思想贡献，以及李贽对正统思想的质疑与挑战，《金瓶梅词话》的诞生恐怕将是完全不同的情况。

此外，在以上两点的基础上，《金瓶梅词话》以小说叙事的方式全面呈现身体之存在的做法，与其时印刷文化与视觉文化中呈现的态势之关联值得注意。从明清出版文化领域的研究成果可知，《金瓶梅词话》诞生的时代正处于明代印刷出版业巅峰期（1560 年至 1640 年前后）。这一历史时期印刷品生产与消费兴盛，拥有多个印刷中心地区，已形成全国范围和地区范围的图书流通网络与不同档次的图书市场，出版物种类繁多。作者、编辑者和出版商对书籍版式进行多样化的改造，并通过前言、插图、点评等渠道和广告形式进行图书促销。同时，随着书籍市场的细化，读者群亦扩展至社会各阶层，"雅""俗"不同层次的消费者可以获得相同内容、不同档次的图书。

在这一时期五花八门的出版市场上，各类诗集文集、应试资料、尺牍手册、宗教手册、邸报、交通旅游指南、日用类书、小说戏曲、文学选集、字帖拓片、画册等出版物的共生状态是值得重视的。这种共生状态最直观地表现在商业出版重镇与著名出版商经营的事业上。如著名书坊刻书家和书商余象斗，是通俗小说、类书、举业之书的编纂者，也是通俗小说作者。②

同时，更重要的是，多样的出版物中与身体相关的材料使人有理由相信，《金瓶梅词话》对身体的呈现是与晚明视觉文化对身体的关注相一致的。鲁迅为《金瓶梅词话》"淫书"之恶谥辩护时所指的"时尚"③同样在视觉材料中出现。众所周知，在这一色情小说产生的高峰期，同时被大量生产的是春宫图，这些作品都以直白地表现性事为主题。但这两类材料兴盛于同一时期这一事实所蕴含的意义远非表面所见的那么简单。柯律格（Craig Clunas）在对明代视觉文化的研究中发现，对当时观看者而言，具有色情意涵的作品其实远远超过《花营锦阵》之类的春宫图。绘画、装饰图案、戏文和小说插图中男女共同出现在同一画面或场合的情况，几乎都带有在严格道德标准下应受谴责的情色意味。更重要的是，在明代文人对图像的评价体系

① 袁宏道：觞政，朱一玄编：金瓶梅资料汇编 [C]，天津：南开大学出版社，2012 年版，第 179 页。
② 关于余象斗生平与刻书的概况，参见萧东发：建阳余氏刻书考略（上、中、下）[J]，文献，1984（21），第 230—245 页；1984（22），第 195—216 页；1985（1），第 236—250 页；霍艳芳：余象斗刻书考略 [J]，图书馆学刊，2007（06），第 28—30 页。
③ 鲁迅：中国小说史略，鲁迅全集 [C]（第九卷），北京：人民文学出版社，2005 年版，第 189 页。

中，绘画和香盒、屏风等造型装饰中只要有人物出现即是"俗物""俗品"，为明代艺术的主流叙事所排斥。但正是在占主导地位的艺术理论与艺术实践严重脱离的评价体系下，与人体相关的图像生产与印刷出版却出现了井喷效应：绘制祖先遗像盛行，《明状元图考》《明人肖像册》《闺范》等汇编与手绘古今名人像传持续增长，作者画像出现在文集卷首，《三才图会》收录了包括明代皇帝在内的大量历代君王画像，主流画家也创作同时代人物群像，小说插图更是以指向特定叙事片段的人物为主。此外，这一时期"视觉私人化"现象大大发展。在图像消费的环节，临摹翻印的画谱类书籍为读者提供了仅供私人欣赏的画作，与集体欣赏收藏真品的社交行为截然不同，这之间发生了公开性与私人性观看行为的转变，与壁画等公开展示的图像形式的衰落相应而生，是视觉私人化发展的一种表现。① 一方面是图像材料中人物题材的大量增长，一方面是图像观看行为日益成为离开公共环境的个人行为。

二、沉默的阅读、沉默的写作与身体成为小说表现领域

晚明视觉文化中出现的这些新变之所以与本文议题相关，是因为阅读小说与欣赏图像一样，首先体现为一种视觉行为，通过眼睛对文字的阅读引发读者的想象。图像或文字都是作为文本的形式为观看者或读者的视觉系统认识。西方思想中有着长久的将视觉与认知联系起来的传统。亚里士多德（Aristotle）这样解释二者的关联："求知是人类的本性。我们乐于使用我们的感觉就是一个明证；即使并无实用，人们总爱好感觉，而在诸感觉中，尤重视觉。无论我们将有所作为，或者竟无所作为，较之其他感觉，我们都特爱观看。理由是：能使我们认知事物，并显明事物之间的许多差别，此于五官之中，以得于视觉者为多。"② 黑格尔直接将视觉定义为人类感官中认识性的构成。③ 不过，视觉与认知之间的深刻关联，一方面表现为眼睛作为一种认知器官，使人认知对象，产生知识；另一方面，视觉又并不是黑格尔所认为的那样是"无欲念的"④ 纯粹理论器官。尼采将被忽略的"厄洛斯"（eros）的部分重新带回观看过程，对上述柏拉图主义倾向进行反拨：他认为，很大程度上狄奥尼索斯化的阿波罗式视觉，或称审美视觉，首先是一种包含性和肉欲的"身体状态"，因此不能允许有一种脱离肉身的观看性质。⑤ 简言之，人类认知世界的渴望与窥探身体的渴

---

① ［英］柯律格：明代的图像与视觉性［M］，黄晓鹃译，北京：北京大学出版社，2011 年版，第 97—111，180，193—197，164—165 页。

② ［古希腊］亚里士多德：形而上学［M］，吴寿彭译，商务印书馆，1959 年版，第 1 页。

③ ［德］黑格尔：美学［M］第三卷上册，朱光潜译，北京：商务印书馆，1979 年版，第 331 页。

④ ［德］黑格尔：《美学》第三卷上册，第 15 页。

⑤ 邹建林：肉身化的视觉——尼采与传统视觉理论以及 19 世纪生理学视觉理论的关系，美苑［J］，2004（5），第 11—12 页。

望通过眼睛这一负责看的器官的联结而天然地具有深度关联。

如果我们认同上述视觉与认知的双重特殊关系，有理由提出这样的思考：晚明时期的视觉私人化不仅表现在对图像的观看中，同样体现在对小说的阅读中，同时影响了小说的创作。

德·塞托（Michel de Certeau）曾提醒我们注意沉默阅读的现代性意义，他说："从最基本的层面来讲，阅读自三个世纪以来变成了一种眼睛的动作。它不再像从前那样伴随着口头发音带出的声响，或者肌肉的动作。不再高声或低声地阅读，这是一种'现代'体验，曾在几千年的时间里不为人所知。从前是读者将文本内在化；他用自己的声音组成了文本的躯体；他是它的作者。而今天，文本不再将自己的节奏强加于读者身上，它不再通过读者的声音来表现自己。这是身体的隐退，作为文本自治性的条件，其实是与文本保持距离。对读者来说，它是 habeas corpus。"① 他对通过出声朗读或吟咏的口头阅读与只依赖视觉的沉默的阅读所进行的对比，提醒我们注意《金瓶梅词话》这样的作品在其产生之初所面对的阅读环境及其被阅读的实际场景，考量它与之前存在的章回小说被阅读时可能产生的差异。

沉默的阅读在《金瓶梅词话》出现之前就已经有了，但这部作品出现在对叙事作品沉默的阅读开始胜过在公共场所通过声音来欣赏的时期，明代文人文化发展已经到了将剧本也作为读物的地步。虽然张竹坡坚持认为，读《金瓶梅》"若连片念去，便味同嚼蜡，止见满篇老婆舌头而已，安能知其妙文也哉"，应该像念诵经典一般"以头代棹，一手指文，一字一句唱之"。② 但实际阅读情境中《金瓶梅》似乎并不适合出声朗读：它不具备出声朗读的传统和目的；同时，虽然小说中偶有"拟说话"的场景出现，但它实际上并不邀请现场观众的集体参与。虽然据说曾经出现以"用北调说《金瓶梅》一剧"③，但不知其具体内容，且不可能与小说中完全一样地表现人物及其生活。

这种悄无声息的独自阅读形式所暗含的"现代"特征，使《金瓶梅词话》如何被阅读这一问题有了另一回答方式：这部作品一方面无法以出声朗读的方式召唤公众集体参与，另一方面却为读者提供了新的交流与自我交流的可能，读者因只需凭借视觉的阅读方式而获得了更大的自由和孤寂。"在这种孤寂之中，小说读者比任何

---

① ［法］米歇尔·德·塞托：日常生活实践：1.实践的艺术 [M]，方琳琳译，南京：南京大学出版社，2009 年版，第 269—270 页。

② 张竹坡：金瓶梅读法，朱一玄编：金瓶梅资料汇编 [C]，天津：南开大学出版社，2012 年版，第 439 页。

③ 张岱：陶庵梦忆，朱一玄编：金瓶梅资料汇编 [C]，第 721 页。

人都更小心翼翼地守着自己的材料。"① 正如瓦特所意识到的那样,由于长期以来印刷物所带有的权威性给读者造成的主观色彩隐退的观感,读者在面对印刷本小说时更容易进入无意识的阅读状态,进入其所描绘的想象世界。②

读者阅读之无声得以实现的原因,首先是印刷出版业在其中扮演的角色:它使小说阅读私人化成为可能。陈大康的研究表明,通俗小说的繁荣始于万历二十年(1592年),此后30年间记录在案的小说名目达约五十种,是此前七十年新出作品速率的十几倍。③ 目前掌握的资料表明,在钞本流传时期,读到《金瓶梅词话》的人极为有限,直到1617年在苏州首次印行才使这部小说立刻引起轰动。只有在大规模公开印行销售才使得对小说的大规模私人消费性阅读成为可能。

但更为根本的,与这种沉默的阅读互为因果的,是读者在小说中看到的私人生活的浮现。很难想象《金瓶梅词话》中过于隐秘幽暗的段落或看似啰嗦拖沓无意义的对话能够进入传统说话表演的明亮空间;但因此,从听与读相区分的角度而言,这是一部面向读者而非听众的作品,同时它所开拓的文学领域也是面向读者而非听众的。与读者不出声的阅读相对的,是小说家沉默的创作。小说家不再是"讲故事的人"④,在离开公共场合需要对话的人群的同时,他也离开了公众所熟悉的对象,那些人群所共享的历史故事与英雄传说,而转向了日常性的私人生活经验。可资参照的西方小说的兴起过程中,私人生活从其初期开始即是主题。英国小说诞生过程中,与属于中产阶级的一整套围绕个人主义与家庭领域、女性私人生活、新教伦理展开的意识形态兴起之间产生紧密联系的,正是这一新兴文类对于私人经验的兴趣。⑤

隐私只有在被侵犯时才真正成为隐私,并作为隐私得以显现。小说在关注私人生活的同时必然造成对于私人生活的入侵。而私人生活经验所围绕的核心,是身体在这部小说中以史无前例的面貌出现在读者眼前。《金瓶梅词话》开启的所谓题材转向的文学新变同样可被视为小说叙述入侵私人生活/身体领域的结果。《金瓶梅词话》作者诉诸读者的视觉进行创作的特点早已受到学者注意。齐裕焜在论及明代小说从说书体小说向文人创作小说过渡时谈道:"到了《金瓶梅》以后,小说完全摆脱了说书体的影响,作家创作小说是诉诸读者的视觉,读者也可以反复阅读,细细品

---

① [德] 瓦尔特·本雅明:本雅明文选 [S],陈永国、马海良编,北京:中国社会科学出版社,1999 年 1 版,第 307 页。

② [英] 伊恩·P. 瓦特:小说的兴起:笛福、理查逊、菲尔丁研究 [M],高原、董红钧译,北京:生活·读书·新知三联书店,1992 年版,第 221—222 页。

③ 陈大康:明代小说史 [M],北京:人民文学出版社,2007 年版,第 364—365 页。

④ [德] 瓦尔特·本雅明:本雅明文选 [S],第 307 页。

⑤ 瓦特提醒我们注意 17—18 世纪英国人住宅空间变化、城市郊区化和邮政能力提高、妇女读写能力的普及等因素与小说发展史上理查逊采用书信体形式来表现私人生活和揭示人物心灵之间的关联。参见 [英] 伊恩·P. 瓦特:小说的兴起:笛福、理查逊、菲尔丁研究 [M],第 196—235 页。

味，因此，小说不再依靠惊心动魄的故事吸引人，描写更加细致和丰赡，日常生活的场景和人物心理活动有了精细的描写。"① 因此可以说，就文学与明代中晚期社会发展状态而论，小说表现领域的转变与小说由口头流传、世代累积而成转到书面表达、作家个人创作有关，背后是小说创作或表达与其被接受的状态都由公开、公共转向私人化行为有关。

兰陵笑笑生在流行的《水浒传》中找到了潘金莲一枝铺展出新的故事。但是比较《金瓶梅词话》的前五回与其所源出的《水浒全传》第二十三至二十七回，读者会发现不少改写，主角潘金莲和西门庆身世具体化、人物生辰和身体有关描写段落与诗词的增加，都是其中较为明显的部分。从这些改写出发，小说家将触角伸向平民日常生活内部的企图心逐渐扩大，铺陈出整部作品。

三、《金瓶梅词话》与晚明民间日用类书

《金瓶梅词话》中的身体问题须置于晚明商业印刷文化与视觉文化的背景下加以考察。人类观察身体行为与认知世界之间的关联，使我们有必要把明代后期章回小说体裁侵入日常私人生活领域、读者展开对身体的观看这一事实与当时的知识生产联系起来。印刷出版业的发展除了为阅读私人化提供条件与可行性之外，具体到《金瓶梅词话》而言，这一时期繁荣的出版市场上出现的这部小说的共生性印刷品更需要研究者加以重视，民间日用类书是其中极具特殊性的一类。

明代万历、崇祯年间出现的民间日用类书，并非横空出世，而是源于宋代类书《事林广记》，由元入明，至晚明成熟并自成一类。中国古代的类书是采撷群书，辑录各门类或某一门类的资料，随类相从，分门别类编排刊载，以便于征引的一种工具书。关于其渊源的说法不一，但发展至宋代，不仅数量大增，种类亦日益复杂，有《太平御览》《册府元龟》等传统式综合性的官修类书，亦有面向文人、供查检典故之用的《事文类聚》，以及更多辅助学子科考的《玉海》《类要》及其他专科性类书。至南宋时，出现了综合性的包含大量生活日用知识的类书《事林广记》，胡道静称其为"日用百科型的类书"②，但其使用者仍偏重士人阶层。金元时期有更多实用性类书出现，《事林广记》不断更新增补内容、持续刊印的同时，也出现了《启劄青钱》《居家必用事类全集》这样的在内容比例上更偏重生活日用的类书。明代有《多能鄙事》《便民图纂》《居家必备》等其他综合性日用类书继承这一传统而来。至万历年间，一批以《万用正宗》《不求人》《万宝全书》《全书备考》等为标题的新型书籍出

---

① 齐裕焜：明代小说史 [M]，杭州：浙江古籍出版社，1997 年版，第 19 页。
② 胡道静：元至顺刊本《事林广记》解题，农书·农史论集 [C]，北京：农业出版社，1985 年版，第 236 页。

现。这批书籍在内容上更为实用通俗，适用对象范围扩大，大量删减了面向文人精英阶层的人事、礼仪、圣贤、宫室、文艺、辞章等内容；除了分装成册有所差异，就书籍外观而言，明版民间日用类书之间相似度很高：书面大小相近，①印刷排版上均为上下两栏刊印，配有天文、地理、农作、书画、游戏、风水等内容的丰富插图；排印中出现大量俗体字。这种新型综合性生活日用类书日益取代《事林广记》《启札青钱》的地位，成为民间普遍使用之家庭生活手册。②正是在这个意义上，较早对这类书展开研究的日本学者将"人伦日用"意义上的"日用"与"类书"结合，对其进行了命名。③台湾学者将名称修正为"民间日用类书"，以明确其面向四民、综合性的双重特点，与商业书、童蒙书等专科性日用类书和前代的《事林广记》等类书相区别。④

目录版本学家王重民对晚明民间日用类书的重要性，尤其是此类书籍与普通百姓社会的关系早有认识。他在为明刻《订补全书备考三十四卷》所做的提要中说道："盖是书所载，于近八百年来，民生日用，文学哲学，礼俗游艺，以及医卜星象等事，凡所以维系世道人心者，莫不有之，讲社会学史者，欲真知下级社会人生，不可不读是书也。"⑤但在中国此类书籍因其特殊性质与刊印质量问题，多不受藏书家重视，保存不善，留存者亦多残缺。

据统计，现存晚明时期印行的民间日用类书共35部，其中确定为万历朝生产的占了22部，主要为福建建阳商业书坊所出，在生产地点与时间上具有相当的集中性。这批书籍虽然名称各异，如《五车拔锦》《三台万用正宗》《学海群玉》《万书萃宝》《博览不求人》《文林聚宝万卷星罗》《万书渊海》《万宝全书》等，但书名中多以"万""博""全""群"或"宝""锦"等字，同时标题上多冠"四民便用""四民日用便览""四民捷用"等文字，暗示其中内容是其潜在销售对象和读者，即广泛的士农工商各阶层在日常生活中所必需之各种实用知识。

上述目的亦明确表露在这些书籍的序言中。如余象斗在为自己编纂的《三台万

---

①　吴蕙芳认为明清各版综合性民间日用类书在书面大小上不一致。但根据她在《附录：明清时期各版〈万宝全书〉目录》中所提供的数据，笔者认为明代各版在大小上基本保持在（21.3—26.5cm）×（12.8—16.4cm）的水平，面积相近。入清以后此类书籍无论在外观上还是内容上均发生了变化，需要细致分析这些变化产生的原因；而将晚明近五十年中生产的民间日用类书与有清一代生产的同类书籍放在一起，往往会忽略晚明类书的一些重要特点。具体可参看吴蕙芳：万宝全书：明清时期的民间生活实录 [M]，台北：花木兰文化工作坊，2005年版，第641—673页。

②　关于《事林广记》发展至晚明民间日用类书的过程之深入梳理，可参阅 [日] 酒井忠夫：《中國日用類書史の研究》，第5—8章。

③　[日] 酒井忠夫：序言——日用類書と仁井田陞博士，酒井忠夫监修，坂出祥伸、小川阳一等编：中国日用類書集成 [C] 第1册，东京：汲古书院，1999年版，第1—2页。

④　参见吴蕙芳：明清以来民间生活知识的建构与传递 [M]，第1—32页。

⑤　王重民：中国善本书提要 [M]，上海：上海古籍出版社，1983年版，第383页。

用正宗》（1599 年印行）所写引言中自信地夸示道：

　　百家众技之繁，非简编则孰载孰传？而策籍充汗，浩如渊海，人亦焉得而偏观之。乃乘余闲，博综方技，汇而集之，门而分之，篡其要，撷其芳。凡人世所有日用所需，靡不搜罗而包括之。诚简而备，精而当，可法而可传也，故名之曰万用正宗。请与稽古者公焉。①

　　卜正民（Timothy Brook）将余象斗的这部书定位为"福建地区典型的以大众市场为目标的产业生产的产品：启蒙读物、德育课本、法律条文汇编、小说、戏剧、色情读物、幽默故事、导游手册、外国风物介绍、各类知识摘抄和各类书籍的廉价改写本"。② 这一概括基本反映了同类书籍的性质与面貌，同时也让我们注意到：这类民间日用类书并非专人专著。它们在内容上极为相似，因为在汇编过程中，编辑者不仅从多样的原始材料中抄录同样的片段，而且从已有的同类书籍中照搬内容，甚至存在不同书坊间的书版转移情况。

　　至于这批大众类书所摘抄内容的来源，几乎涵盖当时这个明代出版业，尤其是商业书坊的出版物。根据已有研究，关于童蒙教育的"师儒门"内容多来自《事林广记》，"律令门"内容来自《折狱明珠》《三台明律正宗》《法家须知》《法家秘授囊书》《萧曹遗笔》等法律专书，"相法门"多采自《麻衣相法》等流行相书，"剋择门"则与《时用通书》《应福通书》有直接关系。③

　　此外，需要引起足够重视的还有此种书籍类目编排所体现的知识分类意识。从现存的完整版本看，栏目分类（分卷）上相近，在 32—43 类之间，且所用类目之名称与排序均较一致，如最早出现的建阳郑世魁宝善堂刊之《五车拔锦》（1597 年刊行）分 33 门类：天文、地舆、人纪、诸夷、官职、律令、文翰、启劄、婚娶、丧祭、琴学、棋谱、书法、画谱、八谱、茔宅、剋择、医学、保婴、卜筮、星命、相法、诗体、体式、算法、武备、养生、农桑、侑觞、风月、玄教、法病、修真。分类最多的《三台万用正宗》所列的 43 个门类分别为：天文、地舆、时令、人纪、诸夷、师儒、官品、律例、音乐、五谱、书法、画谱、蹴鞠、武备、文翰、四礼、民用、子弟、侑觞、博戏、商旅、算法、真修、金丹、养生、医学、护幼、胎产、星命、相

---

　　① 余象斗：类聚三台万用正宗，[日] 酒井忠夫监修，坂出祥伸、小川阳一等编：中国日用類書集成 [C] 第 3 册，三台万用正宗 [C]（1），东京：汲古书院，2000 年版，第 5 页。

　　② [加] 卜正民：纵乐的困惑——明代的商业与文化 [M]，方骏、王秀丽、罗天佑译，北京：生活·读书·新知三联书店，2004 年版，第 185 页。

　　③ 见 [日] 酒井忠夫：中國日用類書史の研究 [M]，第 8 章。

法、卜筮、数课、梦珍、营宅、地理、剋择、牧养、农桑、僧道、玄教、法病、闲中记、笑谑。其他类书将不同门类合并、拆分，或更改名称，如将"法病"改称"祛病"等，略微减少卷数等，这批类书多为三十余卷，卷数最少的是万历年间的《龙头一览学海不求人》四册十二卷。

经、史、子、集的分类方式是中国传统对书籍的分类，当今学者认为这批民间日用类书对知识的分类则是天、地、人、事、物五类或天地、人事、名物三类。[1] 而在晚明时期，天地人"三才"的分类系统是使用最普遍的，并体现在《三才图会》等综合性书籍的命名上。由于明清时期在华传教士将民间日用类书带回了欧洲，此类书籍中的分类问题亦进入了西方研究者的视野。英国文化史家彼得·柏克（Peter Burke）认为需要注意中国书籍的分类简单而知识分类系统复杂的现象。[2] 不过，从其几十种门类的知识系统可见，此类综合性书籍与各类实用知识指南代表了正统文化之外的另一个知识库，也暗示了知识群体的扩大、与正统有别的另一种文化态度与知识态度的产生。作为那个时代知识商品化的表现形式之一，它们是与插图本文学杂集等作为消费品的印刷文本一起大量出现的。

余象斗在《三台万用正宗》封面上刊印了如下广告词：

坊间诸书杂刻，然多沿袭旧套，采其一去其十，弃其精得其粗，四方士子惑之。本堂近锓此书，名为万用正宗者，分门定类，俱载全备，展览阅之，诸用了然，更不待他求矣。买者请认三台为记。[3]

这段话传达了几个层面的意思：一是编纂者制作此类书籍过程中具有明确的知识分类意识；二是将此书作为商品销售的意识；三是这种书籍所包容的全面知识使读者能够"不待他求"。此外如"不求人"这样的词汇出现在《万用正宗不求人》《万事不求人博考全书》等书名中，都在昭示一种新型独立的知识个体的出现：通过购买这种书籍，个人可以拥有应对生活各方面要求的知识，不再依赖掌握知识话语权的文人精英阶层或家族集体的力量——个体通过占有可消费的知识而得以在日常生活的世界中自足、自立。

---

① 戴克瑜和唐建华以宋代的《太平御览》为例，认为该书内容大体承袭前代类书，取天、地、人、事、物的次序而成，见戴克瑜、唐建华主编，类书的沿革 [M]，成都：四川省图书馆学会编印，1981 年版，第 45 页；吴蕙芳：明清以来民间生活知识的建构与传递 [M]，第 131 页。

② [英] 彼得·柏克：知识社会史——从古腾堡到狄德罗 [M]，贾士蘅译，台北：麦田出版社，2003 年版，第 166—167 页。

③ 余象斗：三台万用正宗封面题辞，[日] 酒井忠夫监修，坂出祥伸、小川阳一等编：中国日用类书集成 [C] 第 3 册，三台万用正宗 [C]（1），东京：汲古书院，2000 年版，第 4 页。

四、《金瓶梅词话》与知识型

那么，晚明日用类书作为与《金瓶梅词话》诞生于同一印刷出版业繁盛期的消费品书籍之中的一类，为何有必要加以特别的注意，并认为它们与这部小说有着密切的关联？可以说，虽然不存在《金瓶梅词话》直接从民间日用类书中汲取文本资源的情况，但二者拥有共同的素材来源，这一共有关系基于二者产生于同一知识母体的同源性，并因此使它们获得了同构性。

这里有必要引入福柯的"知识型"(episteme)概念来进一步理解《金瓶梅词话》、晚明民间日用类书和更广阔的商业出版群体之间的关系。福柯在《知识考古学》一书中对这一概念做了这样的解释："知识型是指能够在既定时期把产生认识论形态、产生科学，也许还有形式化系统的话语实践联系起来的关系的整体；是指在每一个话语形成中，向认识论化、科学性、形式化的过渡所处位置和进行这些过渡所依据的方式；指这些能够吻合，能够相互从属或者在时间中拉开距离的界限的分配；指能够存在于属于邻近的但却不同话语实践的认识论形态或者科学之间的双边关联。"① 知识型需要从关系和条件这两个角度去理解：处于特定时空内的各种门类的知识、科学和理论因具有共同的特征而被联系起来，构成一个系统。它们也许在具体知识门类、内容上全无共同点，但内在构成与组织形式却是相同的。② 因此，"知识型，不是知识的形式，或者合理性的类型，这个贯穿着千差万别的科学的合理性类型，体现着某一主体、某种思想、某一时代的至高单位。它是当我们在话语的规律性的层次上分析科学时，能在某一既定时代的各种科学之间发现的关系的整体。"③ 笔者认为，《金瓶梅词话》、晚明民间日用类书以及二者背后的知识母体之间正是这种知识型关系。

创作时间比《金瓶梅词话》晚约半个世纪、并深受其影响的长篇世情小说《醒世姻缘传》不经意间为我们提供了一个关于知识型的完美范例。小说第二回《晁大舍伤狐致病，杨郎中卤莽行医》，描绘了庸医杨古月被请到晁宅为卧病在床的晁大舍诊治的喜剧化场景。在开始诊断之前，杨太医让一边侍候的丫头去寻本书来垫着搭脉。丫头直接取了放在晁大舍枕头旁的一本《春宵秘戏图》，杨太医嫌册叶硬硌手，要求换一本软壳的书，"若是大本《缙绅》更好"④。丫头又从枕头边取了本书，结果是《如意君传》。杨太医对此书一无所知，用来垫着陷入昏迷的病人的手看脉。第二

---

① [法] 米歇尔·福柯：知识考古学 [M]，谢强、马月译，北京：生活·读书·新知三联书店，2003 年版，第 249 页。

② 汪民安：福柯的界限 [M]，南京：南京大学出版社，2008 年版，第 57 页。

③ [法] 米歇尔·福柯：知识考古学 [M]，第 249 页。

④ 西周生：醒世姻缘传 [M]（上），北京：中华书局，2005 版，第 24 页。

天复诊，大夫又要书看脉，枕畔的《如意君传》有一次被取了出来，却被已清醒的晁大舍劈手夺下。丫头听吩咐去东间另取，最后拿来的是《万事不求人》。①

有研究者认为，这段故事中同时出现的书籍透露了一个山东武城县的十六七岁纨绔子弟的阅读趣味与倾向，《万事不求人》与《春宵秘戏图》《如意君传》一类书并置，可见民间日用类书所属的书籍层级与性质。②在笔者看来，这种说法有道理但并不完全正确。这段场景中出现了同时代的四种书籍，依次是：春宫图、全国职官录、文言色情小说、民间日用类书。首先，它们都是属于晚明书坊刊行的商业出版物，享有共同的组织结构和表意法则，这些书籍得以共同出现的原因即其关联性，或者说，这些书籍因关联性而得以共同出现。其次，这些书本身的主题与内容是不同的，其内容性质分别由其所在空间说明，小说中明确指出了这一特点：淫画和淫书都在病人枕边，民间日用类书原来放在东间书房，而记载官吏职务、姓名、籍贯的《缙绅录》则在视野之外，只出现在人物的口头。而且，这些书籍与它们的拥有者及读者的空间关系由近至远，对身体的呈现越是直接明显的书离身体本身越近。这些书籍与同一场景中的医疗语言一道，体现的正是特定时空中遵循同一知识型的不同知识门类及其存在方式。

《金瓶梅词话》中当然不可能找到晚出的民间日用类书的踪影，但阴阳师徐先生使用的阴阳秘书（第六十二回）、潘金莲查看的历头（第三、五十二回）以及其他同时空共生的不同形态知识类型——服饰、饮食、游戏规则、戏曲唱词、官场交际方式——却与小说同从属于知识型的法则。在前述《醒世姻缘传》例证的帮助下，也许可以尝试提出这样的观点：如这两部包含大量日常生活内容、被称为"世情小说"的长篇叙事作品，甚至更晚出现的《儒林外史》《红楼梦》这般同样具有百科全书性质的作品，与其同时空的不同知识均存在知识型的关联。

上述分析有助于理解《金瓶梅词话》的百科全书性质、它与晚明日用类书的知识型关联，以及知识型得以成立所受到的时空限制。二者的这种特殊相关性几乎体现在后者所容纳的各种知识门类中。比如，小说中充斥着经济语言，多处提及欠债、购房、合作生意、买卖人口订立的合同，第十九回无赖鲁华和张胜因西门庆的授意收拾其情敌与生药铺生意上的敌人蒋竹山，采用的办法就是伪造借银文契。小说中直接将这份写明借契人、户籍、身份、借钱缘由、保人、债主、借银数目、月利、归还日期、归还方式、附加条件的假文契完整录入正文：

---

① 西周生：醒世姻缘传 [M]（上），第23—26页。

② [日] 小川阳一：日用類書による明清小説の研究 [M]，东京：研文出版，1995年版，第44页。

立借契人蒋文蕙，系本县医生，为因妻丧，无钱发送，凭保人张胜，借到鲁名下白银三十两，月利三分，入手用度。约至次年，本利交还。如有欠少时，家值钱物件折准。恐后无凭，立此借契为照者。①

此外，第四十二回帮闲祝日念与谢希大的玩笑话中插入了一篇祝日念随口胡诌的借银文契。小说中完整出现的这两张借契都是假的，而频繁提及的真实契约均为虚写。这一细节所透露的真假虚实的笔法与小说中人物的真假亲属关系一样，指向一种虚实相生的小说叙事美学。小说统称为"文书"的各类合同、诉讼状、公文、宗教符命和来往书信一起在叙事中不断被提及或直接全文引用。而在小说之外的晚明世界中，民间日用类书"民用门"或"体式门"的目录下有着适应变卖财产、租借田地、买养男、娶妾等各种立约需要的文契，以及为各种人际关系专门设计的书信活套范式。

具体到对人与身体的关注，民间日用类书与《金瓶梅词话》也显示出一致性。回顾前文《五车拔锦》和《三台万用正宗》的目录，其中至少三分之一的内容是关于传统儒家学说所不详述的"生命中生、老、病、死等变换及危机"②，晚明民间日用类书关心个人生活所需。风月、养生、医学、胎产、星命、相法、卜筮、祛病等门类的知识更是直接告诉了其读者关于晚明时期人们对身体的认识以及日常生活中身体的存在状态的信息。比如，小说主人公西门庆是政商一体的形象，需要出入各种领域，他出色的交际能力在文本中具体体现为掌握各种社会空间所需要的语言的能力，而这正是民间日用类书希望塑造的个人：不需借助他人和群体的帮助，只需查阅百科全书即可获得各种知识，应付风月场、商场、官场、亲戚交往等不同场合，在生活世界立足。在这个意义上，西门庆也可视为日用类书化了的人物。

对于创作《金瓶梅词话》的小说家而言（包括张竹坡等时代相近的评点者），他正是晚明民间日用类书所呈现的日常生活知识体系的共享者。作者受到组织文学生产的社会空间中多种决定因素的限制，其创作的新变与局限都因其处于这一空间之中，其创作也处于文化架构与知识体系变动的大环境中。对于原本属于私密信息的身体知识，在《金瓶梅词话》作者的时代，已经通过各种商业印刷品的生产与流通而成为个人能够获得的公共知识。小说中的相面算命、房事政治与生育斗争、医疗片段，甚至作者对主次人物的死亡结局的设置，都透露出作者对稍晚在民间日用类

---

① 兰陵笑笑生：梦梅馆校本金瓶梅词话 [M]，梅节校订，陈诏、黄霖注释，台北：里仁书局，2009 年版，第十九回，第 261 页。

② 商伟：日常生活世界的形成与建构——《金瓶梅词话》与日用类书，胡晓真、王鸿泰主编：日常生活的论述与实践 [C]，台北：允晨文化实业股份有限公司，2011 年版，第 366 页。

书中呈现的身体知识的掌握。作者对生活隐私领域的入侵，正是基于他对这一领域知识的占有。

需要说明的是，本研究将研究范围聚焦于小说与共同知识型之晚明类书之身体交集，以及这种交集发生之后，身体在小说叙事中的呈现样态，借助共生材料中的身体知识来理解文本中的叙事设计；目的不是或不仅是要在二者之间找内容上的印证。因为内容本身如何只存在于历史之中，是"物自体"般的存在；它被作者如何以他理解的方式赋予形式并加以利用才是笔者所关注的问题。

最后需要讨论的是，研究者对于明清民间日用类书作为一种书籍类型的演变问题，一直以来相对重视不足。将明清民间日用类书视为同质的材料，将明清二朝视为一个历史单元而将其板结化，易导致对明清时期各自问题判断的失误。最明显的一个问题是：万历中期产生的最早一批民间日用类书中某些项目丰盛的门类，如涉及天文、历法、命理、相法、风水、风月、医疗、祛病、养生、健生、律法等门类，为何在后世内容被大量删减甚至整个门类被完全删除？用"因不适合时代需要而被删减"这样过于简单化的方式来回答或解释这一问题恐怕是远远不够的。

尤陈俊对明清日用类书中的律学知识及其变迁的研究为尝试解答上述问题提供了一个典范。由宋至明清时期，所谓的民间健讼风气兴盛。万历年间民间日用类书的律法门或状式门都收录有撰写词状的内容，均提供详尽的解说与适合各种案情的书写范本，入清以后被大幅删减，直至全部消失。根据尤氏的研究，导致这种变化的根本原因是乾隆七年（1742 年）颁布的民间讼学知识传播禁令，将所有构讼之书查禁销毁，不许售卖。晚明以降讼学知识广泛流布的情况因清政府的高压政策发生了根本性的转变，而此类内容在为谋利而生产的民间日用类书中亦不复再见。①

由上述例证可见，通过研究民间日用类书系统进入清代后——甚至崇祯年间就已开始的——变迁，并反观万历年间诞生的这批书籍，更能看清晚明民间日用类书乃至整个晚明商业出版业所承载知识的特殊性：在入清后，在政治统治日益强大有效的社会中，这类属于正统知识库之外另一体系的知识之异质性终于显现了出来。在足够强大的权力面前，它们的不合作姿态、不和谐声音、暗伏的颠覆性力量得以凸显，并因而无法继续被容纳在"民间日用类书"的名目之下。

需要指出的是，特定门类在后世被大规模删减的命运，并不意味着这些门类下的知识内容本身消失，而是说明如何看待这些知识的态度发生了变化、它们被认知的方式发生了变化。在产生之初的五十年间，它们作为拥有印刷文字形体的知识门

---

① 尤陈俊：明清日常生活中的讼学传播——以讼师秘本与日用类书为中心的考察，法学［J］，2007（3），第71—80页。

类被认识。风月、风水、巫医、牌技、酒令之类的理论、实践或娱乐内容，竟可与天文、史地、职官等自类书成为以官修方式被生产、为皇帝与大臣提供参考服务的特殊产品时就一直被保留下来的正统权威门类并列。不仅如此，拥有大量天文祥异、谶纬解释与专业学理的天文历法部门可以被平民了解，并以民间的方式来解释各种自然现象。只有高度追求商业化利益、法制松弛的社会，与传统官方精英立场所暗含的等级价值观不相符合的民间日用类书门类与内容的平行建构才有可能。当维持条件不再，那些异质性知识内容只能被陆续驱逐出印刷品、文字权威或被认为是知识的行列，化为阴暗、神秘、迷信的语言漂浮在口头传承的系统中。

而与上述变迁同步发生的是《金瓶梅》词话本被删改、被埋没，以及实存版本的反复被禁的历史。一部讲故事的小说为何被禁？因为写了不该写的东西。什么是不该写的东西？回答这一问题的资格掌握在特定社会与文化的支配权力手中——这一权力未必就是政治权力——正是这一权力决定民间日用类书应该容纳什么样的知识内容。

两种书的命运印证了知识型的变化。那些后来被驱逐出民间日用类书的内容中，很大一部分正是与本文关键词之一的身体直接相关的知识门类。反过来看，晚明这一时期，与身体有关的知识在此类书籍中所占比例尤其大。知识快速增长与人的欲望的增长成正比，因为正如前文已经论述过的，求知的欲望与窥看的欲望本身是结合在一起的，而《金瓶梅词话》中唯一指明识字的女性角色潘金莲正是小说中名誉最恶劣的"淫妇"，这并不是纯粹的巧合。

如果向叙事学求助，罗宾·沃霍尔 (Robyn R. Warhol) 在前人观点基础上提出的"不可叙述之事"(the unnarratable) 这一概念也许可以帮助我们思考《金瓶梅词话》与晚明日用类书中身体的角色。沃霍尔对现实主义小说中几种不同的"不可叙述之事"作了区分：(1) 不必叙述者（the subnarratable）：因属"常识"而不必表达；(2) 不可叙述者（the supranarratable）：因为无法用语言表达而不能讲述者；(3) 不应叙述者（the antinarratable）：因为社会常规不允许而不应被叙述；(4) 不愿叙述者（the paranarratable）：因为遵守常规而不愿叙述的事件等。①

《金瓶梅词话》的叙事特点之一就是突破了许多不可叙述的界限，模糊了可被叙述者和各种不可叙述者之间的固有陈规，而身体往往正是双方拉锯的地带，以致这部小说中身体话语极为丰富，值得深入分析。

---

① ［美］罗宾·R.沃霍尔：新叙事：现实主义小说和当代电影怎样表达不可叙述之事，［美］James Phelan, Peter J. Rabinowitz 主编：当代叙事理论指南 [C]，申丹等译，北京：北京大学出版社，2007 年版，第 241—256 页。

人工智能时代新闻传播学教育的机遇与未来

邵　静*

摘要：人工智能技术的快速发展，不仅改变了新闻传播产业，更为新闻传播学教育带来了诸多契机：人工智能技术不仅起到了一定的"赋能"作用，直接推动新闻传播学教学环境与教育实践的改革，还通过对产业的影响"倒逼"新闻传播人才培养方案制定、融合专业建设等宏观教育决策的改革。在新文科建设的大背景下，我国新闻传播人才的培养因人工智能的发展而出现了新特色、新机遇：从数字校园到智慧校园，从阶段学习到终身学习，从出色人才到卓越人才，从专业分隔到专业融合，从借鉴西方到中国特色层层递进。在阔步发展的当下，我们仍然需要关注对技术论的警惕（人工智能是否有能力、有必要渗透、影响甚至统一所有学科）、对学科繁荣与学术繁荣关系的认知（学科繁荣是否等同于学术繁荣）等问题，理性、全面思考新闻传播学教育的未来。

关键词：人工智能；新文科；新闻传播学教育

近年来，人工智能、大数据、算法、深度学习等概念不断出现在人们的视野中，并且以十分引人注目的方式影响着各行各业。在新闻传播行业中，人工智能更是以迅雷不及掩耳之势渗透至新闻生产与传播的各个环节中，这些"渗透"主要表现在以下几个方面：第一，基于机器学习、语音识别、语音转换、自然语言生成与处理等技术的"快速的采稿、写稿环节"；第二，利用自然语言生成和处理技术而形成的"动态的新闻编辑环节"；第三，利用引擎推荐、文本分析 NLP 技术所实现的"高效的新闻分法环节"；第四，建立在文本分析 NLP 技术上的"高质量的新闻评论环节"。① 难怪叙事科学的联合创始人克里斯·哈蒙德（Kris Hammond）会有这样的预

---

* 邵静（1982—），女，江苏淮安人，浙江外国语学院中国语言文化学院副教授，研究方向为传播学理论，影视传播学。
① 陈昌凤、霍洁：以人为本：人工智能技术在新闻传播领域的应用 [M]，新闻与写作，2018（8）：54—59。

言："总有一天，机器会赢得普利策奖。"

在这一大背景下，新闻传播专业的就业前景不断被人唱衰，毕业生找工作难更是随处可见的事实。然而，腾讯新闻发布的《中国传媒人才能力需求报告》（2018）中却称，猎寻到优秀的媒体人才一直是传媒业用人方的一大难事。随着传媒行业不断变革，技术飞速更新，我国传媒行业不缺人，真正缺少的是适合传媒岗位需求的人才。当前和今后一个时期，我国传媒行业人才问题，供给和需求两侧都有，但矛盾的主要方面在供给侧。[①]那么，作为"供给新闻传播人才"的新闻传播学教育界，该如何应对这一现实？2020 年 11 月，全国有关高校和专家共同发布的《新文科建设宣言》给我们带来了诸多启发：包括人工智能在内的现代信息技术对文科教育有"赋能"作用；人工智能、大数据等现代信息技术可进一步与文科专业深入融合，推动原有文科专业的改造升级；以大数据为基础的文科教育质量常态检测体系则能够促进文科人才培养能力的持续提升。[②]现代信息技术不仅可以直接作用于新文科教育教学实践，还可以从宏观层面影响新文科专业的建设与人才培养方向。

一、人工智能"赋能"新闻传播教育教学环境与手段

好的教学环境是促使当下我国新闻传播学教育持续发展的重要基础，影响新闻传播学教育的教学环境可大可小，而无论怎样界定，"大学校园环境"总是其中不可忽视的一个面向。大学中是否有宽敞明亮的多媒体教室，是否有座位充足、检索便捷、环境优雅的图书馆，是否有科学合理的文献检索服务和文献传输系统等等，均是判断大学是否适合学生完成学习目标、有助教师完成科研目标的重要的硬性条件，而这些"环境硬件"大多可纳入数字校园建设之中。

1990 年，美国克莱蒙特大学的教授凯尼斯·格林主持的一项名为"信息化校园计划"大型科研项目，首次提出了数字化校园的概念，并打开了信息技术进入校园并用于学校管理的大门。数字校园就是学校教学、管理的信息化，它随着信息技术发展的不同阶段被赋予了不同层次、不同深度的内涵。发展到今天，数字校园更多地表现为校园信息化平台，它主要基于互联网，具有统一性、整体性的特征。一般的"数字化校园"建设很多是建立在多媒体教室数量、电脑数量、数据库数量、实验室数量等量化指标之中，对于新闻传播这一实践性较强的专业来说，数字校园的建设必不可少。然而，因人工智能技术的快速发展，媒体融合层次的进一步深入，对高校中的新闻传播学科来说，相关教学设施和硬件基础的更新换代也将越来越频

---

① 刘蒙之、刘战伟：2018 传媒业需要什么样的人才？——腾讯新闻发布首份传媒人能力需求报告[M]，城市党报研究，2018 年第 3 期，第 20—33 页。

② 新文科建设宣言，2020 年 11 月 3 日。

繁，然而，仅将模拟、重复、重速度、讲效率、结果导向、重视"程序设定"与"突破性"的指标应用至"数字校园"建设之中，只会造成不必要的浪费，各种实验室建设、硬件设施的配置等均需要在合情、合理、合规的前提下进行。

在人工智能的大背景下，我们不仅要重视数字校园的建设成果，更要进一步探索和试水"智慧校园""智慧学院""智慧学科""智慧课程"等的建设，推动人工智能、大数据、云计算和虚拟现实等与"智慧校园"建设相关的现代技术在新闻传播学教育中的应用，注重教学过程中的综合性、系统性，突出网络化、智能化和个性化的教育教学特征。具体的设想为：在"智慧校园"建设的初级阶段，借助"数字校园"中的硬件建设成果，逐步降低教师的"权威性"，真正将学习主动权交由学生掌握，培养学生"自主学习"的能力。在目前的新文科建设中，不少教师已经意识到了这一点，在该"下放"权威和主动权时适时行动，平衡学生的口头表达、价值判断、深度思考、业务实践等能力，在教师主动改变的同时推动学生角色的调整。

在"智慧校园"建设的中期阶段，逐步突破"数字校园"的藩篱，突出人工智能技术起到的"助手"作用，将大数据、云计算等技术应用至学生个人的学习过程之中，为每位学生制定个性化的学习目标、学习任务、实践内容和考核内容，显著提升学生的学习效率。2020年的新冠疫情使得高校中的"网络课程""混合课程"等逐步开展，为教师利用网络技术授课，利用大数据技术搜集学生学习动态奠定了基础，学生的许多"个性化"学习数据也被逐步收集与整理，但在该阶段，学生主动学习过程中的"个性化"元素展现得还不够充分，学习链前端的"自主性"还要进一步强化。

在"智慧校园"建设的完善阶段，学校将逐步打破教学班、专业、学科、学院等形成的人为壁垒，进一步联通校内、校外相关资源，拆除"围墙"、修建"公共空间"，将"自主学习""终身学习"的概念融入新闻传播学教育的全过程中，彼时的校园已经没有围墙，学生的年龄也没有严格的限制，学科间的分隔也不必泾渭分明，业界与学界的合作将更为深入……可以说，建设"智慧校园"的过程，就是逐步将校园建设中的"机器思维"转变为"人类思维"的过程，是一种借助现代科学技术，全面发挥人类主动性和创造性的过程。

二、人工智能促进差异化竞争，有助新闻传播"卓越人才"的培养

无论是机器学习、引擎推荐，还是语音识别、语言生成、文本分析 NLP 技术，它们几乎都是建立在大数据收集、深度学习以及快速计算的基础之上的，属于"纯粹的脑力和计算能力"。"就像我们的祖先无法与蒸汽机沿铁轨比赛拉煤一样，我们

也无法与思维机器在纯粹的脑力和计算能力上竞争。"① 这些人类与人工智能之间显而易见的差距给我们带来了隐隐的不安：新闻传播全链条之中的"人工智能元素"在不断增加，而无论是身处新闻传播行业中的业界人士，还是为新闻传播行业输送人才的高等教育界，似乎并没有做好充足的准备。

如果说，新闻从业者能够在技术培训与相应的新闻实践中实现分层次、分阶段的短期适应与突围，新闻传播教育界则更加任重而道远：它们不仅负责为不断变化的新闻传播业界输送合格人才，还决定着新闻从业者与人工智能相互协作的方式与程度，甚至影响着新闻传播行业的未来发展。人工智能对新闻传播行业的影响，像是站上了起跳器，其巨大的作用力显著地体现在了新闻传播教育的人才培养目标、方案、专业融合等层面。

目前，人工智能所涉及的有限范围的自助报道无法代替受众对新闻信息的"深入需求"。针对人类深度的、解释性的新闻信息需求，人工智能目前还无力渗透：尤其是各类能够解决人类"深度"新闻需求的调查、解释类报道，以及针对小众人群的专业新闻报道等均属于目前人工智能有限范围的"自助报道"所无法完成和无力替代的领域。此外，人工智能所涉及的浅尝辄止的协助报道无法满足受众对新闻报道的"创新性需要"。人工智能对新闻报道进行"协助"的播报、剪辑、形式展现等领域还是显得十分稚嫩。人类对网络媒体的互动性、创新性、体验性的探索，也将不断拓展新闻的内容、形式与传播渠道，而这些探索，仍然需要以"人类"视角和主观能动性为基础，"以人为本"仍然显得尤为重要。另外，人工智能带来的效率至上的机器算法无法理解受众传播行为背后的"真实动机"。借助"大数据""机器算法"能够探测不同数据的数量多少，能够获取数据与数据之间的显著联系，甚至能够图解各种现象和趋势……然而，通过主观、个性的"判断"去理解受众传播行为背后的"真实动机"却不是人工智能的强项。人类选择、屏蔽、解读特定新闻报道的原因与方式，依旧需要使用到独特的"人类"思维去理解、操作和解释。当前，人工智能与人类间的互助与协作仍然必不可少。

新闻传播学领域中人工智能的应用基本属于"专用人工智能"领域，即针对新闻采写、编辑、剪辑、分法等特定环节，利用机器学习、语言识别、图像识别、自然语言处理等特定技术"辅助"人类进行新闻报道，此时的人工智能仅是人类智能在机器上的"模拟"，其本质上还是一种"机器智能"。② 人工智能并不能用程序直接

---

① ［美］约瑟夫·E.奥恩（Joseph E.Aoun）：教育的未来——人工智能时代的教育变革 [M]，李海燕、王秦辉译，机械工业出版社，2019 年版，第 24 页。

② 安伟：机器、动物与人类思维的本质与边界 [J]，中国社会科学网，2019-4-1，http://cssn.cn/shx/201904/t20190401_4858392.shtml?from=timeline

模拟人的逻辑规律与智慧，人类对大脑工作机理的认识尚浅，计算机走的几乎是完全不同的技术道路，"虽然深度学习从生命的生物机理中获得灵感，但它与大脑的实际工作原理差别非常非常巨大"①。可以说，新闻传播领域中"人工智能"的"能"与"不能"的界限，就是由这种"差别非常非常巨大的工作原理"导致的，是"机器模拟能力"和"人类创意能力"间的界限。

在很多重复性、机械性的工作可被人工智能替代的前提下，我们需要充分发挥新闻传播人才的独特优势，逐步推进卓越新闻人才教育培养计划2.0。2019年4月29日，教育部、中央政法委、科技部、工业和信息化等部门于天津联合召开的"六卓越一拔尖"计划2.0启动大会上提出，要按照《加快推进教育现代化实施方案（2018—2022年）》要求，全面实施"六卓越一拔尖"计划2.0，发展新工科、新医科、新农科、新文科，推动全国高校掀起一场"质量革命"。并不完全等同于"通才"，"通才式"培养目标是新闻传播教育的理想教育目标，但培养"通才"的战线长、难度大，新闻传播学教育的目标"也许并不在于让新时代的记者在新闻第一线总是身兼数职，而更多的是要让他们形成一种多媒体的思维方式，使他们面对一个新闻题材时可以很快地做出判断和选择，规划出用多种媒体手段进行报道方案"②。也正如深圳大学传播学院教授辜晓进所言："我们教新闻的很多老师都曾干过新闻，大家都知道，（记者）到最后比拼的就是突破能力。"③而这里提及的"选择与判断能力""突破能力"显然是新闻传播学教育中更应重视的内容。为此，推进卓越新闻人才教育培养计划2.0，全面提升人才培养能力，不但要培养学富五车、琴棋书画都会的全才，还要培养偏才、怪才甚至鬼才，培养学生成为站在行业前沿，具有国际视野和能力的优秀人才。④要充分挖掘"卓越人才"身上的人类专属"创意能力"，与人工智能展开全面的"差异化竞争"，在这一竞争状态下，人类恐怕无法在"专用领域"内超越人工智能，但在长期的素质、创意、价值、判断等能力的培养中，符合"卓越人才"标准的新闻传播人才必将在与"人工智能"的错位竞争中取胜，在新闻传播行业中站稳脚跟。具体说来，高校新闻传播人才的培养首先应以马克思主义新闻观为指导，在新闻生产与分发环节牢牢把握"方向观"，引导新闻传播者的新闻理想与职业操守，在此基础上，规范新闻传播者的职业行为，在"人工智能"无法把握的"舆

---

① 机器之心（微信公众号），2015年2月，IEEE深度对话Facebook人工智能负责人Yann LeCun：让深度学习摆脱束缚。

② 彭兰：媒介融合时代的合与分，转引自辛欣、雷跃捷：中外新闻传播教育发展研究[M]，中国传媒大学出版社，2009年版，第198页。

③ 出自深圳大学传播学院辜晓进教授在2020年11月举办的"中国新闻史学会新闻传播教育史研究委员会2020学术年会"上的发言。

④ 吴岩：加强新文科建设 培养新时代新闻传播人才[J]，中国编辑，2019（2）：4—8。

论引导""宣传导向"等层面充分发挥新闻传播卓越人才的优势；同时，对中国国情的了解与熟知、对中华优秀传统文化知识的储备，也成为新闻传播卓越人才必须具备的基本素质，是新闻传播卓越人才向世界讲好中国故事、传播中华文化的前提，是人类创意与人工智能展开差异化竞争的重要方向。

三、人工智能推动媒体融合，助力新闻传播学的"跨学科"发展

人工智能对新闻传播产业的影响可直接体现在媒体融合的大趋势之中，媒体融合不仅仅是指传统媒体在内容生产和传播渠道方面与网络新媒体间的融合，还指的是一种"深度融合"，是媒体的功能、渠道、传播手段、组织架构、产业形态等诸要素与通信行业、计算机行业等跨行业的有效结合，最终形成资源共享的多形态传播产品和传播平台。① 媒体需要"融合"，新闻传播人才则需要"复合"，对"复合型人才"的渴求，成为很多教育者们的心声，人工智能、大数据等现代信息技术可进一步与文科专业深入融合，推动原有文科专业的改造升级②，这也成为推动新闻传播学科"跨学科""交叉学科"趋势的直接推动力：我们不仅需要推进文科与文科间的融合，还要推进工科与文科、农科与文科、理科与文科的融合，"学科边界真正打开之后，学生会赶到八面来风，学生的视野开阔了，会加速接受主体专业知识体系与多元知识图谱的交叉融合，从而催生出'独到性'这种东西，这将会是一切创新的真正起点"③。

然而，当前新闻传播业界和学界对媒体融合的理解不够深入，很多时候，媒体融合被看作简单的媒体技术层面的连接、交叉与结合，"复合型人才"也被简单理解为"技术＋人才"，即一味重视对学生技术层面的培养而舍弃了它与各类素质、创意和价值判断间的平衡。早在 2005 年 11 月北京举办的首届新闻学院院长国际论坛上，来自中国和国外近六十家新闻院系的院长、系主任和负责人士便共同签署了国际新闻教育界的第一个共识性文件——《北京共识》。这个文件描述了新闻教育的目标：新闻教育的核心任务是培养具有神圣的社会责任感、宽阔的国际视野、深厚的文化修养、科学的思维方法和精湛的专业技能的新闻工作者。④ 在人工智能显著影响新闻传播行业的当下，这五条教育目标仍然不过时。在这些目标中，仅有"精湛的专业

---

① 《新闻学概论》编写组：新闻学概论（第二版）[M]，北京：高等教育出版社版，人民出版社 2020 年版，第 78 页。

② 新文科建设宣言，2020 年 11 月 3 日。

③ 出自河北大学新闻传播学院白贵教授在 2020 年 11 月举办的"中国新闻史学会新闻传播教育史研究委员会 2020 学术年会"上的发言。

④ 雷跃杰：我国新闻传播教育的目标和方法 [J]，现代传播（中国传媒大学学报）2011（7）：14—16 页。

技能"的学习较为看重速度、效率和突破性，且可被学生本人、教师、用人单位等精准量化和检测，属于"机器思维"下的教育目标展现，在人工智能不断发展的当下，这类技能很容易被赶超甚至替代；而其他四项目标均可归入"人类思维"型的教育目标之中：重视过程教育，强调"道德反思"与"合理性"，不过分强调阶段性的量化与检测，是人工智能技术发展的薄弱环节，亦是人类与人工智能"错位竞争"中容易取胜，且必须取胜的环节。而当前，在"技术＋人才"目标的引导下，新闻传播学教育中盲目强调招生规模、专业扩展、跨学科建设，课程设置缺乏科学性、系统性的情况屡见不鲜，"批量生产"的教育目标凌驾于"合理定制"之上，很多学生在"技术决定论"的环境下度过了大学四年，最终将自己的视野局限在"学会了几门网络技术""摄影水平提升了多少"上，这显然背离了新闻传播学培养"卓越人才"的目标与初衷。

此外，不少高校陆续推进的包括新闻传播学在内的"应用型"专业建设，虽然在一定程度上响应了人工智能背景下新闻传播行业的整体需求与趋势，带动了学科融合、专业融合和课程改革，而这种响应与带动往往缺乏与业界的深度沟通，与实际的产业变化相脱节，同时，也缺少对单个媒体、某一地区媒体、某一类媒体的具体技术、理论与实践需求的把握，人才的社会适应能力不强。依据技术导向需求新建的各类具有"跨学科""交叉学科"性质的新专业、开设的新课程、开展的新改革等，往往忽略了本单位内部的包括教师结构、教师教育与学科背景、能够承担新课程的能力等在内的教学、科研的实际能力，本单位教师无法胜任的教学任务，只能聘用诸多外系、外校跨专业教师教学，课程教学内容很难高度贴合学生实际水平、能力与需求，教学效果不佳。此外，"应用型"专业建设的适用性和效果检验更多地表现在学生毕业之后的就业、工作环节之中，无法具体地、生动地在在校学生的知识接受和反馈过程中直接体现，效果反馈是延时的、有限的。

以上现象不仅提醒我们要打造"术理兼备，文武双全"的师资队伍，突破国内新闻院系在师资队伍方面存在的"重理论、轻实践"的顽疾[1]，同时警醒我们关注：我国一些高校在恢复发展文科过程中，常常不是从这些学科自身的价值与学校应该承担的社会责任出发，也不是在充分论证和全面衡量自己的实力、水平和各方面条件之后的理性决策，而是盲目跟进市场的热点和办学效益的需要，设置一些哗众取宠的专业，开设一些名不副实的课程，结果造成文科设置的从众攀比，文科净化人心的目的远未达成。[2] 为此，新闻传播学界不断呼吁产、学、研、用的"协同育人"

---

① 韦路、李佳瑞：中国特色新闻学教育的特色与路径：中美比较的视角 [J]，全球传媒学刊，2020 (3)。

② 操太圣：知识、生活与教育的辩证：关于新文科建设之内在逻辑的思考 [J]，南京社会科学，2020 (2)：130—136。

方式，同时，呼吁真正的"实践型"学科、专业、课程等的建设。除了现有的校外媒体实践外，应建构"校内—域内—国内—国际"四大层次实践体系，特别要加强校园媒体实践①，努力将人才培养与产业实践相结合的部分挪向人才培养链条的中端，甚至前端，由此不断提升新闻传播人才的生存力、适应力和竞争力。

四、结语：理性思考人工智能时代的新闻传播学教育

对人工智能背景下新闻传播学教育的探讨，不仅需要将其嵌入科技发展的洪流之中，更需要提升新文科建设这一时代背景的重要地位。人工智能不仅"赋能"新闻传播教育本身，还通过对新闻传播业的影响反作用于专业教育。以人工智能为代表的科学技术在新闻传播学教育改革中地位显著，有时，"技术 +"甚至主导了学科融合、专业升级、课程设置与教学改革。技术是否真的有能力，且有必要全面渗透至这些环节？在不断强调教育中的技术因素、机器思维时，作为教育主体的"人"的作用又将通过何种途径强调与展现？人类创意、人类思维的出路又在哪里？对相关法律法规、伦理道德、价值判断等的重视，是否也应该适时地渗透到新闻传播学的教学过程之中？科学技术为新闻传播学带来的，不仅是进步，更应是反思。

早在 1986 年，彼得斯便撰文表达了他对传播学作为一门"学科"的批判态度，他指出，传播学的危机根源在于"传播学学术体制建设的封闭性"与"传播学术研究范围的广阔性"两者之间形成冲突。②如今的中国，新文科建设如火如荼，它试图打破各学科学术体制建设的"封闭性"，以追求更为开放、融合、交叉的新文科未来。在追求学术体制建设的"开放性"的同时，我们仍然需要追求"学术研究范围的广阔性"，因为学科的繁荣并不能等同于学术繁荣，而做到学科与学术，业界与学界的双赢才是新文科建设的理想目标。此外，新文科背景下传媒教育（新闻传播教育）的转型也应注意防范学科资源整合的过度，传统的传媒教育（新闻传播教育）在学科的资源整合后应该掌握一定的学术话语权，避免因过度整合而带来学科危机。③

先进的科学技术为我国新闻传播学教育插上了双翼，新文科建设的推进则为其提供了自由翱翔的天空。"不忘本来，吸收外来，面向未来"，中国新文科建设从这里起航④，人工智能时代中国新闻传播学教育的未来，也将从这里开始！

---

① 韦路、李佳瑞：中国特色新闻学教育的特色与路径：中美比较的视角 [J]，全球传媒学刊，2020（3）。

② ［美］约翰·彼得斯：对空言说：传播的观念史 [M]，邓建国译，上海：上海译文出版社，2017年版，译者导读，第 14 页。

③ 孔令顺、王晓冬：新文科背景下的传媒教育转型 [J]，教育传媒研究，2020（2）：19—22。

④ 新文科建设宣言，2020 年 11 月 3 日。

移动互联网时代媒介素养的新内涵

胡　特*

摘要：通过对媒介素养概念发展过程的梳理，我们不难发现，这一概念与媒介技术的演进、媒介环境的变迁、媒介使用者地位的改变呈共变关系。互联网时代媒介素养研究渐渐归于沉寂，其原因在于原有的媒介素养理论框架无法适应媒介技术的发展和媒介环境的变化。通过引入"赛博人"和"驯化"两个关键概念，本文试图在移动互联网时代全新的媒介环境中，重新认识媒介使用者及其媒介使用行为。所谓"赛博人"，是移动互联网时代的行动主体。他们通过"驯化"电子器官，实现了技术与身体的互嵌。在"驯化"电子器官的过程中，赛博人需要特定的知识和技能来理解和处理技术与肉身的关系，实现自我发展进而自我解放，避免被新媒介技术控制和收编的可能性。这种知识和技能共同构成了移动互联网时代媒介素养的新内涵，其核心是对反思性的培养和对主体性的强调。以此方式重新认识媒介素养，有可能打开相关研究的新局面。

关键词：媒介素养；移动互联网；智能手机；赛博人；驯化

1997 年，卜卫在《现代传播（中国传媒大学学报）》发表论文《论媒介教育的意义、内容和方法》①。之后，宋小卫又引介发表了《英国的媒介素养教育：超越保护主义》②《学会解读大众传播——国外媒介素养教育概述》③ 等论文，向国内传播学界引入了媒介素养的概念和相关理论。由此，媒介素养进入了国内主流传播学研究的视野，

---

* 胡特（1984—），女，陕西汉阴人，浙江外国语学院中国语言文化学院讲师，研究方向为新媒体与社会变迁，媒介素养。

① 卜卫：论媒介教育的意义、内容和方法 [J]，现代传播（中国传媒大学学报），1997（1）：29—33。

② 宋小卫、大卫·帕金翰：英国的媒介素养教育：超越保护主义 [J]，新闻与传播研究，2000（2）：73—79。

③ 宋小卫：学会解读大众传播——国外媒介素养教育概述 [J]，当代传播，2000（2）：61—63；2000（3）64—65。

产生了丰硕的研究成果。学者们致力于对相关理论进行本土化，展开描述性的实证研究，进而推动国内媒介素养理论研究及研究成果在实践层面的应用。然而，近年来，媒介素养的相关研究和实践项目均渐渐归于沉寂。究其原因，与媒介技术的演进和媒介环境的飞速变化有着莫大的关系。本论文试图着眼于媒介环境变化和媒介素养理论及相关实践的共变关系，探索在以智能手机等移动数据终端成为主流媒介的移动互联网时代，媒介素养这一概念的新内涵。

美国传播学者保罗·莱文森将媒介发展进程划分为传统媒介、新媒介和新新媒介三个阶段。其中，传统媒介指的是互联网出现前的所有媒介，新媒介的界定性特征是"按照使用者方便的时间去使用"，代表性的媒介是电脑。而新新媒介的核心特征则是"每个消费者都是生产者"①，智能手机的普及使得新新媒介产生了广泛的影响力。不难看出，三阶段演进的过程，即是受众，或媒介使用者选择权和自主权不断加强的过程。这体现了媒介技术的发展逐步实现对媒介使用者的赋权（empowerment），同时也对媒介使用者使用媒介的能力提出越来越高的要求。所以，媒介素养这一概念的内涵，必然随着媒介技术的演进而不断发展。本文将以此为框架，对相应阶段媒介素养理论和实践进行梳理，揭示其共变关系，特别关注"新新媒介"阶段媒介素养概念的演变和发展。

一、大众传播时代媒介素养概念的演变

在追溯媒介素养概念发展的起点时，大量研究都指向了利维斯和桑普森1933年出版的《文化与环境:培养批判意识》②。黄旦等学者注意到，媒介素养概念的诞生和发展，与当时"英国报业发展迅速:报业集团急速增长，报纸销量大幅上扬，广告业蓬勃兴盛，尤其是通俗报纸的'媚俗化'倾向严重"的背景密切相关。在这样的背景下，基于保护主义的媒介素养教育兴起。学者们认为，媒介教育和"接种免疫"类似，应帮助学生"汲取经典传统文化的养料，抵制媒介文化的诱惑"。③

而随着电影的出现和兴盛，这一观念逐渐发生变化。因为电影作为一种媒介技术，提供了进行艺术创作的可能性，故电影作品未见得一定是文化工业产品，也有可能成为流传甚广，影响深远的影视艺术作品。所以，传统的经典文化和新兴的媒介文化之间，精英文化和通俗，或是低俗文化的对立不再尖锐，两者的评判标准和

---

① ［美］保罗·莱文森：新新媒介（第二版）[M]，何道宽译，上海：复旦大学出版社，2014 年版，第 5—7 页。

② 宋小卫、大卫·帕金翰：英国的媒介素养教育：超越保护主义 [J]，新闻与传播研究，2000（2）：73。

③ 黄旦、郭丽华：媒介教育教什么？——20 世纪西方媒介素养理念的变迁 [J]，现代传播，2008（3）：120—123。

界限也变得模糊。所以，这一阶段媒介素养的理念，也从"保护"转向"选择"，即受众选择优质媒介内容的能力。

电视的出现使得媒介素养的内涵发生了进一步的变化。作为"传统媒介之王"，电视的传播效果和社会影响不容小觑。而电视的内容生产，涉及复杂的意识形态、经济和技术因素的相互影响。所以，有学者指出，媒介教育应以理解"再现（representation）"为起点和中心，即帮助媒介的使用者理解媒介内容的生产机制和媒介表达背后意识形态的力量和经济、政治因素的影响①。而"理解"的能力，亦是媒介素养更高层面的要求——"批判"的基础。

有学者将上述媒介素养理论和媒介环境共变的关系概括为四次"范式转移"②，进一步指出，在经历了保护受众，教育受众，培养其选择、理解、辨别和反思批判的能力后，媒介素养的范式转向鼓励受众积极进行社会参与和社会行动。这表明，随着媒介技术的演进，受众对媒介技术的认识逐渐加强，媒介内容影响受众的方式也更为多元。而媒介素养研究者们对受众的认识也在逐渐加深，对媒介技术政治内涵和文化内涵的探讨逐渐深入。于是，他们看到了受众强大的主观能动性。他们不仅可能对文本展开多义解读，亦有能力对媒介技术加以"驯化"③。同时，学者们也看到，随着媒介技术在可接近性和互动性方面的发展，大众传播主体和受众之间的博弈关系日益复杂，而蕴含其中的，即是社会参与和社会行动的可能性。所以，媒介素养的目标不只是保护受众免受大众传播的消极影响，其目标应该更为多元，且随着媒介技术的变化而不断调整。综上所述，"媒介教育理念的变化历程，实质上就是对大众媒介及其文化认识变化的过程"④，而媒介技术和媒介环境的持续变化，也就决定了，媒介素养的内涵并不是固定不变的，在以智能手机等移动数据终端为主流媒介的移动互联网时代，需要再次探讨媒介素养概念的新内涵。

二、互联网时代的媒介素养

沿着上述理论脉络梳理，我们期待看到的，是在互联网时代，随着受众身份转化为用户，技术赋权的结果日益显现，媒介素养的概念能够得到进一步的延伸和发展，然而，2015 年以后，在学术界产生广泛影响的媒介素养研究逐渐减少，传播学

① Len Masteman. *A Rationale for Media Education. In Robert Kubey(ed), Media Literacy in the Information Age: Current Perspective*[M]. New Brunswick: Transaction Publishers, 1997。

② 陆晔：媒介素养的全球视野与中国语境 [J]，今传媒，2008（2）：11-14。

③ Morley D and Silverstone R. Domestic Communication-Technologies and Meanings[J]. *Media Culture Society*,1990(12).

④ 黄旦、郭丽华：媒介教育教什么？——20 世纪西方媒介素养理念的变迁 [J]，现代传播，2008（3）：120—123。

界对此议题的关注度开始下降。而且，关于媒介素养的最新研究多集中分析层面，新媒体时代，媒介素养的实证研究并不常见①。国内虽有少量实证研究开始把媒介素养与粉丝文化等新兴的文化现象结合②，或描述未成年人的社交媒体使用行为③，然而，更多的研究是在结论中将媒介素养作为一计万能灵药，在面对新媒体时代媒介使用者的种种问题时，将提高媒介素养作为解决方案，却鲜有涉及如何以具体的行动切实地提升媒介使用者的媒介素养，甚至连新媒体时代的媒介素养是什么也鲜有定论。似乎在"四次转向"之后，这一领域再无新的突破。简而言之，目前这一领域的困境在于，理论层面无法解决"在以移动数据终端为主导的新媒介环境中，是否需要重新界定媒介素养这一概念"的问题，在实践层面亦未能回答"面对不断变化的媒介环境，如何更好地进行媒介素养教育"的问题。

不过，仍然有学者试图结合新媒体技术的发展，更新媒介素养理论。比如，卢峰就试图在"能力"和"过程"两个层面梳理现有媒介素养的理论，在此基础上，结合新媒体技术的发展，提出"媒介素养之塔"的理论框架。在这个理论框架中，卢峰"将媒介素养由低到高划分为媒介安全素养、媒介交互素养、媒介学习素养和媒介文化素养四个层次"，同时将每个层次素养的学习目标"区分为知识、技能、能力和态度"。④ 这一理论框架突出了媒介素养的具体内容，意图体现对不同层次媒介使用者应有不同的要求，同时也体现了对媒介素养教育过程的重视。同时，这一理论框架也试图融入"赋权"和"解放"的关键概念，重视对新媒介内容的"参与"和"共享"。这一理论框架融合了关于媒介素养的早期理论和当下的理论发展，在当下的媒介素养研究中具有一定的代表性。然而，这一理论沿用了媒介素养研究传统的理论框架，并未注意到，以智能手机为代表的移动数据终端重构了当下的媒介环境，也重新定义了媒介使用者。换而言之，在经历了"去中心化—在中心化"的第四次传播革命⑤后，话语权力被重新分配，媒介使用者的身份由"受众"转变成了"用户"。他们积极地参与媒介内容生产、传播和消费的每个环节，重构了我们身处其中的媒介环境。因此，在基本概念的内涵被重构的情况下，以延伸原有理论框架的方式，不足以解释当下媒介环境中繁杂的媒介素养议题。

---

① Livingstone, S. Media Literacy and the Challenge of New Information and Communication Technologies[J]. *The Communication Review*, 2004(7).

② 如：马子涵：媒介素养视角下粉丝"控评"现状及路径探究 [J]，新闻研究导刊，2020（22）：82—83。

③ 如：杨苏丽、李永健：未成年人互联网"中介化"的社会交往和自我表达 [J]，青年探索，2020（6）：28—36。

④ 卢峰：媒介素养之塔：新媒体技术影响下的媒介素养构成 [J]，国际新闻界，2015（4）：133。

⑤ 李良荣：网络与新媒体概论（第二版）[M]，北京：高等教育出版社，2019 年版，第 5 页。

其实，在移动互联网时代尚未完全开启的时代，Livingstone 就指出，我们关于媒介素养的四元素定义，即"多语境下接近、分析、评估、创作的能力"，并不完全适用于描述互联网时代媒介使用者的素养。她指出，我们需要顺应技术发展的趋势，"超越技能的路径"，重新认识媒介素养。事实上，正是由于信息传播技术（ICT）的发展和转向，媒介使用者才有机会超越"在休闲时间看电视时需要注意什么"这样的问题，深入思考那些与信息处理能力息息相关的，渗入教育、工作、社交等日常生活方方面面的核心技能[①]。于是，媒介素养的核心研究议题随之转向，学者们更为关注的是，在新媒介环境中，媒介素养究竟是一种素养，还是多种素养的结合？新媒介环境所要求的媒介素养，是媒介素养读写传统的延伸，抑或是彻底地决裂？学界引领、批判，抑或是补充媒介素养相关政策的制定？[②]

显然，目前媒介素养相关的研究并未能很好地回答如上问题。不仅如此，另一个大众传播时代就存在，且被明确提出的问题，在互联网时代依然存在，甚至更为明显。那就是，"媒介（素养）教育看上去都是依附于其他学科的理论，唯独没有自己的。只有当其他学科有新的发展，它也才能向前走一步。既然是其他学科自己的新发现，自然已经看到了问题，那还需要所谓的媒介（素养）教育干什么？"[③]。对国际媒介素养研究成果的梳理也印证了这个问题的存在。据王云等学者进行的数据统计，2000 年到 2019 年间，媒介素养的研究成果多出现在教育学领域。传播学领域虽然也涌现出大量研究成果，但刊发论文的数量不及教育学领域的二分之一。此外，媒介素养的研究还出现在了语言学、信息科学和图书馆学、心理学、公众环境与职业健康、精神病学、保健科学服务、社会学等 69 个领域[④]。这组数据表明，媒介素养研究以跨学科为特征，但这也说明，媒介素养的研究议题在传播学领域的合法性是存疑的。

综上所述，在互联网时代，传播学领域的媒介素养研究并未取得新的突破，而是沿着大众传播时代媒介素养研究的传播路径向前延伸。这种研究方式并未充分考虑媒介环境的变化，以及媒介使用者身份的转变，故未能界定并解决媒介素养研究领域出现的新问题。不过，近年来，随着移动互联网的兴起，移动数据终端的普及，学者们得以重新审视关于媒介技术、媒介环境、媒介使用者及其相互联系的相关理

① Livingstone, S. *Young People and New Media*[M]. London: Sage, 2002.

② Sterne, J. Culture Policy Studies and the Problem of Political Representation[J]. *The Communication Review*, 2002(5):59—89.

③ 黄旦、郭丽华：媒介教育教什么？——20 世纪西方媒介素养理念的变迁 [J]，现代传播，2008（3）：120—123。

④ 王云、张旻旸、赵琳：21 世纪以来媒介素养研究现状与发展——基于 SSCI 期刊的可视化分析 [J]，山西师大学报（社会科学版），2021，48（1）：98—105。

论，探究当下媒介环境中独特的研究议题，获得了丰硕的成果。这些研究成果，对我们在移动互联网时代重新认识媒介素养这一概念创造了条件。

三、移动互联网时代的媒介素养

要重新认识移动互联网时代的媒介素养，首先需要厘清的是，媒介素养是关于媒介使用者及其信息处理能力的概念。所有关于媒介素养的设问，都是以人为核心，以其能力为指向的。而技术赋权，讨论的是媒介使用者意识其能力，并对此进行实践的可能性。所以，认识移动互联网时代的媒介素养，应从认识移动互联网时代的媒介使用者开始。

移动互联网时代的媒介使用者，以身体和技术的高度融合为特征。孙玮认为，这种"人和技术的互嵌"创造出的新型主体，即"赛博人"。"人和技术互嵌"的具体表现，就是以智能手机为代表的移动数据终端，不再只是一种仅具备工具属性的媒介技术，而是成为其使用者的电子器官。以此为基点，"技术辐射到日常生活的所有方面"，社会网络因此重组，传播网络和社会网络的碰撞创造出崭新的传播实践和社会形态，与技术融合的身体，成为链接实体社会网络和虚拟信息网络的界面。所以，"新媒体不仅仅是社交工具，更是人类存在的方式"①。"赛博人"概念的重要意义在于结合媒介技术的发展和媒介环境的变化，重新认识人的主体性，是形而上的理论建构。如果将这一理论成果引入对媒介素养的重新认识，则有可能超越从"受众"向"用户"转化，及如何适应身份转变这一传统的思路，从新的角度理解媒介使用者和媒介的相互关系，进而赋予媒介素养新的内涵。

如果说，从"受众"向"用户"转化，反映了经由技术赋权后，媒介使用者主动性和互动性的大幅度提高，那么，"赛博人"的概念则超越了描述媒介使用者的传统逻辑，不再将"受众"或"用户"作为研究和审视的对象，而是转换视角，认识并深入探索身体和技术融合后，作为行动主体的人，其存在方式和主体性的问题。传统媒介素养理论的经典设问是"如何保护受众不受大众传播媒介／互联网的消极影响"，而基于"赛博人"概念提出的问题，则应该是"人如何认识和使用其电子器官"——不再将人视为对象，而是回到（与技术融合的）人本身。

需要注意的是，身体的变化只是信息技术发展推动人类生活方式演进的起点。移动互联网时代的媒介使用者已实现了从血肉之躯向赛博人的转变，与此同时，其生活环境也不仅仅是实体空间，而是实体空间和赛博空间以作为节点主体的赛博人为界面不断转化。于是，这一阶段的媒介素养核心关注的两个议题是，其一，赛博

---

① 孙玮：赛博人：后人类时代的媒介融合 [J]，新闻记者，2018（6）：4—11。

人如何实现技术与身体的互嵌；其二，赛博人如何游走于实体空间和赛博空间之间，利用自己的电子器官满足种种需求，实现自我发展，规避各种风险。

赛博人的出现是技术与身体互嵌的结果，那么，技术与身体的互嵌是如何发生的？西尔弗斯通关于"驯化"的概念有助于这个问题的解答。"驯化（domestication）"的概念原指动物与人类共同生活，得到人类照料，自然地成为家庭成员的过程。西尔弗斯通用这个概念描述"电视"作为当时的新媒体，融入家庭空间，进而重构家居空间格局和家庭成员互动方式的过程。他同时指出，"驯化"的过程中，作为媒介使用者的人是行动主体，"驯化"本身可被视为一种社会参与行为，通过对媒介技术的"驯化"，作为行动主体的人，得以实现自我表达，与公共意义体系相连接。在这一过程也反映了媒介使用者的价值观念、身份认同、社会归属和意识形态[①]。潘忠党援引了法国社会理论家米歇尔·德萨图的论述，将"驯化"视为人们在日常生活中的策略性实践。他用"驯化"的概念丰富了对"中介化"的论述，认为"中介化"的概念应更加强调"传媒技术使用者在消费过程中（的）重新创造"，"他们（传媒技术使用者）将新传媒技术策略性地纳入其日常生活空间和节奏、使之服务于'搞掂'自己的世界"[②]。显而易见，这一理论强调的是媒介使用者的主体性和行动能力，同时也注意到了媒介技术进入日常生活空间后导致的空间重构，与"赛博人"的概念有内在的一致性。如果我们将这一思路和"赛博人"的概念加以结合，用于理解技术与身体融合的过程，则移动互联网时代，媒介素养的研究问题便应聚焦于以智能手机为代表的移动数据终端的"驯化"，探索借由"驯化"实现电子产品的器官化，即重构身体并重构日常生活空间的过程中，作为行动主体的人，需要具备什么样的知识储备和实践技能，即上文所述的媒介素养的第二个核心议题。

在传统的媒介素养研究中，研究者们认为，掌握媒介相关的知识有助于提升受众"选择""理解"和"批判"媒介内容的能力。这就是为什么在《大众传播概论——媒介素养与文化》[③]，以及国内诸如《媒介素养教程》[④]等媒介素养教材，都使用了大量篇幅，从媒介现象着手，介绍的媒介和媒介产业特征和运作逻辑。然而，在新媒体时代，媒介使用者们有能力在信息搜索技术的帮助下习得媒介知识，并在日常生活中对此类知识进行创新性的使用。粉丝群体就在应援过程中展现了强大的组织动员能力和公关能力。他们对新媒介技术的娴熟运用，甚至能改变公众对某一个

---

① Silverstone. *Television and Everyday Life*[M]. London: Routlege, 1994.

② 潘忠党："玩转我的 iPhone，搞掂我的世界！"——探讨新传媒技术应用中的"中介化"和"驯化"[J]，苏州大学学报（哲学社会科学版），2014（4）：153—162。

③ [美]斯坦利·J.巴兰：大众传播概论——媒介素养与文化 [M]，何朝阳译，北京：中国人民大学出版社，2016。

④ 黄宏：媒介素养教程 [M]，杭州：浙江大学出版社，2013 年版。

明星的认知和态度。然而，粉丝群体真的具有较高的媒介素养么？答案可能是存疑的。他们在熟练运用新媒介技术的同时，自身也沦为数字劳工，推动了粉丝经济的发展。他们的所作所为，恰是媒介素养理论批判和反思的对象。这说明，在新媒体时代，具备一定的媒介知识和媒介使用技能的媒介使用者，并不一定具有较高的媒介素养，却更有可能被商业逻辑收编，成为更大的文化工业的组成部分。这一过程中，他们甚至有被异化、被剥削，难以反抗。其主体性并未得到强化，反而在技术升级的过程中慢慢被瓦解[①]。

所以，赛博人"驯化"智能手机所需的知识，并非对媒介产业及其运作逻辑的简单描述。其"驯化"智能手机的能力，也不止信息的获取和内容的生产。解决这个问题的关键在于知晓技术的意义，保持反思性。这意味着需要对传统媒介素养读本的内容进行更新，更关注信息技术发展带来的人类信息处理能力的变化，并从控制机制的角度理解媒介环境。在这方面，徐贲的《人文的互联网：数码时代的读写与知识》一书做出了颇有启发的尝试。有意思的是，此处的"读写"一词即 literacy，书名即指涉了移动互联网时代媒介素养。这本书从口语传播的时代开始，沿着历史的脉络讨论知识生产和传播方式的演进，在与不同历史时期的典型文本和案例的对比中，理解互联网时代知识生产和传播的方式，着重探索在这一过程中人类认知方式的转变，及其引发的社会层面的变革，最终的落点是如何在互联网时代继续追求真实、自由和认知平等。此书的研究结论与大众传播时代媒介素养的研究结论不谋而合，即媒介使用者的认知和思维方式是随着媒介技术的演进和媒介环境的变化而不断变化发展的，对使用者的控制机制和收编方式也在随之不断调整。因此，在互联网时代，在知识层面对媒介素养教育的要求，应该是在理解技术演进逻辑的基础上，认识其带来的信息形式的变化，进而探索此种变化如何改变了媒介使用者生产、传播和使用信息的方式。在解释媒介产业运作机制的同时，更注重解释其背后的控制机制和收编方式，将培养批判性思考的能力作为媒介素养教育的重点。在大众传播时代的媒介素养教育中，美国学者詹姆斯·波特的《媒介素养》一书基本实现了这一意图。移动互联网时代的媒介环境在持续不断变化，但此种媒介素养读本的编写方式仍有借鉴意义。

从表面上看，对大多数人而言，对智能手机及大多数 APP 的使用并不需要专门的技能培训。新媒介技术的易用性特征正是互联网用户大幅度增长的原因之一。然而，"技术与身体互嵌"这一表述严谨地呈现了赛博人和智能手机的关系：赛博人

---

① 蒋淑媛、黄彬：当"文艺青年"成为"数字劳工"：对网络作家异化劳动的反思 [J]，中国青年研究，2020（12）：23—29、37。

在驯化智能手机，使其成为自身的电子器官，用以实现更丰富更便捷的生活方式时，亦有可能在不知不觉中，以智能手机为中介，嵌入更大的社会机器中，成为被精密引导和严密控制的数字劳工，甚至是受害者。为避免后一种可能性成为现实，"驯化"这一行为需要技能训练，其核心是对"主体性"的自觉。只有清楚地意识到自己才是行动主体，自己需要争夺身体，以及嵌入身体的电子器官的主控权，赛博人才有可能驯化智能手机，而不是在新技术使用的过程中被异化。在具体行为层面，这可能包括了如何在互联网上管理自己的个人信息，谨慎授权；如何辨识信息，接近真相；如何打破信息茧房，克服偏见等各种各样具体的议题；而在最终目标层面，则是赛博人如何掌控嵌入电子器官的身体，在"真实、自由、认知平等"的互联网环境中，更好地达成自我实现的目标。在这一议题上，目前还鲜见有价值的研究或是实践，而这也正是移动互联网时代媒介素养发展的新方向。

综上所述，回溯媒介素养的历史，我们不难发现，这一概念的内涵随着媒介技术的演进而不断发展。在技术赋权的背景下，受众的主动性不断增强，原有的媒介素养研究框架无法适用于互联网主导的新媒介环境。移动互联网时代的到来，使得"赛博人"取代"受众"和"用户"，成为描述媒介使用者最为准确的术语。"赛博人"的概念描述了一种人与技术融合的新型传播主体，颠覆了将"受众"和"用户"视为对象的媒介素养研究传统。作为行动主体的赛博人通过"驯化"电子器官，实现了技术与身体的互嵌。在"驯化"电子器官的过程中，赛博人需要特定的知识和技能来理解和处理技术与肉身的关系，实现自我发展进而自我解放，避免被新媒介技术控制和收编的可能性。这种知识和技能共同构成了移动互联网时代媒介素养的新内涵，其核心是对反思性的培养和对主体性的强调。大众传播时代的媒介素养研究和教育实践对解决移动互联网时代的媒介素养议题仍有重要的借鉴意义，但仍有必要基于媒介素养的新内涵对媒介素养教育的方式方法进行调整，在知识层面更注重对媒介技术及其演进过程的意义解读，注重对媒介文化的反思批判和对媒介产业运作逻辑和控制机制的解读，在技能层面更强调对嵌入技术的身体进行掌控，警惕新媒体使用过程中被异化的可能。这也是未来媒介素养研究及相关实践可着力的方向。

线上明星八卦接触与青年女性整容意愿研究

安晓静*

摘要：本研究在消费文化影响模型的基础上，探讨线上明星八卦接触、物质主义倾向、整容历史与理想外貌标准内化对于青年女性整容手术接受程度的影响。对306位中国青年女性大学生的问卷调研结果显示：（1）线上明星八卦接触与理想外貌标准内化之间存在显著正相关，而理想外貌标准的内化可以显著预测青年女性接受整容手术的意愿。浏览明星八卦越多，女性越容易内化理想外貌标准，进而越倾向于考虑接受整容手术。（2）青年女性的物质主义价值观和整容历史同整容接受程度显著相关。物质主义水平越高的女性，越倾向于接受整容。已接受过整容手术的女性，更愿意再次接受整容。（3）理想外貌标准内化中介了物质主义价值观和整容历史对于整容接受程度的影响。

关键词：线上明星；消费；理想外貌；整容；女性

引言

战后消费主义兴起，医疗技术不断提升，非修复性整容手术逐渐风靡全球。据美国整容协会①统计，2017年全美共计实施整容手术1770万台。艾尔建公司的全球整容行业报告数据显示，中国女性的整容热情日益高涨。女性在整容手术上的消费近两倍于全球平均水平。与此同时，接受整容手术的对象呈现低龄化趋势。"颜值即正义"的外貌文化（appearance culture）影响下，青年女性日益关注外貌。超七成的整容手术接受者为在读大学生与高中生②。这与儒家传统的自然主义身体观念相违背③。

---

* 安晓静（1988—），女，新疆乌鲁木齐人，浙江外国语学院中国语言文化学院讲师，研究方向为新媒体与健康传播。

① American Society of Plastic Surgeons. 2018 Complete Plastic Surgery Statistics Report [EB/OL], Retrieved from: https://www.plasticsurgery.org/documents/News/Statistics/2018/plastic-surgery-statistics-full-report-2018.pdf

② Wen Hua, *Buying Beauty Cosmetic Surgery in China* [M], Hong Kong University Press

③ 《孝经·开宗明义》："身体发肤，受之父母，不得毁伤"。

什么样的社会文化因素触发了中国青年女性的整容意愿，引发研究者的好奇①。

　　既往研究中，各国学者从社会文化视角探讨了影响女性整容意愿的众多因素：譬如大众传媒信息接触、人际互动、社会比较、身体不满意度等②③④⑤⑥。关注中国女性问题的研究者则认为，改革开放以来物质主义的崛起与女性外貌焦虑之间存在联系⑦⑧。

　　近代以来，"理想中国女性"不断被不同的政治话语改造与收编。外貌对于女性的意义也随着时代发生改变。1949 年后在马克思主义妇女观的指导下，女性身体的劳动属性受到高度褒扬，对外表美的追求被列为资产阶级倾向，长期受到压抑。市场化经济改革让消费重新成为女性公共生活的重要组成部分。与此同时，中国大陆经历了类似东德的社会转型，社会主义时期强制消弭的性别意识逐渐复萌⑨⑩。女性在转型中，被迫退出公共领域，再度成为消费主义社会凝视的对象。外貌作为女性在父权社会中交换资源的重要情色资本 (erotic capital) 再度受到重视⑪⑫。

———————————

①　Wen Hua. *Buying Beauty Cosmetic Surgery in China* [M], Hong Kong University Press

②　Dunofsky, M. Psychological characteristics of women who undergo single and multiple cosmetic surgeries [J]. *Annals of Plastic Surgery*,39(3), 223-8.

③　Ishigooka, J., Iwao, M., Suzuki, M., Fukuyama, Y., & Miura, S. Demographic features of patients seeking cosmetic surgery [J]. *Psychiatry & Clinical Neuroences*, 52(3), 283-287.

④　Ishigooka, J., Iwao, M., Suzuki, M., Fukuyama, Y., Murasaki, M., & Miura, S. Demographic features of patients seeking cosmetic surgery [J]. *Psychiatry & Clinical Neurosciences*, 52(3), 283-7.

⑤　Swami, V., & Mammadova, A. Associations Between Consideration of Cosmetic Surgery, Perfectionism Dimensions, Appearance Schemas, Relationship Satisfaction, Excessive Reassurance-Seeking, and Love Styles [J]. *Individual differences research*, 10(2).

⑥　Vaughan-Turnbull, C., & Lewis, V. (2016). Body image, objectification, and attitudes toward cosmetic surgery [J]. *Journal of Applied Biobehavioral Research*, 20(4), 179-196.

⑦　Wen Hua, *Buying Beauty Cosmetic Surgery in China* [M], Hong Kong University Press

⑧　Yang, J. Nennu and shunu: Gender, body politics, and the beauty economy in China [J]. *Signs Journal of Women in Culture and Society*, 36, 333–357. http://dx.doi.org/10.1086/655913

⑨　Rofel, Lisa. *Other Modernities: Gendered Yearnings in China after Socialism* [M]. Berkeley: University of California Press.

⑩　Rofel, L. (2007). *Desiring China: Experiments in neoliberalism, sexuality, and public culture* [M]. Duke University Press.

⑪　Hakim, C. Erotic capital [J]. *International Encyclopedia of the Social & Behavioral sciences*, 26(2), 1-7.

⑫　Edmonds, A. *Pretty modern: beauty, sex, and plastic surgery in Brazil* [M]. Duke University Press. p114.

⑬　Dyer, R. *Stars*. [M]London, UK: British Film Institute.

⑭　Meyers, E. A. Gossip Talk and Online Community: Celebrity Gossip Blogs and Teir Audiences [D]. Open Access Dissertations. 292.

⑮　Holmes & Redmond. *Framing Celebrity: New Directions in Celebrity Culture* [M]. Duke University Press Books.

⑯　Holmes & Redmond. *Framing Celebrity: New Directions in Celebrity Culture* [M]. Duke University Press Books.

这两个视角的研究为理解女性整容意愿提供了非常有价值的思路。但笔者认为，两者都尚未能将明星娱乐八卦文化、消费主义和身体改造意愿有效整合在一起。对于社交媒体平台上的明星文化和颜值经济如何共同影响青年女性的整容意愿仍旧缺乏足够的探索。

大众传媒，明星八卦与外貌社会

Holmes 和 Redmond 指出，明星文化的本质是受众从媒介呈现中学习明星的生活方式。从这个角度来看，明星是"消费社会中人人学习的消费榜样 (models of consumption)"。另一方面，视觉媒体的不断发展，将人们对于个人品质的关注导向了对于明星身体的凝视。媒体对于明星的呈现直指外表、欲望和永不衰老的神话。随着完美的形象不断传播，明星成为常人无法企及的理想目标，同时也变为了街谈巷议的对象。

围绕明星私生活的讨论成为建立、协商和传播意识形态准则的核心场所。长期以来，社会学领域对于八卦 (gossip) 并没有给予足够重视。"八卦"，或者说"搬弄是非"，是指两人或者多人一起议论大家都熟悉却不在场的人，这种飞短流长往往带有攻击性，甚至毁人声誉。因此，在世界各地的文化中都不被提倡。但 Dunbar 指出，正是这些闲谈构成了公共生活成立的条件 [1]。八卦发挥着一种无形的社会控制作用。人们通过八卦分享对于他人社会行为的评价，建立规范，惩罚失范者 [2][3][4][5]。与此同时，流言蜚语也传递着社会公认的行为规范与道德准则 [6]。对于每个社会成员来说，参与八卦都具有重要意义 [7][8]。它是一种社会学习的过程，也是一种生存的需要 [9]。人在八卦中了解到所在文化信息系统中的重要道德准则。通过他人的八卦故事，帮助自

[1] Dunbar, R. I. Groups, gossip, and the evolution of language [J]. *In New aspects of human ethology* (pp. 77-89). Springer, Boston, MA.

[2] Arluke, A., Kutakoff, L., & Levin, J. (1987). Are the times changing? An analysis of gender differences in sexual graffiti [J]. *Sex Roles*, 16(1-2), 1-7.

[3] Gamson, J. *Claims to fame: celebrity in contemporary America* [M]. Los Angeles: University of California Press

[4] Hermes J. *Reading Women's Magazines: An Analysis of Everyday Media Use* [M]. Cambridge: Polity Press.

[5] Turner, G. *Understanding celebrity* [M]. London; Thousand Oaks: Sage.

[6] Bergmann, J. R. *Discreet indiscretions: The social organization of gossip* [M]. New York: Aldine de Gruyter.

[7] Yerkovich, S. Gossiping as a way of speaking [J]. *Journal of Communication*.1977

[8] Baumeister, R. F., Zhang, L., & Vohs, K. D. Gossip as cultural learning [J]. *Review of general psychology*, 8(2), 111-121.

[9] Baumeister, R. F., Zhang, L., & Vohs, K. D. Gossip as cultural learning [J]. *Review of general psychology*, 8(2), 111-121

己降低了犯类似错误的风险。

得益于信息传播技术的发展，明星八卦文化崛起。20 世纪 50 年代，电视走进卧室，打破了公共领域与私人领域的边界。明星幕后的私生活进入千家万户，观众与明星之间建立起了准社会关系 (para-social relation)[①]。互联网进一步将明星的私生活变为奇观 (spectacle)。明星们通过在社交媒体上展示自己的身体和隐私来保持知名度，明星的外貌也随之成为关注者热议的话题。

粉丝经济是消费主义的产物，明星作为粉丝消费的商品，同时也是消费主义生活方式的引领者。而社交媒体正逐渐成为粉丝经济和外貌文化构建的重要场所。线上明星八卦与消费主义文化一起推广着理想外貌标准。青年女性是粉丝群体的主体，当传媒将注意力转向明星的外貌与身体时，研究者认为，有必要考察线上明星娱乐八卦接触是否对青年女性的理想身材标准内化和整容意愿发生影响。

社交媒体明星文化，理想外貌标准内化与整容意愿

Brown 和 Tiggemann 发现，女性在 Instagram 上浏览明星的靓照后，表现出更高的负面情绪 (negative mood)，并对自己的身体感到不满[②]。明星崇拜 (celebrity worship) 和社会比较 (social comparison) 对这一影响发挥了中介作用。与此同时，Ho, Lee 和 Liao 发现，与社交媒体上的明星进行社会比较同青春期女性的身体不满 (body dissatisfaction) 和瘦身倾向 (drive for thinness) 存在显著关系[③]。同样，Seekis, Bradley 和 Duffy 发现，浏览或者关注明星、时尚或者美妆网站与女性的向上社会比较，身体审视 (body surveillance)，外貌焦虑和身体不满显著相关[④]。

---

① Horton, D., & Wohl, R. R. (1956). Mass communication and para-social interaction: Observations on intimacy at a distance [J]. *Psychiatry*, 19, 215–229.

⑪ Elliott, A. 'I Want to Look Like That!': Cosmetic Surgery and Celebrity Culture [J]. *Cultural Sociology*, 5(4), 463-477.

Marwick, A. E., & Boyd, D. To See and Be Seen: Celebrity Practice on Twitter [J]. *Convergence*, 17(2), 139-158.

Meyers, E. A. *Gossip Talk and Online Community: Celebrity Gossip Blogs and Teir Audiences* [M]. Open Access Dissertations. 292.

Dyer, R. *Stars* [M]. London, UK: British Film Institute. p39.

② Brown, Z., & Tiggemann, M. Attractive celebrity and peer images on Instagram: effect on women's mood and body image [J]. *Body Image*, 19(dec.), 37-43.

③ Ho, S. S., Lee, E. W., & Liao, Y. Social network sites, friends, and celebrities: The roles of social comparison and celebrity involvement in adolescents' body image dissatisfaction [J]. *Social Media+ Society*, 2(3), 2056305116664216.

④ Seekis, V., Bradley, G. L., & Duffy, A. L. Appearance-related social networking sites and body image in young women: testing an objectification-social comparison model [J]. *Psychology of Women Quarterly* (1), 036168432092082.

这些发现建立起了社交媒体明星文化与青年女性身体意象障碍之间的联系。而既往研究表明，身体意象障碍与女性的整容接受程度之间存在显著相关 [1][2][3][4][5]。但目前尚没有研究直接探讨社交媒体的明星八卦接触同整容意愿之间的联系。明星八卦作为一种社会控制与意识形态构建场所，可能在理想标准内化中发挥重要作用。当公众的注意力被引向明星的身体，有理由推断线上的娱乐八卦接触与女性的理想外貌标准内化和整容意愿之间存在显著联系。

已有研究中，媒介接触是否会影响到女性的整容手术接受意愿，尚存在一定争议 [6]。对此，可能一种解释在于影响女性整容意愿的是受众对于媒体内中理想外貌标准的内化，而非单纯的媒介接触。内化 (internalization) 指的是人将社会共享的理想标准接纳到自己的价值体系中的过程。多年来有关身体意象障碍的研究显示，理想外貌标准的内化可以显著预测女性的身体不满意程度。如 Bair 等人发现，内化中介了图像化互联网使用 (image-focused Internet use) 对于女性身体不满意程度的影响 [7][8]。其他实证研究也发现，身体意象障碍、理想外貌标准的内化与女性的整容意愿之间

① Callaghan, G.M., Lopez, A., Wong, L., Northcross, J., & Anderson, K.R. Predicting consideration of cosmetic surgery in a college population: A continuum of body image disturbance and the importance of coping strategies [J]. *Body Image*, 8, 267–274.

② Menzel, J.E., Sperry, S.L., Small,B., Thompson, J.K., Sarwer, D.B., & Cash, T.F. Internalization of appearance ideals and cosmetic surgery attitudes: A test of the tripartite influence model of body image [J]. *Sex Roles*, 65, 469–477. http://dx.doi.org/10.1007/s11199-011-9983-7

③ Lunde, C. Acceptance of cosmetic surgery, body appreciation, body ideal internalization, and fashion blog reading among late adolescents in Sweden [J], *Body Image* 10 632–635

④ Sarwer, D.B., Infield, A.L., & Crerand, C.E. Plastic surgery for children and adolescents [A]. In J.K. Thompson & L. Smolak (Eds.), Body image, eating disorders, and obesity in youth (2nded., pp.303–325). Washington, DC: American Psychological Association.

⑤ Swami, V. Body appreciation, media influence, and weight status predict consideration of cosmetic surgery among female undergraduates [J]. *Body Image*, 6, 315–317. http://dx.doi.org/10.1016/j.bodyim.2009.07.001

⑥ Brown, A., Furnham, A., Glanville, L., & Swami, V. Factors that affect the likelihood of undergoing cosmetic surgery [J]. *Aesthetic Surgery Journal*, 27(5), 501-508.

⑦ Bair, C. E., Kelly, N. R., Serdar, K. L., & Mazzeo, S. E. Does the internet function like magazines? an exploration of image-focused media, eating pathology, and body dissatisfaction [J]. *Eating Behaviors*, 13(4), 398-401.

⑧ Tiggemann, M., & Miller, J. The internet and adolescent girls' weight satisfaction and drive for thinness [J]. *Sex Roles*, 63(1-2), 79-90.

存在显著联系 ①②③④⑤。

　　Markey and Markey 的研究更进一步发现，如果女性从媒体上接收到外貌相关有价值的信息，并将这些信息内化，就会产生更高的整容意愿⑥。其他实证研究结果也显示，经常阅读时尚博客 (fashion blog) 的女孩表现出更高的理想外貌标准内化程度，并且更倾向于考虑接受整容手术 (cosmetic surgery consideration)⑦。尽管，目前没有直接的经验研究结果支持线上明星娱乐八卦接触与理想标准内化之间的关系，考虑到明星八卦的意识形态作用与社会控制功能，本研究假设，在视觉媒体时代：

　　假设1：线上明星八卦接触与理想外貌标准的内化之间存在显著正相关。

　　假设2：理想外貌标准的内化与青年女性的整容手术接受程度存在显著正相关。

消费主义，物质主义价值观与外貌焦虑

　　物质主义是消费社会的核心意识形态之一，它的核心价值观在于过度的强调个人通过拥有财富与精致外表获得社会认可⑧。有研究者认为，在消费社会中，受到物质主义价值观的影响，人对于物质的追逐和对理想外貌的向往之间存在内在的联系⑨。Dittmar 提出消费主义文化影响模型 (consumer culture impact model)，对这一组关系进行解释。他认为消费文化创造了一种规范性的标准 (normative standards) 来定

① Callaghan, G.M., Lopez, A., Wong, L., Northcross, J., & Anderson, K.R. Predicting consideration of cosmetic surgery in a college population: A continuum of body image disturbance and the importance of coping strategies [J]. *Body Image*, 8, 267–274.

② Calogero, R.M., Pina, A.,Park, L.E., & Rahemtulla, Z. Objectification theory predicts college women's attitudes toward cosmetic surgery [J]. *Sex Roles*, 63(1–2), 32–41.

③ Menzel, J.E., Sperry, S.L., Small,B., Thompson, J.K., Sarwer, D.B., & Cash, T.F. Internalization of appearance ideals and cosmetic surgery attitudes: A test of the tripartite influence model of body image [J]. *Sex Roles*, 65, 469–477. http://dx.doi.org/10.1007/s11199-011-9983-7

④ Swami, V. Body appreciation, media influence, and weight status predict consideration of cosmetic surgery among female undergraduates [J]. *Body Image*, 6, 315–317. http://dx.doi.org/10.1016/j.bodyim.2009.07.001

⑤ Sarwer, D.B., Infield, A.L., & Crerand, C.E. Plastic surgery for children and adolescents [A]. In J.K. Thompson & L. Smolak (Eds.), Body image, eating disorders, and obesity in youth (2nded., pp.303–325). Washington, DC: American Psychological Association.

⑥ Markey, C. N., & Markey, P. M. Correlates of young women's desire to obtain cosmetic surgery [J]. *Sex Roles: A Journal of Research,* 61, 158–166. doi:10.1007/s11199-009-9625-5

⑦ Lunde, C. Acceptance of cosmetic surgery, body appreciation, body ideal internalization, and fashion blog reading among late adolescents in Sweden [J], *Body Image* 10 632–635

⑧ Belk, R. W. Materialism: Trait aspects of living in the material world [J]. *Journal of Consumer Research*, 12, 265–280.

⑨ Grouzet, F. M. E., Kasser, T., Ahuvia, A., Dols, J. M. F., Kim, Y., Lau, S., Ryan, R. M., Saunders, S., Schmuck, P., & Sheldon, K. M. The structure of goal contents across 15 cultures [J]. *Journal of Personality and Social Psychology*, 89, 800–816.

义什么是成功的人生 ①。在消费文化中，媒体为人树立了两个理想：(1) 拥有完美的身体 (body-perfect ideals)；(2) 拥有丰裕的物质生活。前者强调身材外貌，后者注重拥有物质财富和社会地位。人只有拥有了大量的物质财富和精美无瑕的外表才算得上成功。

明星是这种物质主义生活方式的典范。对于容易受到社会影响的人来说，他们会在这两个理想的驱使下，追求消费文化给定的外在目标，争取实现消费社会所定义的"成功"。而明星正是他们生活方式上可以学习的对象。如果精致的外貌不能通过自然的手段获得，整容就成了一种选择。

与研究者的假设一致，实证结果发现物质主义价值观与女性的整容态度之间存在正相关 ②。女性对于整容手术的反应随着她们的物质主义水平发生变化 ③。Teng 等人对于中国地区的研究也发现，物质主义价值观水平的上升会显著提升女性基于外貌的自我价值感 (appearance contingent self-worth) ④。因此，本研究提出如下假设：

假设 3：青年女性的物质主义价值观水平与整容手术接受意愿之间存在显著正向关系。

物质主义鼓励人对物质的消费和对外貌的投资 ⑤⑥。人越受到物质主义价值观的影响，就会越注重外表。实证研究发现：物质主义价值观的内化与理想外貌标准的内化之间存在强相关关系 ⑦⑧⑨。对于中国样本的研究也发现，受访者的物质主义倾向影响了外貌标准的内化，而外貌标准的内化通过身体审视和面部外貌关注最终影响到

---

① Dittmar, H. (2008). *Consumer culture, identity and well–being: The search for 'good life' and the 'body perfect'* [M]. London: Psychology Press..

② Henderson-King, D, & Brooks K D. Materialism, Sociocultural Appearance Messages, and Paternal Attitudes Predict College Women's Attitudes about Cosmetic Surgery [J], *Psychology of Women Quarterly*, 33 (2009), 133–142. Wiley Periodicals, Inc. Printed in the USA.

③ Ashikali, E. M., Dittmar, H., & Ayers, S. The effect of cosmetic surgery reality tv shows on adolescent girls' body image [J]. *Psychology of Popular Media Culture*, 3(3), 141-153.

④ Teng, F., You, J., Poon, K. T., Yang, Y., You, J., & Jian, Y. Materialism predicts young Chinese women's self-objectification and body surveillance [J]. *Sex Roles*,76, 448–459. http://dx.doi.org/10.1007/s11199-016-0671-5

⑤ Kellner, D. *Critical theory, Marxism and modernity* [M]. Cambridge, UK: Polity Press.

⑥ Leonard, P. *Personality and ideology: Towards a materialist understanding of the individual* [M]. London: Macmillan Press.

⑦ Guðnadottir, U., & Garðarsdottir, R. B. The influence of materialism and ideal body internalization on body-dissatisfaction and body-shaping behaviors of young men and women: Support for the Consumer Culture Impact Model [J]. *Scandinavian Journal of Psychology* 55, 151–159.

⑧ Ashikali, E. M., & Dittmar, H. The effect of priming materialism on women's responses to thin-ideal media [J]. *British Journal of Social Psychology*, 51(4), 514.

⑨ Dittmar, H. *Consumer culture, identity and well–being: The search for "good life" and the "body perfect"* [M]. London: Psychology Press.

女性对整容手术的关注水平[①]。因此，本研究假设：

假设 4：理想外貌标准的内化中介化了物质主义价值观对于整容手术接受意愿的影响。

此外，既往整容经验可能是影响女性愿意再次整容的重要因素。依据认知不协调理论[②]，整容手术后青年女性有可能会调整自我的认知，进一步确认理想外貌标准的正当性，为自己的行为提供合理依据。因此，本研究提出如下假设：

假设 5：青年女性的整容历史与整容手术接受意愿之间存在显著相关。

假设 6：理想外貌标准的内化中介化了整容历史对于整容手术接受意愿的影响。

概言之，既往研究未能深入探索消费主义环境下线上明星八卦接触对青年女性的整容手术接受意愿发生的影响。随着社交媒体上粉丝文化的蓬勃发展，浏览娱乐八卦成为青年人文化生活中的重要内容之一。作为消费典范的明星，通过社交媒体进行自我展示与生活方式输出，博得关注。围绕明星生活的八卦与物质主义价值观树立的生活理想一起，可能对青年女性的整容意愿发生作用。

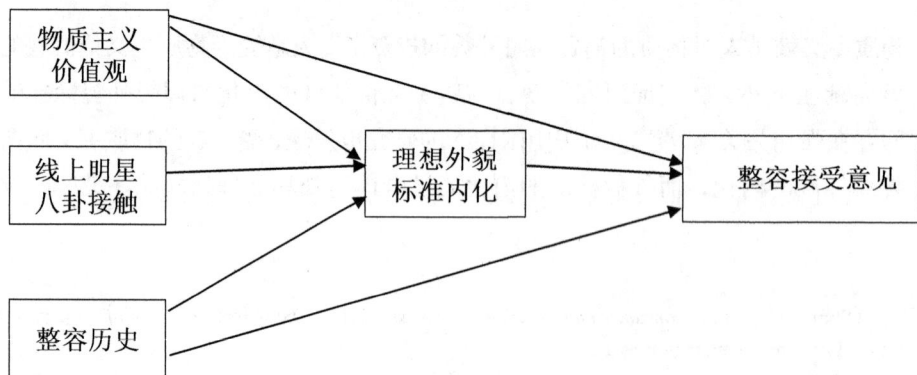

图 1　变量间关系预测模型

研究方法

完成预调研后，研究者于 2019 年 11 月 21 日到 11 月 23 日通过问卷星平台邀请 306 位青年女性自愿参与线上问卷调研。浙江外国语学院选修"新闻与传播学研究方法"课程的学生受邀将线上问卷链接分享到自己的社交媒体账号上邀请朋友填写问卷，获得滚雪球抽样样本。在问卷导语中，研究者预先告知了对象调研的目的，并

---

① Ching, H. H., & Xu, J. T. Understanding cosmetic surgery consideration in Chinese adolescent girls: contributions of materialism and sexual objectification [J]. *Body image*, 28(MAR.), 6—15.

② Festinger, L. Cognitive dissonance [J]. *Scientific American*, 207(4), 93—106.

保证受访者个人隐私不会受到侵犯或者滥用。数据清洗后，共获得有效问卷 306 份，样本平均年龄为 20.58 岁（标准差 = 3.21）。

线上明星八卦接触：研究者将线上明星八卦接触定义为受访者通过网络浏览明星八卦，并将这一定义操作化为：受访者通过网络接触明星八卦内容的频率。量表制定过程中，研究者邀请了 9 位女大学生进行焦点小组访谈。在焦点小组访谈资料的基础上，整理设计出由 8 个问题组成的里克特 5 级量表，测量受访者通过网络获取明星八卦的频率。受访者在问卷中回答如下问题："在日常生活中，您通过以下渠道浏览明星八卦的频率是：(1) 微博，(2) 微信公众号，(3) 知乎，(4) 豆瓣，(5) 抖音，(6) 网站，(7) 小红书，(8) 淘宝等电子商务平台。"1 为"总是"，5 为"从不"。量表各项数值加总，分数越大，受访者通过该渠道接触明星八卦的频率越高。本量表在预调研和正式调研中均表现出较好的内在效度，Cronbach's alpha 分别为 0.83 和 0.73。

物质主义价值观：物质主义价值观量表最初由 Richins 和 Dawson 制定[1]，用于测量人在多大程度上用物质财富的占有量来衡量自身价值。此后，Richins 从原有量表的 18 个问题中，选择了 12 个问题来测量三个维度的物质主义倾向[2]：购物的重要性 (acquisition centrality)（例如"购物带给我很多快乐"）、物质占有带来的幸福感 (possession-induced happiness)（"如果能买得起更多的东西，我会觉得更快乐"）、财富占有定义的成功 (possession-defined success)（例如"我拥有的物质很好的证明了我的人生过得多么棒"）。受访者在问卷中通过 5 级量表回答 12 道问题，1 为"完全不同意"，5 为"完全同意"。各项分值累加，得分越高，物质主义倾向越强。中文版的物质主义量表由李静和郭永玉翻译[3]，获得较好的内在信度 ($\alpha = .79$)。预调研和正式研究中该量表的 Cronbach's alphas 分别为 0.83 和 0.79。

整容手术历史：研究者将这一变量定义为受访者接受整容手术的经历，并将它操作化为受访者是否曾经接受过整容手术。受访者在问卷中受邀回答以下问题："此前，你是否接受过任何类型的整容手术？ 1，是；2，否。"

理想外貌标准内化：理想外貌标准内化是受访者将媒体呈现的理想外貌标准纳入自身价值体系的程度。本研究使用的量表属于社会文化外貌态度量表 -3 (the Sociocultural Attitudes Towards Appearance Questionnaire-3, SATAQ-3) 的内化子量表。

① Richins, M. L., & Dawson, S. A consumer values orientation for materialism and its measurement: Scale development and validation [J]. *Journal of Consumer Research*, 19(3), 303—316.

② Richins, M. L. The Material Values Scale: Measurement properties and development of a short form [J]. *Journal of Consumer Research*, 31(1), 209—219.

③ 李静、郭永玉：物质主义价值观量表在大学生群体中的修订 [J]，心理与行为研究，2007(4)：280—283。

中文版从子量表中选择了 9 个问题，考察总体的内化程度（比如"我会将自己的外貌同电视或者电影明星相比较"）、社会压力（如"我感受到来自互联网内容的压力：我需要拥有一个完美的外表"）以及信息（如"我希望我看上去项音乐视频中出现的人一样漂亮"）。受访者在问卷中通过 5 级量表回答 9 道问题，1 为"完全不同意"，5 为"完全同意"。得分累加，分数越高，受众越是倾向于接受媒体呈现的理想身材标准作为自己的标准。中文量表由刘达青 [①] 翻译，显示出较好的内在信度（$\alpha = .88$）。预调研和正式调研中，该量表的 Cronbach's alpha 值同样理想，分别为 0.91 和 0.93。

整容手术接受意愿：整容手术接受意愿量表包含 15 个问题，从三个方面测量受访者接受整容手术的意愿 [②]。人内维度 (intrapersonal) 主要测量整容的内在需要：如"一个人如对自己的外表非常不满意的话，就应该考虑接受整容手术"；社会维度主要测量接受整容的社会动机：如"如果对我的职业发展有利，我会考虑接受整容"；整容意向维度 (consider) 主要测量受访者考虑整容手术的倾向性：如"我有时会想要不要接受整容手术"。受访者在 7 级量表上打分，1 为"完全不同意"，7 为"完全同意"。各题得分平均后，得分越高，受访者接受整容手术的意愿越强。中文版本显示出理想的内在信度（$\alpha = .94$）。本研究的正式调研中量表的 Cronbach's alpha 值为 0.95。

表 1　量表 Cronbach's alpha 值

Variables	α	Variables	α
线上明星八卦接触	.73	理想外貌标准内化	.93
物质主义价值观	.79	整容手术接受意愿	.95

数据分析

相关性检验

研究者首先通过皮尔逊卡方检验对变量间的关系进行考察。结果显示，线上明星八卦接触与物质主义价值观水平 ($r = .23, p < .01$)，理想外貌标准内化 ($r = .37, p < .01$)，整容手术接受意愿 ($r = .28, p < .01$) 之间存在显著相关。物质主义价值观与青年女性整容历史 ($r = .16, p < .01$)，理想外貌标准内化 ($r = .57, p < .01$)，整容手术接受意愿 ($r = .56, p < .01$) 之间显著相关。整容历史与女性理想外貌标准内化 ($r = .19, p < .01$) 和整容手术接受意愿 ($r = .25, p < .01$) 之间显著相关。理想外貌标准内化于整容手术接受意愿 ($r = .56, p < .01$) 之间也存在显著相关。

① 刘达青：大众媒体、同伴对大学生身体意象的影响研究 [D]，厦门大学，2009。
② Henderson-King, D., & Henderson-King, Acceptance of cosmetic surgery: Development and validation[J]. *Body Image*, 2, 137–149.

表2　皮尔逊卡方相关系数

	物质主义价值观	整容历史	理想外貌标准内化	整容手术接受意愿
线上明星八卦接触	.28**	.03	.37**	.28**
物质主义价值观	—	.16**	.57**	.56**
整容历史	—	—	.19**	.25**
理想外貌标准内化	—	—	—	.56**
注：**p < .01	—	—	—	—

路径分析模型

研究者通过路径分析对自变量、因变量和中介变量之间的关系进行进一步检测。在多变量研究中，运用路径分析可以建立因果模型，探讨变量间的因果联系[①]。本研究以李茂能 (2011) 提出的指标为模型拟合标准：$\chi 2$ 越小越好（p > .05）；$\chi 2/df$ 介于 1–3；CFI 大于 .95；RMSEA 小于 .08。最终得到的路径分析模型拟合较为理想：$\chi 2 = 1.02$ (p > .05)，$\chi 2/df = 1.02$, CFI = 1.00, RMSEA = .01。所有路径系数的 p 值均在小于 0.05 的水平。

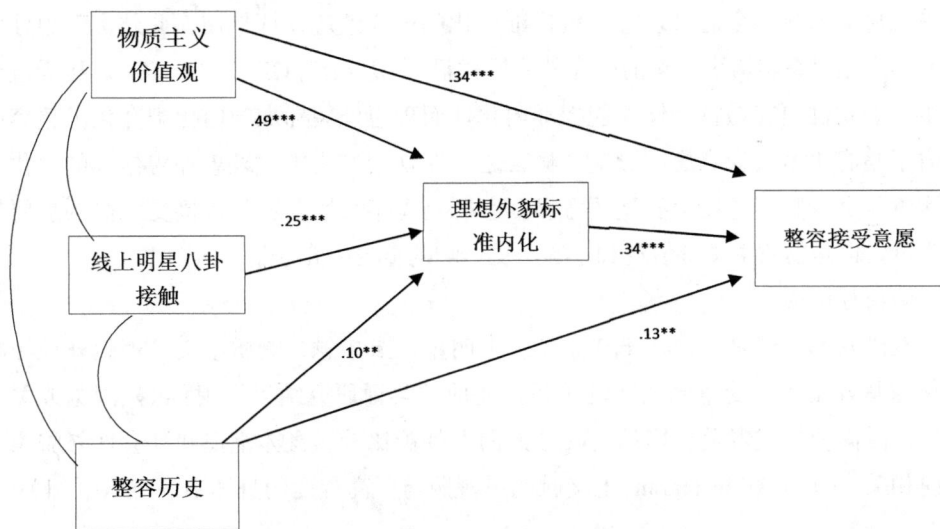

图2　路径分析模型

如图 2 所示，线上明星八卦接触 ($\beta = .25$, $p < .001$) 可以显著预测青年女性的理想外貌标准的内化程度。而理想外貌标准的内化可以显著预测青年女性的整容手术

① Bagozzi, R. P. , & Yi, Y. On the evaluation of structural equation models [J]. *Journal of the Academy of Marketing Science*, 16(1), 74—94.

接受意愿 ($\beta = .34, p < .001$)。因此，假设 1 和假设 2 得到了支持。经常在社交媒体上浏览明星八卦信息的女性会更多地将社会文化构建的理想外貌标准内化为自己的标准，并且更倾向于考虑接受整容手术。同样，物质主义价值观 ($\beta = .34 \, p < .001$) 和整容历史 ($\beta = .13 \, p < .01$) 可以显著预测受访者整容的接受意愿。假设 3 和假设 5 得到了支持。青年女性的物质主义价值观水平越高，越倾向于接受整容手术。而曾经有过整容史的女性更倾向于再次整容。此外，如图 2 示，线上明星八卦接触 ($\beta = .25$, $p < .001$)，整容历史 ($\beta = .10, p < .05$) 和物质主义价值观 ($\beta = .49, p < .001$) 均可以显著地预测青年女性的理想外貌标准内化。这些发现也为假设 4 和假设 6 提供了间接的支持。

中介效应检验

本研究通过 Hayes 开发的 SPSS 软件插件 PROCESS macro 使用 bootstrapping 方法检验理想外貌标准内化的中介效应。具体而言，使用 5000 bootstrap 样本与 95% bias-corrected bootstrap 置信区间。bootstrap 分析结果显示，理想外貌标准的内化 ($\beta = .03$, CI = .02 to .04) 显著地中介化了物质主义价值观对青年女性整容手术接受意愿的影响。因此，我们有 95% 的信心得出结论，物质主义价值观对青年女性的整容手术接受意愿的影响，会通过理想外貌标准内化的中介效应发挥作用。此外，理想外貌标准的内化对整容历史影响的中介效应同样显著 ($\beta = .13$, CI = .13 to .84)。接受过整容手术的女性更容易将理性外貌标准内化，而理想外貌标准的内化中介化了整容历史对于整容手术接受意愿的影响。概言之，在众变量之中，理想外貌标准的内化在预测青年女性整容意愿上有重要意义。它既是青年女性整容手术接受意愿的重要预测变量，也是物质主义价值观和整容历史影响的重要中介变量。

结论与讨论

本研究的贡献之一，在于建立了线上明星八卦接触、物质主义、理想外貌标准内化与整容手术接受意愿之间的关系。此前的实证研究结果发现：（1）浏览或关注明星、时尚博主或者美妆网站与女性的向上外貌比较、身体审视和社会性外貌焦虑正向相关[①]；（2）在 Instagram 上接触明星靓照与更高程度的身体不满意水平相关[②]。

---

① Seekis, V., Bradley, G. L., & Duffy, A. L. Appearance-related social networking sites and body image in young women: testing an objectification-social comparison model [J]. *Psychology of Women Quarterly* (1), 036168432092082.

② Brown, Z., & Tiggemann, M. Attractive celebrity and peer images on Instagram: effect on women's mood and body image [J]. *Body Image*, 19(dec.), 37—43.

本研究发现，上述因素之外[①②③④⑤]，青年女性接触线上明星八卦也会显著影响到对理想外貌标准的内化。当青年女性在网上接触明星八卦时，娱乐工业和消费主义将公众的注意力转向明星的身体。女性参与八卦，也在潜移默化的向消费偶像 (models of consumption) 学习，内化完美外貌的标准。明星作为物质主义理想生活的化身，与大众传媒一起完成消费社会意识形态的共谋。青年女性在不知不觉间确认了对物质生活和完美外表的追求，最终影响到自身接受整容手术的意愿。

此前研究者发现，社交媒体平台上对于外貌吸引力的关注是一个全球普遍存在的现象。时尚博客、门户网站和社交网络用户通过内容分享，向全球传播着越来越同质化的理想外貌标准[⑥]。与此同时，明星文化通过社交媒体平台将公众的注意力更多地引向外表、欲望，打造永葆青春的神话。明星八卦在这一套理想外貌的叙事中扮演着不可或缺的环节。用户在八卦中向明星学习如何在物质主义社会里"走向成功"。追求完美的外貌也成为这种社会学习过程的一个部分。社交媒体为用户主动生产信息提供了机会，但用户很难在消费主义、娱乐工业与整容产业共同塑造的外貌文化之外，建构起对抗性的审美标准。而研究发现，在浏览网络信息时，由于用户自主选择信源，对于信息的警觉性会降低[⑦]。因此，不难解释为什么接触线上明星娱乐八卦与青年女性理想外貌标准的内化产生显著相关，而对于理想外貌标准的内化可以进一步预测青年女性对于整容手术的接受意愿。

明星八卦作为意识形态协商的场所，不仅是一种消费品，也发挥着无形的社会控制作用。关于明星的飞短流长向大众传递着信息，帮人们认识到所处信息环境中什么受到推崇，什么会招致社会惩罚。随着消费主义的发展与社交媒体内容的视觉化，明星的自我呈现不可避免地聚焦于身体。而完美外貌作为消费社会"成功"的

① Dunofsky, M. (1997). Psychological characteristics of women who undergo single and multiple cosmetic surgeries [J]. *Annals of Plastic Surgery,* 39(3), 223-8.

② Henderson-King, D, & Brooks K D. Materialism, Sociocultural Appearance Messages, and Paternal Attitudes Predict College Women's Attitudes about Cosmetic Surgery [J], *Psychology of Women Quarterly,* 33 (2009), 133–142. Wiley Periodicals, Inc. Printed in the USA.

③ Ishigooka, J., Iwao, M., Suzuki, M., Fukuyama, Y., Murasaki, M., & Miura, S. Demographic features of patients seeking cosmetic surgery [J]. *Psychiatry & Clinical Neurosciences,* 52(3), 283-7.

④ Sarwer, D. B., Wadden, T. A., Pertschuk, M. J., & Whitaker, L. A. The psychology of cosmetic surgery: A review and reconceptualization [J]. *Clinical Psychology Review,* 18(1), 1—22.

⑤ Swami, V., & Mammadova, A. Associations Between Consideration of Cosmetic Surgery, Perfectionism Dimensions, Appearance Schemas, Relationship Satisfaction, Excessive Reassurance-Seeking, and Love Styles [J]. *Individual differences research,* 10(2).

⑥ Yan, Y., & Bissell, K. The globalization of beauty: How is ideal beauty influenced by globally published fashion and beauty magazines? [J] *Journal of Intercultural Communication Research,* 43(3), 194—214.

⑦ Lee, H., Lee, H. E., Choi, J., Kim, J. H., & Han, H. L. Social media use, body image, and psychological well-being: A cross-cultural comparison of Korea and United States [J]. *Journal of Health Communication,* 1—16.

象征，不断在明星八卦的讨论中得到确认。用户浏览明星八卦消息不再是一种消遣，成了内化理想外貌标准的新途径。中国当下蓬勃发展的娱乐工业与追星文化背景下，未来的研究不应当忽视线上娱乐八卦接触对于青年女性整容手术接受意愿可能发生的影响。

此外，研究者发现物质主义倾向可以直接预测青年女性对于整容手术的接受程度。青年女性的物质主义水平越高，越可能考虑接受整容手术。这一发现于此前的研究结果一致：女性的物质主义价值观同整容手术的态度之间存在显著关联[①]，女孩对于整容手术的态度会随着她们的物质主义价值观水平发生变化[②]。

市场化改革之后，中国与东德等社会主义国家经历了消费主义转型。研究者对苏联阵营国家的调查发现，此前鲜有身体意象障碍的国家，经历市场化改革之后，国民对身体不满意程度快速上升[③④⑤⑥]。如 Dittmar[⑦] 所指出的，在消费主义文化中完美的外表与丰裕的物质生活作为成功的标志备受推崇。当理想外貌标准难以企及的时候，拥有较高物质主义价值观水平的人会考虑接受整容手术。因此，研究者认为[⑧]，对于转型社会国家来说，不应当忽视物质主义高涨与身体意象障碍之间的关系。同理，未来研究中，在类似中国的社会中物质主义价值观和消费主义对青年女性整容意愿的影响应当受到重视。

与研究一致，理想外貌标准的内化中介化了物质主义价值观对于青年女性整容意愿的影响。这一结果同样可以从以往研究发现中得到支持：例如，Ching 和 Xu 的

---

① Henderson-King, D., & Brooks K D. Materialism, Sociocultural Appearance Messages, and Paternal Attitudes Predict College Women's Attitudes about Cosmetic Surgery [J], *Psychology of Women Quarterly*, 33 (2009), 133–142. Wiley Periodicals, Inc. Printed in the USA.

② Ashikali, E. M., Dittmar, H., & Ayers, S. The effect of cosmetic surgery reality to shows on adolescent girls' body image [J]. *Psychology of Popular Media Culture*, 3(3), 141—153.

③ Catina, A., Boyadjieva, S., & Bergner, M. Social context, gender identity and eating disorders in Western and Eastern Europe: Preliminary results of a comparative study [J]. *European Eating Disorders Review*, 4(2), 100—106.

④ Catina, A., &Joja, O. Emerging markets: Submerging women [J]. *Eating Disorders and Cultures in Transitions*,111—119.

⑤ Wodarczyk-Bisaga, K., & Dolan, B. A two-stage epidemiological study of abnormal eating attitudes and their prospective risk factors in Polish schoolgirls [J]. *Psychological Medicine*, 26(5), 1021—1032.

⑥ Wlodarczyk-Bisaga, K., Dolan, B., Mccluskey, S., & Lacey, H. Disordered eating behaviour and attitudes towards weight and shape in polish women [J]. *European Eating Disorders Review*.

⑦ Dittmar, H. *Consumer culture, identity and well–being: The search for "good life" and the "body perfect"* [M]. London: Psychology Press.

⑧ Catina, A., &Joja, O. Emerging markets: Submerging women [J]. *Eating Disorders and Cultures in Transitions*,111—119.

研究[①]发现，外貌标准的内化中介化了物质主义对身体审视和面部外貌关注 (facial appearance concerns) 的影响，而后两者与女性是否考虑整容手术之间存在正相关。此外，理想外貌标准的内化同样中介化了整容历史对于青年女性整容意愿的影响。接受过整容手术的女性，更倾向于再次接受整容。未来研究中，整容历史对于整容意愿的影响，以及整容成瘾问题也需要研究者给予更多关注。

本研究为探索性研究，受到时间等因素的影响，尚存在很多不足之处。Edmonds 和 Hunt 等对巴西[②]和哥伦比亚[③]整容业的质性研究发现：女性整容需求与社会整体的经济结构之间存在联系。从事服务业等第三产业工作的女性，因为工作性质的原因更倾向于接受整容手术。本研究采用了学生样本，无法考察职业等其他因素是否会同消费主义和明星八卦文化发生交互，对青年女性的整容意愿产生影响。未来研究中，研究者可以使用非学生样本继续探讨消费主义、明星八卦文化和社交媒体使用对不同职业属性的青年女性的整容意愿可能带来的影响。

本研究的另一个不足之处在于样本的年龄结构较为单一。欧美国家中，女性接受整容手术的意愿随年龄攀升[④]。尽管中国女性整容市场呈现低龄化趋势，研究者在关注青年女性之余，有必要了解社交媒体使用和消费主义文化对熟龄女性群体的影响。未来研究可以将不同年龄阶段的女性纳入考察。如果可以，也可加入不同年龄组之间的比较研究，进一步探索消费主义、明星文化和社交媒体使用与女性整容意愿之间的关系。此外，由于时间和成本限制，本研究采取了横断研究方式。研究者使用路径分析模型探讨了变量间的联系，但无法在数据基础上获得变量间因果关系的推断。在数据采集方面，未来研究者可尝试采用纵贯研究形式，进一步明确线上明星八卦接触、物质主义与青年女性整容意愿之间是否存在因果联系。

此外，如何帮助青年女性对抗线上外貌文化信息的影响，也是研究者需要关注的话题。已有研究发现，媒介素养教育在帮助女孩应对媒介呈现的理想身材标准方

---

① Ching, H. H., & Xu, J. T. Understanding cosmetic surgery consideration in Chinese adolescent girls: contributions of materialism and sexual objectification [J]. *Body image*, 28(MAR.), 6—15.

② Edmonds, A. *Pretty modern: beauty, sex, and plastic surgery in Brazil* [M]. Duke University Press.

③ Hunt, S. Twenty-first century cyborgs: cosmetic surgery and aesthetic nationalism in Colombia [J]. *New Political Science*, 37(4), 543—561.

④ American Society of Plastic Surgeons. 2018 Complete Plastic Surgery Statistics Report[EB/OL], Retrieved from: https://www.plasticsurgery.org/documents/News/Statistics/2018/plastic-surgery-statistics-full-report-2018.pdf

面效果有限 ①②。而结合本研究的发现，笔者认为，另一个可行的路径在于对青年女性的物质主义水平进行干预，降低理想外貌标准的内化程度。此外，娱乐工业在树立完美外貌标准上发挥着重要作用。青年女性在浏览线上明星资讯的过程中，不断接受着理想外貌标准的影响。因此，相关政府部门应当积极引导流行文化工业履行社会责任，为青年人树立健康的理想外貌标准，帮助追星女孩们培养正确的身体意识，理智清醒的对待整容手术。

（感谢陈蕾、王韩丽、程莉雅、余珍妮、邵伊琳、许聪慧、王洋、宋雪彦、叶春融同学在焦点小组访谈以及数据采集阶段为本研究做出的贡献。）

---

① Irving, L.M., & Berel, S. R. Comparison of media-literacy programs to strengthen college women's resistance to media images [J]. *Psychology of Women Quarterly*, 25, 103–111.

② Levine, M. P., Smolak, L., & Schermer, F. (1996). Media analysis and resistance by elementary school children in the primary prevention of eating problems [J]. *Eating Disorders: The Journal of Treatment & Prevention,* 4, 310–322.

延安时期中国共产党的政治传播途径研究

何 亮 张 维*

摘要：本文从党报党刊、广播电台、文艺作品、教学与研究机构四个部分详细论述了延安时期中国共产党政治传播的主要途径。研究发现，党报党刊传播是延安时期中国共产党政治传播的主要方式，延安时期中国共产党的政治传播，注重党报党刊与广播电台等媒体间的相互配合，从而进行集中化、整合化的信息传播，文学作品和教学研究机构也对延安时期中国共产党的政治传播发挥了重要的作用。

关键词：党刊；政治传播；延安

延安时期，虽尚无明确的"政治传播"这一概念，但一直存在着政治传播这一实践。延安时期政治传播，即延安时期中国共产党政治传播。从政党政治传播的泛主体视角而言，延安时期中国共产党政治传播的主体包括党的领导人、党的新闻工作者、党委宣传部和军委总政治部等。延安时期中国共产党政治传播的主要内容包括马克思主义经典作家理论和新民主主义革命理论。延安时期中国共产党政治传播的途径主要包括党报党刊、广播电台、文艺作品、教学与研究机构等。党员干部、知识分子、工农大众、人民军队、敌方军队等是延安时期中国共产党政治传播的主要受众。

政治传播途径是指政治信息的采集、编排、传播的渠道与方法。它既包括文艺作品等内容载体，也包括媒体、组织、团体、机构等传播载体。虽然，由中国共产党建立的第一个电影机构延安电影团，拍摄了《延安与八路》《生产与战斗结合起来》《白求恩大夫》《延安各界纪念抗战五周年》等纪录片和新闻作品。但是，延安时期的新闻纪录电影因制作与放映条件限制，并不是延安时期中国共产党政治传播的主

---
　* 何亮（1989—），男，江苏扬州人，博士毕业于巴塞罗那自治大学传播学专业，目前为浙江外国语学院中国语言文化学院讲师，研究方向为国际传播、新媒体文化。张维（1988—），男，河北承德人，博士毕业于巴塞罗那自治大学传播学专业，目前在暨南大学新闻与传播学院从事博士后研究工作，研究方向为政治传播。

要途径。本文将从党报党刊、广播电台、文艺作品、教学与研究机构四个部分详细论述延安时期中国共产党政治传播的主要途径。

一、党报党刊政治传播

党报党刊传播是延安时期中国共产党政治传播的主要方式。延安时期，通讯社及党报党刊是革命政策与革命工作的宣传者。1942 年 10 月，毛泽东指出："查各地中央局、中央分局对当地通讯社工作及报纸工作注意甚少，对宣传人员及宣传工作缺乏指导，尚不认识通讯社及报纸是革命政策与革命工作的宣传者组织者这种伟大的作用，尚不懂得领导人员的很多工作应该通过报纸去做。"①

（一）延安时期党报党刊

延安时期，先后主要有党报《新中华报》和《解放日报》。《新中华报》是中共中央的机关报，其前身是中央苏区政府的机关报《红色中华》。1937 年 1 月 29 日，《红色中华》更名为《新中华报》，并在延安出版。最初是陕甘宁边区政府机关报的《新中华报》于 1939 年 2 月 7 日改为党中央机关报，于 1941 年 5 月 15 日终刊。中共中央于 1941 年 5 月 15 日发出通知，将《新中华报》与《今日新闻》合并，出版中共中央机关报《解放日报》。1941 年 5 月 16 日，《解放日报》在延安创刊。毛泽东专门题写了《解放日报》的报纸名称，并撰写发刊词。1942 年 9 月起，《解放日报》兼为中共中央西北局机关报，于 1947 年 3 月 27 日停刊。

1942 年，《解放日报》在党中央的领导下进行改版。《解放日报》从 1942 年 4 月 1 日发表改版社论《致读者》到 1944 年 2 月 16 日发表社论《本报创刊一千期》，历经了 1 年 10 个月的改版时间。改版是为了使《解放日报》成为真正战斗的党的机关报。改版前夕，毛泽东亲自主持召开关于《解放日报》改版的座谈会，动员并号召大家重视和利用《解放日报》。②

此外，延安时期还出版了《解放》周刊（1937 年 4 月创刊）、《八路军军政杂志》（1939 年 1 月创刊）和《共产党人》（1939 年 10 月创刊）等一批党的期刊。晋察冀边区出版了《抗敌报》（1937 年 12 月创刊，1940 年 11 月改名为《晋察冀日报》），苏鲁皖豫边区出版了《大众日报》（1939 年 1 月创刊，后改为中共山东分局机关报），晋绥边区出版了《抗战日报》（1940 年 9 月创办）。③

---

① 毛泽东新闻工作文选 [M]，北京：新华出版社，1983 年版，第 97 页。

② 徐培汀：20 世纪中国新闻学与传播学（新闻史学史卷）[M]，上海：复旦大学出版社，2001 年版，第 145 页。

③ 赵玉明：中国广播电视通史（第 2 版）[M]，北京：中国传媒大学出版社，2006 年版，第 79—80 页。

延安时期，党报党刊的任务是"宣传党的政策，贯彻党的政策，反映党的工作，反映群众生活"。"如果报纸只是或者以极大篇幅为国内外通讯社登载消息，那么这样的报纸是党性不强，不过为别人的通讯社充当义务的宣传员而已，这样的报纸是不能完成党的任务的。"[①]

（二）党报党刊政治传播方式

以社论、评论等理论文章为主，辅以新闻、通讯、专栏、专刊、杂文、随笔等。例如在延安整风宣传中，《解放日报》全文发表了毛泽东所作的《整顿学风党风文风》《反对党八股》《改造我们的学习》《反对自由主义》《反对党内几种不正确的倾向》等理论文章；还创办了《党的生活》专栏与《学习》专刊[②]。

刊发由中央同志及重要干部执笔或修改的文章。1941 年，《中央在关于出版〈解放日报〉等问题的通知》的文件中指出："一切党的政策，将经过《解放日报》与新华社向全国宣传，《解放日报》的社论，将由中央同志及重要干部执笔"[③]，集中报道党内、国内重大事件。例如，1942 年，《解放日报》围绕毛泽东发表的《整顿党的作风》，邀请知名人士执笔，用较大篇幅刊登有关文章，进行集中报道。

推行"全党办报"。"将通讯网建立在党组织基础上，使通讯、读报、发行三者互相联系、互相推动，结合成为一个组织形式。"[④]

二、广播电台政治传播

（一）延安时期广播电台

截至 1948 年 3 月，中国共产党的广播电台主要有陕北新华广播电台（XNCR）、邯郸新华广播电台（XGHT）、晋察冀新华广播电台（XGNC）、西满新华广播电台（XNWR）、合江新华广播电台（XHCR）、东北新华广播电台（XNMR）、延吉新华广播电台（XNYR）、哈尔滨市广播电台（XMHR）等。延安新华广播电台（中央人民广播电台的前身）于 1940 年 12 月 30 日开始播音，呼号 XNCR（当时按照国际有关规定，我国无线电台的呼号第一个字母为 X，NCR 系英文 New Chinese Radio 的缩写），但不久中断。1945 年 8 月中旬恢复播音。1947 年 3 月中旬，延安新华广播电台转移到瓦窑堡后改名为陕北新华广播电台。1948 年 5 月 23 日起，陕北新华广播电

---

① 中央档案馆：中共中央文件选集（第 13 册）（1941—1942）[M]，北京：中共中央党校出版社，1991 年版，第 358 页。

② 徐培汀：20 世纪中国新闻学与传播学（新闻史学史卷）[M]，上海：复旦大学出版社，2001 年版，第 149 页。

③ 中央档案馆：中共中央文件选集（第 13 册）（1941—1942）[M]，北京：中共中央党校出版社，1991 年版。

④ 中国共产党新闻工作文件汇编（上）[M]，北京：新华出版社，1980 年版，第 149 页。

台迁至平山播音。从 1940 年底直到 1949 年 3 月迁进北平的初期，延安新华广播电台（包括改名后的陕北新华广播电台）的编辑工作是由新华社的有关部门承担的。

1941 年 5 月 25 日，《中共中央宣传部关于电台广播的指示》要求，"广播内容应以当地战争及政治、军事、经济、文化教育等各方面的具体活动为中心，并以具体事实来宣传根据地的意义与作用"；并要求"广播材料应力求短小精彩，生动具体，切记长篇大论，令人生厌的空谈"。1945 年 10 月，延安新华广播电台每天播出的节目有四类。第一类是时事新闻，主要包括国际国内重大消息，特别是世界各国工人运动和民主运动的介绍和对沦陷区和大后方动态的报道。第二类是解放区消息，也是每天广播的主要内容，主要包括报告抗战军队在前线和后方的工作和活动、民主政府的施政情形、解放区人民的生活。第三类是言论、政策和建设介绍。这一类内容较多，主要包括五方面内容。一是评论，包括《解放日报》的社论、时事述评、各种专门问题的论著；二是世界舆论，包括世界各国进步的舆论介绍；三是政策讲座和政策问答，包括对民主政府政策的介绍、对听众疑问的解答；四是解放区介绍，包括对解放区政治、军事、经济、文化、教育等的介绍；五是故事和报告，包括对精彩生动的敌后游击队的故事的讲述等。第四类是记录新闻，主要包括对时事新闻、解放区消息和评论的摘要。此外，只要有条件，延安新华广播电台就会请人民领袖和民主人士演讲，或举办晚会演奏民间的乐曲、秧歌。[①]

延安新华广播电台的宗旨"在于使得各位了解人民政党、人民军队和人民自己建立起来的解放区的情况，了解它的主张和事业"[②]。《解放日报》曾刊文介绍延安新华广播电台，指出延安新华广播电台是"人民的喉舌，民主的呼声，号召大家来管理它、利用它、掌握它"[③]。正如陆定一所言，中国共产党的广播事业，"从它存在的第一天起，就为中国的独立、和平、民主事业服务，就为中国人民的解放事业服务"[④]。1941 年 5 月 25 日，《中共中央关于统一各根据地内对外宣传的指示》要求，"各地应经常接收延安新华社的广播，没有收音机的应不惜代价设立之"[⑤]。

延安时期广播电台不仅肩负着对内政治传播的任务。相对当时其他媒体，延安

①　中央人民广播电台研究室，北京广播学院新闻系:解放区广播历史资料选编（1940—1949）[M]，北京：中国广播电视出版社，1985 年版，第 64—65 页。

②　中央人民广播电台研究室，北京广播学院新闻系:解放区广播历史资料选编（1940—1949）[M]，北京：中国广播电视出版社，1985 年版，第 370 页。

③　中央人民广播电台研究室，北京广播学院新闻系:解放区广播历史资料选编（1940—1949）[M]，北京：中国广播电视出版社，1985 年版，第 370 页。

④　中央人民广播电台研究室，北京广播学院新闻系:解放区广播历史资料选编（1940—1949）[M]，北京：中国广播电视出版社，1985 年版，第 15 页。

⑤　中央人民广播电台研究室，北京广播学院新闻系:解放区广播历史资料选编（1940—1949）[M]，北京：中国广播电视出版社，1985 年版，第 8 页。

时期广播电台对敌政治传播的作用更加突出。1947 年 11 月 26 日，《陈毅同志谈新闻宣传工作》一文提道："我们的报纸能传到蒋管区去的很少，但我们的广播作用很大，因为百分之九十九都是真实的。看到外边一些刊物，知道我们广播的尽管是很冗长的东西，也有人收，从他们引用的一些材料中可以看到这一点。敌人也很注意我们的广播，平时他们故意扰乱，一播到俘虏名单或家信时他们就静心收听。"①

（二）广播电台政治传播方式

开办专题节目。1945 年 9 月，延安新华广播电台每天中午、晚上各播音一次，每次一小时；主要专题节目有：《时事新闻》《解放区消息》《解放区政策》和《解放区建设》等。播发党的领导人的文章与演讲。例如，1941 年 11 月 7 日，为纪念十月社会主义革命 24 周年，延安新华广播电台播出了毛泽东的广播演讲稿。②1947 年元旦，朱德来到延安新华广播电台向全国同胞、海外侨胞、解放区人民和全体将士发表了题为《一九四七年的十大任务》的广播演讲。③播发中央文件与相关文章。例如，1941 年 5 月 1 日，陕甘宁边区中央局发布了贯彻执行抗日民族统一战线的重要文件《陕甘宁边区施政纲领》。延安新华广播电台立即反复广播该文件，以供其他解放区抄收。同年 5 月 7 日，《新华日报》（华北版）根据广播，全文刊登了这一重要文件。此外，延安新华广播电台还为了给当时陕甘宁边区正在进行的第二届参议会参议员的选举工作营造舆论环境，专门广播了介绍陕甘宁边区选举经验的文章《选举运动中的宣传工作》。④

播发国民党地区来延安人士的演讲以及各地民主人士的文章。驾机起义的原国民党空军军官刘善本等人曾多次在延安台发表广播演讲。1946 年 7 至 8 月间，延安新华广播电台播出的 89 篇文章中，有 34 篇的作者是上海、重庆、南京、北平、昆明等地以及国外各地的民主人士。⑤开办日语广播。延安新华广播电台开播初期，中共中央根据日本共产党领导人野坂参三的建议，决定由八路军总政治部主任王稼祥领导筹办日语广播的工作，具体由总政敌工部负责。日语广播从 1941 年 12 月 3 日开始，大约于 1943 年春停播。其间，每天播出半小时。⑥对外播发英文电讯稿。

———————————

　　① 中央人民广播电台研究室，北京广播学院新闻系：解放区广播历史资料选编（1940-1949）[M]，北京：中国广播电视出版社，1985 年版，第 25 页。
　　② 赵玉明：中国广播电视通史（第 2 版）[M]，北京：中国传媒大学出版社，2006 年版，第 89 页。
　　③ 赵玉明：中国广播电视通史（第 2 版）[M]，北京：中国传媒大学出版社，2006 年版，第 116 页。
　　④ 赵玉明：中国现代广播简史（1923-1949）[M]，北京：中国广播电视出版社，1996 年版，第 73—74 页。
　　⑤ 赵玉明，艾红红：中国广播电视史教程 [M]，北京：中国广播电视出版社，2009 年版，第 52 页。
　　⑥ 赵玉明：中国广播电视通史（第 2 版）[M]，北京：中国传媒大学出版社，2006 年版，第 86 页。

1944 年 9 月起，新华社每天播发英文电讯稿两次，每次时长半小时至两小时。时任新华社副社长的吴文焘负责英文广播部工作。时任新华社社长的廖承志亲自审阅稿件。编辑由新加坡归国华侨沈建图以及毕业于香港大学的记者陈庶等人担任。当时，新华社英文广播部聘请原英国驻华使馆文化处的官员、后任燕京大学教授的林迈可，担任英文改稿专家一职。1947 年 9 月 11 日，陕北新华广播电台开始播出英语新闻节目。

三、文艺作品政治传播

延安时期涌现出了一批优秀的文艺作品。延安时期文艺创作，继承了苏区文艺、红军文艺以及五四运动以后新文艺的优良传统，直接秉承了左联提倡的大众文艺精神，在毛泽东《在延安文艺座谈会上的讲话》的文艺大众化方针指引下，走向工农、深入实际。这些文艺作品的创作与传播，对于延安时期中国共产党政治传播起到了重要的促进作用。

（一）延安时期文艺作品

延安时期，秧歌剧、木刻、新诗歌、新民歌、反映陕北新生活的报告文学、小说以及民间说书等文艺作品不断涌现。这些作品受到广大群众的喜爱，同时把中国共产党的政治传播内容生动活泼地展现在广大群众面前，引起了群众的共鸣。秧歌剧是延安文艺中比较有影响的艺术形式之一。在 1942 年延安文艺座谈会后，《兄妹开荒》《刘二起家》是延安时期比较有代表性的秧歌剧。据不完全统计，从 1943 年农历春节至 1944 年上半年，一年多时间就创作并演出了 300 多场秧歌剧，观众达 800 万人次。[①]

延安木刻是延安时期中国共产党政治传播的重要文艺载体。茅盾对延安木刻给予了高度评价。他认为延安木刻有其特殊的风格，其内容是最现实的，而形式亦朴质刚劲；从技巧上说，延安木刻手法新颖，富于创造性，这是融合了西洋技巧和中国优秀传统，再加上翻身以后的陕北人民的如火如荼的创造力，才能够达到这样美妙的境界。[②]

文学作品促进了延安时期中国共产党的政治传播。例如，赵树理的《李有才板话》宣传了 1943 年解放区农村进行的减租减息运动和村政权改选活动；《小二黑结婚》反映了根据地农村中民主意识的觉醒。丁玲的《太阳照在桑干河上》表现了工作组干部的智慧。李季的《王贵与李香香》反映了旧社会农民的穷困境遇。周立波的《暴风骤雨》启发和提高了农民的阶级觉悟。新歌剧对于延安时期中国共产党政治传播

---

① 苏一平、陈明：延安文艺丛书（第 7 卷秧歌卷）[M]，长沙：湖南文艺出版社，1987 年版，第 2 页。

② 茅盾：门外汉的感想 [N]，解放日报，1946-01-23。

起到了促进作用。1945 年，由鲁迅艺术学院师生创作的新歌剧《白毛女》，充分展示了中国共产党给群众生活带来的巨大改善。新歌剧《赤叶河》描写了农民受尽地主压迫，最终因八路军的到来而得到解放的故事。这两部新歌剧都描绘了中国共产党为人民群众谋利益的光辉形象。

延安时期，延安文艺作品在解放区外也有一定的影响力。1943 年和 1944 年，《牛永贵负伤》《兄妹开荒》和《一朵红花》等剧在重庆演出。1946 年，《兄妹开荒》在上海演出，并由百代公司录制了唱片广为发行。解放区木刻画也在重庆举办过展览。

延安时期的文艺作品为配合革命形势的需要，比较强调文艺作品的教育功能。例如，秧歌剧蕴含着教育观众"应当怎样"和"不应当怎样"的价值判断，把中国共产党政治传播内容具体化为秧歌剧中的故事与情节。

（二）文艺作品政治传播方式

文艺大众化是延安时期中国共产党文艺作品政治传播的根本方式与总体要求。《在延安文艺座谈会上的讲话》指出："什么叫做大众化呢？就是我们的文艺工作者的思想感情和工农兵大众的思想感情打成一片，而要打成一片，就应当认真学习群众语言。"[1]

反映社会实际，同工农兵相结合。延安时期的文艺作品是要真正为工农兵服务，反映他们的生活和工作的。为了使文艺作品更好地反映社会实际，文艺工作者需要深入社会生活，寻找文艺创作的素材。例如："延安方面的作家，除了经常写作秧歌剧，还有很多亲身参加秧歌队的。他们一面下乡主持演出，同时再从民间吸取新题材，学习民间语言之运用。"[2]丁玲曾回忆道："这些从土到洋，既土又洋，从旧到新，真正是新的作品，代表了那一个伟大的时代，深受群众的欢迎拥护。"[3]

创造群众喜闻乐见的文艺形式。"文艺要诉之于读者，读者基本上是人民。文艺如果没有读者，就是没有对象。"[4]延安文艺工作者在现实生活中寻找文艺创作的素材，根据大众的生活工作实际，调整创作主题与内容、创作风格与形式，从而创作出一大批为群众所喜闻乐见的文艺作品。

改良民间文艺样式。延安时期中国共产党批判地继承传统文化，吸收精华、去其糟粕。在中国共产党的领导下，延安文艺工作者对陕北秧歌和木刻等民间文艺样式进行了改良。以陕北秧歌为例，秧歌是晋陕一带的民间艺术，过去是被视为不足

---

① 毛泽东选集：第 3 卷 [M]，北京：人民出版社，1991 年版，第 851 页。
② 赵超构：延安一月 [M]，上海：上海书店出版社，1992 年版，第 110 页。
③ 贾芝：延安文艺丛书（第 15 卷民间文艺卷）[M]，长沙：湖南文艺出版社，1988 年版，第 7 页。
④ 贾芝：延安文艺丛书（第 15 卷民间文艺卷）[M]，长沙：湖南文艺出版社，1988 年版，第 7 页。

以登大雅之堂的。自毛泽东发表《在延安文艺座谈会上的讲话》，提出普及问题以后，延安文艺界才开始注意到这个民间旧形式。①

四、教学与研究机构政治传播

（一）延安时期教学与研究机构

延安时期，中共中央创办了中央党校、中国人民抗日军政大学、马列学院、陕北公学、鲁迅艺术学院和延安大学等教学机构。具体而言，随着各根据地的发展，中国人民抗日军政大学陆续办起 14 所分校、5 所陆军中学、1 所附设中学。中国人民抗日军政大学在抗日战争期间共培养了 10 余万名军政干部。②马列学院是于 1938 年 5 月 5 日即马克思诞辰 120 周年之时成立的。

许多中央领导人到马列学院作过报告，一些著名学者担任兼职教员。马列学院设有马列主义、中国问题、哲学、政治经济学、历史等研究室。1941 年 7 月，马列学院改组为马列研究院，9 月改名为中央研究院。③

马列学院的编译部是中国共产党历史上第一个编译马列主义经典著作的专门机构。④马列学院编译部集中了王学文、吴亮平、艾思奇、何思敬、王实味、何锡麟、徐冰、柯柏年、曾涌泉、曹订、张仲实、赵非克等一批专业编译人才。1941 年，马列学院编译部被撤销。为了把恩格斯的军事著作及苏联的军事材料等译成中文，当时还建有由曾涌泉领导的军委编译处。军委编译处是专门翻译马列军事著作的机构。⑤1942 年，中共中央编译局成立。这些编译机构的建立，促进了以马克思主义经典作家理论为重要内容的延安时期政治传播的发展。

1938 年 3 月，毛泽东组织的克劳塞维茨《战争论》研究会成立。1938 年秋，由艾思奇、何思敬主持的延安新哲学会成立。从 1939 年春到 1940 年 5 月，先后成立了政治经济学研究会、中国问题研究会、党建研究会、马列主义研究会和哲学研究会。此外，延安时期还有社会科学研究会、延安时事问题研究会、延安抗日战争研究会、历史研究会、中国现代史研究会、民族问题研究会等学术团体。

---

① 焦金波：延安时期马克思主义大众化研究 [M]，南宁：广西人民出版社，2014 年版，第 174 页。
② 中共中央党史研究室：中国共产党历史（第 1 卷）(1921-1949) 下册 [M]，北京：中共党史出版社，2011 年版，第 563 页。
③ 中共中央党史研究室：中国共产党历史（第 1 卷）(1921-1949) 下册 [M]，北京：中共党史出版社，2011 年版，第 564 页。
④ 肖东波：中国共产党理论建设史纲（1921－1949）[M]，北京：中共党史出版社，2004 年版，第 319 页。
⑤ 王海军：延安时期知识分子群体推动马克思主义传播基本路径探析——以陕甘宁边区为中心 [J]，当代世界与社会主义，2012（2）。

（二）教学与研究机构政治传播方式

教学与研究：开展教学工作。例如，马列学院开设有哲学、政治、经济学、马列主义、中国革命史、西方革命史、联共党史、党的建设等课程。[①] 此外，社会教育，如夜校、冬学、识字班（组）、读报组、剧团等不断发展，使不识字的农民在政治思想上和文化上得到了启蒙和提高。开展以马克思主义为指导的社会科学研究。这些教学与研究机构编写完成了"马恩丛书""抗日战争参考丛书""职运丛书"等书籍；编译了《马克思恩格斯关于唯物史观的书信》（艾思奇、景林译）、《马克思恩格斯论中国》（王石巍、柯柏年译）、《马恩通信选集》（柯柏年、艾思奇、景林等译）、《政治经济学大纲（初稿）》（王学文、王思华、何思敬）等专题文集。[②]

翻译马克思主义经典著作：1938 年，国民党政府发布了《战时图书杂志原稿审查办法》及《修正抗战期间图书杂志审查标准》等文件，禁止"宣传三民主义以外之一切主义"。[③] 基于此种情况，1939 年 8 月，中共中央作出了《关于宣传教育工作的指示》，指出"坚持公开宣传马列主义，出版翻译各种马列主义刊物与书籍"。[④] 延安时期，中国共产党重视马克思主义经典著作的翻译工作。《中共中央关于一九四三年翻译工作的决定》指出："翻译工作尤其是马列主义经典著作的翻译工作，是党的重要任务之一。为提高高级干部理论学习，许多马恩列斯的著作必须重新校阅。……今年要首先校阅党校所用全部翻译教材及译完西方史两册，以应急需。希望参加这一委员会的各同志把这一工作当作对党最负责并必须按时完成的业务之一部分。"[⑤] 从1937 年到 1945 年间，翻译出版的马克思、恩格斯、列宁和斯大林的著作共 192 种，包括马恩著作 30 种、列宁著作 57 种、斯大林著作 80 种、马恩列斯合著 25 种。[⑥]

五、结论

延安时期中国共产党的政治传播，注重党报党刊与广播电台等媒体间的相互配合，从而进行集中化、整合化的信息传播。例如，1939 年中共中央军委发给八路军、新四军各政治机关的电报中要求，各政治机关应注意收集在抗战中八路军和新四军

---

① 温济泽：延安中央研究院回忆录 [M]，长沙：湖南人民出版社，1984 年版，第 6 页。

② 王海军：延安时期知识分子群体推动马克思主义传播基本路径探析——以陕甘宁边区为中心 [J]，当代世界与社会主义，2012（2）：173-177。

③ 吴道弘：中国出版史料（第 2 卷）[M]，山东教育出版社，湖北教育出版社，2000 年版，第 766 页。

④ ③中共中央文件选集（1939-1940）[M]，北京：中央党校出版社，1998 年版，第 72 页。

⑤ 中央档案馆：中共中央文件选集（第 14 册）（1943-1944）[M]，北京：中央党校出版社，1992 年版，第 42 页。

⑥ 张静庐：中国现代出版史料·丙编 [M]，北京：中华书局，1956 年版，第 247 页。

中涌现出的民族英雄，除在各部队报纸上发表外，择其最重要者予以广播。[①] 总结经验、结合当下，政治传播主体的整合传播力若能得到提升，便会有利于增强政治传播效果。

① 中共中央文献研究室，新华通讯社：毛泽东新闻工作文选 [M]，北京：新华出版社，2014 年版，第 54 页。

自媒体时代下健身运动的网络传播研究

——以抖音短视频为例

张 超 李欣怀*

摘要： 随着互联网和新媒体的发展，短视频平台层出不穷，平台对用户的需求和体验也越来越重视。抖音作为一个从 2016 年出现，2018 年急速发展至今的短视频 APP，取代快手成为国内用户量最多的短视频平台。然而现有的大多数研究都集中在短视频平台设计和技术上，少有涉及短视频内容的研究，本研究通过抖音用户的参与感分析抖音短视频内容，尤其是健身博主发布的短视频内容方面分析，剖析哪些因素会影响短视频的质量。本研究选取了 16 位健身博主的视频进行定量分析，并对总浏览数出现断层式增长的 5 位博主进行深度访谈。由研究者根据有吸引力的内容、背景音乐、身材、外表、拍摄环境、互动性、知识性内容、趣味性以及有趣的标题分析什么样的内容更容易吸引用户。根据研究发现吸引受众的内容、匹配的背景音乐、适合的环境和博主的外表都与健身视频的吸引力密切相关。通过本次研究我们不仅发现了健身短视频传播的一些好的方面，例如通过观看视频可以提醒用户注重身体健康、带动用户进行身体锻炼等；也发现了短视频平台存在的一些问题，如一些视频内容不太适合青少年观看，平台应加强针对青少年的年龄管控措施。

关键词： 抖音；健身类短视频；内容分析；用户参与感

随着科技的发展，人们的注意力下降，更多的人选择观看视频接收信息，而不

---

* 张超（1989—），女，北京人，浙江外国语学院中国语言文化学院讲师，曾任 Auckland University of Technology 传播学院讲师，研究方向主要为文化传播、身份构建与认同、媒介研究和性别研究。李欣怀（1995—），女，吉林长春人，外语教学与研究出版社编辑，研究方向主要为新媒体研究和市场营销。

是阅读报纸或杂志[①]等。社交媒体是用户用来分享意见、经验、观点的工具和平台[②]。与传统媒体相比，社交媒体提供了一种更具吸引力和复杂性的数字广告的形式。在线社交媒体中，很多博主会展示一些他们使用过的产品，表达他们的感受，有时还向他们的追随者推销产品。作为一种新兴的社交媒体形式，网络意见领袖在短视频中扮演着越来越重要的角色[③]。因此，在营销工作中，越来越多的企业放弃了名人在电视上做广告推荐品牌这样的传统方式，转而利用社交媒体中有影响力的人物与明星进行产品推广。以短视频为承载主体的社交媒体最早出现的时间可以追溯到国内各视频网站建立之初，以土豆、优酷等一系列 UGC 视频网站为代表，2013 年以后，随着互联网用户对信息获取方式的转变，短视频正式出现并且在 2016 年后呈现爆炸式的增长趋势[④]，其中以秒拍、快手、头条视频等为主。2017 年至今由于抖音的壮大，竞争逐渐激烈，快手进入了发展困局，而抖音替代了它坐上国内短视频的第一把交椅。抖音成立于 2016 年，在 2018 年 12 月活跃用户规模达到 4.26 亿，同比增长 3.5 亿，为所有短视频 APP 中月活用户第一[⑤]。抖音的特点是用户可以根据自己的喜好选择自己喜欢的歌曲进行视频拍摄和作品制作。因为定位准确，内容能给用户带来新鲜感，所以很快就打开了市场。抖音的设计会根据智能算法对用户喜好和兴趣进行分析从而推荐更多相似的小视频，因此用户在观看抖音视频时往往会忘记时间的流逝，导致用户上瘾[⑥]。这种趋势和成瘾性为抖音的发展以及各类博主带来了巨大的商机

抖音发行时的定位是帮助用户记录美好生活，随手记录身边发生的趣事。在中国，抖音 APP 的目标受众是 20 岁至 29 岁的年轻人，这一群体占总用户的 60.7%[⑦]。研究小组的成员都属于这个年龄段，具备市场营销学科背景知识，而且抖音 APP 的平均使用年限都在一年以上。所以抖音在推出后迅速成为年轻人娱乐、生活和社交的重要平台，尤其在 2018 年后更加迅速发展。年轻人更加注重个人形象的塑造，而且可以紧跟潮流，当有了一个有趣的新点子出现就会引起大批用户争相模仿。而且年轻人对新事物的接受和理解是非常灵活的，抖音上的内容为他们提供了表达自我

① Berger, J. and K. L. Milkman: What Makes online Content Viral?[J], *Mar-keting Research*, 2012 49(2): 192–205.

② 李聪：大学生社交媒体使用与情绪表达偏好研究 [D]，郑州大学，2020 年。

③ 黄艳、李新纲：网络视频环境下高校网络意见领袖培养策略研究 [J]，新媒体研究，2018（4）。

④ 李俊佐：短视频的兴起与发展 [J]，青年记者，2018(05)。

⑤ 抖音 2018 年年度总结

⑥ Zhi, N: *Tik Tok opens the second half commercial realization test of national enter-tainment era short video*[M]. High Education Press, 2018 (11): 45-65.

⑦ 陈雪芳：短视频 APP 的走红原因及发展研究——以"抖音"为例 [N]，视听，2019-01-03。

和探索世界的机会①。毫无疑问，中国的短视频市场潜力巨大，2018 年吸引了价值 21 亿美元的广告。预计到 2023 年，这一数额将增长三倍以上，达到 65 亿美元②。抖音海外版 -Tiktok 现在已成为全球下载量最大的 iPhone 应用之一，全球每月活跃用户数超过 5 亿③。根据全民健身政策的深入推广，随着中西文化的融合、经济水平的上升以及 2014 年国务院发布的《关于加快发展体育产业　促进体育消费的若干意见》④ 将健身上升到了国家战略，把全民健身上升为国家战略，把增强人民体质、提高健康水平作为根本目标，把体育产业作为绿色产业、朝阳产业进行扶持，强调向改革要动力，向市场要活力，力争到 2025 年，体育产业总规模超过 5 万亿元，成为推动经济社会持续发展的重要力量等条例。越来越多的人开始关注自己的健康，加入健身行列。但是由于我国人口基数大，而且抖音平台还是 2016 年才出现的新兴平台，所以加入健身行列的用户很有限，导致健身类的视频关注度不太高，因此抖音上高关注度的健身博主数量是有限的，所以本研究选择健身作为研究的主题。

本研究的目的在于以在抖音发布短视频的健身博主视频为研究对象，根据抖音用户的参与——点赞、转发、评论等找出受欢迎的视频内容需要由哪些因素组成，并且通过对现有视频的分析为该平台的决策者提供潜在的建议。

一、互动、使用与满足

互动（Engagement）被定义为"消费者发起的行动"，从而实现价值的"共同创造"，是一个多维度的概念，不仅包括行为，还包括认知和情感方面⑤。参与可以看作是个人与媒体之间的互动。在抖音等短视频平台的参与通常以点赞、评论、分享等行为为标志⑥，体现一个作品的受欢迎程度。社交媒体是一个庞大的生态系统，关系网复杂，社交网络和互动层面众多。从消费者的参与角度来看，社交媒体的一个重要特征就是让消费者和品牌进行互动。比如一些品牌利用社交媒体与消费者建立联系，例如博主网络直播带货等，形成网络品牌社区，也就是在网络上建立一个平台，

---

① Wan, Y: *The popularity of short video APP in the new media era: take short video for example*[N]. People's Daily Press,2017 (05): 60 - 105.

② Cheung, M: The Rise of Short-Form Video Apps in China: Looking at Douyin and Kuaishou[J],Forrester Rescarch. 2020.

③ Zhi, N: Tik Tok opens the second half commercial realization test of national enter-tainment era short video[M], High Education Press, 2018 (11): 45-65.

④ 国家法律法规：关于加快发展体育产业促进体育消费的若干意见，2014 年。

⑤ 杨梦晴、王晰巍，李凤春等：基于扎根理论的移动图书馆社群化服务用户参与影响因素研究 [J]，图书情报工作，2018（6）。

⑥ 马源鸿、曹云忠，方佳明：移动短视频社交平台中的价值共创机理——基于抖音短视频的案例研究 [J]，电子科技大学学报 (社会科学版)，2018（4）。

将有相同喜好或喜欢同一品牌的爱好者们聚集起来相互交流[①]。互动性作为社交媒体最本质的特征，能够充分满足用户在网络上实现真实社会交往的需要，将用户关系从线下发展到线上，消费者在互动后对品牌可以有更深入的了解，获得更好的体验，从而使得品牌的用户黏性更高，通过媒体平台实现对品牌的忠诚。

"使用与满足"（Use and Gratification）理论简单来说就是用户使用媒体来满足自己某方面的需求。抖音之所以能迅速发展，一是因为碎片化的传播、便捷的使用方式；而且利用大数据技术，通过用户搜索、点赞、评论等了解用户喜好，通过算法形成个性化推荐，推送用户喜欢的视频，使用户在观看过程中获得满足[②]。首先，随着生活节奏越来越快，用户可以通过观看抖音消遣娱乐，放松自己，缓解积累的压力；其次，抖音上各类型短视频都很丰富，通过教育类、科普类等的短视频，用户可以满足自己学习新知识的需求；还有，用户可以在观看视频时进行评论、点赞等行为，实现与他人的互动，找到与自己爱好相同的圈子产生归属感，与同圈子的朋友可以产生共鸣，满足自己的审美愉悦及社交需求；最后，通过自己拍摄创作短视频，展示自己的才华、技能等，并且发布在抖音平台上，实现自我价值，可以满足自己的自我实现需求。

二、新媒体为载体的品牌传播

品牌代表一个企业的形象，也是企业的核心竞争力，依靠品牌推广营销可以帮助企业获得更多的市场，赢得更多的客户。品牌的推广的方式包括传媒推广、户外广告、报纸书刊等。传媒推广是当前使用率最高的一种，它的优点是普及面积广，能够在短时间内看到效果，主要有电视广告、公交车广告等，现在最为常见的是电视广告中的名人代言，所以需要耗费的资金会比较大；户外广告是平时较为常见的一种方式，比如在大街上看到的广告、墙面广告、发传单等。户外广告的优点是留存时间较久，但是缺点也是很明显，需要消耗大量的人力物力和资金，而且推广效果也有限；报纸书刊作为一种较为传统的推广方式，投入相对较少，但是由于现在报纸书刊的受众较少，年龄层通常偏大，所以推广的影响力也是很有限。企业通过同时进行不同营销方式增加品牌知名度。短视频营销的特点是企业通过在短视频平台上寻找名人代言并推广其品牌、产品和服务，是近几年短视频平台出现后较为流行的一种"两级传播"的营销方式。"两级传播"理论最早由美国传播学家拉扎斯菲

---

① 王波波、张焱、牛丽红：从"5W"模式解析"抖音"短视频火爆的原因 [J]，山西大同大学学报（社会科学版），2018 32(06)。

② 陈晨："使用与满足"视角下短视频平台用户需求研究——以抖音 App 为例 [J]，科技传播，2020 (16)。

尔德提出，后来又在此理论基础上进行修正和发展提出了"多级传播"理论。"两级传播"理论认为大众传播的信息不是直接流向一般受众，而是通过意见领袖为中介，传播到一般个人。拉扎斯菲尔德定义意见领袖为：活跃在人际传播网络中，经常为他人提供信息、观点或建议，并对他人施加个人影响的人物[①]。带货主播就是网络意见领袖来影响受众的认知，使受众对商品产生购买欲望。营销人员的目的是激发消费者购买或使用认可的产品或服务的欲望[②]。很多社交媒体用户通过热情地分享关于美容、健身、美食和时尚等主题的自创性内容，获得了大量的追随者，例如薇娅、李佳琦等，他们通过直播形式带货也会帮助一些信息闭塞的地区将产品卖到全国各地，这样的行为将抖音最初的功能在线社交变成了可以创造"影响者"等主要职业的平台。而如今，年轻受众对社交媒体内容的消费费用投入很高，而且还在处于不断增加的过程中。据新京报统计的年轻人消费大数据，2020年年轻人在直播购物中的花费同比上涨了167%[③]。现在的年轻人对于购买的欲望很强，且消费行为模式不再传统，他们往往不理性消费。传统的消费模式是通过实体商店直接面对商品进行查看并且购买，由于价格相对于网购商品贵一些，会进行多家比对进行谨慎购买。理性消费是建立在消费者的消费计划上，出于对自身的长远考虑，消费、储蓄的目的，不只是为了实现当前的利益，而是充分考虑如何实现消费效用的最大化。而非理性消费是指不仅不顾个人收入或财力的过度支出，其中包括冲动消费、炫耀消费、攀比消费、奢侈消费等[④]。所以相比于传统的消费模式，短视频平台的主播进行直播时通常都会有打折活动，而且主播们对产品激情的讲解也很容易使用户出现冲动消费这样的非理智消费行为。作为形象良好而且具有亲和力的健身博主们，自然也会进行商品推广。通常健身博主推荐的商品都是蛋白粉、健身服装、健身器材以及一些运动品牌，例如耐克、彪马等知名品牌的商品。因为健身博主具有专业度方面的优势，所以更加容易获得消费者的信任。

三、社交媒体与健身研究

社交媒体在激发人们的灵感、传递舆论和影响方面发挥着重要的作用，尤其是年轻一代。现在为止，大多数对抖音视频的研究都集中在平台设计、用户使用、消费行为、营销和传播策略等方面。

① Lazarsfeld P F , Berelson B , Gaudet H: *The peoples choice: how the voter makes up his mind in a presidential campaign*.[M], New York Columbia University Press, 1948 77(2):177-186.
② Atkin, C., and M. Block: Effectiveness of celebrity endorsers[J], *Advertising Research*, 1983 (23): 57–61.
③ https://baijiahao.baidu.com/s?id=1682590850469422620&wfr=spider&for=pc
④ 谭少兰、胡克建、郭立倩：浅谈理性消费和非理性消费 [J]，商，2014（3）。

在平台设计方面，朱丽军、郑远强通过"内容生成核心＋技术融合创新＋流量巩固发展"分析链条，对内容生成模式、APP 界面功能设计等总合以及分析，研究了抖音短视频的崛起之道①。田原等从设计心理学的基础出发，以它的操作功能和整体布局设计为出发点，对抖音进行分析研究。在用户使用方面，付莹、侯欣洁（2020）着眼于抖音短视频用户使用意愿的影响因素研究②。以持续使用意愿模型、使用与满足理论等研究了感知易用性、感知有用性和满意度对用户持续使用意愿的影响。在消费行为方面，房侯含等通过营销模式、营销策略、发展前景，研究了如何通过营销手段改变消费者的消费行为③。在营销和传播策略方面，张雨萌通过病毒营销、娱乐营销、事件营销和互动营销四个方面，剖析了抖音在营销中的优势和劣势④。游祯武基于主流媒体在短视频领域的发展现状和演示新闻的实际案例分析，探析了主流媒体短视频传播策略⑤。

我国社交媒体与健身相关的研究则相当有限。以新媒体／自媒体／社交媒体和健身为关键字在知网搜索，一共有 5 篇文章。张开菊从计划行为理论中的感知行为控制角度出发，研究了社交媒体的使用与用户在现实生活中健身行为之间的关系，并找出影响健身行为的主要因素⑥。花蕊等以互动营销理论及整合传播营销理论等对 FitTime 微博的发布内容、互动方式及传播特点进行了梳理⑦。张淑惠、王斌研究了抖音"健身潮"的成因及其价值进行了分析⑧。冯智明以抖音、快手短视频中的个体展演实践为例，研究了身体消费及其多元呈现⑨。贾伟博以网络短视频为例，进行了自媒体时代下我国街头极限健身运动的网络传播的研究⑩。

从上述文献可以看出，现有的大多数对抖音 App 的研究都集中在对平台设计、用户使用、消费行为、营销、传播策略、技术等方面，少有涉及短视频内容的研究。而与健身有关的视频几乎都在研究社交媒体这个平台在健身传播、健身教学、健身

---

① 朱丽军、郑远强：抖音短视频的发展研究 [J]，现代商业，2020 (35)。
② 付莹、侯欣洁：抖音短视频用户使用意愿的影响因素研究 [C]，新闻与写作，2020。
③ 房侯含、钱雅洁、胡欢：短视频 APP 对消费者消费行为的影响及发展前景——以抖音为例 [J]，传媒论坛，2020 (02)。
④ 张雨萌：短视频 APP 的营销推广模式分析——以抖音平台为例 [J]，传媒论坛，2018 (9)。
⑤ 游祯武：主流媒体移动短视频新闻传播策略研究——以"央视新闻"抖音号为例 [J]，传媒，2021 (02)。
⑥ 张开菊：社交媒体的使用对个体健身行为的影响研究 [D]，上海外国语大学 2016。
⑦ 花蕊、刘晓雯、张玉超：基于微博平台的健身指导类社交媒体互动传播研究 [J]，南京体育学院学报（社会科学版），2017(6)。
⑧ 张淑惠、王斌：抖音"健身潮"的成因及其价值探析 [J]，浙江体育科学，2020(6)。
⑨ 冯智明：身体消费及其多元呈现——以抖音、快手短视频中的个体展演实践为例 [J]，西南民族大学学报，2020（11）。
⑩ 贾伟博：自媒体时代下我国街头极限健身运动的网络传播研究——以网络短视频为例 [J]，体育科技文献通报，2021（12）。

消费等方面所产生的价值，专注研究健身视频内容的研究少之又少。因此本研究通过抖音上用户参与感——点赞、评论、转发等出发，研究了具备哪些关键因素的健身短视频对用户有更高的吸引力。

四、研究方法

本研究采用定量与定性研究的方法，通过观看抖音上的健身视频来收集数据，分析抖音上哪些健身视频具备获得更多关注的基本条件，同时对一位健身博主进行深度访谈以获得真正从事这个工作的人在拍摄时更加注重什么因素。

本次研究中首先通过在网站上搜索关键词"抖音"上比较火的健身博主都有谁，然后随机选取了 25 名在一周内有视频更新的健身博主的账号，并根据点赞数和关注度等条件选定了 16 个粉丝量上万的可以进行下一步研究的博主账号。在调查过程中，研究者使用抖音应用程序浏览了选定的 16 个博主账号，并且观看了他们的视频，分别计算了他们的点赞数、评论数、转发数、粉丝数等，最终选定了总浏览数排名前 5 的博主进一步展开研究，因为他们与其他 11 位博主相比，总浏览数出现断层式增长。同时对这 5 位健身博主进行了深度采访。首先，通过从文献综述中收集到了有关社交媒体成功因素的辅助数据。根据李舒霓（2018）[1] 研究中收集到：好看的外表和适合的背景音乐这两个重要因素；花蕊，刘晓雯，张玉超（2017）的研究中收集到了有关社交媒体的成功因素：互动性、知识型内容、趣味性和深度采访中被访者提到的因素：标题、博主身材、可以吸引大众反复观看的有吸引力的内容以及美观舒适拍摄环境，制定了 9 个视频制作的重要因素表（见表 1）。研究小组[2] 分别观看 16 段视频，并对视频中显示的视频进行比较以及打分（见表 2）。下一步，我们设计了一个针对健身博主的深度半开放性访谈；最后，整理数据并且对结果进行总结，并绘制了完整的表格。在得到的结果中，选取了总浏览数前 5 的博主（见表 3）并且通过频率分析选取了 5 个最重要的因素（见表 4），进行下一步深入的分析。

表格 1　因素解释

因素	说明
有吸引力的内容	通过特效或故事情节创作出有创意和吸引眼球的内容，迎合趋势或具备病毒式传播的属性。
背景音乐	与内容所表达的意境相符合。
身材	体态特征被认为是美观的

---

① 李舒霓：抖音视频的类型分析与意义建构 [J]，新媒体研究，2018（19）。
② 由选择同一课题的三位市场营销专业学生组成

续表

因素	说明
外表	博主的外貌，主要是好看的外貌
拍摄环境	合适的拍摄环境，与拍摄内容吻合
互动性	与评论区进行互动
知识型内容	包括教程、操作指南、产品评论、分步骤视频等
趣味性	内容有趣，让用户有模仿的欲望
有趣的标题	在封面以文字形式吸引用户的眼球，让用户有观看的兴趣

表格 2　研究小组对 16 个视频各个因素的投票以及占比分析

	投票数	百分比（%）
有吸引力的内容	25	52.1
背景音乐	22	45.8
身材	22	45.8
外表	16	33.3
拍摄环境	15	31.25
互动性	12	25
知识性内容	11	22.9
趣味性	7	14.6
有趣的标题	5	10.4

百分比为各自投票数占总票数的百分比：(投票数 /12*3) *100%。

从表格 2 中可以看出，标题和趣味性在健身博主看来并没有很被看重，知识性和互动性相对偏小，除了周六野 zoey 专注做讲解知识的视频外，其他博主都会有一些其他的类型的视频，比如变装类、情节演绎等。

表格 3　最终选定 5 位博主的基本数据信息汇总

	alextang 唐哥（男）	洪晓龙 Bruce（男）	徐梦婷 Sylvia（女）	周六野 Zoey（女）	Monkey 夏胜杰（男）
总浏览数	88,000	4,540,000	280,000	90,000	60,000
上月浏览数	7,600	71,800	38,800	10,900	6,500
首次发布日期	17/01/2014	17/01/2003	29/06/2009	19/08/2012	10/07/2011
2020 年发布视频数量	207	123	40	81	76
点赞数量	11,283,000	7,811,000	2,554,000	774,000	2,114,000
关注者数量	1,089,000	934,000	430,000	855,000	373,000

续表

	alextang 唐哥（男）	洪晓龙 Bruce（男）	徐梦婷 Sylvia（女）	周六野 Zoey（女）	Monkey 夏胜杰（男）
分享数量	87,347	111,767	32,260	75,923	39,093
评论数量 （2020.01.01— 至今）	205,681	209,539	37,757	31,671	42,164

　　结合下表中博主的特点来分析。从浏览数可以看出外表、身材好，紧跟潮流的健身博主，例如洪晓龙和徐梦婷，可以吸引更多的用户进行观看；从点赞数量可以看出纯知识类的视频比较难以吸引大多数抖音用户的共鸣，例如周六野 zoey；从关注者和分享数量来看，优质的内容还是可以吸引到很多忠实的、喜欢这类用户的视频，他们会将看到的视频分享给和自己有同样爱好的人；从评论数量来看，健身博主开朗的性格会影响到观看者的心情，例如唐哥和洪晓龙，使观看者更加轻松地参与到与博主的互动中去。

表格 4　最终选定 5 位博主的视频特点基本介绍

	alextang 唐哥	洪晓龙 bruce	Monkey 夏胜杰	徐梦婷 Sylvia	周六野 Zoey
有吸引力的 内容	家庭为主； 与孩子有爱 的互动	有趣的内容； 完整的故事 情节；有趣 且意料之外 的结局	很好的故 事情节； 创造深刻 的记忆点	高难度技巧和 特效；与其他 博主合作	有计划有条理 并且很完整的 健身教学
合适的背景 音乐	配音符合温 馨的家庭氛 围	旁白讲述故 事；背景音 乐根据不同 场景随之转 换	音乐与人 物行为吻 合	根据动作设计 符合的音乐， 紧跟潮流	音乐舒缓；旁 白在教导的同 时会给出关键 性的提示
身材	皮肤黝黑； 肌肉匀称	个子高	肤色浅； 肌肉匀称	高；身材匀称	身材匀称
外表	良好	优秀	良好	优秀	良好
拍摄环境	很温馨的家 庭色调	随故事情节 发生变化， 通常处于开 阔的环境	明亮的灯 光以及干 净整洁的 环境	地方宽阔简洁	十分干净和舒 适，绿色植物 增加舒适感

　　从表格 4 中可以看出，虽然健身博主的身材以及外表都是差不多的，拍摄环境

也会选择一些视野开阔，让观众看着很舒服的场景，但是不同的人物身份和特点都会导致拍摄的风格会不一致。Alextang 唐哥已经结婚，有妻子和儿子，所以拍摄都会集中在家庭，与妻子儿子进行互动，内容以及背景音乐等都会选择温馨的家庭色调；洪晓龙 bruce 和 monkey 夏胜杰属于同一个公司，所以他们的风格很相似，都是注重故事性的内容以及和同事们一起进行互动拍摄，都属于可以创造有趣的记忆点让观看者看过之后很长时间都会想起的，所以他们通常都会选择有趣、欢快的背景音乐；徐梦婷 Sylvia 很善于展现自己，很多视频都在展现自己的身材，属于很会发现潮流并且紧跟潮流的博主，通常会选择很酷炫，节奏感很强的背景音乐；周六野 zoey 的视频几乎都是讲述知识并且节奏舒缓可以跟着一起练习的视频，所以她选择的都是可以让大家放松，更好地进入训练的背景音乐，是很舒适的拍摄风格。

表格 5　深层内容分析结果

	alextang 唐哥	洪晓龙 bruce	Monkey 夏胜杰	徐梦婷 Sylvia	周六野 Zoey
已发布的视频	略	略	略	略	略
观众的感觉/情绪	温暖的；温馨的	娱乐的；身材美观	娱乐的；身材美观	身材美观；印象深刻	有教育意义
外形特点	很有力量	很有力量	可爱	性感；很有力量	很有力量
气氛营造	亲和力	亲和力	亲和力	亲和力	亲和力
身体	故意暴露	故意暴露	故意暴露	N/A	N/A

　　从表格 5 中可以看出，在用户情绪和影响者的个性方面，他们都是很具有亲和力的，而且通过表格 4 拍摄环境都很开阔明亮，给观看者的感觉很舒适，所以在观看他们的视频时大家心情都很愉悦，不会产生不良情绪。通过在微博上搜索有哪些健身博主时，我们发现女性的健身博主明显比男性博主少很多，尤其像周六野 zoey 这样完全是通过健身教学来吸引观众的女性博主更少见。据美国疾病控制研究中心的数据，在全球范围内，18 岁以上，达到了推荐的有氧运动水平的男性有 57%，而女性只有 49%，至于重量方面，差距就更大了。所以客观原因使女性更加难以坚持，从而导致女性健身博主的数量要少于男性健身博主。周六野 zoey 拍摄的视频质量都很高，几乎都是 20 分钟时长并且在运动过程中进行动作讲解，发力位置讲解等教育性内容。虽然不是可以吸引大量的追随者，但是也随之吸引了真正需要健身的追随者。她会在每周都制定周计划，配上合适舒缓的背景音乐，音量也不会比她自己的声音大，可以使跟她学习的用户能够很清晰地听到她的声音，这种系统化的训练对女性来说更容易坚持，也更加需要推广。因为男性随着年龄增长，体能也随之增长，

随着体能的增长会不断追求新的刺激，体育运动可以很好地满足他们对于体能刺激的需求，会使他们从中得到愉悦感；而女性随着年龄的增长，体能渐渐趋于平稳状态甚至下降，力量性、速度性、摄氧量、心脏面积等都小于男性，在耐力和高强度方面存在很大差异①，所以对于女性来说更加难以坚持运动训练，所以针对女性制定合理的训练计划更容易吸引女性健身。

通过对博主们的深度访谈，从 9 大因素出发被访谈者认为他们成功的原因基本上是以下三点：身材、可以吸引大众反复观看的有吸引力的内容以及美观舒适拍摄环境。运用"使用和满足"理论可以从两方面进行分析：观众和健身博主②。从观众的角度分析，观众对健身的视频进行了观看，找到了自己喜欢的内容，满足了获取信息的动机需求；而且通过每天习惯性地打开抖音观看视频，又满足了转移注意力的动机与需求。另一方面从博主的角度分析，通过发布视频，健身博主通过享受与粉丝互动的乐趣满足了休闲娱乐的需求；展现博主自己的外貌以及自己擅长的领域，获得粉丝的赞美来满足展现自我的需求；在累积到一定的粉丝量之后，健身博主就可以通过广告、销售产品等方式满足获取经济利益的需求；通过发布自己喜欢领域的视频，可以吸引同样爱好健身的观众，在一起交流互动可以满足博主人际交往的需求；而且健身博主通过发布健身视频也可以对大众进行正向的引导，让更多的人注意自己的身体，满足了博主传播正能量的需求。只有在双方都满足的前提下，视频才具备了更高的吸引力。

五、总结

本研究从抖音上从用户参与感出发，研究了具有哪些关键因素的健身短视频对受众的吸引度更高。通过数据分析，发现吸引人的内容、背景音乐、身材、外貌、环境是最重要的五点。这与访谈和内容观察的结果非常相似。通过数据分析和访谈，我们可以得出在健身类短视频营销中有通过特效或故事情节创作出有创意和吸引眼球的内容是最重要的因素。虽然内容是最重要的但是也需要其他方面进行辅助，多方面因素的配合才能更好地保证视频的质量。

根据研究结果，我们发现健身视频的影响可以分为两方面。一方面是积极的，健身博主通过自己阳光开朗的性格以及轻松愉悦的视频拍摄风格带动观看者心情愉悦，也会带动观看者进行健身运动，关注自身健康。另一方面也会存在一些消极影响。我们可以注意到，大多数健身博客都在展示自己的身体线条，通过展示他们的

---

① 张文颖：浅析高中男女学生在健身习惯上存在的差异及解决策略，中国科技信息 2009 (4)。
② 高存玲：移动端短视频 APP "使用与满足"研究——以快手 APP 为例 [J]，新闻知识，2016 (12)。

外表来吸引观众，将自己的肌肉很大程度地暴露出来，并且会有一些配合训练的动作有些不雅，而且很多评论也很不恰当。除此之外，极端苗条的身材会导致青少年为了保持所谓的好看采取一些不健康的减肥手段，从而伤害到自己的身体健康，我们觉得这类内容不太适合青少年，会影响到青少年正确的价值观。反映出抖音平台需要加强一些年龄监管。现在的抖音 app 需要自己手动在设置中打开青少年模式，但我们觉得应该再制定一些更强力的政策，例如通过实名制或者用户与内容的匹配算法来规避未成年用户的对这些视频的观看，尽量减少对观看抖音视频的青少年的负面影响，不只是健身博主这一个领域，其他短视频领域也需要加强监管。